21世纪高职高专规划教材·通识课系列

美学与艺术欣赏

主　编　程时用　黄巨龙　刘福英
副主编　柯贞金　王　浩　王秀兰

中国人民大学出版社
·北京·

前　言

一般来说，一个国家的教育状况体现着一个国家精神文明及国民文化素质的水平，而完整的理想化的教育又万万不能缺少了艺术的教育或美育。古往今来，著名思想家、教育家都非常重视美育在人格培养和人性塑造中的重要作用。早在1999年《中共中央、国务院关于深化教育改革全面推进素质教育的决定》中指出："美育不仅能陶冶情操、提高素养，而且有助于开发智力，对于促进学生全面发展具有不可替代的作用……高等学校应要求学生选修一定学时的包括艺术在内的人文学科课程。开展丰富多彩的课外文化艺术活动，增强学生的美感体验，培养学生欣赏美和创造美的能力。"美育在大学生素质养成中的作用不言而喻。

在美育实施过程中，我们很难找到一本合适的教材：有的教材理论深奥，学生不易接受；有的教材仅有艺术鉴赏，理论指导又不足。经过几年的教学实践和探索，教学团队将各自授课的讲义融汇在一起，遵循素质教育规律，精心设计教材体例，形成了现在的《美学与艺术欣赏》一书。本书分为上、下两篇，上篇讲述美学理论知识，下篇从音乐、舞蹈、戏剧、影视、绘画、书法、摄影、雕塑、建筑、文学语言等艺术门类引导学生进行艺术欣赏。

本书的主要特色表现在以下三方面：

一是学以致用。本书根据当代大学生的特点、需求和美育的要求，以宏观美学理论为指导，以典型案例分析为驱动，引导学生学习艺术常识和艺术特征，再运用所学知识进行经典艺术作品的分析，让学生在实际运用中掌握艺术的欣赏方法，从而提升艺术欣赏能力和综合素质。

二是与时俱进。教材编写过程中，以提高学生的艺术素质为中心，紧跟时代步伐，运用美学发展的最新理念，引导学生观察身边的艺术现象，激发审美情趣，让学生在现实生活中领悟艺术的真谛，潜移默化地提升思辨能力和审美水平。

三是图文并茂。在教材编排中，精心选择插图，力求做到图文并茂，让教材版面清新生动、形象直观，激起学生的注意和兴趣，避免阅读疲劳。

本书由程时用、黄巨龙、刘福英任主编，柯贞金、王浩、王秀兰担任副主编。教材编写分工如下：程时用第二、三、七、十三单元；黄巨龙第一、四、十单元；刘福英第九、十一单元；柯贞金第八、十二单元；王秀兰第五、六单元；王浩第十四单元。程时用、黄巨龙负责全书统稿。

本书在编写过程中参考、援引、借鉴了国内外美学著作、教材、文献和相关网站，书中作了适当的标注，若有标注不妥或遗漏之处，恳求相关作者谅解，在此表示歉意和衷心感谢！

限于编者水平，加之编写时间仓促，书中疏漏、错误之处在所难免，恳请广大读者批评指正，以期进一步完善。

编者

目　录

上篇　美学理论

下篇　艺术欣赏

上　篇

美学理论

第一单元　美是什么

知识目标

- 理解西方美学史上对美的本质探讨的主要观点。
- 掌握我国当代美学家对美的本质的主要看法。
- 掌握美的特征及本质。
- 掌握真、善、美的区别与联系。

能力目标

- 能运用美的本质的有关观点对美的现象作简单解释。
- 能运用相关理论分析社会生活中的美与丑。

背景案例

孔子（见图1—1）云："善者，美之实也。"

孟子（见图1—2）曰："充实之谓美。"

荀子（见图1—3）说："不全不粹之不足以为美也。"

老子（见图1—4）认为："大音希声，大象无形。"

庄子（见图1—5）则认为："至乐无乐。"

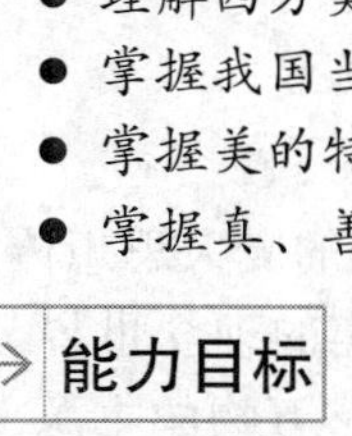
图1—1　孔子

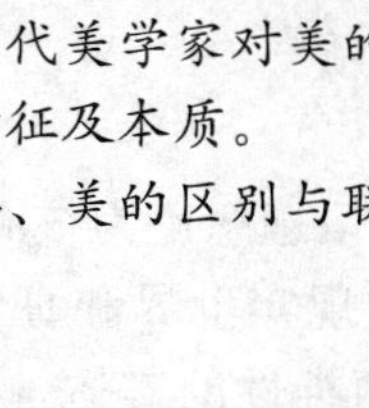
图1—2　孟子

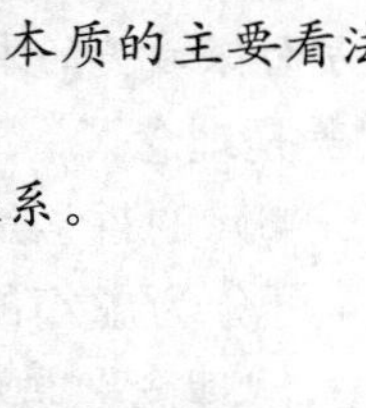
图1—3　荀子

图1—4　老子

图1—5　庄子

问题讨论

1. 美到底是什么？你心目中的美又是什么？

2. 如何评价先哲的美学观点?

第一节 对美的本质的探讨

美是什么？这是美学中一个最古老的而且至今还未有圆满答案的问题，也是美学中一个最基本的理论问题。在传统美学中，它通常被表达为“美的本质”的问题。对美的本质的追问，是对人类审美现象的终极意义的哲学探寻。怎样理解和回答“美是什么”的问题，往往直接影响、支配着对于美学领域其他问题的理论探讨。因此，我们对于美学领域诸问题的理论探讨，必须从“美是什么”这一最基本的问题开始。

一、西方美学史上对美的本质的探讨

(一) 从精神方面探讨美的本质

图 1—6 柏拉图

从精神方面探讨美的本质，就是把使美的事物成其为美的事物以及如何成其为美的事物的那个东西归结为精神，与感性事物本身无关。从精神方面探讨美的本质可分为两个方面，一是从客观精神方面探讨美的本质，二是从主观精神方面探讨美的本质。

1. 从客观精神方面探讨美的本质

(1) 柏拉图：“美是理念”。

柏拉图（见图 1—6）的哲学是以理念论为核心的庞大思想体系。在柏拉图看来，世界可分为虚幻的现实世界和真实的理念世界。在柏拉图的哲学体系中，“理念”是精神性的实体，是万物的本源、真实的存在，是第一性的，具体事物是第二性的，是由“理念”派生的，只是“理念”的影像或摹本。而“加到任何一件事物上面，就使那件事物成其为美”的美本身就存在于理念世界。美就是一种“单一的理念”。柏拉图认为，现实生活中具体的、个别的美的事物，如美的花、美的人、美的画，是多样的、易变的、相对的，它们又美又丑，不是真实的、绝对的，只有上界的美的理念才是美本身。

柏拉图的美是理念说带有客观唯心主义本体论性质和浓厚的神秘主义色彩。柏拉图十分轻视现实生活，他完全否认了现实生活中美的客观性和真实性，同时也否认了人对美的正常感知和认识，这些当然都是错误的。但柏拉图是第一个提出美学基本问题的人，可以说正是他的“美是什么”导致了以后美学的诞生。他最大的贡献在于不把美局限于感性直观，在历史上第一次区分了“美的东西”和“美本身”，明确提出了美的本质问题。在柏拉图看来，美的东西是个别，是现象，而美或美本身则是一般，是本质。他看到了美的多层次性和美的认识的复杂性，这是很宝贵、很有价值的。他的名言：“对美本身的观照是一个人最值得过的生活境界”，一直为人们所推崇。

(2) 普洛丁：“美的分有说”。

生活在古代与中世纪之交的古罗马哲学家普洛丁，把柏拉图的“理念论”导向神秘主义。他不仅肯定了理念世界的存在，而且把最高的理念说成是“太一”，是“神”。“太一”是至美的、完满的，从它“流溢”出“理性”，从“理性”流溢出“灵魂”，再从“灵魂”流溢出“物质”。物质是最低级的，因而是罪恶之源。人应当摆脱物质的束缚，通过直觉，最后与“太一”或“神”契合为一。从这种神秘的“流溢说”出发，普洛丁认为美不是来源于物质世界，而是来源于“理念”，即混乱的事物由于分享到从“太一”流溢出的“理念”而取得了整一的形式，于是就产生了美。其主要观点是：第一，物体的美表现在它的整一性上。第二，神或理式就是真善美的统一体。第三，物体美“主要通过视觉来接受，就文辞和各种音乐来说，美也可以通过听觉来接受”。物体的美也要心灵凭理性来判断，理性就是“一种为审美而特设的功能”。第四，美不能离开心灵，心灵对于美之所以有强烈的爱，是由于心灵接近真实界（神，理式）；美既有真实性又能显出理式，所以心灵和美的事物有“亲属的关系”。第五，美有等级之分，物体的美是最低级的，与真善合一、脱去一切物累的纯粹理式的美是最高的美。第六，艺术美不在物质而在艺术家的心灵所赋予的理式，它是理想化的结果，可弥补事物的缺陷，它高于自然，因为艺术本身就是美的来源。

普洛丁否定艺术的现实基础而崇尚理式，标榜精神而否定物质，抬高理性而否定感官，抬高对神的观照而否定社会实践。这对中世纪的奥古斯丁和托马斯的神学唯心主义美学思想有开启作用，并对17世纪夏夫兹博里、后世浪漫主义者神秘主义和唯美主义美学思想影响深远。他和柏拉图一样，把现实世界和理念世界对立起来，并且认为现实世界源于理念世界。在美学上普洛丁把柏拉图的理念进一步神秘化，称之为神秘理性（理念），认为一切事物的美都是对神明理性的“分享”。这种神明理性也就是神，美就根源于神。普洛丁不仅完全继承了柏拉图的理念说，而且由于他把理念归之于神，因而更具有宗教神秘主义色彩，他本人也就成为中世纪宗教神秘主义的始祖。到了中世纪神学家那里，干脆就把这种理念径直称作上帝，认定上帝就是一切事物美的根源。

（3）黑格尔：“美是理念的感性显现”。

德国哲学家黑格尔（见图1—7）是哲学上客观唯心主义的集大成者。他认为绝对精神是世界的本质，提出了“美是理念的感性显现”的重要命题。他认为美的根源在于理念、绝对精神，而感性实在不过是理念生发出来的。这个定义在本质上与柏拉图的“美是理念”没有根本区别，但黑格尔是辩证论者，他的理念不是与客观事物相对立的、抽象存在于客观事物之外的，而是“概念与实在的统一”；黑格尔还把“美是理念”看作是发展的，不像柏拉图那样把“美是理念”看作是永恒不变的。在黑格尔看来，真正的美只是艺术美，在艺术美中所谓“理念的感性显现”，就是指作品的“意蕴”、内在精神，借艺术处理在感性形式中得以表现。因此，艺术形式之所以有价值，并不是由于形式本身，而是由于这形式是内在“意蕴”的显现。一切造型、色彩、线条、音调的运用，都是为了显示出一种内在精神，也就是“意蕴”。例如，哥特式教堂的感性形式，包括教堂外部的高耸的尖角、内部墙壁和柱子向上伸展、在上部形成尖拱形的特有的形态，用浓重的色彩镶嵌的宗教故事画，以及钟楼发出的庄严的钟声等，都服从于把人引向天国的宗教目的，是宗教精神的显现和外化。

图1—7　黑格尔

黑格尔给美的本质所下的定义虽然是客观唯心主义的，但是里面却包含了深刻的辩证法思想。首先，体现了理性与感性形式的统一。黑格尔“美是理念的感性显现”中的理念，并不是与客观事物相对立的、抽象存在于客观事物之外的，而是“概念与实在的统一”。只有理念“显现”（现外形、放光辉）于现象时，才能有美。因此，外部表现、感性形式不过是理性的显现，根源仍在理性。从内容与形式的关系上看，理念是内容，感性显现是表现形式，前者决定后者。其次，从主体与客体的关系上看，理念的感性显现就是指人的精神劳动的外化，强调人的精神劳动的作用。他作了一个生动的比喻说："一个小男孩把石头抛在河水里，以惊奇的神色去看水中所现的圆圈，觉得这是一个作品，在这作品中他看出他自己活动的结果。"① 这里以小孩扔石头比喻人的精神劳动（不是物质的实践活动），水圈则是指这精神活动的外化，是一种自我复现，是一种观照与认识的对象。黑格尔说："就在这种自我复现中，把存在于自己内心世界里的东西，为自己也为旁人，化成观照和认识的对象。"② 可见，黑格尔是把美的本质与人的本质联系起来进行考察的，发现美是人的本质的外在显现。他认为，人与自然环境并不是绝对对立的，而是保持着本质性联系的。人通过认识和实践活动（当然，是抽象的心灵劳动）意识到自己的存在，在外在环境中实现自己。这说明，黑格尔已经发现美的本质与人的本质的联系，美是人的本质的外在显现。正是由于人的精神和心灵在实践的活动中直接实现自己、认识自己、创造自己和欣赏自己的需要，才使得内在的理念要把自己显现为感性的形象，从而成为审美的对象。这一思想如果建立在物质生产实践的基础上，则有其正确的内容。列宁曾经说，"黑格尔学说是倒立过来的唯物主义"，他的哲学、美学体系是"头足倒置"的，它的根基不是坚实的现实基础，而是虚幻的"精神"。但是，黑格尔的"美是理念的感性显现"是深刻的，它的深刻性就表现在上述分析的鲜明的辩证法思想和倒立着的唯物主义。

2. 从主观精神方面探讨美的本质

（1）休谟："美存在于心里"。

英国经验派美学的集大成者休谟（见图1—8）认为人类的一切知识、观念都超不出感性知觉所提供的经验范围，在美的本质问题上，他认为"美并不是事物本身里的一种性质，它只存在于观赏者的心里"，是某种形状在人心中所产生的效果，这种效果即快感。在他看来，快感和痛感是形成美与丑的真正本质。"（几何学家）曾经充分说明了圆的每一性质，但不曾在任何命题里说到圆的美。理由是很明显的，美并不是圆的一种性质……美只是圆在人心上所产生的效果，是人心的特殊构造使它可感受这种情感。"③ 可见，休谟的美的本质论已带有明显的将美等同于美感的倾向。但是，休谟的理论观念自身是矛盾的，他虽然有否认美的客观性的倾向，却又认为美是对象"各部分之间的这样一种秩序和结构；由于人性的本来的构造，由于习俗，或是由于偶然的心情，这种秩序和结构适宜于使心灵得到快乐和满足，这就是美的特征"。这就不仅承认了对象的存在，而且承认对象的秩序和结构本身又成为构成美的因素；美不仅在心，也在物，只是他更看重前者即主观因素的作用。

图1—8　休谟

（2）康德："美是一对象的合目的性的形式"。

德国古典哲学家康德（见图1—9）在哲学上试图调和理性主义和经验主义的矛盾。在

① ［德］黑格尔著，朱光潜译：《美学》，第1卷，40页，北京，商务印书馆，1979。

② ［俄］车尔尼雪夫斯基著，周扬译：《生活与美学》，6页，北京，人民文学出版社，1958。

③ ［英］休谟著，朱光潜译：《论文集》，见北京大学哲学系美学教研室编：《西方美学家论美和美感》，108页，北京，商务印书馆，1980。

图 1—9　康德

美学上，康德起初推崇英国经验主义美学，认为审美判断源于经验，关涉人快乐或不快乐的情感，与人的理性原则无关，他提出了美只涉及形式："美是一对象的合目的性的形式"①。为此，康德曾一度不承认美学是科学。但随着康德哲学体系的进一步发展，他又转向理性主义美学理论，强调审美判断虽是个人的，离不开个人的主观感受，但又不是只凭个人主观感受所作出的判断，它像知识判断一样具有普遍必然性。这就使得康德转到了承认美学作为一门科学的必要性上来。只是康德所说的审美判断的普遍必然性并非来源于客观对象的某种性质，而是源于主观，不涉及任何利害关系。"一个关于美的判断，只要夹杂着极少的利害感在里面，就会有偏爱而不是纯粹的欣赏判断了。"② 因此，美的普遍性只是标明主体的"心意状态"完全是无利害的，故有理由期望别人的普遍赞同，美的普遍性是一种主观的普遍性。所以，康德虽力图调和经验主义美学和理性主义美学理论，从感性和理性、主观和客观的关系中探讨美的本质，但其结果仍是主观唯心主义的。

19 世纪末叶以后，从主观心理方面探讨美的本质的思想潮流有了更进一步的发展，甚至成了美学研究的主流。德国美学家里普斯认为，事物之所以美，是由于我们把自己的情感移入事物的结果，美的根源不在对象而在主观情感。德国唯意志论创始人叔本华把意志看成美的根源："意志由于单纯的空间现象而有恰如其分的客体化便是客观意义上的美。"③ 意大利美学家克罗齐认为，美与对象本身无关，美只是心理直觉的成功表现。英国美学家科林伍德继承和发展了克罗齐的美是直觉的表现的观点，把美的根源归于情感的表现。美国美学家桑塔耶纳则认为"美是一种客观化了的快感"④。

总之，从精神方面探讨美的本质看到了审美活动的特殊性，注重人的主观因素对美和美感的影响和作用。然而他们往往过于夸大人的主观因素，尤其把人的主观能动性仅仅局限于精神方面，或客观意识或主观感受，看不到人的现实活动、感性活动方面，就势必会认为美是精神的产物，从而完全否认美的客观根源。

（二）从物质方面探讨美的本质

1. 亚里士多德："美是整一"

图 1—10　亚里士多德

毕达哥拉斯学派认为，美的事物在形式上表现出均衡、对称、比例、和谐和多样统一，这种观点把事物美的原因归结为事物本身。柏拉图的学生亚里士多德（见图 1—10）批判了他的老师关于"美是理念"的观点，充分肯定了现实世界美的真实性。他认为美不是理念，美只存在于具体的美的事物之中，美首先取决于客观事物的属性，如"秩序、匀称与明确"。他还说：一个美的事物"不但它的各部分应有一定的安排，而且它的体积也应有一定的大小，因为美要依靠体积与安排，一个非常小的活东西不能美，因为我们的观察处于不可感知的时间内，以致模糊不清；一个非常大的活东

① ［德］康德著，宗白华译：《判断力批判》上卷，74 页，北京，商务印书馆，1987。

② ［德］康德著，宗白华译：《判断力批判》上卷，41 页，北京，商务印书馆，1987。

③ ［德］叔本华著，石冲白译：《作为意志和表象的世界》，310 页，北京，商务印书馆，1982。

④ 朱狄：《当代西方美学》，北京，人民出版社，1984。

西，例如一个一万里长的活东西，也不能美，因为不能一览而尽，看不出它的整一性"[①]。这里值得注意的是，亚里士多德不仅看到了美取决于事物的客观属性，而且还看到了美与人对事物的感受有关，他认为，容易感受的事物才是美的。

亚里士多德的观点对后来的艺术创作产生了很大影响，从文艺复兴到18世纪欧洲，许多艺术家信奉这种观点，并结合自己的艺术实践活动，在这方面继续探讨。17世纪英国著名画家荷迦斯在亚里士多德"美在事物的感性形式"观点的基础上，着重研究构成美的事物的形式法则，如"适应、多样、统一、单纯、复杂和尺寸"[②]等，这些形式法则互相补充，互相制约，就产生了美。荷迦斯还认为蛇形线是最美的线条。他指出："蛇形线灵活生动，同时朝着不同的方向旋转，能使眼睛得到满足，引导眼睛追逐其无限的多样性……"[③]

2. 博克："审美是感性活动"

英国经验主义哲学家博克同样把事物美的原因归结为事物本身的一些属性，他说："我们所谓美，是指物体中能引起爱或类似情感的某一性质或某些性质，我把这个定义只限于事物的单凭感官去接受的一些性质。"[④]博克批评了当时流行的美在比例、适宜、完善的观点。在他看来，比例涉及便利，它要靠测量发现，而美既非人类推理、长期注意和研究发现的结果，亦非测量的对象。花卉是美的对象，但花卉的比例是各种各样的，可见美不在比例。美也不在适宜或有效用，因为适宜或有效用的东西不一定美，如猪的嘴，非常适宜挖地、掘地找东西吃的职能，但并不美。美也不在完善或圆满，女人很美，但这种美就在于她们的柔弱或不完善。在指出美不在比例、适宜、完善之后，博克概括出美的属性就在于小、光滑、各部分能见出变化等。在这些属性中，博克特别强调美的对象是小的，在大多数民族的语言中，爱的对象都是用"小"来称呼的，如"小亲爱的"、"小猫"、"小狗"、"小鸟"、"小鱼"之类。通常我们很少听人说"一个大美家伙"，但是"一个大丑家伙"却很普遍。

博克的上述观点在肯定美是属于事物的某些客观属性和美的丰富多彩的感性特征以及这些特征与情感、感受的联系等方面有合理的因素，但他的观点基本上还是对于感觉经验的归纳，主要缺点是用生物学的观点从人的被动感受上研究美，忽视人的具体的历史发展；片面强调对象的自然属性与外在形式，忽视了美的社会性与内在性。不过，博克的美学的理论探讨开拓了一条从生理与心理功能方面考察和研究美的新途径，对于后来的康德乃至近现代的心理学派美学都产生了重大影响。

（三）从精神和物质的统一方面探讨美的本质

1. 狄德罗："美在关系说"

狄德罗（见图1—11）首先对历史上各种主要的美的学说一一作了回顾和批判，并由此提出自己的观点："美总是由关系构成的"[⑤]。在狄德罗看来，离开关系，就无所谓美和丑。他举例说，一句孤立的话"让他去死吧！"无所谓美和丑，但如果告诉人们，这句话是17世纪法国戏剧家高乃依的作品《贺拉斯》中的一句台词，是剧中人物老贺拉斯鼓励自己的儿子抗敌报国，为了祖国的荣誉，宁可战死在战场，也不当逃兵的一句话，那么这

---

① ［古希腊］亚里士多德著，罗念生译：《诗学》，25～26页，北京，人民文学出版社，1962。

② ［英］荷迦斯著，杨成寅译：《美的分析》，22页，北京，人民美术出版社，1984。

③ 同上书，45页。

④ 北京大学哲学系美学教研室编：《西方美学家论美和美感》，118页，北京，商务印书馆，1980。

⑤ ［法］狄德罗著，张冠尧译：《狄德罗美学论文选》，31页，北京，人民文学出版社，1984。

句原先无所谓美和丑的话，就会在剧情的关系中变得美起来。

图 1—11 狄德罗

狄德罗的“关系”包含有三种不同的意义：

一是同一事物的各组成部分之间的关系，也就是它的内在结构上的秩序、安排、对称。譬如孤立地看一朵花或一条鱼而说它美，就是因为在这朵花或这条鱼的各组成部分之间看到了对称、和谐、有秩序等关系。

二是指一事物与其他事物的关系。如一朵马兰花可以与其他马兰花相比见出它的美和丑，也可以与其他别的花相比见出其美和丑，甚至还可以与其他植物相比见出其美和丑。

三是指事物与人的关系，即主客体之间的关系。前两种关系是客观存在的，它们所产生的美是客观事物本身的美，狄德罗称之为“外在于我的美”。这第三种关系，是人感觉到的美，即主观认识上的美，狄德罗称之为“关系到我的美”。尽管对“关系”一词的含义狄德罗讲得并不十分清楚，但有一点不容置疑，那就是狄德罗从唯物主义认识论立场去寻找美的客观基础的同时，开始突破了过去把美当成某种单一的现象，或者某种孤立的因素，而明确地把美放在自然和社会生活各种相互的关系中来理解。这些关系不仅指事物本身的各种关系，而且包括了事物和人之间的关系。狄德罗曾举例说到，纸面上的三个点，无所谓美和丑，但若说这三个点，一个是白天照耀我们的太阳，一个是黑夜发光的月亮，第三个是我们生活在上面的地球，事物和人发生了联系，就变得非常美了。美就是这样“随着关系和人思想的变化”而发展和变化。就这一点而言，狄德罗的“美在关系”说在西方美学史上，确实是一大历史进步。但“美在关系”说仍未超出马克思主义以前旧唯物主义的局限，因而不能真正解决美的本质问题。

2. 车尔尼雪夫斯基：“美是生活”

图 1—12 车尔尼雪夫斯基

在狄德罗之后，19 世纪俄国民主主义革命家车尔尼雪夫斯基（见图 1—12）在批评黑格尔“美是理念的感性显现”的基础上，提出“美是生活”这一著名论断。总的来说，车尔尼雪夫斯基在美学上的目标，是要建立唯物主义和现实主义美学，因此，他侧重从人的现实生活去探讨美的本质。之所以把车尔尼雪夫斯基的观点放在从精神和物质统一的方面探讨美的本质这一类，是因为车尔尼雪夫斯基在提出“美是生活”的总定义后，还分别从社会生活和自然事物的角度补充有两个进一步解释性的定义：“任何事物，凡是我们在那里面看得见依照我们的理解应当如此的生活，那就是美的；任何东西，凡是显示出生活或使我们想起生活的，那就是美的。”[①] 车尔尼雪夫斯基并不认为一切生活都是美的，而是认为“应当如此的生活”才是美的。就车尔尼雪夫斯基把美理解为生活本身而言，他强调了美的客观根源；但就他又解释美是应当如此的生活而言，他也注意到了主体的作用。车尔尼雪夫斯基也不同于狄德罗，他更强调了美与现实的关系。但车尔尼雪夫斯基对“生活”概念还未达到完整、科学的认识，因此，也没能真正解决美的本质问题。

步入 20 世纪以后，不少西方美学家主张美存在于主客体之间的关系中。兰菲尔德认

① ［俄］车尔尼雪夫斯基著，周扬译：《艺术与现实的审美关系》，6 页，北京，人民文学出版社，1979。

为：美“既不完全依赖于人的经验，也不完全依赖于被经验的物。它既不是主观的，也不是客观的；既不是一种纯粹的智力活动的结果，也不是客观对象的一种固有价值，而是这两方面变化无常的关系，即人的机体和客观对象之间的关系。……当没有人去体验客观对象的时候，那种称之为美的东西是不存在的”[①]。美国美学家刘易斯视客观事物所具有的美的价值属性为一种潜能，这种潜能要成为现实的美，需要主体的感受。美国另一美学家托马斯·芒罗亦把客观事物所具有的美的价值属性看作一种潜在的美，假如没有主体的审美需要，它们不可能成为现实中的美。

二、我国当代美学界关于美的本质问题的看法

（一）吕荧、高尔泰：“美在主观说”

吕荧、高尔泰主张美是一种主观的观念。早在1953年，吕荧指出“美是人的观念，不是物的属性”；高尔泰则明确认为“客观的美并不存在，美只要人感受到它，它就存在，不被人感受到，它就不存在”。

主观派值得注意的地方在于直接触及了美的本质和人的本质密切相关的性质，触及了审美活动的主观能动性问题，但是坚持美是人的心灵的产物，认为美是由美感产生的，这从根本上颠倒了美和美感的关系，混淆了美和美感的界限，违背了存在决定意识这一基本的原理，陷入了主观唯心论。

（二）蔡仪：“美在自然说”

蔡仪主张美是客观事物的自然属性，是不以欣赏者、审美者的主观意志为转移的。后来蔡仪在此基础上进一步提出“美在典型”说，认为美的本质就是事物的典型性，就是个别之中显现着种类的一般。

实际上“美在自然”和“美在典型”讲的是两个层面的问题。“美在自然”是说自然事物本身就存在美，不管你承不承认它。“美在典型”主张美是同类事物中最有代表性的。二者突出地强调了美的事物的客观性，故持这两个观点的学派被称为客观派，其观点虽是唯物的却是机械的，脱离了社会实践的内容。

（三）朱光潜：“美是主客观统一说”

朱光潜认为美是心与物的统一，美介于主观和客观之间。“如果给美下一个定义，可以说美是客观方面某些事物、性质和形状适合主观方面的意识形态，可以交融在一起而成为一种完整形象的那种特质”，即“美是意象”。美与客观事物是有关系的，但又不完全是客观事物。客观事物只是提供美的条件，它必经过主观意识的影响作用。因此美的意象就是主客观的统一。

朱光潜的主客观统一说力图克服主观派和客观派的片面性，理论上似乎比较辩证和全面，具有一定的合理性。但他认为客观事物只是提供美的条件，它本身并不美，它之所以成为美，只是由于适合了主观意识，经过了主观加工和情感的移入，因此起作用的还是主观。他所谓的“主客观统一”是在主观上的统一，所以此观点没有从根本上脱离主观论，依然是主观唯心的，后加工为“实践”，但仅为精神的实践。

（四）李泽厚：“客观性与社会性统一说”

李泽厚认为美是客观的存在，是不以人的主观意志为转移的，但这种客观性并不是一

---

① 朱狄：《当代西方美学》，215页，北京，人民出版社，1984。

种纯自然属性的客观性，而是一种社会存在的客观性。美就客观地存在于人类的社会生活中，美是人类客观的社会生活的产物。没有人类社会就没有美，美的本质反映的就是社会的本质、人类学的本质。在人类社会之前，宇宙、太空、大千世界是无所谓美丑的，正如当时无所谓善恶一样，这样一来说美是客观的，就与主观说、主客观统一说区别开来，跟唯心主义美学划清了界限，同时又说美是社会的，美的客观性就是美的社会性，就与自然说区别开来，跟机械唯物主义区别开来。

说美是社会性与客观性的统一，实际上就是说美是人类社会实践的产物。马克思"人类社会生活本质上是实践的"，人类通过物质实践活动来获得生存，将自己的才能、智慧、目的、理解等本质力量物化到对象世界中，使原始的自然成为一种"人化的自然"，成为"人的本质力量的对象化"，成为马克思说的"人类的非有机的躯体"，因而也就成为人类可以在它上面"直观自身"，从而感受到自由、享受到愉快的美的对象。人类物质社会的实践就成为美产生的根本原因，即"美是社会实践的产物"，所以以李泽厚为代表的美学学派称为实践派。

这派观点较好地解决了美的起源问题，克服了主观派、自然派和主客观统一派的理论缺陷，将美的本质研究建立在马克思主义实践观和历史唯物主义的科学基础上，比较接近美的本质，符合美的规律，因而被视为国内美学界关于美的本质研究最重要的成果之一，得到多数人的认同和肯定，影响深远。但这派观点在理论上也存在着不足：第一，实践派美学在解释社会美时较有说服力，但在解释自然美时显得牵强，尤其是把自然事物的美简单归为社会性，否定了自然事物本身的物质要素和属性在美的构成中的独特地位和作用。第二，笼统地说美是社会劳动实践的产物，内涵过于宽泛，无法说明"有些劳动产品是美的，而有些劳动产品是不美的"的问题。从大的方面说，自从近代工业化进程以来，人类一方面创造了巨大的物质文明和物质财富，另一方面也破坏了人所寄寓、所依托的自然环境和生态环境，这是一个悖论，生态美学将取代实践美学成为美学的新课题。第三，人类的劳动实践往往具有明确的现实的功利目的，是偏重于"善"的价值的一种活动，都是为了生存需要而进行的最基本的劳动实践活动，而美的东西往往没有明确的现实的功利目的，都不是直接满足人的物质需要、生存需要的对象。

所以实践美学容易混淆"美"的事物与"善"的事物、"真"的事物的界限，无法回答美之所以为美的独特本质。总之，实践美学相对来说有较多的合理成分，能够解决美的产生、美的起源问题，但仍存在不少缺憾，特别是将美的起源与美的本质混为一谈，因而需要我们进行新的探索。

（五）周来祥："美是和谐与自由"

此观点由周来祥提出。美在审美关系。美作为一种特殊对象并不笼统地存在于一切主客观中，而是存在于人与对象间的特定的审美关系中，主体以一种情感的感受的本质力量把握对象，对象向主体呈现为美的对象。在这个意义上，美的本质就客观地存在于审美主体与审美客体所形成的特定的审美关系中。美在审美关系的规定也就意味着美不单纯是一种对象的属性，而是一种关系属性，是由审美关系所规定的与审美主体和审美对象相对应的对象性属性。在审美关系中，主体用情感的感受的本质力量去把握对象的美、观照对象的美，一方面虽然包含了对于对象的某种认识，包含一定的理智因素，但在把握方式上却是非概念的、直觉的和体验的，因而是不受制于对象的客观性、必然性的，非概念地符合着规律性，这样不仅对象是自由的，主体也是自由的；另一方面，审美关系虽然也包含了主体的某种实践欲求和一定的意志目的，但是对待对象的方式是非功利的、超然静观的，因而是不以牺牲对象的利益为代价的，是无目的地符合着目的性，这样不仅主体是自由的，对象也是自由的。所以，在审美关系中，主体和对象之间本质上不存在矛盾和冲突，都是和谐的、自由的。审美关系是和谐与自由的本质决定美的本质也是和谐与自由的。美是和谐与自由既是一个逻辑规定、综合的概念，也是一个历史的范畴、流动的范畴。和谐不是一个静止的状态，而是一个发展的、流动的状态，是美发展的一种必然走向趋势，因而它在内部结构上、在发展的某个阶段上可能有时会存在某些不和谐、对立冲突的因素，甚至有时候是丑的因素，但总体性质和基本趋势是和谐。

纵观整个美学发展史，美是和谐的思想是贯穿始终的。从毕达哥拉斯学派到马克思都以和谐为美，和谐是美在各个历史时期的共同理想。在古典时期，是原始的和谐、朴素的和谐，强调杂多的统一，多为形式上的和谐。在资本主义时期，出现人的本质的异化、人与其产品的异化，主体与客体、人与自然、必然与自由的异化导致艺术中出现了不和谐的因素，随着异化现象的逐渐消失，必然出现主体与客体、人与自然、必然与自由的辩证统一，出现向古典美复归的新型的对立、和谐、统一的美。这种美不是简单的回归，而是否定之否定，是超越素朴的和谐的美。

毕达哥拉斯学派第一个提出了美是和谐的问题，但他们仅仅给予自然科学的数的规定。柏拉图和理性派美学试图把形式的和谐和客观的理念及先验的理性联系起来，亚里士多德把形式的和谐和生物有机体的统一性思想相结合，经验派美学则在美的现象特征上和生理、心理的感受经验的基础上加以探讨。但总的看来，他们还都把美归结为一种客观的属性，或者是物的自然属性，或者是先验的理念或理性的属性。狄德罗提出了美在关系说，才萌发了把物和人联系起来的新动向。德国古典美学从康德开始，企图调和经验派和理性派的对立，把经验派的自然、感性、客体等方面，同理性派的人、理性、主体等方面结合起来，并把这种结合的本质规定为和谐的自由，是人与对象的一种自由的关系。车尔尼雪夫斯基把美和人及人类社会生活结合起来，达到了历史唯物主义以前唯物主义美论的最高水平。马克思的实践观点，把美的和谐自由与人的和谐自由的本质相统一。人的和谐与自由的本质又根源于社会生产实践的普遍的自由、自觉的本质。主体与客体、人与自然、人与人、合目的性与合规律性的和谐统一，便成为美的本质的一个最简单、最抽象、最科学的规定，它是人类创造的美的最早的历史形态（逻辑范畴和历史范畴的统一），也是适合于一切社会、一切美的形态的最抽象的最一般的规定。

这样“美是和谐”的思想便在实践的基础上有了存在的合理性，同时在无目的的合目的性上无概念、无功利地实现了自由，既不依附于对象，也不依附于主体，而在于联系两者的审美关系，从而更达到了一种和谐。

第二节　美的本质

历来关于美的本质探讨之所以存在种种缺陷，是因为人们在讨论美的问题时存在着方法论上的误区。这主要是因为当人们以本体论——认识论的研究方法探讨美的本质时，不可避免地将审美活动作为人的一种认识活动，将“美”作为某种实在性、实体性的客体来看待，从而往往以一种静止的定义方式对“美”作出界定，缺乏一种动态的、历史的研究视角。因此，在美学研究中，特别是在“美是什么”这一核心问题的研究中，科学运用马克思主义美学的重要思想作为理解和解决问题的方法论，对于美学的当代发展是至关重要的。

早在20世纪50年代的美学大讨论中，人们就已经开始试图以马克思主义的唯物论和辩证法来解决美的本质问题。20世纪80年代以来，在对西方美学的审视和对50年代美学讨论中的理论误区的反思中，人们逐渐认识到，马克思主义的美论乃至整个美学思想体系为揭开“美是什么”的困惑奠定了坚实的基础。探寻“美是什么”的问题，必须立足于社会化了的人的审美实践活动，从人的审美实践活动以及在审美实践活动中建立的审美关系出发，从人的社会本质、人的全面发展和全面解放的历史要求出发，这是建构符合美学的人文学特性的美学理论的逻辑起点和理论归宿。

一、美是人类特有的社会现象

美学探讨如果离开了人，离开了人的本性在现实及历史中的展开，离开了人类社会，就不可能对有关的问题作出本质的说明。考察“美是什么”的问题更是这样。正如上文所述，美不是自然物的自然属性，也不是主观心灵任意创造的。在美学史上，之所以反复出现将美归结为事物的自然属性、客观“实体”或主观心灵的结论，都是源于其机械唯物主义或唯心主义的哲学基础，缺乏从人类社会历史发展的维度对于“美”的深刻考察。

> 有人说，灿烂的阳光、皎洁的月光、婉转的鸟语、馥郁的花香，以及雄伟的泰山、奇绝的黄山、奔腾不息的黄河、一泻千里的长江……不都是先于人类而存在吗？可见，美是先于人类而存在的。

（一）人类之前不存在美

美是一种社会现象，还是一种自然现象？审美活动是人类独有的活动，还是某种动物也有的行为？这是我们在探讨美的本质前首先要解决的。我国美学界有一种极端的自然主义的美学观点，认为美是客观事物固有的自然属性。按照这种逻辑，美与人、与人的实践没有任何关系，自然界似乎早就准备好了美迎接人类的到来。人们对于美，所做的工作只是认识和反映。

极端的自然主义的美学观点将自然界与自然界的美、事物的客观存在与事物的审美属性混为一谈了。它只认识到了自然界先于人类而存在的地位，却没有看到自然界与人发生关系以后性质的变化。不错，太阳、月亮、鸟、花、泰山、黄山、黄河、长江确实都先于人类而存在，但在人类产生之前，它们并不存在所谓“灿烂”、“皎洁”、“婉转”、“馥郁”、“雄伟”、“奇绝”、“奔腾不息”、“一泻千里”等包含人类审美价值判断色彩的特性，所谓“灿烂、皎洁、婉转、馥郁、雄伟、奇绝、奔腾不息、一泻千里”等形容词都是人赋予这些自然物的。

因此，自然事物的审美属性，并不是自然物与生俱来的自然属性，而是自然物的自然属性与人发生关系以后所形成的一种社会属性。当人类还处于消极适应自然界而生存的时候，不会有什么美与不美的问题，正如马克思在《德意志意识形态》中所说的那样：自然界起初是作为一种完全异己的、有无限威力的和不可制伏的力量与人们对立的，人们同它的关系完全是动物同它的关系一样。在人类社会出现之前，自然界的万事万物都是自在之物，它们的物质属性虽然早已是客观存在，但这时的自然无所谓美丑，不具备审美属性，因为自然的美丑只对于人才有意义。普列汉诺夫以大量的民俗学材料证明，原始的狩猎民族“虽然住在花卉很为丰富的土地上，却决不用花来装饰自己。现代的人种学巩固地确定了这个事实：上述的这些民族都只从动物界采取自己的装饰主题”①。说明花卉在原始的狩猎民族那里是不具备审美属性的，某些自然物只是由于与人的生活发生了一定的客观联系，先具有了某种社会价值，然后才有可能成为审美对象。

总之，自然界在人类之前就存在，自然界的美却是在人类出现以后历史地形成的。美是相对于人而言的一种社会性质，是人类社会历史发展的产物。

（二）动物没有美感

> 有人说：“在公鸡的眼里母鸡是最漂亮的。”你认为呢？

审美活动是人类所独有的，动物没有美感。尽管动物也有生命活动，但它们的活动是无意识的，人则是有意识的生命活动。正是凭着这种生命活动的有意识性，人才把自己同动物区别开来。审美活动正是这种区别的重要标志之一。

对于动物来说，客观世界无所谓美丑，它们既不能创造美，也不能欣赏美。但是，在西方的审美发生理论中，有一种生物本能说的观点，认为动物同人一样也具有美感，其代表人物是达尔文、谷鲁斯等。伟大的生物学家达尔文在他的《物种起源》、《人类的由来》等著作中，认为不仅美是可以先于人类社会而存在的，而且对于美的意识也非人类所独有。达尔文通过对许多飞禽走兽的观察，得出了禽兽以至昆虫都有审美活动的结论。他说：“当我们看到一只雄鸟在雌鸟面前展示他的色相俱美的羽毛而唯恐有所遗漏的时候，而同时，在不具备这些色相的其他鸟类便不进行这一类表演，我们实在无法怀疑，这一种雌鸟是对雄鸟的美好心领神会的。……如果雌鸟全无欣赏的能力，无从领悟雄鸟的美色、盛装、清音、雅曲，则后者在展示或演奏中所花费的实际的劳动与情绪上的紧张岂不成为无的放矢，尽付东流？而这是无论如何也难于承认的。……事实是明摆着的，就是，人和许多低于人的动物对同样的一些颜色、同样美妙的一些形态、同样的一些声音，都同样地有愉快的感受。人的审美观念，至少就女性之美而言，在性质上和其他动物的并没有特殊之处。”② 显然，达尔文认为某种动物是有“美的感觉”的。必须指出，达尔文作为生物学家是伟大的，但是，他用生物学的观点所作的审美分析是片面的。实际上，达尔文所观察到的某些鸟兽虫鱼的所谓“审美活动”，其对象不过是同种属异性的性特征，而不是美，它们的感受实际是基于生理本能的自然感觉，而绝不是什么美感。动物不仅感受不到人类及社会生活的美，也感受不到自然界其他事物的美，既不会欣赏风景，也不会欣赏对人说来比它更美的别的动物。有人曾举例说，如果你向动物园的猴子们投去一束鲜花，猴子们会以为是什么好吃的东西而互相争抢起来。但当它们发现花束中其实没有可吃的东西时，就会把鲜花丢弃或撕碎，绝不会去欣赏鲜花的美。自然界本身存在着各种各样美的事物，但桃红柳绿、燕舞莺歌、天青日朗、水秀山明之美，都只是相对于人而言的。《庄子·齐物论》中说：“毛嫱、丽姬，人之所美也，鱼见之深入，鸟见之高飞，麋鹿见之决骤。四者孰知天下之正色哉？”《庄子·至乐篇》中说：“《咸池》、《九韶》之乐，张之洞庭之野，鸟闻之而飞，兽闻之而走，鱼闻之而下入，人卒闻之，相与还而观之。”毛嫱、丽姬是倾国倾城的美人，《咸池》、《九韶》是人们纷纷“相与还而观之”的优美

---

① ［俄］普列汉诺夫：《车尔尼雪夫斯基的美学理论》，载《文艺理论译丛》，1958（1）。

② ［英］达尔文著，潘光旦、胡寿文译：《人类的由来》上册，135～137页，北京，商务印书馆，1986。

的音乐，但鱼、鸟、兽并不会欣赏，反而在由求生本能产生的防御反应的支配下避而远之。

可见，动物所谓的“美感”是基于性的本能展示其种属特征的行为，同人类的审美活动有本质的区别。前者是生理的、自然的、本能的，后者则是心理的、社会的、有意识的。因此，创造美、欣赏美只能是人类所独有的社会实践活动。

二、社会实践活动是美产生的历史根源

美是人类社会历史发展的产物，或者说，美是人类社会特有的社会现象。那么，美产生的社会历史根源是什么？马克思主义告诉我们，是人的社会实践活动。人的社会实践活动包含的一体两面：“自然的人化”和“人的本质力量对象化”，是产生于人类社会发展当中全部之美的最后根源。

（一）“自然的人化”

马克思在谈到人类历史发展的过程时有一段十分精辟的话：“整个所谓世界历史不外是人通过人的劳动而诞生的过程，是自然界对人说来的生成过程，所以，关于他通过自身而诞生、关于他的产生过程，他有直观的、无可辩驳的证明。因为人和自然界的实在性，即人对人说来作为自然界的存在以及自然界对人说来作为人的存在，已经成为实践的、可以通过感觉直观的，所以，关于某种异己的存在物、关于凌驾于自然界和人之上的存在物的问题，即包含着对自然界和人的非实在性的承认的问题，在实践上已经成为不可能的了。”①

马克思在这里所阐述的，蕴涵着被人们多次引用的“自然的人化”的思想。在他看来，历史就是人和自然的生成史。不仅人自身，而且整个自然界，都是在人类的历史活动中生成的。这里的生成，并不是指自然界的从无到有，而是指自然界的被改造，打上了人的烙印，形成了人化的自然界。这人化的自然界在马克思看来是我们考察人类历史的应有出发点，或者说是一切历史科学的逻辑起点。

“自然的人化”这一观点，是马克思在考察了人类的生产劳动，即人与自然的客观历史关系之后所取得的宝贵成果。马克思认为，人类社会赖以产生、生存、发展的最基本也是最根本的活动，是感性的物质生产劳动，而不是黑格尔所说的“抽象的精神劳动”。马克思吸取了费尔巴哈正确的一面，指出这种生产劳动的一个明显特征，是人的劳动对自然界的依赖：“没有自然界，没有感性的外部世界，工人就什么也不能创造”②，“在实践上，人的普遍性正表现在把整个自然界——首先作为人的直接的生活资料，其次作为人的生命活动的材料、对象和工具——变成人的无机的身体。……人靠自然界生活。这就是说，自然界是人为了不致死亡而必须与之不断交往的、人的身体”③。但是，马克思又认为，人与自然的关系，并非如费尔巴哈所理解的，处于一种天然的和谐中，而是一种客观的历史的关系。因为人与动物有着根本的不同：“动物同它的生命活动是直接同一的。动物不把自己同自己的生命活动区别开来。它就是这种生命活动。人则使自己的生命活动本身变成自

---

① 《马克思恩格斯全集》，1版，第42卷，131页，北京，人民出版社，1979。

② 《马克思恩格斯全集》，1版，第42卷，92页，北京，人民出版社，1979。

③ 同上书，95页。

己的意志和意识的对象。他的生命活动是有意识的。”① 正是在人的生产劳动实践活动中，“人的活动借助劳动资料使劳动对象发生预定的变化。过程消失在产品中。……劳动与劳动对象结合在一起。劳动物化了，而对象被加工了。在劳动者方面曾以动的形式表现出来的东西，现在在产品方面作为静的属性，以存在的形式表现出来”②。正因为如此，随着人类社会实践的不断深化，大自然便越来越打上人的意志的印记，成为人化的自然；人与自然的关系也逐渐上升为最高一级的社会性的统一。

由此看来，唯心主义的历史观是片面的，因为它往往凭空假设一个“凌驾于自然界和人之上的存在物”。旧的唯物主义历史观同样是片面的，因为它只承认自在的自然、孤立的自然，“他没有看到，他周围的感性世界决不是某种开天辟地以来就直接存在的、始终如一的东西，而是工业和社会状况的产物，是历史的产物，是世世代代活动的结果”③。旧唯物主义是一种见物不见人的哲学，它看不到人与自然的实践关系，看不到在人类历史活动中所形成的人化的自然，因而陷入形而上学。马克思正是在超越了形形色色的唯心主义和旧唯物主义的基础上，找到了考察人类历史的科学视角。

其实，早在马克思之前，德国古典哲学家都不同程度地涉及了这个问题。黑格尔曾以小男孩把石子抛入河中，观看河水中出现的圆圈为例，来说明人有一种冲动，即人要在直接呈现于他面前的外在事物中实现他自己。费尔巴哈也指出：“那些离开人最远的对象，因为是人的对象，并且就他们是人的对象而言，乃是人的本质的显现。月亮、太阳和星辰都向人呼喊：‘认识你自己’。”黑格尔和费尔巴哈都试图说明人类还是有通过对象确证自身的方式的。但是，在德国古典哲学家那里，人不过是等同于“意识”、“精神”、“自我意识”，而不是实践主体。他们都没有找到“自然的人化”的现实基础——劳动。正是由于劳动，自然界的人化才成为可能。可见，马克思“自然的人化”的思想是对德国古典哲学家的超越，是符合历史唯物主义的。

（二）“人的本质力量对象化”

“自然的人化”从作为主体的人的角度理解，就是人的本质力量的对象化（或物化）。这是同一个问题的两个方面。人的本质力量是人在认识自然、改造自然的实践活动中形成和发展起来的，是在人类遵循客观规律和主观目的自由创造的劳动中表现出来的，是人的主体性方面。它是人类社会生活的能动因素，是促进人类进步、促使历史前进的积极力量。凡是人们在创造性的活动中显示出来的人的感觉思维力、想象力、意志力等，都是人的本质力量的具体表现。正因为人具有这样一种积极向上的本质力量，人类生活才会如此欣欣向荣，充满蓬勃的生气。所谓对象化，是说人的本质力量可以凝聚、转化在他所创造的劳动产品上，以物质存在的形式显现出来。

如前所述，“自然的人化”的深刻的现实基础是劳动，那么，劳动是怎样物化人的本质力量的呢？

> 高尔基说：“人所创造的一切东西，每一物件中，都包含着他的灵魂。”

我们知道，劳动是人有意识有目的的生命活动。人在劳动之前必须首先形成目的。人的生命活动的目的性、自由自觉性是人高明于动物、区别于动物的地方。目的的形成依赖两个条件：首先是社

① 《马克思恩格斯全集》，1版，第42卷，96页，北京，人民出版社，1979。
② 《马克思恩格斯全集》，1版，第23卷，205页，北京，人民出版社，1972。
③ 《马克思恩格斯选集》，2版，第1卷，76页，北京，人民出版社，1995。

会的人的需要，它构成了劳动者的目的。比如人们居住的需要决定了建筑师劳动的目的，人们吃饭穿衣的需要决定了厨师和服装师劳动的目的。劳动者在劳动之前必须将这个目的具体化，成为劳动者头脑中观念的产品。其次，目的的形成还依赖于想象和思维，他们主要解决观念产品的形状和结构。这样，一个完整的观念产品就在大脑中真正确立了。目的制约着劳动的整个过程，在这个过程中，劳动者充分调动自己的体力和智力，借助种种手段加工对象，最终把观念产品变成现实的产品。现实的产品就成了人的本质力量与物质材料的统一。从而，原来无法用感官直接感知的人的本质力量，现在以存在的形式显现在产品中。通过现实的产品，我们可以直观到人的种种本质力量。所以马克思说：工业的历史和工业的已经产生的对象性的存在，是一本打开了的关于人的本质力量的书，是感性地摆在我们面前的人的心理学。作为产品的楼房具备了满足人们居住需要的效用，这个效用恰恰是劳动者目的的物化，或者说，是目的的实现。楼房的样式、外观的结构分别是劳动者想象和思维的物化。劳动者对对象的加工过程，就是人的感觉力、思维力、想象力、意志力、技能、技巧等综合发生作用的过程。在劳动中，人的种种本质力量都会在产品中得到物化，因而现实的产品就成为人的本质力量的确证。故宫的宏伟博大，人民大会堂的巍峨庄严，埃及金字塔的辉煌壮观，作为现实产品的这些特征，其实就是人的本质力量的显现和确证。我们游览长城的时候，禁不住赞叹长城的雄伟，这其实就是对古人的本质力量的赞叹。

因此，人类通过自己创造性的劳动，改变了事物外在的自然形态，在自然物上打上了人的劳动的印记，使自然的产品转变成为人的产品，从而实现了自然的“人化”，同时也实现了人的本质力量对象化。在这种情况下，人可以从外在自然和内在自然两个方面取得生命的自由，而且确确实实能够感受到、体验到、意识到这种自由。马克思说：“假定我们作为人进行生产。在这种情况下，我们每个人在自己的生产过程中就双重地肯定了自己和另一个人：(1) 我在我的生产中物化了我的个性和我的个性的特点，因此我既在活动时享受了个人的生命表现，又在对产品的直观中由于认识到我的个性是物质的、可以直观地感知的因而是毫无疑问的权力而感受到个人的乐趣。”① 马克思在这里所说的人的个性和个性特点的物化，既是人类在物质生产领域本质力量对象化的一般创造，同时又是以物质产品为载体的美的创造。由于产品物化了人的个性、人的生命、人的本质力量，因而该产品就不仅成为实际地供人使用的对象，而且也成为供人观照和享受的对象。就前者而言，产品呈现出其实用价值；就后者而言，产品呈现出一种审美价值。通过产品的感性形态，我们既可以获得由物质、生存需要的满足的快感，又可以直观到人的种种本质力量并产生“乐趣”。这种“乐趣”就是美感。引起我们的美感的，并非事物的实物形态和物质功用，而是其中凝结的人的种种本质力量。从这个角度说，美产生的最后根源乃是人通过劳动使自身本质力量对象化，所谓“劳动创造了美”，也就是说，劳动物化了人的本质力量，因而劳动的产品就是美的，美就是人的本质力量的感性显现。

(三)“人也按照美的规律来建造”

在《1844 年经济学哲学手稿》中，马克思提出了“人也按照美的规律来建造”的重要命题。深刻地把握这一命题，可以使我们更好地理解在“自然的人化”和“人的本质力量对象化”过程中美的生成。马克思指出，人的生产劳动实践不仅遵循劳动的一般规律，

---

① 《马克思恩格斯全集》，1 版，第 42 卷，37 页，北京，人民出版社，1979。

并且还遵循着“美的规律”。正因如此，人的本质力量对象化的生产劳动实践才不仅为人们创造了能满足人的物质需求的产品的实用价值，而且还创造了能满足人的精神需求的审美价值。

马克思讲的“美的规律”究竟指的是什么？第一，“人的生产是全面的”。人的生产活动的目的不仅是为了自身肉体生存，而且有着更高的目的，这就是满足人的精神需求，并且正是后者才真正体现着人的本质，因此马克思才说，人甚至不受肉体需要的影响也进行生产，并且只有不受这种需要的影响才进行真正的生产。这里所谓“真正的生产”，即是指人的生产劳动中所包含的不同于一般动物的人的本质特性。在超越动物性生存需求的“真正的生产”中，人的全部本质特性才得以展现，人的全部本质力量才实现了对象化，从而，人才能够“在他所创造的世界中直观自身”，获得物质需求满足的快感和精神的愉悦。第二，“人自由地面对自己的产品”。正因为人的需求超越了动物性的需求而包含着精神方面的重要内容，因而面对产品，人就不是只关注产品的实用性，而是更为关注产品的精神性，更为关注超越于实用价值之上的产品形式的价值。此时人们可以深刻体验到“不役于物”、超越功利局限的精神的自由自在。第三，“人懂得按照任何一个种的尺度来进行生产，并且懂得处处都把内在的尺度运用于对象”。美的生产的规律在于以何种目的、何种方式进行生产。我们曾反复说明，人的生产不仅仅取决于肉体的需要，而是有着更高的精神的需求。因此，人生产的目的是功利性与超功利性的统一。如何实现这个目的或同时满足人的物质的和精神的需求？这就要求人的生产一方面符合自然的规律（各种“种的尺度”），另一方面符合人内在的精神需求（“内在的尺度”），求得二者的和谐而不是互相冲突。这样，产品才以其外在的实用价值和内在隐含的审美价值，满足着人的多方面的需要，成为具有“美的特质”的审美对象。

更为重要的是，马克思所说的“美的规律”，不仅表明现实事物的美是源于人的生产劳动实践的，而且表明人们在进行“自然的人化”、“人的本质力量对象化”的生产劳动实践中，不但创造了具有美的特质的物质产品以满足人的精神需求，而且创造出了引导人们更高的审美追求的审美理想。

与动物相比较，人具有自由自觉的本性，“有意识的生命活动把人同动物的生命活动直接区别开来”，人的活动是“自由的活动”，人的生存超越了任何物种的限制，可以自由地面对自己的现实产品，同时也可以自由地面对自己的未来，在想象中描绘未来的画卷。这也就是说，人不仅现实地生存于当下可感的境遇中，人也超越可感的当下为自己祈想并规划一种更值得作为自己生存之所的世界。而且，这祈想和规划并不是一次性完成的，当起先的祈想和规划通过人的对象化活动相当程度地成为人的感性现实后，人的心灵又会从这既成的可感对象中跃起，为自己祈想并规划又一个新的更具魅力的天地。因此，从一定意义上说，人总是使自己处在两重世界中：一重是可感的或当下的，另一重是超越的或理想的。前者诚然是真实的，后者就其永远与前者相伴并永远是真实的人的一重处境而言也绝不可斥之为虚妄。由此看来，人的活动都是面向未来的活动，对未来将要实现的目的有所领会，总是以未来作为自己现实活动的根据。因此，人的生产劳动实践既是遵循美的规律的活动，又在这活动中实现着关乎未来的理想。这样，美的规律与人的理想在“本质力量对象化”的现实过程中实现了结合，成为引导人的活动向美的方向延伸的审美理想。

其实，审美理想并不是什么神秘的东西，不是柏拉图所说的那种人永远可望而不可即的“美的理念”。它同样产生于人的实践活动中。正如马克思所说：“只是由于人的本质的客观地展开的丰富性，主体的、人的感性的丰富性，如有音乐感的耳朵、能感受形式美的眼睛，总之，那些能成为人的享受的感觉，即确证自己是人的本质力量的感觉，才一部分发展起来，一部分产生出来。因此，不仅五官感觉，而且所谓精神感觉、实践感觉（意志、爱等等），一句话，人的感觉、感觉的人性，都只是由于它的对象的存在，由于人化的自然界，才产生出来的。”① 这段话不仅说明了人的美感产生的根源，同样也揭示了审美理想的生成根源。审美理想是人的精神需求和人的种种美感能力如“有音乐感的耳朵、能感受形式美的眼睛”等的复合体。它不仅是人的实践活动过程中的具有引导意义的目的性因素，而且可以作为劳动产品的评价标准。

马克思说：“蜘蛛的活动与织工的活动相似，蜜蜂建筑蜂房的本领使人间的许多建筑师感到惭愧。但是，最蹩脚的建筑师从一开始就比最灵巧的蜜蜂高明的地方，是他在用蜂蜡建筑蜂房以前，已经在自己的头脑中把它建成了。劳动过程结束时得到的结果，在这个过程开始时就已经在劳动者的表象中存在着，即已经观念地存在着。”② 这个“观念地存在”于进行劳动之前的建筑师头脑中的“蜂房”，就是他建筑“蜂房”的审美理想。这种理想的形成，是其全部美感经验和精神需要的相互作用的结果。当其劳动结束时，他可以把自己的产品同自己的审美理想（想象中的图像）进行比较，作出评价。其结果，或者是产品并未全部达到自己的预期，这样建筑师可以在以后的劳动中付出更多的心血，使产品更为符合自己的想象；或者是产品之美超出了自己的预期，这就更深化了建筑师的美感能力和创造力，使他产生更高的追求，产生更高的审美理想。

因此，真正的美的作品，不是凭空设想出来的，不是预先就存在的某种观念，而是在现实的实践活动中创造出来的现实的产品，其中凝结着人的审美理想；相应地，人的审美理想也不是与生俱来、万古如斯的某种神秘观念，而是在现实的实践活动中不断生成、发展的，其中包含着人对于未来的更高的祈想。美，就不断地生成于这种理想与现实的互动与张力之中。作为一切对象性的存在物中唯一可能自我设计其形象、具有自由自觉的本质特性的存在物，人不仅能够在“受动—能动”的对象化活动中通过实用价值和审美价值的创造与享受获取身心的更大幸福，而且能够在心灵的“反思”与“反省”活动中陶冶自己的审美情趣，形成更高的审美理想和审美追求，进而成全自己的道德人格，开拓自己的人生境界。

总之，“自然的人化”和“人的本质力量对象化”命题的提出，深刻揭示了美所由产生的人类社会实践这一重要根源。“人的本质力量对象化”的过程不仅是一个遵循“美的规律”的创造过程，而且是人的审美理想不断生成的过程，它本身就是“美的规律”的现实化。正是在这样的过程中，美的生成才成为可能。离开对这一动态的生成过程的把握，将无从揭开美的“历史之谜”。

三、劳动创造了美，也创造了审美关系

我们在上文深入讨论了在人的劳动实践中“美的历史生成”，揭示了“人的本质力量对象化”过程中的美的“一般可能性”，从而凸显了美的生成与人的本质特性的深刻内在关联。这里，我们进一步引入“关系”的范畴，探讨美在实际生活中的具体性和客观性。

马克思指出：人的本质并不是单个人所固有的抽象物。在其现实性上，它是一切社会

---

① 《马克思恩格斯全集》，1版，第42卷，126页，北京，人民出版社，1979。
② 《马克思恩格斯全集》，1版，第23卷，202页，北京，人民出版社，1972。

关系的总和。人的生产劳动，并不是他离群索居的纯粹个人性的行为，而是一种社会性的活动，只有在一定的人与人之间的关系，亦即社会关系的制约下，才能有效地进行，因为人的本质是人的真正的社会联系，所以人在积极实现自己本质的过程中创造、生产人的社会联系、社会本质。正是在社会性的实践活动中，人与人之间才结成了种种关系；也正是在种种社会性的关系中，才表现着人的社会性本质。

同样的道理，劳动创造了美，也就意味着创造出了一种社会关系，即审美关系。

关于审美关系，席勒认为："观赏（反思）是人同他周围的宇宙的第一个自由的关系"，"只有当人在自己的小屋里才静静同自己交谈，一旦走出小屋就同所有人交谈，美的可爱的蓓蕾才会开放"。法国美学家杜伏海纳也认为："通过审美对象，仍然是人在向他自己打招呼，而根本不是世界在向人打招呼。"他们都看到了审美就是人类对自身的观照，只有在人与人的自由关系中，美才能生成。但是，他们并没有看到审美关系同其他社会关系一样，具有将把人们聚合起来形成社会集体的广泛性、普遍性。

马克思则将审美关系的生成与人的生产劳动紧紧结合在一起。他说：艺术对象创造出懂得艺术和能够欣赏美的大众，任何其他产品也都是这样。因此，生产不仅为主体生产对象，而且也为对象生产主体。人的劳动创造了美的同时，也创造出了能够欣赏美的主体。美和审美主体都是劳动创造的。一方面，劳动产品满足了社会性的人的需要，通过产品，劳动者便与这个产品的享用者结成一种关系，这是一种建立在实际利益基础上的功利关系，产品的实用性就是这种功利关系的纽带。另一方面，劳动产品物化了人的本质力量并凝结着人的审美理想，成为供人欣赏、满足人的审美需要的对象，因此，产品的创造者与产品的欣赏者结成一种关系，这种关系就是审美关系，产品的审美属性、审美价值就是审美关系的纽带。因此可以肯定地说，美的创造者（劳动者）和美的欣赏者（欣赏主体）之间结成的关系就是审美关系。

长期以来，学术界几乎无一例外地将审美关系看作意识对存在的关系，即主观对客观的关系，认为人对现实的审美关系是一般意识与存在关系的特殊表现。这种观点实际是一种见物不见人的机械唯物论观点。它只看到了业已存在的美的事物，却没有看到创造了美的劳动者；它只看到欣赏美需要意识，却没有看到欣赏美的恰恰是社会生活中实实在在的人。如前所述，美不是开天辟地时就已存在了的，而是人类创造的，是历史生成的。同样，人类能创造美，人类也能欣赏美，美的创造者和美的欣赏者都是生活中的人。在创造中欣赏和在欣赏中创造，都是人的本质力量的表现和确证。所以，不能把欣赏主体看成第二性的，看成意识。正确理解审美关系必须注意两点：第一，我们不仅要看到业已存在的美的事物，还要看到创造了美的劳动者；第二，欣赏主体也是具有自身特点和活动的人，而不等于意识。这样，一方面是创造了美的劳动者，另一方面是欣赏美的主体，以美的事物为纽带，他们之间必然结成一种关系，这种关系才是真正的审美关系。审美关系中的关系主体和联结不同主体的美的事物的客观性，决定了审美关系是一种客观存在，凡有人类存在的地方，就有审美关系，只要人类存在，审美关系就会继续存在下去。

审美关系决定着美的实际存在方式。马克思指出：一物的属性不是由该物同他物的关系产生，而只是在这种关系中表现出来。美的性质也一样，它就是在审美关系中表现出来的。在一定关系中把握事物的性质，是马克思高超的思维方式的体现。比如马克思谈到，在封建社会，地租是土地的一种社会性，地租就是地主对农奴的剥削关系。在资本主义社会，剩余价值就是资本家对工人的剥削关系。这种观点对我们考察美学问题极富启发性：

从生产的角度看，美是对象化了的人的本质力量；从性质上看，美其实就是人与人之间所结成的一种社会关系——审美关系。凡有美存在的地方就有审美关系，凡有审美关系的地方，就有美的存在。离开了审美关系，美就无从表现——一方面，美离不开劳动者，因为美的生成离不开作为创造主体的劳动者的生产实践活动；另一方面，美又离不开欣赏美的主体，离开了欣赏主体，它只是对象化了的人的本质力量，其审美属性、审美价值并没有获得现实中的确证，还不能称为美。从这个角度说，美是一种关系，是美的创造者和美的欣赏者之间结成的社会关系，即审美关系。审美关系的性质决定着美的性质。审美关系的客观性，决定着美的客观性。审美关系一经被创造出来，就具有客观的性质，它不以人的意志为转移。正如儿子一时不在母亲的身边，并不意味着母子关系的消失一样，此时此地个别欣赏者没有欣赏美，并不意味着审美关系就不存在。正因为审美关系是客观的，所以美也是客观的。

四、美的特征

（一）美的可感性

美具有一种能以其具体的感性形象为人们的感官所感知的特性，即有其生动的、具体的外在形式。如事物的形状、姿态、线条、色彩、声响等。例如，人体的美，男性腰围与肩宽之比为1.618∶1，女性腰围与臀围之比为1∶1.618，这才是最恰当的比例。又如线条中，波浪线（蛇形线）最美，因为：它是无限延伸的；它永远处于不断的变化中；它给人一种光亮柔和、平滑的感觉。而形状中圆形最美，因为它有对称美、有平滑美，没有缺陷，是为“圆满”。

> 关羽，降汉不降曹，挂印封金，千里走单骑，过五关斩六将，温酒斩华雄，华容道义释曹操，单刀赴会，水淹七军，刮骨疗毒，败走麦城;诸葛亮，祭东风，草船借箭，三气周瑜，智料华容道，巧摆八阵图，六出祁山，七擒孟获，识魏延反骨，骂死王朗，木牛流马，空城计，锦囊杀魏延……
>
> 以上是《三国演义》中栩栩如生的人物形象。美的形象有哪些特征？

（二）美的感染性

美有一种感染人、愉悦人、令人喜爱的特性，即美是有其吸引力、调控力和着迷力的。它的感染作用表现在能陶冶人的情操，鼓励人的情感，启迪人的思想，引起人的爱慕和追求，使人精神振奋、心情舒畅、陶醉其中。车尔尼雪夫斯基说：“美的事物在人心中唤起的感觉，是类似我们当着亲人的面前时洋溢于我们心中的那种愉悦，我们无私地爱美，我们欣赏它、喜欢它，如同喜欢我们亲爱的人一样。”例如，当我们看中一件漂亮的外套时，它的颜色、款式、搭配等让我们喜欢它，买了下来，穿在身上时，顿觉精神百倍，信心大增。现代人追求生活的质量和日常用品的品牌，是有他的道理的。

（三）美的相对性

美之所以有相对性，是因为：（1）任何事物都是与其他事物紧密相连的，是互为作用、发展的，其关系的改变也必然会影响审美对象的审美属性。例如，“情人眼里出西施”。两情相悦时，在一方看来另一方是西施；如果两人的关系恶化，在一方眼中另一方很有可能就不再是西施，而是东施。（2）人的本质力量是不断地提升的，每个时代和社会对美的审视都是不同的，故美的形式和评判标准也是不断变化的。例如，唐代的女子以“脂腴肉润”为美；当代女子一度以骨感为美，所以很多女子为了追求骨感美而不惜一切代价。(3) 不同的审美者，其审美的角度、个人的喜好、品位和素养、身份、地位、生活际遇、人生追求等不同，也必然导致美的相对性。正如“一千个人的眼里就有一千个哈姆雷特”。

(四) 美的绝对性

美之所以有绝对性，是因为：(1) 美的事物有其自身的质的规定性，是有一定的客观标准的。一个事物是否具有美的属性，关键在于它是否符合美的规律。例如，徐志摩的《再别康桥》，大家都认为美，是因为其中的纯美的感情、纯美的风景和纯美的画面、纯美的颜色、纯美的诗歌结构、纯美的音乐感等激发了所有人的美好愉悦的情感。(2) 美是客观的，它不依赖于人的主观愿望而独立存在。世间万物，不管你去不去欣赏它，它的美始终是存在着的；事物的美并不因为人们的喜爱与否而存在或消失。

五、真、善、美

(一) 美与真

美以对真的认识和掌握为前提。真指客观世界自身变化、发展的规律。真理是指对客观事物及其规律的正确认识。同时二者存在区别：(1) 真是客观规律本身，可以离开人、人的实践独立存在。而美不是客观规律本身，不能离开人的功利目的和生动形象。(2) 真是求知的对象，而美是欣赏的对象。

关于“美是什么”的重要课题，我们在系统讨论了前人的理论成果的基础上，尝试提出了建立在马克思主义实践基础上的研究思路。也许这并不是“美是什么”的问题的最后解决方式，因为人类的社会实践是在不断变化、演进的，人类的审美领域也在不断地变化、丰富和深化，美的本质的探讨也应该是随着新的社会文化语境的变迁而不断改变问题的提出方式。但是，无论如何，只有在人的社会性存在、人的生产劳动实践、人类的生活的关系系统中去理解美的问题，才有可能获得比较科学的、符合实际的结论。

(二) 美与善

美以善为前提。这里的善包括人的行为道德及其以外的许多事物的社会功利性质，也就是指符合人的目的性。二者有三点区别：(1) 从功利性来看，善是直接和功利相联系的，衡量一件事物是否善，以社会功利为客观标准。而美和功利之间的联系是间接的，功利潜伏在形象之中。(2) 从内容和形式的关系来看，善虽有形式，但主要不是讲形式，也可以不顾及形式。而美体现内容与形式的统一，强调内容要显现为生动的形象，注重形式。(3) 善是意志活动（目的、功利）的对象，而美是认识和观赏的对象，能唤起情感的喜悦。

总之，真、善、美，就其发生发展的历史来说，只有当人在实践中掌握了客观世界的规律（真），并将其运用于实践，达到了改造世界的目的，实现了善，才可能有美的存在。但作为历史的成果、作为客观的对象来看，真、善、美是同一客观对象的密不可分地联系在一起的三个方面。

第二单元　审美主体

知识目标

- 掌握审美主体的特征。
- 掌握审美主体的结构和层次性。
- 掌握审美主体的审美标准。
- 掌握审美主体的能力要求。

能力目标

- 能根据审美主体的特征分析审美活动中审美主体的作用。
- 能根据审美主体的审美标准和能力要求，不断提升自我审美能力。

背景案例

邹忌修八尺有余，而形貌昳丽。朝服衣冠，窥镜(见图2—1)，谓其妻曰："我孰与城北徐公美?"其妻曰："君美甚，徐公何能及君也?"城北徐公，齐国之美丽者也。忌不自信，而复问其妾曰："吾孰与徐公美?"妾曰："徐公何能及君也!"旦日，客从外来，与坐谈，问之客曰："吾与徐公孰美?"客曰："徐公不若君之美也。"明日徐公来，孰视之，自以为不如；窥镜而自视，又弗如远甚。暮寝而思之，曰："吾妻之美我者，私我也；妾之美我者，畏我也；客之美我者，欲有求于我也。"

——《战国策·齐策》

图2—1　邹忌窥镜

问题讨论

1. 背景案例中，妻、妾、客的审美判断和邹忌对自身美丑的审美判断给我们什么启示?

2. 背景案例中，众人的审美判断体现了哪些美学特征?

第一节 什么是审美主体

审美主体即审美活动的发出者和承担者，也就是指处于审美活动中的人。在审美活动中，审美主体因其鲜明的特点起着主导作用，是审美活动得以发生的关键。

一、审美主体的特征

审美主体是在人类实践活动中生成的，在审美活动中起主导作用。审美主体的主导作用来自其鲜明的特征：感性、情感性和自由性。

第一，审美主体具有鲜明的感性特点，审美主体是感性观照的主体。审美活动与认识活动一样，都属于人类高级精神活动，但不同于认识活动的是，审美活动具有明显的感性色彩。从审美活动的对象来看，它是感性与意义的统一体。杜夫海纳说："审美对象就是辉煌呈现的感性。"① 审美对象以线条、色彩、形状、音响、韵律等感性的方式存在着，同时这感性的形式又蕴涵着意义。正是在感性与意义相统一的基础上，审美对象才能在审美活动中成为审美客体。从审美活动的主体来看，审美主体要成功地进行审美活动，必须具有一种感性能力。主体的感性能力是一种透过感性现象看到意义，即"直击"事物自身的能力。而认识活动则不同，它追求的是客观真理，因此认识主体对事物的认识必须从感性上升到理性，在把握事物的感性特征基础上，运用概念、判断、推理等抽象思维来认识事物的客观本质。

第二，审美主体是情感丰富的人，审美主体是情感活动的主体。在认识和伦理活动中，情感的作用是不受重视的。但在审美活动中，情感的作用至关重要，离开了主体的审美情感，审美活动的特质也就失去了。在审美活动中，审美主体的情感起着决定性的作用，它引导和推动着审美主体去感知、体验审美对象，从而使得审美活动顺利发生，并最终实现审美理想。对于审美主体的情感在审美活动中起到的重要作用，中外美学家们早有认识。康德认为：我们判断某一事物美还是不美，并不是对某个对象作出逻辑判断，而是借助想象力作出情感上的判断，看它是否引起主体的快感或不快感。《礼记·乐记·乐本》中说："凡音者，生人心者也。情动于中，故形于声；声成文，谓之音。"指出音乐的目的正是为了表达人的情感。

> 如何理解"情人眼里出西施"?

第三，审美主体具有能动自由性，审美主体是自由的主体。人作为一个社会存在物，其本质特征在于自由。但在认识活动和道德活动中，由于主体对客体的功利性的要求，其自由受到了限制，是在一定限度下的自由。而在审美活动中，由于审美活动的超功利性特征，使得审美主体具有最大程度的自由。席勒说："在有文化教养的圈子里，在审美的国度中，人就只需以形象显现给别人，只作为自由游戏的对象而与人相处。通过自由去给予自由，这就是审美王国的基本法律。"② 庄子也认识到了审美主体的自由特征。他认为人

① ［法］杜夫海纳著，韩树站译：《审美经验现象学》，115页，北京，文化艺术出版社，1992。
② ［德］席勒著，徐恒醇译：《美育书简》，145页，北京，中国文联出版公司，1984。

要得“道”，就必须忘记已学到的知识和各种欲望，做到“心斋”、“坐忘”，才能达成审美的自由境界。

审美主体的自由性不仅表现在主客体的融合，还表现在主体可以凭借审美想象力，突破时空和现实的限制，创造出现实中所没有的事物和形象。

二、审美主体的结构及其层次性

（一）审美主体的结构

审美主体包含群体的审美主体和个体的审美主体两个层面。群体的审美主体和个体的审美主体之间是相互交叉的关系。群体的审美主体为个体的审美主体提供了审美的先天可能性，这种先天可能性我们称之为人类学的审美文化—心理结构，简称“主体的审美结构”，它是人类文化—心理结构中的一部分。人类文化—心理结构是在人类长期实践中形成的，人类在运用物质工具改造和征服自然的劳动生产实践过程中，不仅使外在自然成为人化自然，创造了人类的物质文明，同时也使内在自然成为人化的自然，创造了人类的精神文明。而其中人类的文化—心理结构就是在内在自然的人化过程中形成的。

审美结构和意志结构、智力结构都是人类文化—心理结构的一部分，但审美结构与智力结构和意志结构的最大区别在于，智力结构和意志结构表现为一种理性结构，而审美结构则是一种感性结构。夏夫兹博里和哈齐生对此早有认识，他们认为，人天生就存在一种审美感官，可称之为“内在感官”或“第六感官”。夏夫兹博里说：“眼睛一看到形状，耳朵一听到声音，就立刻认识到美、秀雅与和谐。行动一经察觉，人类的感动和情欲一经辨认出（它们大半是一经感觉到就可以辨认出），也就由一种内在的眼睛分辨出什么是美好端正的、可爱可赏的，什么是丑陋恶劣的、可恶可鄙的。这些分辨既然植根于自然，那分辨的能力本身也就应是自然的，而且只能来自自然……”[①] 这里的意思是主体的“内在感官”或“第六感官”在感受美的时候是不假思索的、直接的、感性的。其后，休谟将审美能力归结为“人心的特殊构造”，康德则设定一种“共同感觉力”的存在来对审美判断进行分析，心理学家荣格提出“集体无意识”学说，等等。这些美学家们的观点各异，但他们都认识到审美主体有着一种先天的审美结构，即每个个体都具有先天获得的一种深层的文化心理结构，正是这种文化心理结构使审美活动成为可能。对于这种审美结构，美学家们受到历史条件的限制，还不能理解到其来源于长期的社会实践，但他们认识到了审美结构的直接性特点，这就紧紧抓住了审美结构的特征。

（二）审美主体结构的层次性

事实上，人类在长期的社会实践过程中，不仅形成了内在审美心理结构，而且也形成了这种结构的层次性。我们通常将审美结构由低到高分为三个层次：生理层次、心理层次和社会文化层次。

1. 生理层次

人类的生理活动与外部环境的关系是刺激—反应的关系，正是这一关系使人类一切高级生命活动包括审美活动成为可能。当外部刺激出现时，主体的反应包括两个方面，一方面感官接受外来信息，另一方面产生快感和不快感。当刺激适应人的生理运动的节奏韵律时就产生快感，不适应时就产生不快感，而美感又是以快感为基础的。所以无论人类怎样

---

① 北京大学哲学系美学教研室编：《西方美学家论美和美感》，95页，北京，商务印书馆，1980。

发展，刺激—反应机制都不可能在主体的生命活动中消失，它是审美活动中最基本、最原始的因素。

2. 心理层次

心理层次是比生理层次更高一级的层次，其重要特点是物的对象化。这里的意思是外界环境和人的关系不只是刺激—反应的关系，还有刺激—反映的关系，即外界环境不再仅仅作为一个单纯的刺激物作用于人的感官，而是作为一个对象以其形式和整体形象及其所包含的全部内容和意义作用于人的心理，引起主体的心理活动。如果说在生理层次，刺激—反应活动引起的是主体的快感与不快感，那么在心理层次，刺激—反映引起的就是主体的审美情感。李泽厚说："染红穿戴、撒抹红粉已不是对鲜艳夺目的红颜色的动物性的生理反应，而开始有其社会性的巫术礼仪的符号意义在。"[①] 指出即使是原始人群，对于外界事物也不仅仅是纯生理的反应。马致远《天净沙·秋思》中的名句"枯藤老树昏鸦，小桥流水人家，古道西风瘦马。夕阳西下，断肠人在天涯"中的景物已经不是单纯的自然物，而是融注了主体情感的对象。因为心理层次的作用，同一景物可以激发主体不同的情感，引起不同的体验、理解、想象。

3. 社会文化层次

它是审美结构的最高层次，与心理层次紧密相连。在长期的社会实践活动中，各种文化信息逐渐沉积在心理意识中，形成社会文化结构。在人类的审美活动中，社会文化结构的作用尤其重要，一切审美愉快的获得，特别是较高层次的审美愉快的获得，都离不开社会文化结构的作用。如梅兰竹菊在中国素有"四君子"之称，经常出现在中国画中，人们在欣赏这些画时所看到的就不再是普通的植物，而是通过"水玉比德"感受到蕴涵其中的高尚情操。卡希尔说："除了在一切动物种属中都可以看到的感受器系统和效应器系统以外，在人那里还可发现可称之为符号系统的第三环节，它存在于这两个系统之间。这个新的获得物改变了整个人类的生活。"[②] 这里的"符号系统"指的就是主体的社会文化结构。

> 桑塔耶那说："人体是一部机器，凭借某些生活机能组合在一起，机能一中止，它便要解体。有些机能，像血液的循环，组织的新陈代谢，乍看起来是不觉得的。然而，这些基本过程有什么重要的紊乱，都会立刻在意识上引起巨大的、痛苦的变化。"

生理层次、心理层次、社会文化层次，共同构成了完整的审美结构。这三者之间是互相渗透、不分彼此的关系，正是在这三者的相互渗透的作用下，主体具有了能够进行审美活动的可能性，它引起主体的审美追求并最终要现实化为主体的审美能力。

第二节　审美主体的审美标准和审美能力

一、审美主体的审美标准

审美标准通常是指主体在具体的审美活动中形成的、用来评价对象的一种内在的"尺

① 李泽厚：《美的历程》，4～5页，北京，中国社会科学院出版社，1984。
② ［德］卡希尔著，甘阳译：《人论》，33页，上海译文出版社，1985。

度”。审美标准作为主体的内在尺度是人类历史发展的产物。在人类长期的审美活动实践中，主体在自己的审美经验基础上，根据自己的审美需要形成了一种理想模式、内在标准。与我们所熟悉的物理标准和社会标准不同，审美标准不能使用具体的度量衡工具或条文形式来明确表示，它只是存在于主体心中。当人们进行审美活动时，总是以这种内在的模式来衡量与要求对象。当对象与这种模式相合或相近时，就会产生美的感受，反之，则被认为是不美的或怪异的。它与完形心理学上的“异质同构”原理相近，强调由于外界对象的形式结构与主体心理结构相同或相似而产生美感。

审美标准一般是指人类群体的审美标准。在具体的审美活动中，由于主体总是单个的人，所以审美标准有着差异性，但这个差异性往往是在与社会群体审美标准保持一致的条件下的差异。这是因为个人是生活在社会之中的，是社会的产物。社会作为人类存在的群体形式，对个人的存在和发展都有着极大的规定和制约作用，因此主体的审美标准是一种群体主体的审美标准。

审美标准作为主体的一种特殊的内在尺度，是人类社会发展的产物。从审美标准发展的历史来看，它主要可以分为两个方面：对形式的审美标准和对形象及其意蕴的审美标准。

对形式的审美标准是指对跟内容没有直接关系、有着相对独立意义的形式的审美要求，是能引起主体的审美愉快的形式的共同特征，简称为“形式美法则”。对形式的审美标准是人们在长期的审美活动中积累、提炼、概括出来的，主要有整齐、对称、均衡、比例、节奏、调和、对比、和谐等，并有着客观的生理和心理基础。形式美法则在人类的实践活动中产生，也体现在人类的审美实践活动中。在实践活动中，人类所获得的经验经逐步提炼、抽象形成了人类群体的审美标准，而这一标准也最终影响着人类接下来的审美活动。

对形象及其意蕴的审美标准是指对对象形象及其意义的审美要求，是符合主体审美理想的共同特征的，它与主体的心理意识相对应，并服务于主体精神层面的审美追求。对形象及其意蕴的审美标准与对形式的审美标准一样是在人类长期的审美实践活动中形成的，并最终影响着人类的审美活动。

主体的审美标准是在人类长期的实践活动中形成的，有着客观的生理和心理基础，具有客观规律性。同时，由于审美标准是历史地形成的，因此它也具有社会基础，并随着社会的发展而处于发展变化中。概括起来，审美标准的这种变化具有时代性、地域性、阶层性的特征。

首先，审美标准具有时代性的特点，即每一种审美标准都有一定的时间限制。在古希腊时期，“维纳斯”雕像是美丽的化身，但在中世纪，基督徒把所有的维纳斯雕像都称作“女妖”，对其实施销毁的政策，而从文艺复兴时代起至今，这个曾被称为“女妖”的雕塑又重新成为美丽的代表。在中国汉魏时期，人们以瘦为美，因此体态轻盈的赵飞燕就成为美的化身，而到了唐代，胖成了人们追求的目标，所以丰盈圆润的杨玉环“集万千宠爱于一身”，“燕瘦环肥”一词因此而来。当前，清瘦秀美成了人们心中“美丽”的代言词，于是减肥成了当前热门的话题。

其次，审美标准具有地域性的特点，即每一种审美标准都有着一定的地域限制。在中国封建社会，黄色代表着尊贵、权威，为帝王专用颜色，是众颜色中最高贵的颜色，下至平民百姓，上到达官贵人、皇亲国戚，都不可随便使用。而在欧洲各国基督教普及的地方，黄色却是人们所憎恶的颜色，因为它是背叛耶稣的门徒犹大所穿衣服的颜色。

最后，审美标准具有阶层性的特点，即每一种审美标准都是特定阶层的标准。审美标准受着特定阶层的主体的审美理想的影响，从而有着不同的表现。以服装为例，一般人在挑选服饰时要赶时髦、时尚，而知识分子讲究的是得体、素雅和高贵，艺术家则追求个性张扬的效果。

审美标准的各种特点，根源于人的社会文化心理结构和作为社会生命体的活动规律，它受到社会经济、政治、文化、思想等的影响。希腊时期对“维纳斯”的推崇是受到了当时自由民主的社会风气的影响，而中世纪对这一美丽女神的毁灭是为了维护统治阶级的利益；基督教徒对黄色的蔑视是因为黄色上有着“叛徒”的烙印；唐代对丰腴的追求体现了当时国泰民安、经济繁荣的社会发展情况。这些都充分表明，审美标准是一种客观的社会的标准，处处反映了社会文化生活。主体的审美标准既是客观的，又是发展变化的。

二、审美主体的审美能力

审美能力是指主体在审美活动中形成的能使审美活动得以顺利开展的能力，包括审美感知力、审美想象力与审美理解力三个主要方面。

（一）审美感知力

审美活动的发生往往是由于审美对象的形式符合主体的审美需要，因此对对象形式的感知在审美活动中起着至关重要的作用，可以说审美能力首先就表现为审美感知力。审美感知力是主体的审美感官对对象形式如色彩、声音、形体等感知的一种能力。马克思在《1844 年经济学哲学手稿》中曾说，从主体方面来看：只有音乐才能激起人的音乐感；对于没有音乐感的耳朵来说，最美的音乐也毫无意义。可见审美感官在审美活动中的重要作用。审美感官的产生也是人类历史发展的产物，它是人类的感觉在实践活动中变得越来越丰富时逐步地产生和形成的。在西方美学史上，美学家们普遍认为眼睛和耳朵是审美感官，强调视觉和听觉在审美活动中的主导作用。而在中国美学史上，中国美学家们更倾向于将所有的感官都看成审美感官，而并不只强调视听觉的作用。事实上，视觉和听觉在审美活动中确实起到了主导作用，但主体的其他感觉如触觉、嗅觉、味觉也在审美活动中发挥了重要的作用。

在审美活动中，审美感官感受到的是对象的形式美，并从中获得愉快，因此可以说审美感官是一种享受的器官，而审美感觉是审美主体所特有的一种获得精神享受的感觉。简单说来，审美感知力就是使主体获得审美享受的能力。由于对对象把握程度的不同，我们可将审美感知力分为审美感觉力与审美知觉力。

审美感觉力是主体审美能力中最基本的一种能力，离开了审美感觉，其他任何高级复杂的审美心理现象都无法产生。审美感觉力主要是指审美主体对对象的色彩、音响、形体等形式因素的敏锐的识别力。钢琴演奏家在长期的演奏中，对声音的审美感觉力远远超出了常人，他可以将一个音分成不同层次，其感觉的细腻使他的作品更富有感染力；画家对色彩、光线、线条的敏感也异乎常人。审美感觉力对对象有着主动选择的特点。由于审美感觉是一种享受的感觉，它只对符合自己审美需要、能引起自己审美愉快的色彩、声音等感兴趣，如悠扬的琴声、蓝蓝的天空、碧绿的草地等，感官会立刻选择它们；而对于不符合主体审美需要、引起感官不快的色彩和声音，如刺眼的强光、嘈杂的噪音等，主体的感官会本能地逃避。

审美知觉力是建立在审美感觉力的基础上的，它是主体将已有的知识、经验、情感、兴趣等在感觉对象形式的同时融入对对象的知觉中，使知觉的内容不仅仅局限于对象形式，而成为一个完整的形象。在审美活动中，主体的审美知觉力对各种感觉要素不是机械的组合，而是一种主动的加工，这种加工是瞬间生成的。由于在审美活动中，对整体形象的把握比对对象形式的把握更为重要，因此审美知觉力的作用比审美感觉力更为明显。

审美知觉与一般知觉有着共同点，又有着自身的特殊性，它的最主要的特殊性在于它联系的是主体情感的要求和目的。

杜夫海纳说："一般知觉一旦达到表象，就总想进行智力活动，它所寻求的是关于对象的某种真理，这就可能引起实践，它还围绕对象，在把对象与其他对象联系起来的种种关系中去寻求真理。而审美知觉寻求的是属于对象的真理，在感性中被直接给予的真理。"这里的意思是，审美知觉对事物的整体把握往往只停留在对象的感性形式或形象上，着眼于它们的情感表现性，而不去深入追究其本质特征或实用意义。主体的情感状态决定了审美知觉的不同。同样是月亮，主体的情感不同，所知觉到的内容也就不一样。"明月几时有，把酒问青天"，"举杯邀明月，对影成三人"，"但愿人长久，千里共婵娟"，可见主体的知觉是随着情感的变化而变化的。在审美活动中，审美知觉力能按照主体的审美需要对对象进行加工，主动建构审美对象，这种加工是以情感为中心的，其最终构建的形象是按主体情感要求修改和建构的心灵化的对象。

审美感觉力和审美知觉力作为审美感知的两个方面，它们之间不是毫不相干的，而是相互包含、相互交叉地在审美活动中发挥着作用。

（二）审美想象力

审美想象力是审美主体所具有的能使审美活动顺利展开的一项不可缺少的能力，它是构成审美意象的重要手段。对于审美想象力的作用，人们早有认识，马克思称想象为"人类的高级属性"，黑格尔指出"真正的创造就是艺术想象的活动"。从心理学的角度看，想象是一种运用表象自由把握世界和创造形式的心理能力和机制，想象的过程是在头脑中改造记忆表象以创造新形象的过程。根据审美想象力在具体审美活动中的不同表现，我们可将审美想象力分为联想、再造性想象和创造性想象。

联想是想象的基本形式，它以记忆为基础，是由一件事物想到另一件事物的过程。根据原来事物和联想到的事物的关系，我们可将联想分为类比联想、对比联想、关系联想等。由于审美活动离不开感性的形象，而感性的形象不是单一的、孤立的，而是丰富的、多方联系着的，这种丰富性和多方的联系，要靠联想来展现和发掘，因此在审美活动中，联想是不可缺少的一种审美能力。一幅风吹叶动的画，我们看到的只是倾向一个方向的叶子，如果不能通过联想体会叶子在风中飘舞的情景，就很难体会画的意境。中国古典建筑中的大屋顶，其远远伸出的屋檐、富有弹性的檐口曲线、稍稍反曲的屋面、微微起翘的屋角，让人产生"如跂斯翼，如矢斯棘，如鸟斯革，如翚斯飞"的联想。

在审美活动中，审美联想可以使人依照自己的审美需要构想出一个审美世界，因此它在审美创造和审美欣赏中发挥了特殊的作用。中国古代习惯将梅兰竹菊称为"四君子"，就是由于主体能由菊梅之迎霜雪而怒放，联想到不畏谗言、独立不迁的君子形象；由竹之挺拔中空，联想到君子贫贱不能移其志的精神；由兰之安处幽谷、独自开放，联想到君子高洁的品行。如果说审美知觉建构的是一个审美对象，那么联想就能把这个审美对象扩大为一个完整的审美世界。

再造性想象是指主体根据语言、图样或其他方式的表述，在头脑中再现这一事物的形象，也可以是主体在自己过去经验的基础上，对记忆表象进行组合，想象出自己并没有亲自经验过的形象。这一形象与对象的原始形象是“同型”关系。再造性想象主要作用在审美欣赏活动中。因为在欣赏活动中，审美主体只有通过想象才能把握具体的感性的表象，并获得对对象的美的感受。

创造性想象是审美主体根据自己的审美理想，对记忆中的表象进行加工、整合、改造，创造出符合崭新形象的想象。创造性想象有着鲜明的目的性，这个目的就是要符合主体的审美理想，要创造出与审美理想“同型”的形象。创造性想象在审美创造活动中表现突出，可以说，在审美创造活动中创造性想象的强弱直接决定了作品的价值，这是因为创造性想象能将记忆中储存的表象进行创造性的综合，以创造出新颖、独特的形象。在审美活动中，创造性想象可以把不同的表象黏合在一起以形成新的形象，如西方故事中的美人鱼；也可以将许多表象浓缩，创造出具有许多深刻意义的新的表象，比如《欧也妮·葛朗台》中的葛朗台。创造性想象所采用的手法还有很多，如分割、夸张、变形、组合等，它们都是对原有表象进行改造，以形成一个崭新的意象世界。但无论使用何种手法，审美想象力都是在审美情感的推动下，按照主体的审美理想创造审美对象。

审美想象是按审美需要、审美理想的要求而展开的想象，它具有情感性和创造性的特征。首先，审美想象具有情感性。在审美活动中，主体的审美需要和审美理想是由主体的情感决定的，因此审美情感是审美想象的根本动力，想象是按主体的情感要求展开的，如果没有情感这个动力，想象活动就无法进行。其次，审美想象具有创造性。审美想象的创造性是一种自由创造性。在审美活动中，审美想象根据主体的审美需要，可以突破现实时空的种种限制，对记忆中的表象进行加工制作，以创造出一种符合主体审美理想的崭新的新意象。

（三）审美理解力

审美理解力也是审美主体在审美活动中不可或缺的一种审美能力，它是指在审美活动中，审美主体以感性的形式对对象意蕴直接的、整体的把握和领会。理解是指形成和运用概念来认识事物的本质，是认识事物的最终结果，有直接理解与间接理解之分。直接理解往往是指与知觉过程相融合，在瞬息间立刻实现的、不需要任何中介的思维过程，在感知对象的同时便是对对象的理解。间接理解则要通过概念、判断、推理等一系列的阶段或过程，它是理性思维的结果。

阿恩海姆把这两种理解能力称之为直觉和理智。前者用于审美，后者用于科学，两者都可以达到对事物的理解，只不过理解的对象和方式不同。由于审美活动是一种感性活动，它不存在理性思维的独立阶段，因此审美理解是一种直接理解。审美理解作为审美活动中的理性因素，它并不专属于审美活动的某一个阶段，而是渗透在审美感知力和审美想象力之中。渗透在审美知觉中的理解是对对象形态、结构、风格和直接显露的意蕴的把握，而渗透在审美想象中的理解则是对象的深层意蕴的把握。

审美理解力与科学活动中的理解力有着相同点，即都是为了把握对象的内涵和意义，但作为一种直接理解力，审美理解力有着以下两个特点：

首先，感性是审美理解力最鲜明的特点。审美活动是一种感性活动，而审美理解力是一种感性理解能力。

> 黑格尔将审美理解称之为“充满敏感的观照”，他不仅意识到审美过程的理解因素即审美理解力的存在，而且还认识到了审美理解的感性特点。他指出：“‘敏感’一方面涉及存在的直接的外在方面，另一方面也涉及存在的内在本质。充满敏感的观照并不是把这两方面分别开来，而是把对立的方面包括在一个方面里，在感性直接观照里同时了解到本质和概念。”

审美理解力的感性特征是由审美对象的存在方式决定的。由于审美对象任何时候都是以感性的方式存在着的，这种存在使它不可能被抽象化，因此，要把握审美对象的内涵和意义，必须采取感性直觉的方式，而不能采取抽象的方式。如果主体采用理性思维将审美对象归纳为抽象的概念，那么，审美对象的意蕴就会全然失去，对象就成了认识活动的客体，审美活动也将不再存在。

审美理解的感性特征还表现在它是审美主体情感的理解。在审美活动中，主体对于客体的理解渗透了主体的情感，主体有什么样的情感，就会对客体有什么样的理解。

其次，丰富性是审美理解力的另一特性。由于审美理解属于直接理解，它是通过具体形象感受到对象的内涵及意义，而不是通过概念归纳得出对象的本质。审美对象的色彩、形体、文字等形式是有限的，而其中的意义却是丰富复杂的，它蕴涵着一个丰富完整的审美世界，因此审美理解力具有丰富性，也可以说是模糊性和多义性，需要审美主体充分调动各种审美能力进行体验、领悟才能获得，对于同一审美对象，不同的审美主体会有不同的理解，人们常说的“有一千个读者就有一千个哈姆雷特”正是这个意思。就是同一审美主体，在不同的条件下，也会对对象有不同的领悟。审美理解的丰富性是一定限度下的丰富性，它的模糊性中有某种确定性，在多义中仍保持某种固有的意义。一千个读者可以有一千个对哈姆雷特的理解，但读者不可能将哈姆雷特理解成“李尔王”，而只能是“哈姆雷特”。审美理解力并不是人的天赋能力，而是个人后天培养而成的，它的形成建立在一定的知识基础上，所以审美理解力虽然不是对知识的理解力，但它仍然离不开知识。如前面讲到过，中国古人习惯将梅菊的傲骨、兰的高洁、竹的挺拔比喻为士大夫的人格理想，这是中国人民在长期的审美实践活动中形成的观念，不了解中国文化传统的人，就不能深刻理解其中所蕴涵的情趣和韵味。所以，虽然审美理解力是一种感性理解能力，但它并不是与理性能力毫无关系的，它包含理性因素。

第三单元　审美客体

知识目标

- 理解审美客体的本质。
- 掌握审美客体的主要特征。
- 掌握自然美的基本特征及审美功能。
- 掌握社会美的基本特征及审美功能。
- 理解艺术美的特征。
- 掌握形式美的要素及规则。
- 了解美学史上对优美、崇高、悲剧、喜剧的探讨。
- 掌握优美、崇高、悲剧、喜剧的基本特性和美学特征。

能力目标

- 能根据审美客体的本质及特征，分析文学作品中人物形象的美。
- 能根据审美客体的本质及特征，鉴赏常见广告图案的美。
- 能运用自然美的审美方法，鉴赏自然美。
- 能塑造自我形象的美，创造社会美。
- 能运用艺术美、形式美的规律去欣赏艺术作品。
- 能从不同角度欣赏出艺术品和社会生活中的优美、崇高、悲剧、喜剧。
- 能自觉运用优美、崇高、悲剧、喜剧的审美特征提升自我审美水平。

背景案例

东晋时期，三品官家祝氏为了巩固朝中地位，努力攀附权贵，将独生爱女英台许配给马氏太守之子马文才，但碍于英台无心向学，怕失礼于人，遂将她作男装打扮送往崇绮学院修身养性。

祝氏夫人先行交托院仕夫人代为照顾，怎料生性好动的英台如脱缰野马，给众人增添了不少烦恼。期间，英台被安排独睡文库禁地，竟巧遇在此借光夜读的贫苦学生梁山伯，两人建立了友谊。虽然学院内门第观念依旧强烈，但山伯积极进取的性格令英台产生情愫，且主动亲近，日久相对，英台的身份终被山伯识破，他俩抑制的情感终于得到释放。山伯以为考取功名便能迎娶英台，可惜士族寒门的隔膜始终不易消除，终致这对有情人好梦难圆（见图3—1）。

图3—1　梁祝

问题讨论

1. “梁祝”故事的具体内容有何美学特点和审美价值?

2. “梁祝”故事在流传、发展中，曾被鼓词、传奇、木鱼书、民歌、地方戏、电影等许多艺术形式所接受，为什么?

第一节　审美客体的本质及特征

一、审美客体的本质

当审美活动在人类活动中独立展开，成为一种特殊的活动形式时，在这种活动中就自然地、历史地形成了特殊的主体和客体，即审美主体与审美客体。所以，审美客体特指审美活动中的客体，它历史地形成于审美活动中，是与审美主体相对应的一个概念。关于审美客体，我们可以从其本质规定性的三个基本层面来探讨。

（一）审美客体是人的一种对象性存在

客体是指人在各种活动中所指向的对象。因而，客体是相对于主体而言的，没有人的存在和人的实践活动，也就不可能有客体的存在。客体不同于客观性存在。客观性存在，如自然界，在人产生之前就已然存在着，但它们不是客体，它们只是自然物质的存在。而客体必然要以人类实践活动为前提，即马克思所说的“人化的自然”或“人类学的自然”。审美客体与任何客体一样，必须是属于这种“人化自然界”。

审美客体是指人在审美活动中所指向的对象，是相对于审美主体而言的。它先成为人的实践的对象，随着人类实践活动的发展，人类产生审美需要，这时客

> 普列汉诺夫曾对野蛮人在自己的舞蹈中往往再现各种动物的动作和狩猎的动作有一种解释，他说：“这只能解释为想再度体验一种快乐的冲动，而这种快乐是曾经由于狩猎时使用力气而体验过的。请看一看爱斯基摩人是怎样猎取海豹的：他伏在地上向它爬去；他竭力像海豹那样地昂起头来；他模仿它的一切动作，等到悄悄地接近它之后，最后才向它射击。因此，模仿动物的动作，是狩猎的极其重要的一个部分。所以，毫不足怪，当狩猎者有了想把由于狩猎时使用力气所引起的快乐再体验一番的冲动，他就再度从事模仿动物的动作，创造自己独特的狩猎舞。”这也是原始岩画、洞穴壁画等史前艺术中部分内容的来源。在这种模仿活动中，活动的形式与活动引起的快感始终联系在一起。在不断的重复中，当对快乐的追求成为自觉的对象化需要即审美需要时，当人们出自审美需要去进行活动时，审美活动就从物质实践活动中独立出来了，人的生命活动过程就成为了审美客体。

体才成为人的审美客体。所以，审美客体产生于审美活动的独立过程中。比如，人类在物质生产活动中是能享受到快乐和满足的，但人从事物质生产活动是受直接的功利目的支配的，快乐也产生于本能欲望的满足。这时，物质生产活动不是审美活动。然而，在这个过程中，当人们对生产过程、劳动动作进行模仿时，人们就是把物质生产活动作为审美对象来看待了，审美活动也就开始了与物质实践活动的分离。

自然界也是经历了这样的过程而成为人的审美客体的。在人类产生的初期，自然界只是作为一种客观性存在，随着生产实践的展开，人类在部分与人的实践密切相关的自然物上打下了人的烙印，通过对它们的认识与改造，从它们身上直观自身，看到自己的本质力量。同时，它们为人提供了必要的生产和生活条件，满足了人的基本需要，人也有可能在这一基础上进一步把它们作为审美客体。铁器时代，铁不仅是劳动对象，也是人的劳动成果，非洲妇女以佩戴铁环为美，人的美的观念与铁有关。在狩猎时代，人们以动物的形象为美的形象，常常把自己装扮成动物，或用动物的牙齿、皮毛、爪子等来装饰自己。到了农耕时代，植物、绿色又成为人类的审美客体。随着人与自然的实践关系、认识关系的发展，自然界也在更大范围上成为人的审美客体。在实践和认识领域里，凡是能引起人类情感愉悦的东西，如绿色、空气、光、土地等，同时也成为人类审美的对象。

因此，在人类实践活动展开的过程中，具体的审美客体也不断地丰富与发展。广袤无垠的宇宙里变化无穷的空间现象，微观世界里生动的细胞、原子、粒子等，是人的感觉器官不能直接感知的，因而它们不是一般的审美客体。但相对于特殊的主体，它们却可能成为审美客体。当斑斓多彩的星空被使用天文望远镜的天文家观察到时，当细胞的有序排列和形状色彩被生物学家使用高倍显微镜观察到时，它们就有可能成为审美客体，只不过还不是广泛的审美客体罢了。而将来，宏观空间与微观空间中的一切，都是有可能成为人的审美客体的。

审美客体作为人的一种对象性存在，是相对于整个人类的实践活动来说的，而不是相对于个体来说的。对于个体的审美主体而言，美的产生取决于主体的审美需要。例如，音乐在其被创造出来之后，就是一种客观存在，它是人们的审美客体，这是不能否认的。但对应于个体的审美主体来说，音乐是不是审美对象，要看主体本身的条件，即主体是否有音乐感的耳朵。

由此可见，审美客体是由审美主体规定的，没有审美主体就没有审美客体。所以，只有同人建立对象性关系的事物，才可能是人的审美客体。审美客体是人的一种对象性存在。

> 当代现象美学家杜夫海纳说得更明确：“是否说博物馆的最后一位参观者走出之后大门一关，画就不再存在了呢？不是。它的存在并没有被感知。这对任何对象都是如此。我们只能说：那时它再也不作为审美对象而存在，只作为东西而存在。如果人们愿意的话，也可以说它作为作品、就是说仅仅作为可能的审美对象而存在。”

（二）审美客体是审美价值的物质载体

一般客体对主体有用，在于主体对客体的价值（即有用性）的肯定，而价值的形成是以客体所具有的客观属性为前提的，物的属性充当着价值的物质载体。审美客体对审美主体有用，在于它满足了主体的情感需要，所以，审美客体要具有审美属性，还必须是审美价值的物质载体。不同的属性构成不同的价值，其中，审美属性构成审美价值。

审美属性是人的感官可以直接感知的属性。同时，审美属性还需要与人的审美需要、审美标准相符合，从主体方面看，审美属性必须是一种“令人愉快”的、“为人而存在”的属性。人们总结的“形式美”法则，就是从客体的审美属性中总结出来的符合主体审美需要的对形式的审美标准。实际上，这类形式是因为达到与人的生命要求的形式的“同构”与融合，才引起了人愉快的感觉。因此，在现实生活中，包括自然界中的一切可怕、有害、丑恶、残忍的东西和行为，因为是对人性、对人的本质的否定，不可能令人愉快，也就不可能直接地成为人的审美客体。

所以，作为对象性存在的客体不一定都是审美客体，具有审美属性、能充当审美价值的载体、能满足主体审美需要的对象性存在才是审美客体。

（三）审美客体是形象与意义的统一体

审美客体既然是在人类的实践活动中成为人的审美客体的，那么它的形象所包含、所象征的意义也是主体所能理解的。当审美客体作为一种整体形象出现时，其形象必然会具有一种表现性，这一点是由主体的审美需要决定的。主体的审美需要具有层次性，不仅有感官层面的要求，还有心理与精神层面的要求，这决定了审美客体不仅能以形式引起主体的审美注意，表现情感，即具有形象表现性，还要有可以追问的意义，能引起主体的思索，由其展开联想和想象。形象表现性、可以追问意义是审美价值的核心。

二、审美客体的主要特征

审美客体是人的一种对象性存在，是审美价值的物质载体，是具有形象表现性、可以追问意义的客体。审美客体的本质规定性决定了审美客体的总体特征：形象性与感染性。

（一）形象性

审美客体既然要以形象来表现和象征意义，就必须是直观的、具体的和能为人的感官直接感知的感性存在。如鸟兽虫鱼，山川河海，冉冉升起的朝阳，飘扬的五星红旗等。艺术作品作为人的精神产品，也依存于一定的物质载体，所以直至今日，我们还能看到公元前1世纪杰出的古希腊雕塑《拉奥孔》，看到我国秦代气势恢弘的秦始皇陵陶制兵马俑，看到意大利文艺复兴时期达·芬奇无与伦比的人物肖像《蒙娜丽莎》，看到我国东晋时期顾恺之华美典雅而又传神的《洛神赋图》。

抽象的思想、概念甚至客观真理则不能成为直接的审美客体，因为它们本身不具有能引起主体审美注意的形式因素，无法直接感性地被主体感知。当然，客观真理的“真”与美有着密切的关系，因此美学史上有不少理论家论述过这个问题。黑格尔写道：“美就是理念，所以从另一方面看，美与真是一回事。这就是说，美本身必须是真的。但从另一方面看，说得更严格一点，真与美却是有分别的。说理念是真的，就是说它作为理念，是符合它的自在本质与普遍性的，而且是作为符合自在本质与普遍性的东西来思考的。……当真在它的这种外在存在中是直接呈现于意识，而且它的概念是直接和它的外在现象处于统一体时，理念就不仅是真的，而且是美的了。美因此可以下这样的定义：美就是理念的感性显现。”在黑格尔看来，真与美的区别在于：真是思考的对象而不是感觉的对象，美却是感觉的对象；真只有在达到“感性显现”时才成为美，美必须具有感性形式，是可以呈现于意识的。现实的审美经验也说明了这一点：现代科学早已证明了地球围绕太阳运转这个真理性的事实，然而我们仍然只欣赏我们的感官所能观察到的一切，欣赏“朝阳从东方冉冉升起”，欣赏“夕阳渐渐地落入地平线下”。所以，“科学美”这个概念是值得怀疑的。

又如“爱情”，这是一个美好的字眼，但有多少人能欣赏这个抽象的字眼呢？我们所欣赏的作为审美客体的是罗密欧与朱丽叶的爱情，是梁山伯与祝英台的爱情，是贾宝玉与林黛玉的爱情。这些对象都不是抽象的、理性的、观念化的存在，而是具体的、感性的、物态化的审美客体。

（二）感染性

审美客体不仅具有色彩、材质、光泽等审美属性，而且有着深厚的蕴涵，能打动人的心灵；有可以追问的意义，能引发主体的思索、联想或想象。因此，审美客体的感染性特征是明显的。因为具有感染性，审美客体总是像磁石吸铁一样吸引人们的审美注意力，激发人们的情感，引起人们心灵甚至意识层次的愉快的反应。审美属性是对象引起主体审美注意的形式因素，是对象的令人愉快的属性，人们总会不自觉地被这类属性吸引。初春的姹紫嫣红，夏日的花红柳绿，秋天的滚滚金黄，严冬的银装素裹，都能直接吸引人的目光，令人心旷神怡。罗丹的作品《思想者》之所以能给我们以鼓舞、启迪和美的享受，不仅在于他塑造了一个充满精力和热情，为重大问题而苦苦思索的宏伟形象，更在于这座雕塑的象征意义，这是正在思索的人类的一个总的代表。

毫无疑问，有魅力的艺术作品都有深厚的蕴涵，意味无穷，因而能强烈地打动人的心灵。

审美客体的感染性特征是与其形象性特征紧密相连并以形象性特征为基础的。相对于审美主体来说，审美客体的感染力就是通过自身的形象表现出来的。当然，不同类型的审美客体，其形象表现是不同的。但是，有形象而无感染力的对象不是审美客体。生物学的挂图，只是精确地描绘着具体的物象，没有生命，没有人及人活动的内容；科学的定理，如勾股定理，即直角三角形两直角边的平方和等于斜边的平方，可以以形象来显示，但这只是某一抽象数理的图解，它们都没有感染力，我们因此会准确地从审美客体中排除这类“画”和形象。

同样，如果只是简单地模仿或图解思想，不管模仿的是什么美丽动人的东西，图解的是什么伟大的思想，都会因没有感染力而失去艺术价值，不能成为审美客体。

审美客体的形象性和感染性实质上是审美客体在形式和内容方面表现出来的基本特征，因为审美客体是形式和内容的统一体，审美客体的形象性来自于审美客体的感性形式，审美客体的感染力主要来自其形式蕴涵的意义。所以说，审美客体是相对于审美主体而言的、具有形象性和感染力的对象性存在。

第二节　审美客体的存在形态

人类审美需求的满足与实现，主要是在人与自然、社会和艺术构成的审美关系中实现的。因此，自然、社会、艺术是人类审美活动的三大领域。同时，考虑到独立的形式美既是人类在漫长的社会实践中历史地形成的，又对人的自我塑造起着极其重要的作用，所以，我们把形式美也单独拿出来集中探讨。这样，自然、艺术、社会与形式中的美学问题就构成了本单元探讨的内容。

美的种类究竟有多少？这涉及划分标准的问题。按不同的标准，美可分为不同的种类和形态。如按美产生和发展的条件，可分为现实美（或生活美）和艺术美，现实美又可分为社会美和自然美；按人的美感形态，可分为优美、崇高、悲剧、喜剧等。

一、自然美

（一）自然美的特点

自然美是自然事物的美，它是自然性与社会性的统一、内容与形式的统一，但主要侧重于形式美。它的社会性指自然美的根源在于实践，它的自然性指自然事物的某些属性和特征（如色彩、线条、形状、声音等）是形成自然美的必要条件。

> 清代文人张潮说："松下听琴，月下听箫，涧边听瀑布，山中听梵吹，觉耳中别有不同。"那是因为"松下听琴"，给人深厚古朴的审美感受；"月下听箫"，给人悠远静逸的审美感受；"涧边听瀑布"，给人飞流倾泻的审美感受；"山中听梵吹"，给人超凡脱俗的审美感受。可见，不同的环境下欣赏自然景物，欣赏者能获得不同的美感。

1. 象征性

车尔尼雪夫斯基说过："自然界美的事物，只有作为人的一种暗示才具有美的意义。"即自然美被赋予了一定的社会性的内容。这种隐含的存在往往是通过暗示、象征体现出来的。比如青松意味着高洁、坚毅；春风暗示着生机和生命等。宋代著名理学家周敦颐赞美荷花"出淤泥而不染，濯清涟而不妖，中通外直，不蔓不枝，香远益清"的自然特征，显示出令人神往的自然美，给人以高洁正直的审美感受。荷花的这种自然素质与人类生活发生联系，便成了理想人格的暗示和象征。人们赋予荷花高尚的品格并以其为对象来对照自身，使人在对自然美的欣赏过程中，情感受到触动，心灵得到净化，精神获得提升。

2. 易变性

一幅春意盎然的百花画，即使进入寒冬，画上的花朵也不会飘落下来；一首悠扬悦耳的名曲，流传千古而曲调依旧。但是我们所观赏的自然美，却是何等的短暂而易逝！自然美时时处在变化之中。柳丝刚现出报春的嫩绿，转眼又淹没在浓荫之中；繁盛的樱花如云似霞，是何等的妩媚动人，然而仿佛一夜之间便成了缤纷的落英，随流水而去；至于绚丽的朝霞夕阳，更是瞬息之美。

自然美的易变性既受自然内部变化规律的支配，又受人类社会实践的影响。由于人们通常是在不同的时空条件下观赏自然物，有远近、方位、四季、朝暮、阴晴的变化，所以对同一个审美对象就会产生不同的审美感。我国古代画家从不同季节观察山、水、云、木的变化，总结出不同的美感。例如，山景是"春山淡冶而如笑，夏山苍翠而如滴，秋山明镜而如妆，冬山惨淡而如睡"，水色是"春绿、夏碧、秋清、冬黑"。

自然美的丰富多彩，还可以从自然物与人的不同联系去分析。同一自然事物，由于人们的欣赏角度不同，可获得不同的审美感受。欣赏角度又可分为空间角度和情感角度。苏轼的"横看成岭侧成峰，远近高低各不同"，李白的"露从今夜白，月是故乡明"，正说明随着空间角度和情感角度的转换，主体获得了不同的审美感受。

总之，由于自然事物的运动变化，自然对象与人的不同联系，自然界表现出丰富多彩的自然美，体现出自然美的易变性，给人以不同的审美感受。这种易变特征使原本丰富的自然美更加丰富了。这也正是人们沉醉于大自然的怀抱之中而每每流连忘返，很少产生单调感、厌倦感和所谓"欣赏疲劳"感的原因。

3. 多义性

自然事物反映社会生活的不确定性，决定了自然美的多义性，同一自然物的同一属性在不同条件下可以成为美的或丑的审美对象，这是自然美的一种特殊的审美特性。例如，老虎身上美丽的花纹和它雄健的身姿使人感到美，但它性情凶残，有时会危害人的生命，又让人畏惧。又如，桃花美丽的色彩使人联想到一些美丽的女子，如成语“人面桃花”，但桃花易开易落的特性，又使人联想到女子的轻佻和不自重，所以又有了“轻薄桃花逐水流”的诗句。再如，《红楼梦》第七十回“林黛玉重建桃花社，史湘云偶填柳絮词”里，林黛玉笔下的柳絮是“叹今生，谁舍谁收。嫁与东风春不管，凭尔去，忍淹留”，薛宝钗却写道“韶华休笑本无根，好风凭借力，送我上青云”。从这里我们可以看出：由于自然美的多义性，黛玉和宝钗眼中的柳絮美截然不同。

自然事物的美丑两重性根源于人类社会生活的多样性。由于自然属性在人类社会中的作用不同，所以产生不同的审美评价。如果离开自然与人类社会的联系去理解，就失去了客观依据。

4. 形式性

自然美主要侧重于形式美。这是因为自然事物的形式特征（包括形状、色彩、声音、质感等）十分鲜明，而美的内容却往往朦胧和不确定。任何一个人都不可能说出一座山峰、一枝花、一片云的明确内容，只有在审美活动进入更深的阶段，欣赏者才会透过形式去体会自然的内涵美，这种美也常常是宽泛而难于把握的。所以，欣赏自然美主要侧重于欣赏自然的形式美。

自然景物主要以它的感性形象直接唤起人们的审美兴趣，给人以强烈的印象。比如，人们到自然风景区去观光，最先注意到的是它的外在形式美，至于其中包含了哪些社会内容，人们往往难以回答，也不去深究。人们往往被自然景观中鲜艳的色彩、悦耳的音响、奇妙的姿态等所吸引和陶醉。青山绿水、红日彩霞是以它们的色彩之美吸引人，令人心旷神怡；高耸入云的山峰、弯弯曲曲的河流、苍劲的古松、翠绿的毛竹、迎风婆娑的杨柳，是以它们的姿态状貌之美使人陶醉；泉水叮咚、溪流淙淙、风起松涛、雨打芭蕉、百鸟鸣唱、草虫啾啾，是以它们悦耳的音响打动人，让人悠然自得。自然美正是通过清晰鲜明的形象形式激起人们强烈的审美感受。

再如，俗语用“癞蛤蟆想吃天鹅肉”来比喻那些面目丑陋或行为不端者妄想得到美好的东西，其褒贬的依据显然是取决于二者外形的美丑。人们喜欢天鹅毛色洁白，姿态高雅娴静，从容地翱翔在蓝天上，逍遥地游弋在湖面上；而厌恶被叱作“癞蛤蟆”的蟾蜍面目龌龊狰狞，长年生活在污秽不堪、臭气熏天的泥塘中。但是，如果从内在美的角度来评价它们，那么理应受到赞美的却是后者了。蟾蜍专吃害虫，是农作物的保护神，它的表皮腺体的分泌物还能制成可医治多种疾患的良药蟾酥。相比之下，天鹅不仅不能带给人类多少物质利益，有时还为害农作物。

由此可知，在欣赏自然美时，自然物的内在美通常并不支配人们的好恶和取舍。这也说明自然美是侧重于形式美的。

（二）自然美的两大形态

自然美的现象包括两大类：一类是经过劳动改造的自然景物；另一类是未经劳动改造的自然景物。

经过劳动改造的自然景物，凝聚着人的劳动，是人类改造自然的直接现实，自然与生活的联系是直接的、明显的。因此，我们较容易理解这种自然美的根源是人的社会实践。

未经劳动改造的自然景物之所以能够成为人们的审美对象，其根源也在于人的社会实践。虽然它们没有直接打上人的意志的烙印，但它们具有自然美的特征，仍然是因为它们直接或间接地与人的社会实践和生活发生了联系。这类联系包括几种情况：

(1) 自然美与人的生活环境的直接联系。作为人的生活环境出现，或者是为人们提供生活资料的来源。它们是人类生活、劳动所不可缺少的东西。

(2) 自然美与社会生活的间接联系。由于人们在审美活动中直接感受的是美的形式，经过千百次的重复，人们仅仅看到美的事物的形式而不必去考虑它的内容便能引起美感。于是，人们看到那些与美的事物具有相同或相似形式的事物时，也会产生美感。正因如此，未经劳动改造的一些自然景物，以其形式美为中介，与社会生活发生了间接联系，成为人们的审美对象。

(3) 自然美与人的性格品质的联系。自然美的某些特征（包括经过劳动改造的和未经劳动改造的自然美）与人的某些性格品质相似。人在认识自然和改造自然的过程中，发现了自然事物的某些特征与人的品质、个性具有相似之处，于是常常赋予客观对象以人的某些特征，借以激发斗志，抒发情怀，寄托理想、情思，从而使自然事物具有了美感。

自然与社会生活的联系有时还表现出两个特点：一是同一自然事物的多种属性和特征中，有的会使人产生美感，有的不能，甚至有的是丑的属性和特征。二是自然事物的同一特性或特征，在不同条件下引发人们对不同生活实践的联想，因而可以成为美的，也可以成为丑的。

(三) 自然美的主要类型

自然美重在形式，虽然自然事物能够给人美感的根源在于自然事物与人的社会生活体验及社会实践活动的联系，但人是通过可感的自然事物的外在特征直接产生美感的。尽管具有不同社会经历和生活经验的人对同一自然事物的感受不同，引发的感情、美感有许多具体差异，但人们对自然美现象也有基本认同的一面。尤其是文化修养相当、生活阅历相近的人，更容易对同一自然事物产生相近的美感。一般来说，我们可根据不同自然特征给人的不同美感，把自然美大致划分为以下几种类型：

1. 壮美

也可以称为雄伟美。构成壮美的基本条件是景色壮丽、体积巨大且气势磅礴。如万里长城、泰山、三峡的夔门。对壮美自然景观的欣赏，是人类在自然事物中直观自身巨大创造力的表现，能够激发人们的巨大热情和克服困难的勇气。

> 泰山风景名胜区位于山东省泰安市，为我国五岳之一的东岳，主峰海拔 1 545 米。泰山厚重而高耸，气势磅礴，傲然挺立，有“擎天捧月之姿”、“拔地通天之势”，被誉为“五岳独尊”，被视为中华民族伟大崇高形象的象征。构成其雄伟的因素有：
>
> 其一，对比显高大。泰山崛起于华北大平原之东缘，凌驾于齐鲁丘陵之上。泰山与周围平原、丘陵形成强烈的大小、高低的对比。这样的对比，产生了使人振奋的感受。
>
> 其二，累叠生节奏。泰山山势累叠，主峰高耸，节奏强烈。泰山山形起伏显著，由一天门到中天门是一浪，中天门到南天门又是一浪，一浪高过一浪，山势愈见陡峭，层层累叠形成一种由抑到扬的鼓舞性节奏感。从中我们可以强烈体验到生命流动的巨大活力。

其三，结体凝厚重。泰山有一种雕塑美。泰山形体的厚重雄浑，给人一种安稳感。“重”与“稳”，形成了泰山磅礴的气势，使人有“稳如泰山之感”。

其四，松石蓄生命。巨石、苍松是泰山不可分割的一部分，泰山苍松是生命的象征，于风过处，松涛鸣响。泰山的巨石好似大力士筋骨的团块结构，积蓄着无穷的力量。

其五，风云增气势。泰山云烟变幻无穷，气势宏大。烟云赋予泰山以动的性格，仿佛与宇宙呼吸相通，再加上精神文化上的渲染和人文景观的烘托，使这座天然雕刻愈加显示出其宏大气势和深刻的文化内涵。

2. 奇美

构成奇美的基本特征是变化多端、离奇曲折，令人感到惊异、玩味无穷。如被誉为“天下奇山”的我国黄山，其奇美主要表现在峰奇、石奇、松奇、云奇上。人们对“奇美”的自然景观的欣赏体现了人类对创造新的、独特的事物的渴望和追求，人类社会就是在不断创造新事物的过程中进步发展的。同时，奇美景观的无穷变换，还使人产生了对丰富社会生活的联想，使热爱生活的人也对这类景物产生热爱之情。

黄山位于安徽省南部，为峰林状花岗岩高山构成的山岳风景区，主峰莲花峰海拔1 864.7米。传说轩辕黄帝曾在此山炼丹修道，故曰黄山。黄山雄伟奇特，千姿百态，既有北方高山大川的高峻雄伟，又兼有南方崇山峻岭的俊逸飘洒；既有道劲挺拔的奇松，又有嶙峋剔透的怪石。故其以非凡的自然美荣膺“五岳归来不看山，黄山归来不看岳”之誉。黄山的奇，就奇在它的奇松、怪石、云海等。黄山的奇松苍劲、刚毅，多生长在峰石峭壁间，穿入石中，裂出石外；根生于东，身仆于西，头向于南。自成一景的有望客松、迎客松、探海松等。黄山的怪石如笋如矢，似戈似戟，如人似兽，如物似禽。自成一景的有仙人踩高跷、金鸡叫天门、松鼠跳天都等。登上黄山之顶，举目远眺，正是“海亦云也，云亦海也”。

3. 秀美

构成秀美的基本条件是景色清新、柔和、恬淡、秀丽。如峨眉山、桂林山水、杭州西湖等。人们常说的“峨眉天下秀”、“桂林山水甲天下”、“西湖天下美”等，就是人们对这类自然景观产生的美感的高度概括。因为这类自然景观与美好的社会生活、和谐的人际关系及情感、充满生命活力的人物形象等具有相似之处，从而使人们在欣赏中产生愉快的美感。

峨眉山位于四川省峨眉山市境内，为我国四大佛教名山之一，海拔3 099米，素有“峨眉天下秀”之称。

峨眉山层峦叠嶂，秀甲天下，山势雄伟，景色秀丽，气象万千，素有“一山有四季，十里不同天”之妙喻。清代诗人谭钟岳将峨眉山佳景概括为十景：“金顶祥光”、“象池月夜”、“九老仙府”、“洪椿晓雨”、“白水秋风”、“双桥清音”、“大坪霁雪”、“灵岩叠翠”、“罗峰晴云”、“圣积晚钟”。现在人们又不断发现和创造了许多新景观，如红珠拥翠、虎溪听泉、龙江栈道、龙门飞瀑、雷洞烟云、接引飞虹、卧云浮舟、冷杉幽林等。进入山中，重峦叠嶂，古木参天。峰回路转，云断桥连。涧深谷幽，天光一线。

万壑飞流，水声潺潺。仙雀鸣唱，彩蝶翩翩，灵猴嬉戏，琴蛙奏弹，奇花铺径，别有洞天。春季万物萌动，郁郁葱葱；夏季百花争艳，姹紫嫣红；秋季红叶满山，五彩缤纷；冬季银装素裹，白雪皑皑。登临金顶极目远望，视野宽阔无比，景色十分壮丽。东观日出、云海、佛光、晚霞，令你心旷神怡；西眺皑皑雪峰，山连天际；南望万佛顶，云涛滚滚，气势恢弘；北瞰百里平川，如铺锦绣，大渡河、青衣江尽收眼底。置身峨眉之巅，真有“一览众山小”之感。

4. 幽美

构成幽美的基本特征是丛山深谷、古木浓荫、寂静幽深。幽美的景观一般视域狭窄，光亮微弱，景深有层次，空气清新，气氛凝重。如四川的青城山，当游客们三五成群地行进在茂林掩映的狭长小路中，或坐在寒亭小憩时，会不由得被周围的氛围所感染，以至于放轻脚步，轻言慢语，有一种欲静心松之感。这是由于这种自然的幽深仿佛一种使人大彻大悟的深奥的人生哲理，仿佛人在安然沉睡时刻的美好。因此，置身于幽美的大自然之中，能够抚慰心灵的创痛，启发人们对生活哲理的遐思，给人以特殊的美感。

5. 旷美

构成旷美的基本条件是视域开阔、美景无边。如云南的滇池，一眼望去，水面浩淼无边，微波荡漾，云水相连。这种景观能够直观人的宽阔胸怀和豪迈气魄，能够直观人对自由的无限向往。因此欣赏这种自然美，能够使人顿感心胸开阔，意志高昂，激发人们去尽情驰骋。

6. 险美

构成险美的基本特征是危崖峭壁耸立，只有险道比邻绝壑深渊。如“五岳”之“西岳”华山，素有“自古华山一条路”之险，山峰笔立，高插云霄，雄伟耸削，世称“华山天下险”。人类经历了无数的艰难困苦，不断绝处逢生地战胜似乎难以战胜的自然灾害、疾病、战争等，其喜悦之心与攀登了看起来难于登顶的险峰一样。

7. 峻美

构成峻美的基本特征是峻秀挺拔、傲然屹立、秀峰叠峦。如“五岳”之“中岳”嵩山，山山有峰，峰峰峻秀，最高峰称峻极峰，傲然挺拔，素有“嵩山天下峻”之美誉。

（四）自然美在审美中的积极意义

1. 丰富人的精神生活

一棵粗壮笔直的大树，挺立于高山之巅；另一株弯弯曲曲的小松，倒挂于悬崖之外。如果从经济实用观点来看，它们的价值是大相径庭的。前者可以造房子、做家具，后者恐怕连一根普通的手杖也无法做成。可是，如果从审美角度来看，前者挺拔向上，后者俊俏多姿，它们同样都是非常美的，对于人生都有着不可忽视的作用。人的需要是多方面的，人的精神生活也是丰富多彩的。与衣、食、住、行等方面的物质需要相比，审美当然是第二位的，正如马克思所说：忧心忡忡的穷人甚至对最美丽的景色都无动于衷。但是，人是有思想、有感情的，人们在物质需要方面得到相对满足的同时，在精神生活方面，还需要欢乐和愉快，需要各种各样的美，其中就包括各种斑斓绚丽、五光十色的自然美。

一般说来，自然美本身是没有什么阶级性的，如黄山云海、庐山瀑布的美等，它们能得到各个阶级的人的欣赏。所以自然美有着非常广泛的群众基础，它在丰富人们的生活、愉悦人们的精神方面，有着重要的作用。月色溶溶，清风吹拂，树影婆娑，此时此刻凡是纳凉消暑的人，都会获得一股无比舒适的感受。寒冬，在案头放上一盆盛开的水仙，瓶里插上几枝待放的腊梅，就会使整个居室洋溢着一股春天的气息。在电视屏幕上，我们会看到：北极考察队员们在逗嬉一群摇摇摆摆的企鹅；海员们久久地凝视着变幻无穷的浪花；守卫孤岛的战士会在乱石岩缝之间精心种植各种花木。这是因为自然美充实了他们的生活，成了他们精神方面不可缺少的伴侣。

清代文人张潮说："梅令人高，兰令人幽，菊令人野，莲令人淡，春海棠令人艳，牡丹令人豪，蕉与竹令人韵，秋海棠令人媚，松令人逸，桐令人清，柳令人感。"

2. 陶冶人的性格

人都是在一定的环境中生活，人的性格的形成和发展与周围的环境有着密切的关系。这主要是指社会环境，但我们也不能忽视自然因素的作用。在日常生活中，我们往往会有这样一种印象，似乎北方人与南方人、山区人与水乡人的性格、气质，是会有一定差异的。有的粗犷，有的细腻，有的憨厚，有的机灵，这就是因为特定的山水风光，在锤炼人的性格、气质、意志等方面，有着不可忽视的作用。孔子说："智者乐水，仁者乐山。"这也说明自然界的山山水水，对于人的性格修养是很有关系的。平时，人们称赞梅、兰、竹、菊为"四君子"，这是因为它们的自然素质与人的精神品质有着许多类似之处，如梅的耐寒、兰的素雅、竹的正直、菊的坚贞等，所以，许多人常常用它们来寄寓自己的情感，锤炼自己的性格和意志。陶渊明愤世嫉俗，面对南山悠然采菊，乐在其中；林黛玉居住的潇湘馆种有丛丛翠竹。画家们还把它们诉诸丹青，成为中国画富有特色的传统题材。世界上的许多国家都选择某一种花作为国花，以此来象征自己民族的性格。

3. 激发人的爱国热情

平时，我们都深情地称呼祖国为自己的母亲。自然界的山山水水，都是我们这个母亲身上不可分割的一部分。对自然美的欣赏和赞美，可以使我们了解祖国，热爱祖国，激发起保卫祖国、振兴祖国的热情。爱国诗人杜甫面对烟波浩瀚的洞庭湖，遥想北国久年不息的动乱，慨然发出了"吴楚东南坼，乾坤日夜浮"、"戎马关山北，凭轩涕泗流"的悲叹。《芦荡火种》中的新四军指导员郭建光，面对阳澄湖美丽的湖光水色，高唱"祖国的好山河寸土不让，岂容日寇逞凶狂"。方志敏同志在狱中所写的《可爱的中国》中，有这样一段感人的话："雄巍的峨眉，妩媚的西湖，幽雅的雁荡，与夫'秀丽甲天下'的桂林山水，可以傲睨一世，令人称羡……这好像我们的母亲，她是一个天姿玉质的美人，她的身体的每一部分，都有令人爱慕之美。"方志敏同志是一位伟大的共产主义战士，他正因为看到母亲在遭受种种侮辱，才毅然投身革命，也正因为要保卫母亲"天姿玉质的美"，才勇敢地献出了自己宝贵的生命。当代青年学子结队到野外去郊游，在饱览大好风光的过程中，也会自然而然地在心中涌起发愤学习、积极工作、振兴中华的念头。可见，热爱自然与热爱生活、热爱祖国是紧密相连的。

二、社会美

在第十届全国青年歌手电视大奖赛中，大赛监审组宣读了场外观众对评委的质疑："歌手大奖赛不是选美，但为什么长得漂亮的选手总是比长相平平的选手得分高？"评委××对此直言不讳地回答道："长得漂亮当然占便宜，这没什么值得奇怪的。"随后又说："往届的歌手大奖赛，为什么一些金奖选手最后默默无闻改行了，就是在相貌上吃了亏。你看，××、××当时没得第一名，现在却成名了，就是因为人长得漂亮嘛。"评委××抛出的这些大白话，在观众和选手中引起了强烈争议。

你对这样的回答满意吗？如果你是评委，你将如何运用美学形态与美学范畴的相关理论来回答？

社会美是指现实生活中的社会事物的美，经常表现为各种积极肯定的生活形象。它来源于人类社会实践，是人类实践活动的直接产物，其本身就是实践的最直接的表现。社会美与善有密切联系，但不同于善。善直接与功利相联系，集中表现为人的利益与需要；社会美虽以善为前提，但功利的直接性已消融在感性的形式中，它成为对人在社会实践中的品德、智慧、性格、才能等的积极肯定。一般说来，社会美主要包括人的美、劳动产品的美、劳动环境和生活环境的美。

人是社会生活的主体，是社会生活领域美的创造者和欣赏者，同时其自身也是被欣赏的对象。人类在漫长的审美创造实践中，也创造出了自身的美：灵巧的手，健美的体肤，流畅的曲线，顾盼的眼神，飘逸的柔发，高超的智慧，幽默的语言，优雅的举止，得体的服饰……可以说，人的美是美中的精华，是社会美的核心。

（一）社会美的特征

社会美是社会生活中客观存在的社会事物、社会现象的美。它指的是那些包含着社会发展本质规律，体现人们理想愿望，能给人以精神愉悦的社会生活现象。社会美来源于人类社会实践，没有人的实践活动，没有人的社会生活，也就没有社会美。社会实践既包括了人类改造自然的各种生产活动，又包括了人类改造社会的各种社会活动。在社会实践活动过程中，人的自由的、能动的创造才能不断得到发挥，从而创造出社会美来。社会美作为人的审美对象，同自然美、艺术美相比，有自己的特点。

1. 社会美的最大特点是与社会直接联系

马克思说：社会生活在本质上是实践的。车尔尼雪夫斯基提出著名的"美是生活"的命题，美是"应当如此生活"和使人"想起生活"的生活，除去其人本主义因素，赋予它历史唯物主义观点，美根源于社会实践，美本质上是社会实践的生活。自然美与社会实践的关系就比较间接，自然物的美，只是由于人类通过实践活动，改变了自然与人原先对立或无关的关系，产生了审美主体与审美客体的审美关系之后，才显示出来。而社会美与社会实践的关系都是非常直接、非常明显的，生产劳动和劳动产品的美直接来源于生产劳动，"按照美的规律来建造"的活动。人与人之间关系的美，也直接来源于人们的各种交往活动，在交往活动中体现出哪一些语言、行为、思想是善的、是美的，哪一些是恶的、丑的。

2. 社会美的第二个特点是与社会功利性相联系

美是一种价值。美对人总是有用的，然而，美的效用不仅仅在于经济实用，也不是纯粹的道德工具，它是通过愉悦人的身心，陶冶人的情操，净化人的心灵，来提高生活质量，有利于个体自由、全面地发展。社会美最初都明显地附丽于对人的实践有用、有利的事物，对人的实践无用、有害的事物本质上是不能成为美的。善虽然不就是美，但它是美的前提、基础和内容，在社会领域，美与善是直接统一的。

3. 社会美的第三个特点是与社会历史条件密切相联

与自然美相比，社会美更直接依赖于社会历史条件，因为社会美的内容直接就是人们在当时当地的社会生活。人在现实性上是一切社会关系的总和，以生产关系为基础的物质关系制约着人们的政治关系和思想关系，人们的审美关系必须受制于物质条件、政治条件和其他精神条件，并随这些条件的变化、发展而变化、发展。社会美必然具有它那个时代的经济、政治、文化和民族、阶级的特色。例如：封建时代自然经济的田园风光，有别于市场经济条件下都市化的乡镇。寺庙、教堂的清静与肃穆，信徒虔诚的心灵和对生活的淡泊，不同于歌舞厅的喧哗和兴奋、青年自然流露的情感和对生活的追求。

> 《十日谈》第四天开头讲了一个有趣的故事：天主教徒腓力丧妻之后，带着不满两周岁的儿子上山依照教义修行。16年后，儿子邂逅衣着华丽的漂亮姑娘。儿子问："这个是什么东西?"腓力回答说，它是祸水，名字叫绿鹅。儿子说："让我带一只绿鹅回去吧!"
>
> 此故事揭露了什么？你想到了什么？

（二）社会美的核心——人的美

对人的审美既不等于道德的、智力的、政治的等一切非审美的鉴定，也不同于对人的体格判断，而是对人的形象、仪容、风度、气韵、神气的鉴赏、品味。人的美是丰富多彩的，它集中体现于六个主要方面，即人体美、姿态美、风度美、服饰美、语言美、精神美。

1. 人体美

> 宋玉《登徒子好色赋》："东家之子，增之一分则太长，减之一分则太短；著粉则太白，施朱则太赤；眉如翠羽，肌如白雪；腰如束素，齿如含贝；嫣然一笑，惑阳城，迷下蔡。"
>
> 宋玉描写的是理想中的美人，到底什么样的标准才是美的呢?

人体美指人的相貌、体态的美。人体美不仅是自然美，而且是一种形式美，它比较集中地体现着比例、均衡、对称、和谐等形式美的规律，如我们常说的五官端正、身体匀称，便体现着这些规律。古希腊的艺术家很早就注意到人体的和谐，文艺复兴时期达·芬奇等艺术家专门研究过人体各部分的比例关系，并把这种比例关系看作美的一种表现。英国画家荷迦斯在《美的分析》中谈到，朝不同方向盘旋的蛇形线条是最美的线条，而人体同其他任何形体相比，具有的蛇形线条最多。人的骨骼和肌肉都是由各种美的曲线构成的，而这些美的曲线又由于多种多样的对比关系，形成一个接着一个连绵不断的波浪，形成更加复杂的美。

对于人体美的欣赏，甚至比对自然美的欣赏还要早些。我国战国时期，人们就讲到宋玉的男性美，讲到西施的女性美。古希腊对人体美崇尚成风。据说，哈尔米德是公认的美男子，他的脸的俊美是无可比拟的，但是，如果他脱掉衣衫，与他的身体之美相比，他的脸就显得逊色了。罗丹在《艺术论》中说："没有比人体的美更能激起富有感官的柔情了。"马雅可夫斯基也说："世界上没有更美丽的衣裳，像结实的肌肉与新鲜的皮肤一样。"肌肉和皮肤，得之于父母，来之于先天，但是，为了要有优美的形体、姿态和风度，为了要有饱满的胸围、发达的四肢、有弹性的肌肉、匀称和谐的身材、健康红润的皮肤……都需要后天对自己作全面严格的要求。要开朗乐观，不为个人蝇头微利而愁郁不解；要注意参加多样的体力和脑力劳动，使生活得到有节奏的调剂而丰富多彩；要坚持多样的体育锻炼，循序渐进，持之以恒；要注意饮食营养，不任性，不暴饮暴食，饮食多样而适当。这样，便能使我们的体态更加俊美，风度更加潇洒。

人体美主要是通过人体的自然属性表现出来的。人体的自然性因素是人体美的基础。人的形体，是那样富有造型美；人的肌肉，是那样饱满而富有韧性；人的肤色，在一定的光线照耀下，是那样富有色调的变化；人的姿态，又是那样千变万化。人体有着技巧、力量和智慧，因此人体美是自然界美的高级形态。

根据有关资料，目前我国比较公认的形体美十大标准是：

(1) 躯干骨骼发育正常。脊柱正视垂直，侧看曲度正常——骨骼的异常，将直接影响到身体的外观。一些人平时不注意自己的坐姿，久而久之，会改变脊柱的弯曲度，以致成年后弓腰驼背，姿势不雅。

(2) 四肢长而直，关节不显得粗大突出。长期习惯或保持某些特定的姿势，会缓慢地影响形体。如骑马的牧民和船上的水手，大多是罗圈腿，所以运动锻炼时应全面考虑运动范围，切忌过于单一。

(3) 头顶隆起，五官端正。在体育运动中，一些要突出表现形体美的项目中，教练员宁愿挑选头部稍小的运动员来进行训练。头顶微微隆起，构成的圆弧与全身的线条保持流畅和谐，与端正的五官显得协调。两个身材差不多的运动员经过一段时间的训练，肌肉同样发达，但给人们的印象却是头部较小的运动员肌肉更强壮些。

(4) 二肩平正对称，男宽女圆。男子的肩膀宽阔，可以显示出雄壮威武的气概，女子圆润的肩膀可以突出其曲线美。

(5) 胸廓饱满。有宽大而隆起的胸部，人才显得健壮结实，富有活力。一个男子如果把胸大肌和背阔肌锻炼得发达，他的上身就会呈现V形而显得挺拔有力。而女性则要有丰满的胸部才能充分地显示出身体的优美曲线，表现女性特有的魅力。

(6) 腰细而结实。从古到今很少有以腰粗为美。通过坚持体育锻炼来消除沉积在腰部的多余脂肪，如此就自然出现一个呈圆柱形的挺拔的腰杆。

(7) 腹部扁平。健美的身材要求腹部扁平。鼓出而下垂的腹部是不美观的。

(8) 臀部圆翘，球形上收。如果两个骨骼比例一样的人站在一起，那么臀部圆翘者将显得躯短腿长，重心高，身材漂亮。我国传统观念视该部为不雅，而希腊人却认为臀部是属于人类特有的，在解剖学上有异常美丽的曲线，还为之专门修建庙宇表示崇拜。中世纪的德国人认为圆臀是人区别于魔鬼的标志。人类学家认为亚洲人身材稍逊的症结，在于臀部扁宽，腰身松而肥。所以，我们应通过经常的体育锻炼收紧臀部肌肉，这样有助于展示身体之美。

(9) 腿修长而线条柔和。小腿腓部稍突出，腿部的健美靠健壮的肌肉衬托。肌肉不发达的腿，纤细缺乏力度，如果脂肪多则会粗似“象腿”；唯有肌肉健壮的腿，线条才会略有起伏，显得结实而健美。

(10) 踝细、足弓高。人体最下端的足虽不起眼，但却有26块骨头、24条肌肉及114条韧带默默支撑着全身的重量。踝关节相对细小，会显得灵活；足弓高，行走时步伐富于弹性。这些对于身体美的构成及表现也具重要意义。

由于性别的差异，男女形体美的标准也有差别。

从古至今，男性的形体美标准几乎没有多大的改变，就是强健。即男性应高大、魁梧、肩宽、胸厚、强健有力，具有阳刚之美。男性美的标准之所以长期不变，是因为在远古时代，男子要从事狩猎活动，有时还需为保卫部落而战，这一切都需要有强健的体魄。漫长而严酷的进化过程给人的审美观留下了抹不去的烙印。

对于女性的形体，历史上各个时期有着完全不同的审美标准。先秦时代以苗条轻瘦的形体为美。《诗经》云："窈窕淑女，君子好逑。"意思是身材苗条的姑娘是君子的最佳配偶。西汉流行女子以清瘦苗条为美，赵飞燕是典型的一例，她身轻如燕，腰肢纤细，深得帝王的喜爱。到了唐代便流行以丰腴为美，杨玉环是代表。当今社会又以苗条纤细为美，其中曲线美是衡量女性形体美的重要标准，而女性"三围"（胸围、腰围、臀围）又是构成曲线美的核心因素。那么，怎样衡量女性的"三围"是否标准呢？我国的健美专家根据人的体质、体形，结合健身运动对人体形态和体质的影响等因素，研究归纳出计算女性标准三围的方法：胸围＝身高（厘米）×0.535，腰围＝身高（厘米）×0.365，臀围＝身高（厘米）×0.565。实际计算得出的指数与标准指数±3 厘米均属标准。小于 5 厘米，说明过于苗条（偏瘦）；大于 5 厘米，说明过于丰满（偏胖）。但职业女模特的三围标准与此不同，由于职业需要，她们的三围标准与正常标准有一定的差距。

一般女性三围的比例是：胸围约等于臀围，腰围比胸围或臀围约小 23 厘米。通过测量计算，如果发现哪个围度与标准数据有差距，则可以通过健美运动来弥补矫正。因为针对性的健美运动能加强"三围"的协调发展，防止比例失调。此外，健美锻炼还能使身体各部位肌肉与脂肪分布均匀，有利于整个体格的健美。

美的人体的生成有先天的因素，但是经过后天的有效的锻炼也能改变人体原有的自然形态。

2. 姿态美

> 刘义庆《世说新语》记载：魏武将见匈奴使，自以形陋，不足雄远国，使崔季珪代，帝自捉刀立床头。既毕，令间谍问曰："魏王何如？"匈奴使答曰："魏王雅望非常；然床头捉刀人，此乃英雄也。"
>
> 此事例说明人体美不只是自然人体的美，那么，还需要哪些内在的东西呢？

姿态是人体在空间的活动、变化的样式。姿态往往显示出人的个性，并在这种运动中显示出光辉的神韵。姿态大体可以分为动态和静态两种。人在多数场合下处于动态之中。英国作家培根说过："相貌美源于色泽美，而秀雅合适的动作美，又高于相貌美，这是美的精华。"培根所说的"动作美"就包含人的姿态，下面我们谈谈日常生活中的站立、行走和坐姿三方面的姿态美。

人的站立姿态应给人的两种感受：横看有开阔感，竖看有直立感。俗话说"站如松"，是说人的躯体要像松树那样直立，从而表现人的性格的沉着、坚定。我们从电视中见到的中国人民解放军仪仗队，他们的形体肃立、庄重、威武，这样直立的姿态看起来很有力量，展现了男子汉的阳刚之美。在一般情况下，人在站立时应该肌肉放松，手臂自然下垂，两脚微微分开，全身显得轻松自然，给人一种自在自如的感觉，站立时，微微收腹，可以使胸部挺起，这样直立姿态看起来很有精神。如果侧视站立的男性，好像看到两个三角形的对顶连接，显得很稳定、很平衡。如果侧视站立的女性，可以看到乳峰与臀部构成了以脊柱为中心线的两个反向曲线，像英文字母 S 形，这样看上去很安静、很优美。站立时不应歪脖子、斜肩膀、扭腰、含胸、曲腿，尤其是防止撅臀、挺腹、弯膝，因为这些形体动作会给人以轻浮而缺乏教养的感觉。

人在行走的时候，应该从容不迫，矫健轻快，显示出和谐的美感。俗话说"行如风"，即表示一个人身体健壮，步履矫健有力。正确的走路姿态应该是躯体正直，挺胸收腹，两脚迈步均匀，膝关节和脚尖正对前进，双臂自然摆动。"行如风"就是要求速度快，稍快的速度使人感到充满活力。行走中，双脚不宜分得太开，因为两脚适当靠紧，不但在姿态上较为好看，而且也可以使自己的身形显得纤巧。一定要防止内（外）八字。也有人走起路来好像抬不起脚，脚后跟老是拖地，这样只能使人产生反感。女性走路时不要人为地扭动臀部，否则就会在别人心里留下矫揉造作的印象，当然也就产生不了美感。有教养的女性，走起路来步子轻盈，两脚前后交替，走过的足迹几乎形成一条直线，是很美的。我国著名地质学家李四光多年从事地质工作，长期在外考察，养成了步伐稳重、速度均匀的习惯，他迈出的每一步跨度总是 0.85 米，有人说李四光的步子是测量大地、计算岩层的尺子。如果你看过周恩来总理出国访问的影像，尤其是周总理在外国国家元首的陪同下检阅仪仗队时的镜头，你就会发现总理走路的步伐沉着有力，姿态从容不迫，他的从容、潇洒的行走姿态给人留下很深的印象，给人一种美的享受。当然，由于性别、年龄、时间的不同，走路的姿态也各有不同。老人迈的是安详稳重的步子，少女迈的是轻巧如燕的步子，情侣在林间散步迈的是悠闲缓慢的步子，这就要因人因地因时而异了。

再说坐姿。坐，处于静态。俗话说“坐如钟”，就是指坐要坐得平稳。坐着和人说话，上身要直，自然挺胸，两条大腿并拢，两条小腿基本垂直，两手自然放在膝盖或椅子扶手上。如果坐着看书或写字，两臂搁在桌面上的长度要相等，否则会使身躯不正，全身重心落在臀部。女性坐姿两脚应该并拢，双手自然相握放在两腿中间，或者一只手放在膝上，另一只手放在椅子扶手上，最好不要跷“二郎腿”，如果跷了一般不可抖动脚尖。为了配合谈话的内容，适当加以手势，可以起到静中有动的作用，显得亲切自然。但动作不宜过大过多。坐时，还要注意不可两腿叉开，仰卧在靠背上，那样会给人一种举止轻浮、俗不可耐的感觉，夏天坐时撩裙扇风、猛走猛坐等都很不雅观。

3. 风度美

风度美是人的举止姿态所表现出来的美。人体在面向运动时构成许多姿态，一瞬间就有一个姿态，各种姿态联合起来，就形成风度。风度是一个人身上经常出现而且比较稳定的。生活中有各种各样的风度，有的人沉稳老练、从容不迫，有的人风流潇洒、风度翩翩，有的人粗犷豪迈、气宇轩昂，有的人文质彬彬、外柔内刚，以上都是美的风度。《三国演义》中的诸葛亮、周瑜温文尔雅，但这种温文尔雅也各不相同，诸葛亮是沉着老练、风度儒雅，周瑜则是年轻气盛、雄姿莫挡，这些都是令人赞叹的美的风度。现代社会许多人都想有好的风度，但他们认为似乎或外貌漂亮、举止不羁，或西装革履，或珠光宝气，就是美的风度了。其实不然。风度美绝不是靠外在的装饰、做作形成的。风度美是外在美与内在美的和谐统一。

人的内在美的内涵极为丰富。美好的品格、丰富的学识、良好的教养、坚定的意志、宽大的胸怀、豁达的性格和诚恳大方的态度，都表现出人的内在美。这种美总是很自然地通过人的脑电波、心电波、呼吸波传到面部、体态、举止上，要想有意隐瞒是困难的。因此，曹操在会见匈奴使者时，尽管衣着装扮变了样，但他的内在美，就是说他的性格、气质、修养所形成的风度无法一下子完全改变，所以终于被使者识破。反过来，一个徒有华美壮实的外表，而内涵空虚、精神委靡、充满俗气的人，无论怎样改装打扮，也难具有英雄的风度。

莎士比亚说：“玫瑰是美的……更美的是它包含的香味。”人的风度美不光在外表上，主要在于他“内在的香味”。鲁迅、高尔基、托尔斯泰从外表看也许不算美男子，但他们那种大作家、大学者的风度却令人折服。这主要是因为人们崇拜他们的学识、修养、才智。当然，我们说人的风度美不光在外表，主要在内在的美，并不等于说外在的美不值得重视。事实上，人的内在美与外在美有着不可分割的关系。人的外在美主要指人的身躯的健美，面部造型的和谐，全身线条组合得当，声音、动作均有力度，举止得体，衣着与体形、肤色配合协调。人的内在美若能与外在美和谐统一，则会使人的风度更具魅力。

风度美特别是风度美中的外在美，有一部分是天生的，但更多的依赖后天的培养。人的内在美则完全依赖后天的长期训练、培养。那么，如何培养美的风度呢?

(1) 注重内在美的培养。原国家女排教练袁伟民被人称赞有大将风度，是因为他有胜不骄、败不馁、高瞻远瞩的胸怀。这样迷人风度的培养，不是一朝一夕之功，而需要不断积累知识，磨炼意志，耐心地怡养性情，天长日久，人的举止姿态就会自然有一种折服人的风度。

(2) 注重外在美的修饰。美容师可以使你的面部缺陷得到修正，穿上适合人的身份、特征和个性的服装可以使你平添几分魅力，一个恰到好处的动作、姿态、眼神可以使人久久回味……不过，身体的健美、仪态美、表情美、语言美、动作美的形成都难以依赖别人的帮助，要靠自己的不断训练，同时也不能简单模仿，一味地附庸风雅。

(3) 注意人的性别、职业、年龄的差别。对于男子来说，走路像女人那样轻盈是不美的，奶油小生在许多女性眼里是缺少风度美的。有人做过调查，在许多女大学生看来，男子风度美的标准应当是：强悍刚毅，宽厚大度，深沉执著，无私严峻，自信而又远见卓识。他们的外形应当是：身躯坚挺，比例协调，肩宽胸厚，刚强有力。他们应当行如猛虎，声若洪钟，壮实而不臃肿，稳健而不迟钝。当然，这种要求应根据男子们的职业、年龄等的不同而有所变化。即使同一青年人，在不同时间、场合，风度美的培养也不尽相同。比如一位青年教师，在讲课时，要严肃认真、诲人不倦，表现出为人师表的风度；而在社交活动中，则因干净、洒脱、活泼、大方而显得风度翩翩。在男子眼中，女性应活泼热情、直爽开朗、温柔体贴。在待人接物时女性的温文尔雅、大大方方能表现美好的风度。

有人说，外在美是平面的，用眼睛就看到了；而风度美则是立体的、内在的，要用整个心灵去培养、去感受。可见，风度美的标准很高，不下苦工夫是不容易达到的。

4. 服饰美

服饰美是人的美的重要内容。服装具有实用、象征和审美的功能，是一个民族审美文化水平的集中反映。

世界上所有的服装，大体可以归纳为两类：一类是表现信仰的，以掩饰人体为主，具有一种异化人性的倾向。对此影响最大的是宗教。在某种教义的指导下，这类服装呈现为相当僵化的形式。不论是西方的神父、修女，还是东方的和尚、道士，他们的服装力图扭曲人性，严严地遮掩躯体，其款式色彩都与教义有关，是从原始的、反映图腾文化的披挂服装演化而来。另一类是表现个性的，塑造人体美的，展现人类世俗情感的，它们随着时尚的潮流不断翻新形式。这类服装一般注重合体，塑造曲线，突出个性，将暴露视为重要的服装语言，竭尽全力装饰人体、美化人体，是文艺复兴后人文主义思潮的产物。

服装是一种典型的遮露艺术。在古希腊成千上万的雕塑中，"断臂的维纳斯"之所以受到人们的普遍赞赏，是因为它在艺术上确实攀上了不可逾越的高峰。维纳斯上身裸露，下着长裙，比起全裸或全身着装的雕塑更富魅力。从视觉节奏看，它有繁有简，有松有紧，有露有藏；裸的部分显示躯体，曲线优美，富有弹性；遮的部分，拖地长裙掩着双腿，悬垂的裙褶非常流畅，宽狭交替间散发着人体的韵味。从整体看，遮的部分似乎比裸的部分更具艺术魅力。它不但使雕塑更加完整，主次分明，而且升华了观众的情操，为观众留下了充分的想象余地。“断臂的维纳斯”的半遮半露的艺术处理，恰好揭示出服装美的一些基本原理：服装是一种典型的遮露艺术。夏装露得多，最甚者为“比基尼”、“泳装”；冬装遮得多、遮得严，不过再严也要露着脸。“春秋乱穿衣”，这两季的服装花色品种最多，遮露的制约少，款式自由，变化丰富。无论哪一个季节的服装，其设计的一个重要内容都是研究遮掩哪些部位，暴露哪些部位，从而使两者交织成韵律。许多人并不清楚躯体暴露部分也是服装的有机组成部分，常常孤立地看衣服，觉得只要衣服好看，穿起来一定漂亮，其实不然。体型各部分的比例和服装结合后的比例关系，是服饰美的核心问题之一。只有在着装以后，从整体出发，才能确认裸露的部分是否美，以至服装是否美。

世界上最美的是人体，这个观念始终被封建的伦理观念所扼制，使人们不能真诚地表达它。表现人体的美，常常不是赤裸的，而是以半遮体态为最美。欣赏人的美也总是透过遮掩物去窥视，既可以显露又不十分清晰，所谓“雾里看花、隔帘弄影”，这样，欲望部分满足了，部分升华了。服装之美，正是以半遮的艺术处理，既阻止了动物性欲望的发展，又塑造了人的形象，显示了人类的文化程度。因此，服装遮掩人体，其表层目的是遮丑和修饰，将自身不足之处遮起，加以美化，露出优点，尽情炫耀。其深层的目的则是给人以想象的余地，烘托裸露的优美的躯体，从而使人体美完美地展现于世界。

（1）着装应当突出个性。服装作为一种情感符号，它包裹着生命，必须具有生命的形式，才能与裸露的肢体统一成有机整体，有力地表达人的情感，升华人的境界。因此，着装首先应当突出个性。个性是最富魅力的东西，着装应该突出个性而不是弱化或消灭个性。只有个性化的装束（款式造型、色彩、面料及装饰品的配合）才能展示个性，烘托个性，保持自我区别于别人的特点。着装突出个性，关键要做到内在性格与外在形式的统一。着装应与年龄大小、身份职业、性格、环境相和谐。同样是年轻人，性格活泼的人，其服装色彩适宜鲜艳的、对比度较强的；性格沉静安分、感情含而不露的，服装色彩以柔和协调为宜，服装上的装饰性线条或图案应尽可能简单一些。大学生处于发愤求学的阶段，服装以朴实、整洁、健美为好，不宜也没有条件追逐时髦。教师讲课，不应穿着过于花哨，以致使人眼光缭乱，分散听课学生的注意力。素洁柔和的医务工作服能使病人产生安心、宁静的感觉。民警的服装色彩则应尽量耀目鲜明，使过路人容易发现。青年人着装，应该突出自己富有生命力的朝气蓬勃的个性美。生命活力本身就是最美的东西。青春期少女几乎不加修饰就让人感觉到生命力的热情洋溢，所以不一定非得穿紧身衣来显示丰满的曲线。现代的中老年人，往往受传统的习惯的影响，采取“宽袍大袖”的着装，其实，如果能在简约合体、宽松适度的前提下，注重用料的考究与加工的精细，力求高档化，再适当运用些点缀装饰，更能显示出中老年人特有的风韵。

（2）着装要与环境相协调。每个人都有自己的生活环境，着装应该考虑与周围环境适合，否则结果可能适得其反。比如你参加朋友的婚礼，当然要装扮一下，以显示对别人的尊重。但如果你的着装过于突出，甚至超过了新郎和新娘，别人会以为你有意炫耀自己；同样，你参加亲友的葬礼，如果打扮得鲜艳夺目，别人会说你缺乏修养。上班时穿薄、透的服装，显得不够严肃和文明，而华丽鲜艳的衣裙在舞场上则毫不扎眼。在家里休息时穿上宽松的睡衣，既舒适又与环境协调，显得优雅自如。但如果你穿着睡衣接待客人或招摇过市，就会让人感到不够体面。

(3) 着装要注意扬美与遮丑。正如前文所说，服装是遮露的艺术。所谓遮，就是将丑和缺陷遮住，露即露出美和优点，尽情炫耀。服装美的目的是为人服务的，人是服装美的核心，所以扬美遮丑是着装最基本的要求。法国艺术家罗丹说过：美是和谐的。无论是扬美还是遮丑，都要讲究和谐性原则。和谐美所包含的意思有两方面：一是服装与人的身材、相貌、性格等因素的和谐；二是服装自身的和谐。人体美主要指体型健美，这是美的基础，但绝不是唯一因素。人的造型是双边对称的，以鼻梁骨为中心的纵向直线，将人体分成对称的两部分，对称是严格的平衡美的格式，人体的各部分是按一定比例匀称而协调地组成的。古希腊人提出的标准体型是符合黄金分割率的，近代欧美各国则有一整套数学计算公式证明人体比例的美。我们在追求人体美的时候，首先要了解自己的体型、肤色，发掘、突出自己身体的优点和长处。假如你是个容貌俊俏、肌肤白细、脸色红润的姑娘，过多的装饰和奇异的服装便显得多余，那样会使你的美离开重点，显得不协调。天生丽质的人，只需在上衣上安排一些简单的线条，使这些线条交汇到人的脸部，就可导引人们的视线发现你的美。然而，在实际生活中，十全十美的人是不存在的，身材的缺陷对大多数人来说是不可避免的，在某种程度上受到遗传的先天因素的影响，为了扬美与遮丑，可以在着装方面运用款式、色彩、面料等元素，扬长避短，让人们忽视你的某些不足，突出你的长处。

5. 语言美

语言是人们表达感情、沟通思想、传递信息的工具，是思想的直接显现。语言的美丑直接反映出一个人心灵、思想的美丑。街上相逢，一个亲切的招呼“早上好!”、“您好!”使人感到亲切。朋友有难，关切的话语使人心情舒坦。语言把一个人对世界的、对人们的爱心传达出来，使爱者更显光辉。语言也使人的知识、修养、才能、个性得到美的传达。具体说来，语言美主要表现在三个方面：

> 鲁迅在《论“他妈的!”》一文中批评了这种语言丑态：父子俩一同吃饭，儿子指着一碗菜对父亲说：这不坏，妈的你尝尝看。父亲回答说：我不吃，妈的你去吃罢。

(1) 语言的文明礼貌美。文明礼貌是一个人的内在修养，借助于美的语言传达出来，就是语言的文明礼貌美。前些年，在北京王府井百货大楼，常常看到一群顾客在模范营业员张秉贵的柜台旁，欣赏他的售货艺术。看他的操作表演，听他的接待顾客的语言，真是一种美的享受。他不仅是一位全国劳动模范，还是一位语言大师，多少年来，他总是“请”字当头，“您”字当先，人多忙不过来时，他会说“请您稍等一会”，热门货卖完了，他从不生硬地把顾客赶走，而是用“对不起”这类替顾客表示遗憾的语气请求谅解。顾客到他那里买东西，总是笑嘻嘻地来，笑嘻嘻地走。他曾经说过，让顾客满意就是我们的幸福。他的一言一行都体现着对顾客的尊重。有了尊重就有了和气的态度，有了尊重就有了文雅、礼貌的语言。张秉贵售货时的一系列文明礼貌用语，符合语言美的要求，给顾客带来的是美的享受，使人觉得心情舒畅。正所谓“良言美语暖人心”，语言的美对社会风气的好坏至关重要。

语言的文明礼貌美，是从符合道德规范的角度来谈语言美的。语言的文明礼貌美，关键在于表述的内容是美的，是获得升华的心灵美的自然而然的流露。一般来说，说话做到和气、讲理、文雅，就符合语言得体性原则，符合道德规范，这样的语言就具有文明礼貌美。“和气”是对讲话人态度的要求。语音有高有低，语调可轻可重，从而形成不同的语言。态度和气，讲话的语气就温和亲切，既清楚明白又不粗鲁刺耳，使人感到很舒服。“讲理”是对讲话内容的要求。交际要讲道理。在人际交往中，说话的人实事求是，服从真理，坚持对的，改正错的，就是讲理。“文雅”是对讲话人用词造句的要求。文雅的语言，应该是用词造句得体，显得谦虚，彬彬有礼。和气、讲理、文雅的语言体现了语言的文明礼貌美，反映着一个人的高尚的思想情操、高雅的生活情趣和高度的文化素养。从这个意义上讲，语言美首先是内心美的问题。高尚、优美的语言是一个人美的内心世界的表露。著名教育家叶圣陶先生曾经说过：只有“诚于中”才能“形于外”。待人处世要讲究真诚的情感、高尚的节操，才能自然而然地流露出语言美。说话和气、讲理、文雅，让人看到的是一颗善良、纯正、美好的心；说话粗野、骄横、无理，必然给人留下缺乏教养的印象。所以，要做到语言纯洁优美，首先要从心灵美做起，努力保持高尚的道德情操。有个诗人曾经这样赞美文明礼貌的语言：“如果每个人说话时带上可爱的微笑，生活将是无法形容的美好。”

（2）语言的智慧美。语言的运用能显示出一个人的智慧。现实生活中，一味板着面孔、严肃有余的人是难以使人产生亲切感的。生活需要调侃，生活需要自然，而富有智慧的语言则可以传达出人们对生活乐观、豁达的态度。智慧的语言，会显示出人的种种富有创造力的本质和对交际场合、环境、交际对象的操控能力。富兰克林·罗斯福就任美国总统之前，曾在海军部担任要职，有一次，一位朋友向他打听海军在加勒比海一个小岛上建立潜艇基地的计划。面对朋友的提问，罗斯福没有一本正经地说这是军事秘密，或无可奉告之类，而是很神秘地向四周看了看，压低声音问：“你能保密吗?”“当然能。”对方回答。罗斯福微笑地看着对方，不紧不慢地说了句：“我也能。”在这里，罗斯福创造了一种轻松幽默的情调，运用委婉含蓄的语言，巧妙地拒绝了朋友的要求。在朋友面前，既坚持不能泄密的原则立场，又没有使朋友陷入难堪，取得了极好的语言效果。

（3）语言的音乐美。语言的传达主要有两种形式，一是口头语言，二是书面语言。口头语言通过声音来传达。声音有乐音和噪音之分。美的语言总是读起来朗朗上口，听起来音质纯正，悦耳动听，富有美感。据说一位外国著名演员在一次聚会上，即兴朗诵了一段，采用的是悲的腔调，使全场不禁为之潸然泪下。其实这位演员念的不过是宴会上普通的菜单。所以，不同的声音处理可以收到不同的效果。语言的音乐美，可以从以下几方面体会：首先是音准，讲话发音要标准化、规范化，吐字清晰；其次是音色，发音应当圆润、自然，力戒杂音，不要装腔作势；最后是音调，力求通过发音音域的高低变化来较完美地表达具体内容。

6. 精神美

形貌、服饰是人的美的外在因素，精神则是人的美的内在因素。如果说形貌、服饰容易被看成人对美的短时间的静态的追求，那么，精神美则是人长期学习、培养、努力的结果。精神美主要包括三个方面：知识、修养、性格。知识是人的内在的精神美的基础。知识是人类认识世界（包括认识自身）的智慧的结晶。“知识就是力量”，没有知识，人就显得空虚、茫然。知识是精神美的基础。修养是以知识为核心的，包括道德、情操、行为、态度在内的多种素质的综合生成，是一种生活的态度。说一个人有修养，意味着他对知识融化的程度较高。孔子的“文质彬彬”，就包含着非常重要的修养的成分。所以，修养包含着知识、生活的态度、人生的阅历等多个方面。修养是精神美的一个重要构成。性格是人的精神美的核心。不一定每个人都有系统的渊博的知识，不一定人人都有修养，但人人都有自己独特的性格。文艺作品审美魅力的一个重要因素就是性格的塑造。《红楼梦》中凤姐的泼辣、精干、工于心计、八面玲珑的性格，林黛玉的心地善良、多愁善感、纯洁正直而又孤独自傲的性格，都给我们留下了极其深刻的印象。性格是在先天基质和后天经历、学习的基础上形成的。性格具有多面性，并且有美和恶之分。那么究竟什么性格最美呢？很难具体回答，一般来说，只有思想品德纯正、知识渊博、感情丰富又有才能的人，才具有理想的性格。

“江山易改，禀性难移”，但并不是说性格是不可改变的。我们知道，人不是单纯模仿别人的机器，人有着神奇而巨大的创造性，并且有自我调适的能力，既能把握住自己的性格，又能意识到自己的性格在社会生活中的利弊，使不美的性格得到改造和矫正。比如，冷峻、孤僻、褊狭的性格，通过广结四方朋友，增进友谊，丰富精神生活，将心比心，关心他人，就有可能转化为热情、合群、宽厚的性格；性格的懦弱，一般与能力较低有关，只要努力学习，锻炼才能，增强自信心，也可能变得强健和勇敢。在现代化的社会里，我们提倡性格的多样化，是要张扬个性，鼓励人们应该有“个性特色”，赞美开拓、进取、创新的性格美。

> 嘉平某公子，风仪秀美。……一日，公子有谕仆帖置案上，中多错谬：“椒”讹“菽”，“姜”讹“江”，“可恨”讹“可浪”。女见之，书其后：“何事‘可浪’？‘花菽生江。’有婿如此，不如为娼！”遂告公子曰：“妾初以公子世家文人，故蒙羞自荐。不图虚有其表！以貌取人，毋乃为天下笑乎！”言已而没。
>
> ——蒲松龄《聊斋志异·嘉平公子》

知识、修养、性格三方面的和谐统一表现在感情行为上，就成为光彩照人的精神美。这是最有魅力也最永恒的美。它作为人的生动气韵贯通于人的形貌、服饰、言谈举止中。随着社会文化的发展，精神性和多样性在人的美中占有越来越高的地位，也为人的美的追求提供了广阔的天地，使任何人都能达到美的境界，任何人都能把美带给世界。

三、艺术美

艺术美指艺术作品的美，是通过形象、意境和情感，以审美的方式把握世界，艺术地反映社会生活的特殊形式。通俗地说，艺术美是审美主体因为生活感发而生成的审美体验的物化形态，即用美的物质形式表现审美的精神内容。

> 艺术美具有无穷的魅力。肖邦的《夜曲》，可以使一对争吵的中年夫妻顿时息怒消恨、重归于好；曹雪芹的《红楼梦》不知使多少读者伤心落泪；高尔基的《在底层》激起愤怒工人的示威游行；毛泽东的诗词陶冶了不知多少人的革命情怀……人需要生活美，更需要艺术美，艺术美是人生不可缺少的伴侣。

（一）艺术美与生活

艺术美同社会生活有怎样的关系？美学史上对此长期争论不休。黑格尔认为：“艺术美高于自然美。因为艺术美是由心灵产生和再生的美，心灵和它的产品比自然和它的现象高多少，艺术美就比自然美高多少。”[①] 车尔尼雪夫斯基则相反，他认为：“生活中的美是

---

① ［德］黑格尔著，朱光潜译：《美学》，第1卷，4页，北京，商务印书馆，1979。

真正的完全的美”，“艺术作品总是缺乏完美”，“艺术仅只在二三无关重要的枝节上胜过现实，而在一切基本点上，它是远远的落后于生活的”①。我们认为，只有以马克思主义为指导，以辩证唯物主义观点分析艺术美和生活美的关系，才能得出正确的结论。

1. 社会生活是艺术美的源泉

社会生活作为艺术美的源泉，表现在如下方面：

（1）社会生活是想象的基础。没有想象便没有艺术。想象活动必须依靠生活中积累的大量的感性材料，艺术家对这种感性材料掌握得愈丰富，想象就愈自由。郑板桥在一篇画竹的题记中曾说：“江馆清秋，晨起看竹，烟光日影露气，皆浮动于疏枝密叶之间。胸中勃勃，遂有画意。其实胸中之竹，并不是眼中之竹也。因而磨墨展纸，落笔倏作变相，手中之竹又不是胸中之竹也。”（《郑板桥集》）这里的“眼中之竹”、“胸中之竹”和“手中之竹”，实际上是创作过程中所经历的艺术感受、艺术构思、艺术表达三个阶段。画家多次观察清秋晨竹而具有了艺术感受（“眼中之竹”），然后经过艺术构思（自然也包括艺术想象）形成了艺术构思（“胸中之竹”），最后“落笔倏作变相”，形成艺术表达（“手中之竹”）。若无“眼中之竹”，“胸中之竹”便无从产生，也就更不会有“手中之竹”了。没有雄厚的生活基础，是难以孕育出这样丰富的想象的。

（2）社会生活孕育着激情，没有激情便没有艺术。艺术形象中渗透着艺术家的激情，艺术家的想象是在激情有力地推动下产生的，艺术形象一旦失去情感，便成了一个毫无生机的“瘪三”。而激情便产生于客观生活实践。曹雪芹的《红楼梦》成为千古绝唱，不仅在于作者写出了时代的兴衰史，而且在于它渗透着作者的爱憎之情。曹雪芹的家族本身就是一个贵族世家，延续了60年之久。他少年时代曾经历了一段繁华富贵的生活，但是没多久，曹家便渐趋衰败。到曹雪芹成年，竟到了“举家食粥酒常赊”的地步。在这个巨大的历史变迁中，曹雪芹清晰地看到了封建统治阶级内部的腐朽和罪恶，深刻认识到自己隶属的阶级的无可挽回的没落命运，同时也有机会接触到下层劳动人民和广阔的社会现实。在认识社会的同时，他的感情也在发展变化着，他憎恶没落阶级的种种罪恶行为，同情被压迫和侮辱的下层劳动人民，他成了封建阶级的逆子贰臣。在创作过程中，这强烈的爱憎之情有力地推动着作家的想象，他将生活素材选择、集中、加工、升华，从而完成《红楼梦》的巨大构筑。

> 盖文王拘而演《周易》；仲尼厄而作《春秋》；屈原放逐，乃赋《离骚》；左丘失明，厥有《国语》；孙子膑脚，《兵法》修列；不韦迁蜀，世传《吕览》；韩非囚秦，《说难》、《孤愤》；《诗》三百篇，大抵贤圣发愤之所为作也。
>
> ——司马迁《报任安书》

2. 艺术美高于生活美

（1）艺术美比生活美更强烈、更集中。生活中的美往往是分散的、零碎的，它们常被虚假的、偶然的、多余的、芜杂的东西所淹没，而艺术则可以把它们加以“扬弃”，加以“提炼”，把它们集中起来“熔化”在优美的一个完整的形式里，从而形成一个美的结晶体。比如，浩浩荡荡的黄河，是中华民族的摇篮，它的两岸有着许多名胜古迹，但是，从地理位置上看，这些名胜是分得很散的，不易一下子尽收眼底。艺术表现却不同了。有一尊名为《大河上下》的象牙雕，表现出了黄河从发源地到入海处的整个流程，并把

① ［俄］车尔尼雪夫斯基著，周扬译：《生活与美学》，109页，北京，北京美术出版社，1978。

许多名胜古迹和美丽的城市都巧妙地组合在一起，这样，人们可以一眼览尽黄河沿岸各种各样的美。显而易见，《大河上下》中黄河的美要比现实中黄河的美更强烈，更带集中性。

（2）艺术美比生活美更典型、更理想。艺术典型中总是渗透着作者的理想，因此，这里的典型、理想有两方面的含义。一方面是指艺术对于生活的典型概括。艺术把现实生活加以“理想化”，并不意味着粉饰生活或歪曲生活，而是指反映生活中最本质、最富代表性、最典型的东西。艺术将生活丑转化为艺术美，塑造丑的典型形象，真实地反映丑的本质，这也是所谓“更理想”的意思。另一方面指艺术家对生活现象的审美化，即在塑造艺术的典型形象时，给生活现象以正确的美学评价，从而表现人民的愿望和理想。因而艺术的典型形象就是美学理想的体现。

（3）艺术美比生活美更带普遍性。这里的“普遍性”也有两方面的含义。其一，生活是瞬息万变的，生活美具有易逝性的弱点，随着时序的变迁和生活的发展，现实美往往容易凋谢和衰亡；艺术美则有永驻性的长处。它一旦形成后，便可冲破时间、空间的限制，流芳万世，永驻人间。例如，海市蜃楼是自然界少有的奇观，几年甚至几十年才出现一次，每次出现又是短短的一瞬，很少有人享有观赏此景的眼福。生活中稍纵即逝的“海市”，终于被作家“物化”在语言描写中，此段语言描写将永存人间，供人们去玩味、欣赏。其二，普遍性的主要意义在于，艺术美是生活美的典型表现。典型是个性和共性的统一，是指广泛的深远的普遍性。这种普遍性，不仅是超越国界的，而且是超越时代的。例如，高尔基《母亲》中的巴维尔和奥斯特洛夫斯基《钢铁是怎样炼成的》中的保尔·柯察金，不仅使我们看到俄国无产阶级的革命性，而且使我们认识到世界各国无产阶级都具有的革命性，他们感动和教育着世界各国的人民群众，因此，这两个形象具有超国界的典型意义。

3. *艺术美是艺术家的创造*

艺术家在选取生活素材、熔炼主题时，总是以一定的世界观为指导，总是以他独特的审美观、艺术观去观察生活、理解生活、评价生活，总是力求以他独特的艺术方法、艺术手段去塑造形象，反映生活，表明他对生活的态度。因此，艺术家与时代精神息息相通的美的心灵，对社会生活的理解力、想象力，高度的艺术表现力、创造力，对于艺术美的产生与发展具有至关重要的作用，甚至可以说起着决定性的作用。

艺术贵在独创，创造艺术的美更需要艺术家对社会生活有独特的理解，在选取题材、运用题材、构思形象、组织结构、驾驭艺术手段和艺术手法上有独特的个性，形成独特的风格。艺术提倡独创，反对照抄，既反对照抄自然，也反对照抄前人的作品。郭沫若曾说：“艺术家不应该做自然的孙子，也不应该做自然的儿子，是应该做自然的老子。”“做自然的儿子”、“做自然的孙子”指照抄自然，“做自然的老子”指艺术家在生活基础上创造。郭老在这里显然强调了艺术家的创造。艺术家常以独创性评价艺术水平的高下。清代石涛曾说：“非似某家山水，不能传久。……是我为某家役，非某家为我用也。纵逼似某家，亦食某家残羹耳。”齐白石也说：“胸中山水奇天下，删去临摹手一双。”巴尔扎克说过一句非常风趣的话：第一个用“花”比作女人的是天才，第二个是庸才，第三个是蠢材。这些都是反对抄袭前人作品，倡导艺术独创的。

总之，艺术美是艺术家在生活基础上的一种创造。正是由于有了这种创造，一块顽石在雕塑家手里才有了生命，几个动作在舞蹈家的形体上才有了奇异的魅力，几抹水彩在画家手里才产生栩栩如生的形象，几个音符在歌唱家口中才产生激动人心的力量。

（二）艺术美的特征

与其他类型的美相比较，艺术美有着自己突出的特点。

1. 创造性

艺术美根源于人的生活，但它不是艺术家从生活中直接拈来的，而是艺术家以自身全部体验、情感和态度，对生命意义的一种创造性表达，亦即是艺术家通过自己的审美创造赋予现实生命以感性形式的过程和创造性成果。前述的清代画家、诗人郑板桥总结的画竹体会便是如此。

2. 统一性

现实生活是艺术美的客观因素，但它不同于自然形态的生活原型，而是集中了生活的精粹；艺术美的主观因素则主要是指艺术家的审美理想、思想情感和对于人生的态度和追求。任何艺术形象的创造活动，都具体包含了主客观两方面的因素，而艺术美正是它们的有机统一。也因此，主观因素不同，主客观统一的方式和过程不同，艺术美的表现也会产生不同特点。朱自清、俞平伯两人曾同游南京的秦淮河，并各自写了一篇同名散文《桨声灯影里的秦淮河》。由于两位作家面对同一景物所产生的理解和感受存在某些差别，这两篇散文给人的感受也不同：朱文朴实淳厚、清新委婉，俞文则细腻感人、情景交融。

3. 实用性

艺术作品所创造的形象，对于人的日常生活需要没有实际的物质性用途。即便是具有一定实用性的宗教建筑，比起一般的住宅、会堂等，它的用途也主要体现在精神性上。人类审美发展史告诉我们，只有当人类的创造和创造产品从一般实用形态解脱出来，成为独立、自觉地体现了人的生命本质意义的创造和创造产品之际，艺术美才得以真正进入美的存在系统。原始人制造的工具尽管可以包含一定的审美因素，但它首先是一种实用的劳动工具，而不是在自觉的审美意识支配下创造出来的艺术作品；一件艺术作品首先总是以满足人的精神上的需要为目的，并以其特定的审美价值为人所欣赏的。也因此，艺术形象虽然离不开一定的物质载体，如光、声、色、形等，但它们并不能就此带来艺术美的物质实用性。比如，光波和声波对人的生理性刺激具有物质性，但它们在艺术作品中主要是作为人从现实世界进入精神世界或心理世界的媒介物而出现，其物理属性在艺术美的表现中可以被当作精神活动来看待。所以，萨特认为："艺术品是一种非现实"，"只有当意识经历着对世界的否定的激变过程，进入想象的境界时"，艺术美才会出现，而"实在的东西永远也不是美的"。①

4. 永久性

美的社会存在、自然美总是存在于一时一地，受到时空条件的局限；尤其是自然美对环境的依存性更大。而艺术美有所不同。它通过物质手段把现实生活和人的生命追求、情感、理想等精神性因素统一在艺术作品之中，成为具有固定形式的艺术形象，可以不受时间和空间的限制，取得超时空的普遍的审美效果。人们可以从艺术形象上感受、体验到不同时代、不同地域的美。特别是一些优秀艺术作品更有着长远的审美价值，具有永久的魅力，如古希腊雕塑、荷马史诗、米开朗琪罗的雕塑、李白的诗、曹雪芹的《红楼梦》，

---

① ［法］萨特：《想象心理学》，引自蒋孔阳主编：《20世纪西方美学名著选》（下），224页、230页，上海，复旦大学出版社，1988。

等等。

四、形式美

(一) 形式美的含义

形式美是指自然、生活、艺术中各种形式因素（色彩、线条、形体、声音等）及其有规律的组合所具有的美。现实生活中的事物都是具有一定形式的。正因为事物的具体存在的形式直接作用于人的感官，人们才有可能感知它、认识它。透过事物的形式，研究事物的内容，研究事物的特殊矛盾及其变化规律，是一切科学认识的共同任务，是各种科学赖以建立的基础。这对于科学的美学也同样适用。

内容与形式是哲学上的一对范畴。内容是指构成事物的内在要素的总和，包括事物的内在矛盾运动以及由这些矛盾运动所决定的事物的属性、运动过程、发展趋势等。形式是指内容诸要素的结构方式和表现形态，即事物矛盾运动的存在方式及外部表现形态。一般讲来，内容是决定事物性质的基础方面，形式是为内容所要求的存在方式，因而内容决定形式，形式为内容服务，同时，形式又反作用于内容，形式的优劣影响以至制约着内容的表达。事实上，事物的内容及形式之间表现出十分错综复杂的对立统一关系。以事物的美来说，有的可能内容美，形式也美；有的内容美，而形式不一定美，甚至外形粗糙丑陋；有的内容平庸、空虚甚至丑恶，而形式却甚为娇艳；有的可能内容丑，而形式也丑……未经雕琢的璞玉，不因其外形粗陋而失去其美的本性，东施效颦却只能愈加显得丑陋。人类创造艺术品，致力于达到美的内容与尽可能完美的形式的统一，而对于一般的实用产品，则往往着眼于使用价值，在外形上修饰不多，如此等等。总之，每一具体事物的美，其美的内容与美的形式都只能是具体的历史的相对统一，而不可能是完美无缺的绝对统一。正因为这样，现实世界的美才会呈现出个性不同、各具特色、互不重复、多彩多姿的风貌。

形式作为内容的存在方式，包括两个紧密相联的方面：一是内容诸要素的内部结构的排列方式，称为内形式；一是与内部结构相关联的外部表现形态，包括外部装饰成分——装饰性处理、附属装饰部件等，构成直接作用于人的感官的事物的外部风貌，一般称为外形式。内形式与事物内容紧密联系、不可分割。例如一座建筑物，采用砖木结构、土石结构、混凝土结构或钢铁构件以及它们的各种组合关系，是由建筑物的设计要求所决定的。外形式是建筑物的具体外观，包括层次、色彩、门窗式样，还有高耸入云的尖塔，飞檐凌空的大屋顶以及壁画、浮雕等。它们直接诉诸人的感官，对于显示美的内容具有重要意义。例如，哥特式教堂高耸入云的塔尖，体现着通向天国的含义；斑驳陆离的彩色窗玻璃，宣传宗教思想的壁画和雕像，对于造成脱离尘世的神秘气氛来说是至关重要的。事物的外部材料的感性特征，正是组成事物的美的形象的重要因素。正如桑塔耶纳所说："假如雅典娜的神殿巴特农不是大理石筑成，王冠不是黄金制造，星星没有火光，它们将是平淡无力的东西。"

现实事物本身是复杂的，其属性是多方面的。一个事物往往是许多不同类的要素的集合体。这就是说，事物的内容和形式都可能是多方面的。从一个事物体现其使用价值来说，其内容在于功用，其形式是体现功用意义的结构形态；从一个事物体现其审美价值来说，其内容在于是否包含了人的创造力量以及这种创造力量的侧重面、分量多少等，其形式则是显现着人的创造力量的感性形态。因此，美学的研究不仅不能忽视事物的外在形式，而且应该特别重视外在形式是怎样地显现了内在的美。由于事物的外在形式具有更强的相对独立性，具有自身独有的发展规律，因而对于外在形式的美进行专门研究就成为十分重要和必要的了。

事物的外在形式为什么能够具有独立的审美价值呢？因为，这种形式本身是人类对于自然物的存在方式、自然属性及规律性的发现，是人类将这些发现运用于实践中的合目的性与合规律性相统一的创造，因而，单就形式本身而言，它也是人的创造力量的体现。一般说来，凡能够按照美的规律进行创造的产品，都会具有一定的审美价值。如果在创造中，在注意充分发挥产品的使用功能的基础上，对其外部造型作进一步加工，就可以使产品具有令人赏心悦目的美的价值。这类产品的外在形式，成为体现人的审美理想、创造力量的感性显现，因而必然显得美。从历史上看，新石器时代人们开始有意识地注重石器的外形加工，将石面磨光，造型几何化，甚至刻上了装饰线条，从而成为人们自觉创造的最早的美的产品。它标志着人类审美意识的真正觉醒，是人类的美的创造的真正开端。由此可见，真正美的产品，是经过了从功用到外形的双重创造的产物。而在外形创造方面所显示的人的创造力量，便是我们称之为形式美的客观内容。

（二）形式美的构成

形式美的构成可分为两部分：一部分是构成形式美的感性质料；另一部分是构成形式美的感性质料的组织规律，即形式规律。

1. 形式美的构成要素

形式美是由一定的自然物质材料所构成的。构成形式美的自然物质材料，包括色彩、线条、面、体等。

（1）色彩。

色彩是构成事物美的不可缺少的因素，它不仅向人们传达一定的感情意味，引起人们的情感的反应，而且具有一定的象征意义。

色彩具有唤情性，它能给人以情绪的感染。不同色彩的刺激往往会使人产生不同的情绪。歌德曾把色彩划分为积极的（或主动的）和消极的（或被动的）两类。他认为积极的色彩能使人产生一种积极向上、努力进取和富有生命力的情感态度，消极的色彩表现出不安的情绪。由于历史长期形成的民族心理、文化积淀和传统习惯，不同民族对色彩的感受具有某种差异性，如黄色在中国古代是帝王之色，象征着皇权的高贵，而基督教因黄色是出卖耶稣的犹大的服色，因而视之为下等色。

（2）线条。

线条具有各种各样的形态，如粗细、长短、曲直、虚实、断续、光洁与粗糙等，它们可以使人产生快慢、刚柔、滞滑、利钝、顿挫等不同的感受。线的基本形态不外乎三类，即直线、曲线和折线。这三类不同形态的线具有各自的表现力，也具有各自的审美特性。一般来说，直线具有刚劲、挺拔、正直等特性，给人以一种力的感受；曲线则具有优美、柔和、活泼、流畅等特性，给人以一种运动感；至于折线，由于它一般表现为事物运动过程中的转折、升降、倾斜、进退，因而往往给人一种方向感。作为艺术造型的一种重要手段，线条被较多地运用于建筑、绘画、雕塑、书法、舞蹈等。如在建筑艺术中，“风格的变化就是以线为中心。希腊式建筑多用直线，罗马式建筑多用弧线，‘哥特式’建筑多用相交成尖角的斜线”①。

---

① 朱光潜：《近代实验美学》，见《朱光潜美学文集》，第1卷，297页，上海，上海文艺出版社，1982。

（3）面。

面又称为平面，是位于同一平面的轮廓线固定不变的物体的形状，起分割空间的作用。人们感知某一物体的形状主要是依据观察到的面。通常所说的三原形——方、圆、三角形，指的就是物体的平面形。圆形或由圆形演化而来的图形，给人的感受是柔韧、温和、充实、丰满、富有弹性，还有自我满足、周而复始的意味，因而体现了一种阴柔之美。方形或方形演化而来的图形给人的感受是方正、平实、刚强、安稳和拘谨、固执等，因而体现了一种阳刚美。三角形有各种形态，使人产生不同的情绪感应：正三角表示稳定、庄重、崇高以及永恒；倒三角表示动荡、不安和倾危；斜三角形则造成运动感或方向感。

（4）体。

体是点、线、面的有机结合，体同面的关系最为密切，面的移动、堆积、旋转就形成体。体可分为球体、方体和锥体，即相当于面的圆形、方形和三角形，只是体给人的感觉比面更强烈、更确定。形体作为物质存在的空间形式，是形式美中最直观的因素，所以它最早引起美学家的注意。英国画家和美学家威廉·荷迦斯说曲线（蛇形线）是“富于吸引力的线条”。形体则以线条为基础，由点、线、面按一定规律组合而成。除了有平面和立体之分，不同的形体还给人以不同的审美感受。例如，圆形和球形给人以柔和完美之感，所以古希腊的毕达哥拉斯学派认为“一切立体图形中最美的是球形，一切平面图形中最美的是圆形”①；方形则给人以刚直、方正之感；金字塔式的三角形给人以安稳感，倒三角形则给人以倾危感；高而直的形体有挺拔和险峻感，宽而平的形体有平稳感。中国的太极图首尾相衔，彼此包孕，给人以周而复始、循环往复的无尽感。

2. 形式美的组合规律

形式美的组合规律是人类按照美的规律进行美的创造和鉴赏的经验总结。它与人的生理、心理结构相对应，根源于客观世界的自然法则。然而世界并不是一成不变的，其发展经历了一个由简单到复杂、由低级到高级的历史过程。形式美的组合规律可分为对称与均衡、比例与匀称、节奏与韵律、整齐一律与多样统一等。

（1）对称与均衡。

这是体现事物各部分之间组合关系的最普遍的法则。作为一种体现了事物各部分间组合关系的最普遍法则，对称有两种形式：线对称和点对称。前者是以一条线为中轴，左右或上下两侧均等；后者则以一个点为中心，不同图形按一定角度在点的周围旋转排列，形成放射状的对称图形。日常生活中的大多数生物形体结构都是对称的，如人的眼睛、耳朵、四肢的对称，动物的角、翼、腿的对称，植物叶脉的对称。由于对称保持了整齐一律的长处，同时避免了完全重复的呆板，既显得庄重、安稳，又起到了衬托中心的作用，所以在现实生活中应用广泛。天安门前的华表与金水桥、故宫的角楼等建筑的对称布局，以及中式客厅的摆设、日用品的设计等，都有着对称的形式美。

均衡是对称的变体，即处于中轴线两侧的形体并不完全等同，只是大小、虚实、轻重、粗细、分量大体相当。较之对称，均衡显示了变化，在静中趋向于动，给人以自由、活泼的感觉。均衡在绘画、雕塑、建筑等造型艺术中常有采用。中国书画家便经常用题字和钤印来调整、实现作品画（字）面的均衡。东汉铜雕《马踏飞燕》（见图3—2），马的三条腿都腾

① 北京大学哲学系：《古希腊罗马哲学》，36页，北京，商务印书馆，1982。

空而起，只有一条后腿踏在一只飞燕背上，由于飞马的倾斜角度和前后身体的重量比例均衡，因而在充满动感之际，又有一种均衡感。其他如盆景、插花、室内布置等设计中，也常常利用这种形式美规律。

图 3—2　马踏飞燕（东汉）

（2）比例与匀称。

比例是指一事物整体与局部以及局部与局部之间的关系。我们平时所说的"匀称"就包含了一定的比例关系。人体的匀称在比例关系上也不是绝对不变的。所谓"增之一分则太长，减之一分则太短"，是就某一个人身材的匀称来说的，并不是说衡量一切人的身体是否匀称只有一个标准。我国古代画论中的"立七、坐五、盘三半"、"丈山尺树，寸马分人"，也只是大致的说法。那么，什么样的比例才能引起人的美感呢？西方毕达哥拉斯学派认为，黄金分割的比例最能引起人的美感。所谓黄金分割即将整体一分为二，较大部分与较小部分之比等于整体与较大部分之比［a∶b=(a+b)∶a］。黄金分割这种比例关系之所以被认为是美的，原因当然是很复杂的，最主要的大概是由于这种比例关系合乎事物的常态，顺眼。人体的各个主要部位就合乎黄金分割的比例关系。人体生理结构包含着许多整数的比例关系，达·芬奇称之为"神圣的比例"，他的名作《蒙娜丽莎》的各个部分就是按这一比例绘制的。日常生活中的许多物品，如报纸、图书、邮票、照片等，也大都采用这一比例。

（3）节奏与韵律。

节奏是客观世界物质运动的一种带有规律性的表现方式。在艺术活动中，节奏表现得更为显著。节奏是音乐、舞蹈和诗歌共同具有的基本要素。在音乐中，由音响运动和轻重徐疾造成的节奏是音乐的本质；舞蹈是最富有节奏感的艺术，舞蹈的节奏主要表现在形体动作上；在诗歌中，节奏主要表现在音韵上，韵律是诗歌中的声韵和节律。韵律是在节奏的基础上形成的，但又比节奏的内涵更丰富，它表现出一种特有的韵味和情趣，是一种富有情感的节奏。我国古典诗词押韵、平仄、对仗的音乐美，构成了诗的韵味。韵律不仅存在于诗歌和绘画中，在音乐、舞蹈、建筑中也都普遍存在。

（4）整齐一律与多样统一。

整齐一律是形式美最简单的法则，表现在物质材料量的方面的重复一致、整齐划一，即同一种形状、同一种色彩、同一种音响重复出现而无变化。整齐一律能体现一种统一有序的洁净美、严肃美，如碧波万顷、金黄麦浪、层层密林等，就能给人以反复交替的节奏美感。整齐一律作为一种单纯的形式美，能给人以单纯感、庄重感、规整感，有时还能表现出一定的气势，但因缺少变化，不免显得单调沉闷。

多样统一是形式美的最高法则。"多样"是指构成整体的各个部分因素的差异性；"统一"是指这种差异性的彼此协调，其中包括整体各个部分之间的对称、均衡、比例、匀称、节奏、韵律等。所以我们又可以把多样统一视为形式美的基本形式。

多样统一包括两种类型：一种是各种对立因素之间的统一，谓之对比；一种是各种非对立因素之间相联系的统一，谓之调和。对比与调和反映了矛盾的两种状态。对比也称对立。美的事物各部分之间具有明显差异的因素相互组合在一起，使人感到鲜明、醒目、振奋、活跃。如色彩的冷与暖，光线的明与暗，线条的粗与细、曲与直，体积的大与小，位置的高与低、远与近，声音的长与短、强与弱等有规律地排列组合，就会相互对照、比较，形成变化，又互相映衬，协调一致。这种对立因素的统一，可收到浓淡适宜、明暗有度、大小和谐、强弱相济的相反相成的效果。如“接天莲叶无穷碧，映日荷花别样红”，是色彩的对比；“蝉噪林愈静，鸟鸣山更幽”，是有声与无声的对比；而“大漠孤烟直，长河落日圆”，是形体的对比。这种由对立因素的统一造成的形式美，一般属于阳刚美。调和是在差异中趋向于“同”（一致），是把两种或多种非对立因素互相联系的统一，形成不太显著的变化。如色彩中红与橙、橙与黄、黄与绿、绿与蓝、蓝与青、青与紫、紫与红都是相似色，在同一色中又有浓淡、深浅的层次变化，这种相似或相近的色彩相互配合，在变化中保持大体一致，给人一种融和、协调、宁静的感觉。在音乐中，和声、声乐中的二重唱、四重唱，都使人感到融和、协调。这些由非对立因素的统一造成的形式美，一般属于阴柔之美。美学中的比例、对比、调和都是对立而又统一的。统一由对立构成，统一中有差异，对立并不消失，而是同时并存。无论是对比或是调和，其本身都要求有变化，在统一中求变化，在变化中求统一，方能显出多样统一的美来。

（三）形式美的特征

形式美是作用于人的视觉和听觉的事物外形式的美。作用于视觉的形式有色彩、线条、形体、体积等，这些造成一定的空间美。中国画强调的高远、平远、深远就属于这种空间美。作用于听觉的有音色、节奏、旋律等。

1. 对称性

形式美在人类改造自然、改造社会的实践中产生。普列汉诺夫写道：“野蛮人（而且不仅野蛮人）在自己的装饰艺术中重视横的对称甚于直的对称，这说明人所固有的对称感觉正是由人和动物的对称样式养成的。武器和用具仅仅由于它们的性质和用途，也往往要求对称的形式。”①

2. 抽象性

美的形式在初期是同实用性联系在一起的，而到后来逐渐脱离了实用性。形式美能够脱离其内容而唤起美感，是因为它经过了抽象的概括。客观事物的自然形式、自然属性与一定的社会生活现象相联系，在实践过程中反映到人们的头脑中来，并经过多次反复认识、深刻概括，便形成了带有一定独立性的形式美。在原始人的观念里，红色代表血，是生命力的源泉。这种观念的产生，是与他们的生活实践分不开的。鸟纹、蛙纹等象征性图案也是在实践中逐渐成为抽象化的形式美的。所以，事物的外在形式要成为形式美，必须经过一定程度的抽象化，并且要脱离其实用性内容。

3. 物质性

美的内容表现为以一定物质材料所构成的一定形式。组成这种形式的物质因素有三：一是事物的物质材料，即色彩、声音、线条等；二是依照事物的物质运动所形成的规律，即比例、对称、节奏等；三是作为物质运动存在的空间与时间。离开这三种物质因素，事物无法存在，美也不能存在。如绘画离不开色彩和线条；音乐离不开声音和节奏；雕塑离不开青铜、大理石、黏土；舞蹈离不开人体动作；文学离不开语言等。

---

① ［俄］普列汉诺夫：《普列汉诺夫哲学著作选集》，第1卷，42～43页，北京，三联书店，1984。

4. 独立性

艺术作品中的外形式的美，是艺术作品的不可缺少的组成部分。艺术中的形式美所具有的审美价值要服从于整个艺术形象的要求，不应为形式而追求形式。但也不应否定它的相对独立的审美特性。我们要正确理解形式美的审美特性，并正确认识它在艺术作品中的地位和作用，进而运用形式美规律创造艺术美。

总之，形式美具有相对独立的审美意义。形式美与美的形式既有联系又有区别，美的形式不能脱离美的内容，但又带有相对独立性。同时，形式美概括了美的形式的某些共同特征，具有一定的抽象性，形式美所体现的内容是间接的、朦胧的。

第三节　审美客体的表现形态

一、优美

优美，又称秀美，它是美的最一般的形态。狭义的美，指的就是优美。中国美学史上，将其称为"阴柔之美"，这是一种优雅之美、柔媚之美。从审美属性上看，优美主要具有绮丽、典雅、含蓄、秀丽、纤柔、婉约等特色。优美是与崇高相对的一种美的表现形态，有自身的本质特点。

> 阅读下列诗句，谈谈对各诗句共同的审美感受：
>
> 1. 明月松间照，清泉石上流。
>
> 2. 梨花院落溶溶月，柳絮池塘淡淡风。
>
> 3. 自在飞花轻似梦，无边丝雨细如愁。

（一）对优美的理解

1. 中国美学史上优美概念的划分

早在战国时期的《易传》中，就从我国古代"阴阳"说出发，认为地道之美贵在阴与柔，天道之美贵在阳与刚，从而形成中国古典美学关于艺术美的阳刚之美和阴柔之美两大基本类型。

魏晋以后，我国历代的文论、画论对艺术美的特征和状貌作了更加详尽的分析和辨别。西晋陆机的《文赋》认为："诗缘情而绮靡，赋体物而浏亮。碑披文以相质，诔缠绵而凄怆。铭博约而温润，箴顿挫而清壮。颂优游以彬蔚，论精微而朗畅。奏平彻以闲雅，说炜晔而谲诳。"刘勰在《文心雕龙》中将文章风格美分为八体：典雅、远奥、精约、显附、繁缛、壮丽、新奇、轻靡。唐末司空图在《诗品》中将诗的风格详细地概括为二十四品：雄浑、冲淡、纤秾、沉着、高古、典雅、洗炼、劲健、绮丽、自然、含蓄、豪放、精神、缜密、疏野、清奇、委曲、实境、悲慨、形容、超诣、飘逸、旷达、流动。中国古典美学中，对艺术美特别是艺术风格美的大量探索和分类，实质上是对美的不同表现形态的深入而又细微的划分和辨别。

到了18世纪，清代桐城派文人姚鼐运用古代阴阳刚柔对立统一的观点，把复杂多样的美的表现形态明确地概括为"阳刚之美"和"阴柔之美"两大类。所谓阴柔之美就相当于我们今天所说的优美。姚鼐对优美形态的形式、外貌和特点作了描绘

> 其得于阴与柔之美者，则其文如升初日，如清风，如云，如霞，如烟，如幽林曲涧，如沦，如漾，如珠玉之辉，如鸿鹄之鸣而入寥廓；其于人也，漻乎其如叹，邈乎其如思，煗乎其如喜，愀乎其如悲。
>
> ——姚鼐《惜抱轩文集·复鲁絜非书》

性的评定，是中国古典美学对优美认识的代表性观点，对我们掌握优美的本质特点是有意义的。

2. 西方美学史上优美概念的探讨

18世纪英国经验主义美学家博克认为，优美的品质有下列几种："第一，比较小；第二，光滑；第三，各部分见出变化；但是第四，这些部分不露棱角，彼此像熔成一片；第五，身材娇弱，不是突出地现出孔武有力的样子；第六，颜色鲜明，但不强烈刺眼；第七，如果有刺眼的颜色，也要配上其他颜色，使它在变化中得到冲淡。这些都是美所依存的特质，这些特质起作用是自然而然的，比起任何其他特质，都较不易由主观任性而改变，也不易由趣味分歧而混乱。"① 博克在这里探究了优美的某些外部特征，应当说是有一定价值的。但是，博克脱离社会生活、脱离社会实践而孤立地认识优美的本质，这就使他的理论观点缺乏科学性。

车尔尼雪夫斯基对崇高与优美作了比较深入的探讨。他说："美（这里指优美）与崇高其实就存在于自然与人生之中。同时，也应该说：欣赏美与崇高的事物之能力，直接取决于欣赏者的认识——任何东西，如果我们在其中看得到符合于我们的人生观的生活，那就是美的；任何东西，如果是比我们拿来跟它比较的事物更伟大的，那就是崇高的。所以，美与崇高在现实中的客观存在也要配合人的主观看法。"② 车尔尼雪夫斯基把优美与崇高固定在自然和人类社会生活之中，认为它们都是客观存在的。由于他不能辩证地看问题，因而又使他最终滑向了唯心主义。在上边的那段论述之后，他紧接着又说："我还须指出：虽然一方面我把不依存人类想象力的独立性赋予'美'和'伟大'，但另一方面我却把人认为美与伟大的东西对人本身以及对其理解的关系提到第一位。"车尔尼雪夫斯基把人和人的认识放到第一位，又成为二元论者。

马克思主义的历史唯物主义的实践观点认为，美在人们改造现实的能动的社会实践和生活之中。作为美的具体表现形态之一，优美也是人类社会实践的产物。它是人类自由的社会实践与客观规律相一致的产物，是真与善、内容与形式的统一。优美往往与人形成和谐关系，容易被人接受欣赏，因而是人类在实践活动中最先发现的客观事物的一种审美属性。它在人类审美意识还不复杂、审美经验还不十分丰富的古代，是人们审美的主要对象。例如，不论是古代中国人还是古希腊人，都把和谐概念与美的概念相等同，把作为美的具体形态的优美的特征，即和谐，看成美的本质。在近代，随着人们社会实践的发展，人与自然的关系不断复杂、丰富起来，人的审美领域逐步扩大，才产生了与优美相对的崇高等审美表现形态。

（二）优美的基本特性

优美是实践的主体与客体的和谐统一显现出来的美。这种主客体矛盾关系的特殊性便决定了优美的基本特性。

1. 优美不与人们的艰巨曲折的社会实践和严峻复杂的斗争相联系

优美一般是对事物的正常发展规律和人们正常的社会实践的肯定，不呈现为激烈的矛

---

① ［英］博克：《论崇高与美》，见北京大学哲学系美学教研室编：《西方美学家论美和美感》，122页，北京，商务印书馆，1980。

② ［俄］车尔尼雪夫斯基：《美学论文选》，见北京大学哲学系美学教研室编：《西方美学家论美和美感》，247页，北京，商务印书馆，1980。

盾冲突，而表现为矛盾双方暂时的相对静止状态。可以说，崇高是在实践的主体与客体的对立斗争过程中显现的，它是在主客体的动态转化中，以压倒式的统一方式，显示人的本质力量，造成自我观照的独特审美价值。优美却与之相反。它没有主客体斗争历程的痕迹，不是以一方压倒一方达到统一，而是现实与实践、真与善、合规律性与合目的性交融无间的相对统一；是一个已经实现统一的形象实体，以比较单纯直接的形态表现了现实对实践的肯定。

“空山新雨后，天气晚来秋。明月松间照，清泉石上流。竹喧归浣女，莲动下渔舟。随意春芳歇，王孙自可留。”这是王维的山水诗名篇，这首诗不仅脍炙人口，而且诗中有画。初秋的傍晚，山雨初霁，万物为之一新。天色已暝，却有皓月当空；群芳已谢，却有青松如盖。山泉清冽，淙淙流泻于山石之上，犹如一条洁白无瑕的素练，在月光下闪闪发光。竹林里传来歌声笑语，洗衣的女子们归来了，荷叶向两旁纷纷披分，渔舟在藕湖里穿梭。久留在这幽清明净的自然里，可以使人身洁心净啊！在这首诗中，主体与客体达到了交融无间、浑然一体、和谐统一。如果说崇高以“动”为特点，常常表现为运动、斗争、对立、矛盾、冲突等特性的话，那么优美则以“静”为特点，侧重于展示主体在实践中经由矛盾对立达到统一、平衡、和谐的状态，例如风和日丽、鸟语花香、莺歌燕舞、山明水秀、春风微雨、荷塘月色，以及俊秀潇洒的人物、安定团结的环境、和谐真诚的爱情等。

2. 优美的事物在形式方面都有各自的品格

优美的事物的品格主要包括小巧、柔和、淡雅、细腻、光滑、圆润、精致、轻盈、舒缓、嫩弱、绚丽、微妙、秀丽、清新、幽雅、渐次等。从形式上看，优美与崇高具有不同的态势。《三门峡——梳妆台》和《桂林山水歌》都出自贺敬之的手笔，对比一下两首诗的开头，就能明显地看出区别来。前者是：“望三门，三门开：/‘黄河之水天上来！’/神门险，鬼门窄，/人门以上百丈崖。/黄水劈门千声雷，/狂风万里走东海。”后者是：“云中的神呵，雾中的仙，/神姿仙态桂林的山！/情一样深呵，梦一样美，/如情似梦漓江的水！/水几重呵，山几重？/水绕山环桂林城……”这两首诗格调不同的重要原因就在于描写对象各自的存在方式不同。黄河高峡景色壮观，气势宏伟，黄河之水以排山倒海之势奔腾而来，一泻千里，有雄伟、壮阔、奔放、浓烈的崇高品格。桂林山水风光绮丽，山清水秀，正如唐代诗人韩愈在《送桂林严大夫》一诗中所形容的“江作青罗带，山如碧玉簪”，给人以妩媚的美。桂林山水同其他优美的事物一样，呈现出美的自由形式，常表现在形式美的规律（如对称、比例、均衡、对比、调和、多样统一等）之中。中国画论、文论侧重从“柔”的方面进行描述。清代画家沈宗骞在《芥舟学画编》中指出：“柔可绕指，轻若兜罗，欲断欲连，似轻而重……似惊蛇之入春草，翩翩有态，俨舞燕之掠平地，天外之游丝，未足易其逸，舞窗外之飞絮不得比其轻。”

3. 优美对象具有内外关系的和谐

优美对象就整体而言，是外观形式与美的内容相互协调，以其个体形态与普遍内容完美有机的结合。内容与形式的关系是决定并显现特定美的各种表现形态的重要因素。崇高对象的无限巨大和强大这一根本的内在本质，是通过内容压倒形式的方式得以体现的。正是这一特性又决定了崇高的形式，往往会相应地超越一般物象的常态，违反一般的均衡、对称、比例、调和等规律。优美的对象在其内容上是对事物的正常发展规律和人们正常的社会实践的肯定，不呈现为激烈的矛盾冲突，而表现为矛盾双方暂时的相对静止状态，它要求用舒缓、轻柔、渐次、淡雅、精致、圆润等形式来表现。可见，优美的事物往往以和谐、协调、统一、完美、一致为特点。由上海玉石雕刻厂雕制的《西厢记》，利用象牙色彩洁白柔雅、质地细腻坚韧的特殊性能，细致入微地刻画出崔莺莺、张君瑞、红娘的性格特征，优美的故事情节和象牙本身质地美的和谐统一把人们带入了一个深邃的艺术境界。可见，优美的事物在内容与形式的关系上，总是互为里表，相互间毫不破坏和谐，完美地展示着美的形式的自由的本质，从而达到交融无间、浑然一体与和谐统一。

（三）优美在不同领域中的表现

优美的基本特点是和谐。它的内在与外在的各部分之间处于矛盾统一之中，呈现出相互协调、多样统一的状态。但是这种和谐美在自然美、社会美和艺术美的不同领域中的表现形式是不一样的。

1. 优美在自然领域中的表现

自然领域的优美偏重于形式。优美的自然景物一般都有突出鲜明的形式。这些形式都以色、光、线、形、音、质等的某种组合关系（明暗、浓淡、均衡、对称、秩序、宾主、节奏、韵律等）体现一种天然的完美和谐，在丰富多变中见出有机统一，给人一种柔性的静态美。苏轼为状写西湖容颜意态，将其与古代美女西施相比："水光潋滟晴方好，山色空濛雨亦奇。欲把西湖比西子，淡妆浓抹总相宜。"以西湖比西子，贴切生动，恰到好处。两宋之交的诗人武衍作诗评道："除却淡妆浓抹句，更将何语比西湖?"这是颇有见地的。在他看来，淡妆浓抹才真正画出了西湖的美，她美得自然，美得妩媚，像美女西施那样。其实，在欣赏者的眼里，在艺术家的笔下，把湖泊喻为美女是不乏其例的。朱自清在散文《绿》中对梅雨潭的描绘是："她松松的皱缬着，像少妇拖着的裙幅；她轻轻的摆弄着，像跳动的初恋的处女的心；她滑滑的明亮着，像涂了'明油'一般，有鸡蛋清那样软，那样嫩，令人想着所曾触过的最嫩的皮肤。"这里不仅写出了梅雨潭姿容的变化，而且写出了她的质感，让人似乎看到、触摸到她的温柔和娴雅的美好姿态。自然中的优美以形式的优势显现于具体的现象形态之中，是人们的实践活动和自然规律处于和谐一致的集中体现。这种主客体之间统一的和谐性与优美的自然对象自身多样统一的形式美又互相交融、相得益彰。

2. 优美在社会领域中的表现

社会领域的优美偏重于内容，突出地体现着真与善、合规律性与合目的性的和谐统一。它不表现为现实世界对立双方的抗争，而是表现为对立双方矛盾的解决。严重的社会冲突，风起云涌的革命斗争，显示的不是优美而是崇高；唯有冲突得到解决，斗争趋向平息，整个社会出现安定、平和的局面时，才显示出生活的协调、和谐与优美。中国古代有"治世之音安以乐"、"乱世之音怨以怒"的说法。治世之音，反映了社会、人心的安定、平和，因而具有和谐、舒缓、优美的情调；乱世之音，反映了社会、人心的激荡、对抗，因而表现出一种不协调、激越的壮美情调。社会事物双方对立的相对均衡、和谐，都是事物发展过程中的一种常见状态。虽然这种均衡、和谐的出现离不开对立面的互相排斥或斗争，但是斗争的结果总是趋向于新的均衡、和谐。社会美的主要对象是人，是人的社会实践活动。优美的人应是外在形体美与内在心灵美的和谐统一。凡是那些有理想、有情操的人，能够同自己的言谈举止、衣着打扮达到有机的和谐，都会给人以优美感。

3. 优美在艺术领域中的表现

艺术中的优美集中地表现在完美内容与精致形式的和谐统一。它与自然领域、社会领域中的优美的不同在于：艺术中的优美是经过艺术家选择和加工的产物，是艺术家对优美事物的一种审美把握，因而能够集中而鲜明地显示出优美的审美特性。徐悲鸿名画《晨曲》的画面是：十八只姿态各异的麻雀，栖于枯树高枝之上。它们分立于八个树枝，并且错落有致，相映成趣，形成画面中的自然层次——或前或后，或高或低；或两个互相背向，或两两互相目视；或昂首遥看远方的高处，或低首下视近处他物；或振翅活动，似欲飞去；或呆立枝头，似未睡醒……画家以“晨曲”题之，更会引起赏画人的联想和想象，从麻雀群聚的活动姿态中，似乎听到一片雀鸣之声，感悟到一种生命的蓬勃之力，领悟到其中的“象外之旨”和“弦外之音”，催人奋发向上，积极进取，从而达到了思想内容与艺术形式的完美融合。当然，艺术家从自然和社会事物多姿多彩的优美对象中选材不同，进行个性化的艺术处理不同，会使艺术品中内容与形式和谐统一的形态也不相同。

（四）优美的美育意义

以和谐统一为基调的中和之美、优美和壮美，体现了主体各种审美心理因素的协调和心理机制运作的顺畅。从最初的审美感知到审美想象、审美理解，一直到审美快感的获得，主体的审美心理活动自始至终洋溢着协调、均衡的气氛。优美以审美愉悦来唤起人的积极强烈的审美欲望，有利于培养人的最基本的形式美意识，促进人的感知、想象、理解、情感等审美心理活动的和谐统一。

优美的心理和谐性，决定了它们在美育系统中的基础地位和广泛的适应功能。由于完满和谐的审美形式与人类的生命形式有着原初的适应性，自由、协调的审美心理状态与人类追求协调平衡的本能内在一致，所以，优美这类和谐美的教育，往往适合了不同心理水平和个性特征的人，尤其是儿童。例如，与其他美育形态相比，以优美为主的和谐美教育就是儿童美育的最基本形式。完满和谐的形式很适合以整体反应为特征的儿童知觉，自由和谐的体验也与儿童相对完整的心灵相协调。对于理解力不足而直觉创造力突出的儿童来说，优美的直观方式是最合适的。此外，优美感的愉悦性也符合儿童快乐无忧的天性。

对于大多数人来说，是否具备审美能力的一个最明显标志，就是看他能否感受和表现形式美。而形式美意识的确立，很大程度上也是审美标准的确立。在审美欣赏和审美创造活动中，人主要是依靠了形式美法则的指导。所谓“美化”——人的美化、环境的美化、产品的美化等，主要也是形式美因素及其组合规律的运用和体现。诸如服装设计、家具设计、建筑设计等，便自觉运用了形式美规律来进行。通过优美这类和谐美形态的欣赏与教育，正可以使人们形成一定的形式美意识，从而具备最基本的审美能力。

优美以其赏心悦目的形式感染着欣赏者，其愉悦性质适应了人类最基本、最深层的享乐天性，能够充分唤起人们的审美欲望，使其投入到更加广泛的审美活动中去。

二、崇高

崇高，又称为壮美，就是一种雄壮的美、刚性的美。中国美学史上，将其称为“阳刚之美”。从审美属性上看，崇高主要具有宏伟、雄浑、壮阔、豪放、劲健、奇特的特点。

（一）对崇高的理解

1. 中国美学史上有关崇高的论述

在先秦美学思想中，把崇高或壮美称为“大”。孔子在赞颂尧帝时说：“大哉尧之为君也！巍巍乎！唯天为大，唯尧则之。荡荡乎！民无能名焉。巍巍乎！其有成功也；焕乎，其有文章！”孔子用“巍巍乎”、“荡荡乎”、“焕乎，其有文章！”来赞美尧的功业。在他看来，尧的品德像天一样伟大，老百姓真不知如何赞美才好；尧的功业，用“美”已不足以名之，而只能用“大”名之。所谓“大”，即伟大、崇高的意思。显然，在孔子这里，“大”还与道德品质的完美交织在一起。

到了孟子的时候，“大”虽然有道德伦理的含义，但与道德伦理意义已有不同。他把美的形态分为美、大、圣、神四个等级。他说：“充实之谓美，充实而有光辉之谓大，大而化之之谓圣，圣而不可知之之谓神。”这四个等级，逐一递升，但始于美，以美为基础。所谓“充实”，即充实仁、义、礼、智等道德品质，“使之不虚”。所谓“大”，不仅充实道德品质，而且发扬光大，使其具有“光辉”的气势。它比一般的美在程度上和范围上更为鲜明、强烈、广大，是一种辉煌壮观的崇高美。这不仅把“美”与“大”相互区别开来，而且指出“大”是在“美”的基础上产生的，并且有“光辉”的气势。至于“圣”和“神”，则是指美的更高级形态。“圣”者，非常人所能知、所能为者也；“神”者，非人力所能知、所能为者也。它们都是具有神秘色彩的精神美。

庄子虽然在美与丑的问题上持相对主义的态度，甚至最后否定了美与丑的客观存在，但在“美”与“大”的问题上则作了明确的区分。他在《庄子·天道》中“舜问于尧”的一段对话里说：“美则美矣，而未大也。”在这里，“美”与“大”是两个不同的概念。什么是“大”呢？天和地是最伟大的。他说：“夫天地者，古之所大也，而黄帝、尧、舜之所共美也。故古之王天下者，奚为哉？天地而已矣。”庄子认为，一般所说的“美”是有限的，只局限在狭小的范围内；而“大”则是无限的，体现于天地之道。在无限的“大”面前，有限的“美”就显得渺小了。《庄子·秋水》中讲述了一则河伯观水的寓言，说河伯见到浩荡的河水，“以天下之美为尽在己”。其实，他见到的只是有限的美，如果他看到“不见水端”的大海，就不会以河水为美了。在庄子看来，浩荡的河水比之于大海，也是“美则美矣，而未大也”。他把无限的美称为“大”或“大美”，实际上指的就是一种壮美或崇高美。先秦时代对“大”的探讨可以说是研究崇高形态的雏形。

西汉扬雄针对汉赋雕绘辞藻的倾向而推崇一种博大艰深的美。

唐代韩愈从“大凡物不得其平则鸣”出发，推崇一种非同寻常的可畏、可惧、可惊、可怪的事物的美。唐末司空图在《诗品》中明确指出，雄浑、劲健、豪放、悲愤、旷达等都包含着崇高的意思。

清代姚鼐运用古代阴阳刚柔对立统一的观点，对崇高的外部形态作了形象描绘。他认为：“其得于阳与刚之美者，则其文如霆，如电，如长风之出谷，如崇山峻崖，如决大川，如奔骐骥；其光也，如杲日，如火，如金镠铁；其于人也，如冯高视远，如君而朝万众，如鼓万勇士而战之。”

2. 西方美学史上有关崇高的探讨

西方最早提出“崇高”这一名称并对其本质进行探讨的是古罗马时期的美学家朗吉弩斯。他在《论崇高》中认为，凡是崇高的事物总是些使人惊心动魄、起敬畏之情的东西，如自然界的江河大海、火山爆发等。

真正对崇高的本质作哲学和美学的探讨是从德国古典美学开始的。康德把崇高分为两种：一是数量的，即对象的体积和数量无限大，超出人们的感官所能把握的限度；二是力量的，即一种无比巨大的威力。这种量的无限大和力的无比大，都是感官无法把握、想象力不能适应的，只有理性才能把握和适应。因此，崇高是理性功能弥补感性功能不足的一种激荡的愉快，它不能容纳在任何感性形式里，不存在于客观事物中。他对崇高作了这样的结论：“如果我们称任何自然的对象为崇高，这一般是不正确的表达。……我们只能这样说，这对象是适合于表达一个在我们心意里能够具有的崇高性；因为真正的崇高不能含在任何感性的形式里，而只涉及理性的观念”，“崇高只须在我们内部和思想的样式里（寻找根据），这种思想样式把崇高性带进自然的表象里去”①。这样，康德就完全否定了崇高的客观物质基础，把它归结为纯粹的心灵的产物。

黑格尔认为，崇高是观念胜于形式，或者说崇高是“无限”观念的呈现。自然界和人类社会的一切事物都是“绝对观念”（或理念）的显现。如果有限的感性存在容纳不住无限的理性内容，无限的理念直接外露，那么，当人们观赏这个事物的时候，就会在人们的内心唤起“无限”的观念，这就是崇高。在这里，黑格尔从主体与客体的关系中来确定崇高的本质，包含着深刻的思想，看到了崇高的某些本质特征。但他把崇高归结为无限的理念，否定了崇高的客观存在，显然是从他的理念论出发而导出的崇高论。

车尔尼雪夫斯基认为，崇高是“一件事物较之与它相比的一切事物要巨大得多，那便是崇高”。“一件东西在量上大大超过我们拿来和它相比的东西，那便是超过的东西；一种现象较之我们拿来和它相比的其他现象都强有力得多，那便是崇高的现象。”“更大得多，更强得多——这就是崇高的显著特点。”车尔尼雪夫斯基关于崇高的定义，强调了崇高在客观事物本身，而不是观念或“无限”所引起的。他认为崇高的东西的特点就是比其他一切事物都要巨大得多、强有力得多。这一定义只片面地从“形体的量”上分析了崇高的特点，而忽略了崇高美的内容，忽略了事物与人类的社会实践的关系，因而显得十分空泛，缺乏体现崇高美的实质的具体内容。

那么，怎样才能科学地说明崇高的本质呢？按照历史唯物主义的实践观点，作为美的一种更壮丽、更雄伟、更高级的表现形态，崇高是一种社会现象，是人类社会实践的产物。它是事物的一种客观属性，但又不是纯粹的自然属性。崇高来源于人类的社会实践，或直接或间接地与人类的社会实践相联系。人类改造客观世界的实践斗争是严峻的、艰巨的、充满着矛盾和冲突的。人们在实践中，越是遇到严峻的考验，越是经历种种艰难险阻，斗争的历程越是激烈、严酷，就越能激发并表现出人类自身的本质力量。而崇高正是人的这种主体力量与客体的冲突在对象世界的感性显现。它是对人们进行艰巨曲折的社会实践和严峻复杂的斗争的肯定，表现出充实而高大的美，从而使人感到惊心动魄，产生一种惊叹、崇敬的振奋感。

（二）崇高的基本特征

崇高的事物与真、善有着内在的联系，它必须有真与善的丰富而充实的内容，体现着人类社会实践的巨大威力以及人们的崇高思想、品格、精神、目的和要求。崇高的事物是在实践主体提出了理解、改造和掌握现实客体的历史要求，并且已经或必将趋于实现的历史条件下产生的。

我国古代神话多以幻想形式反映人与自然的斗争，最普遍的是战干旱、治洪水、斗野兽。像夸父与日逐走，死后仍旧造福人类，弃其杖化为邓林。羿射十日而中其九，日中九乌皆死，堕其羽翼，终于战胜了旱魔。鲧窃帝之息壤以堙洪水，被杀于羽郊，尸体三年不腐，可谓死不瞑目。他的腹中跳出禹来。禹承父志，为了治水，三十而未娶，三过家门而不入。羿还诛凿齿，杀九婴，缴大风，断修蛇，杀猰貐，擒封豨。他们的每一次斗争都是对自然的一次改造。其力量之伟大，品格之高贵，气势之悲壮，都体现了崇高的美。天

① ［德］康德著，宗白华译：《判断力批判》，上卷，84～85页，北京，商务印书馆，1964。

神、英雄的崇高正是人的崇高本质的确证。从表面来看，崇高的事物以现实客体压倒实践主体，客体存在的某种强大势力压倒代表进步要求的善，而其实质则在于受到压抑的实践主体的本质力量被充分激起，转而认识、掌握客体，即转化为善的势力，改造、征服某种强大势力。

崇高的事物总是与艰巨曲折的社会实践和社会斗争联系在一起，显示真与假、善与恶、美与丑相对抗、相斗争的深刻过程。人类的生产活动本身就是改造现实的艰巨斗争。传说水神共工与火神祝融作战，共工发怒，用头向不周山撞去，把那撑天的柱子碰倒了，于是弄得天崩地塌，洪水满地。这时女娲炼石补天，正四极，杀黑龙，积灰治水，征服了大自然。女娲为万民谋福利的高贵品质正是在同自然的斗争中显现的。现在，我们之所以认为巍峨的高山、汹涌的大海、辽阔的大地、无垠的草原、雄伟的长城等都是崇高的，正是因为人们在认识自然、改造自然的斗争中，付出了艰巨的劳动，经过了艰难曲折的奋斗。同样，我们之所以认为普罗米修斯、斯巴达克斯等人和巴黎公社起义等无产阶级革命事业是崇高的，是因为这些人和这些事业付出了巨大的代价，有着艰巨曲折的历史，具有不平凡的经历。崇高是人们在同强大的、危害人类生存的势力进行艰苦曲折的长期斗争中形成的；越是曲折、复杂的斗争，让人们付出的代价越多的事物，也就越能成为崇高的审美对象。或者说，崇高往往体现了实践主体的巨大力量，更多地展示了主体与客体冲突和对立的状态，并在这一对立的冲突中显示出主体战胜客体的历史必然性。

崇高对象的表现形式往往要突破匀称、光滑、柔和、平稳等特点，保留着主体与客体艰巨曲折的斗争印记。崇高显示着剧烈的内在冲突，体现了人类社会实践的巨大威力，是在艰巨的社会实践中被肯定的美。这个激荡的内容是精细、和谐、光滑、柔弱、平稳的外在形式所无法容纳的。它不能不冲破这一切，而以极为反常的粗犷、巨大、不规则、势不可当等形式，以急剧的场景和氛围表现出来。自然的崇高，常常显现为外在形式的严峻、广阔、无边、高大等特点。从这个角度来说，车尔尼雪夫斯基所说的“更大得多，更强得多”是有合理性的，如巍峨的高山、汹涌的大海、雄伟的长城等，就是如此。社会的崇高，常常表现为承受挫折、摧残的惨痛，超出了常规，使真与善极不协调统一。刑天与黄帝争神位，帝断其首，刑天乃以乳为目，以脐为口，操干戚以舞。虽以悲剧结局，但却高扬着反叛的旗帜。普罗米修斯不满于宙斯敌视人类的暴政，盗火给人间。他被锁于悬崖绝壁，被鹫鹰啄食肝脏，却始终不肯屈服。他那殉道的精神，反叛的性格，坚强的意志，都是通过一种反常的形态表现出来的。艺术作品反映崇高的形式是多种多样的。在以展现人物行动冲突为主要特征的戏剧、电影和文学等艺术中，崇高得到了最为普遍和集中的反映，常以矛盾冲突极端尖锐、集中的形式来表现。

在造型艺术以及音乐中，表现崇高的方式和手段也不尽相同。米开朗琪罗的雕刻作品常常故意留下一块不加修饰的粗糙的顽石，伦勃朗的绘画善于运用暗黑的色彩，贝多芬、柴可夫斯基的乐曲中对不协和音的巧妙驾驭等，中国汉代石雕的粗浑，书法、绘画中的瘦硬、稚拙、不稳定等，都是表现崇高的一种形式。与符合规律的比例、均匀、对称等和谐统一的要求相反，崇高的外表形态是违反规律、打破平衡，使人感到不熟悉、不习惯和不协调，因而给人的感官造成强烈的刺激，使人感受到人类作为实践主体改造客体的严峻、艰苦的斗争的印痕。

（三）崇高在不同领域中的表现

崇高是美的一种表现形态，是事物的一种社会客观属性。它来源于人类的社会实践，直接或间接地与社会实践有着一定的联系。但崇高在自然美、社会美和艺术美的不同领域中，表现形式是不一样的。

1. 自然领域的崇高

自然领域的崇高以量的巨大和力的强大为特征。在这一点上，康德的论述是精当的。所谓量的巨大，即他所说的“数学的崇高”；所谓力的强大，即他所说的“力学的崇高”。车尔尼雪夫斯基把崇高的特征概括为“更大得多，更强得多”，也是从自然物体的量的方面和力的方面着眼的。这样的概括一般来说是符合人们的审美经验的。当我们面对无边无际的大海、黑暗朦胧的夜空、高耸入云的山峰时，产生的崇高感就是由自然物数量上、体积上的巨大引起的；当我们面对奔腾翻滚的江河、直泻而下的瀑布、雷电交加的暴风雨时，产生的崇高感就是由自然力的巨大威力引起的。自然界的崇高总是与一定历史阶段上的社会实践发生联系。人类在社会实践中的崇高是衡量自然界崇高的一把尺子。离开了人类的生活，必然看不到崇高的本质。例如，人们面对那奔腾咆哮的黄河，产生一种感奋、崇敬之情。这种感奋、崇敬是有条件的。首先，黄河不能加害于人。在新中国成立前，黄河水患给人民带来的是恐惧、忧虑。而只有当它有益于人民，或者说它具有善的性质的时候，才可能变为崇高的审美对象。其次，作为自然的一种力量，黄河必须为人们所认识和掌握。崇高的事物，固然如车尔尼雪夫斯基所说，应该“更大得多，更强得多”，但是，更大更强的事物不一定都成为崇高，如果这种更大更强的事物不被人们认识和掌握，就只会变为可怕的事物，不会成为崇高的对象。而那些崇高的事物，意味着对人的本质力量的肯定，意味着对人的创造能力的肯定。

2. 社会领域的崇高

社会领域的崇高主要是直接体现实践主体的巨大力量，更多地展示主体要认识和掌握客体的矛盾冲突状态。社会先进力量要征服邪恶势力不是轻易实现的，需要经过反复曲折的斗争，付出巨大的努力，才能取得最后胜利。正是在这种反复艰苦的斗争中，先进的社会力量显示出巨大的潜力和崇高的品质。社会崇高具有鲜明的伦理本质，实际上，它的内容就是至善，在很多情况下是通过悲剧性的冲突表现出来的。现实和历史中的崇高人物也往往是悲剧性的人物。因此，有些美学家把崇高和悲剧看成两个相关的美的形态，这是有道理的。因为悲剧和崇高一样，反映了社会生活中严重的矛盾和斗争状态，体现了人们在斗争中的崇高精神，并能唤起人们类似于崇高的审美感受。

3. 艺术领域的崇高

崇高通过实践作为一种审美形态，在艺术作品中得到最真实、最集中的反映。艺术中的崇高包括相互联系的两个方面：一方面，它往往描写社会生活中那些感人的、艰巨曲折的重大生活事件，描绘英雄人物的丰功伟业，表现生活中的崇高人物的思想、品格等；另一方面，它要渗透艺术家的崇高思想、感情、理想、愿望、要求。因此，要把生活中的崇高变为艺术中的崇高，是有一定条件的。首先，艺术家必须站在历史发展的高度，具有进步阶级的审美观点、审美理想和审美趣味。艺术创作活动是主观与客观相统一的活动。就主观来说，艺术家只有具备先进的审美观点、审美理想和审美趣味，才能把这种主观的东西物化为观念形态的艺术品，才会发现、把握、描绘生活中的崇高人物、事物、思想和感情。离开了这个前提，艺术作品就不会有崇高的性质，达不到艺术崇高的目的。其次，必须在社会生活中的重大、尖锐的矛盾和斗争中表现崇高的事物，塑造崇高的形象。艺术中的崇高主要是由现实中的崇高获得的。表现社会中的崇高事物，必须描绘人们艰巨复杂的生产斗争和社会冲突。而描绘的这种斗争愈深刻和复杂，愈能表现人们的崇高思想、感情、愿望，成为崇高的对象。表现自然中的崇高，不可能单纯地、完全地再现自然事物的体积、数量和力量，艺术家总要通过它表现丰富的社会内容。最后，要善于发现并描绘那些新生的、萌芽的、具有巨大生命力的事物。新生的、成长着的事物，看起来是弱小的，但是从发展的辩证的观点来看，它代表了历史的发展方向，是不可战胜的，是崇高的。

（四）崇高的美育意义

崇高教育具有改善人的生存质量的积极意义。一个对崇高怀有兴趣的心灵，必然对浅薄、卑下、空虚等持蔑视的态度，必定不满足于感官的享乐与既得的安逸，而对人自身和宇宙万物持有至高至善的关怀。在现实中，文明的发展和物质的丰裕，往往会造成人性柔弱、精神漠然。因此，人的心灵需要用痛苦来加以刺激，使之在惊讶中醒悟。崇高使人体验到一种激情，这种激情能让人深刻感受到生命的活力。虽然，激情有时会让人痛苦，但没有激情的生活却往往更令人苦痛窒息。崇高把人提升到生命力的更高水平上，把人推向精神振奋的境界。这种提升与振奋的审美效应，使人的精神力量超出了平常尺度，摆脱了低级、庸俗的趣味。

三、悲剧

悲剧（tradidia）一词，按照希腊文的原意是“山羊之歌”，公元前6世纪盛行于农村，是在对掌管万物生机的狄奥尼修斯酒神的祭祀上，由头戴羊角、身穿羊皮扮成半人半神的角色的人们，悲叹地吟唱酒神在尘世遭受的痛苦，并赞美他的再生，以此祈祷丰收。最初的酒神颂歌是由歌队提出问题，一人作答。到了公元前5世纪，“悲剧之父”埃斯库罗斯为其增加了戏剧成分，加上第二演员，使合唱抒情诗变成了独立的悲剧艺术。悲剧，也称之为“悲”，它不限于戏剧类型，还广泛存在于小说、叙事诗、电影、绘画、雕塑等艺术样式中，是美的一种独特的形态。

（一）对悲剧的探讨

西方美学史上对悲剧很重视，一向称之为“崇高的诗”。一些著名的美学家，如亚里士多德、黑格尔、车尔尼雪夫斯基等，对悲剧的本质都有论述。

1. 亚里士多德的悲剧理论

亚里士多德认为，情节是悲剧的基础，没有行动的悲剧，则不能成为悲剧。“悲剧是对于一个严肃、完整、有一定长度的行为的摹仿。”① 只要有布局，即情节有安排，一定能产生悲剧的效果。他认为，悲剧是写人的，是描写比现实中更美好的同时又是“与我们相似”的人物，通过他们的毁灭引起观众的怜悯和恐惧，即通过模仿比我们今天的人好的人遭受不应遭受的厄运，来使人们的这种情绪得到发泄。他还认为，悲剧所引起的恐惧和怜悯之情，在道德上能震撼人的心灵，给人以美的享受，提高人的思想境界。亚里士多德的悲剧理论奠定了西方美学史上的悲剧理论的基础。

2. 黑格尔的悲剧理论

黑格尔用辩证的矛盾冲突学说来论述悲剧，认为悲剧中互相对立的人物各自代表一种伦理力量，各自坚持自己的理念和所代表的普遍力量，于是相互冲突，同归于尽，造成了悲剧结局。在这个结局中，双方的片面性得到克服，永恒的正义取得胜利。黑格尔的悲剧

---

① ［古希腊］亚里士多德著，罗念生译：《诗学》19页，北京，人民文学出版社，1982。

理论强调悲剧的矛盾冲突，以及这种冲突所展示的必然性。在他看来，悲剧性的冲突是一种实体性的观念。这种观念必须遵循具体化的原则，使其现实化；而一旦这实体性的观念具体化，就必然分成两种对立的伦理观念。悲剧中的人物正是作为这两种伦理观念的体现者而处于对立斗争的地位。这便在理论上混淆了现实生活中两种对立力量与道德上的善恶斗争。悲剧冲突的结果虽然使代表片面理想的人遭受痛苦和毁灭，但是它代表的“永恒公理”却得到了胜利。正因为如此，悲剧产生的心理效果不只是恐惧和怜悯，更多的是愉快和振奋。

3. 车尔尼雪夫斯基的悲剧理论

车尔尼雪夫斯基批判了黑格尔的唯心主义悲剧观，但是他同时也否定了黑格尔悲剧理论的合理内核，从而得出了悲剧来自偶然性的片面结论。他认为：“悲剧是人的伟大的痛苦，或者是伟大人物的灭亡”；“人的悲剧命运的景象在我们心目中所唤起的，就不是关于必然律的观念”；“痛苦与毁灭的原因是偶然还是必然，这完全一样，痛苦与毁灭总是可怕的”①。车尔尼雪夫斯基把悲剧从理念领域拉回到现实生活之中，表现了革命民主主义者的战斗精神。然而，他在批判黑格尔的“绝对理念”、“永恒公理”时，并没有理解他的悲剧冲突中的辩证法的合理内核，否定了悲剧形成的必然规律性。从这点来看，同黑格尔相比，车尔尼雪夫斯基的悲剧理论更加远离真理，以致不能阐释悲剧的社会意义。

4. 马克思主义的悲剧理论

马克思和恩格斯从辩证唯物主义和历史唯物主义的观点出发，科学地研究了人类社会发展的规律，总结了过去的悲剧理论，对悲剧的本质作出了科学的说明。恩格斯在评论拉萨尔的剧本《济金根》时指出，悲剧的本质是由历史的必然要求和这个要求的实际上不可能实现之间的悲剧性的冲突所决定的。恩格斯在这里提到的所谓“历史的必然要求”，是指那些体现历史发展的客观规律的人的合理要求、理想以及在实践中体现的人的优秀品质；这里提到的所谓“这个要求的实际上不可能实现”，是指在一定的历史条件下人们的合理要求、理想等不可能得到实现。恩格斯的这段论述说明悲剧的本质在于客观现实中的矛盾冲突，并有其客观的历史必然。马克思也指出：黑格尔在某个地方说过，一切伟大的世界历史事变和人物，可以说都出现两次，第一次是作为悲剧出现，第二次是作为笑剧出现。“第一次是作为悲剧出现”，是指历史上新生事物在成长过程中必然出现的失败和牺牲。显然，马克思是从人类历史发展的客观进程出发来揭示悲剧的必然性，把悲剧作为社会发展的历史范畴来理解，是任何一个阶级在历史发展中所必经的一个阶段。

马克思和恩格斯的悲剧理论为我们研究悲剧的本质提供了指导性的线索。任何阶级、社会制度、重大事件都有其悲剧和喜剧阶段，因而也必然产生反映其悲剧和喜剧的艺术。就悲剧来说，现实中存在的悲剧虽然在客观上具有悲剧的审美性质，但是一般来说很难进入人们的审美领域。因此，只有反映形态的悲剧艺术才可能成为审美对象。悲剧现象在艺术中有着广泛的表现，它并不是作为戏剧类型的悲剧所独有的特征，在其他艺术种类中也可以描绘和反映悲剧现象。当然，应该看到，悲剧现象在悲剧中得到了最集中、最充分的表现。

我们认为：悲剧是经过艺术家的审美加工和评价而集中反映社会冲突及其结局的一种特殊表现形态；悲剧冲突是特定社会生活中相对弱小的美、善力量与强大的丑、恶势力的

---

① ［俄］车尔尼雪夫斯基：《论崇高与滑稽》，中卷，85～86页，上海，上海译文出版社，1979。

不可调和的矛盾和斗争；矛盾和斗争的结局是美、善力量遭到失败、严重苦难以至死亡；它以鲜明的倾向和最大的力量，来歌颂、肯定正面主人公的美、善的品质和斗争精神，暴露、否定丑恶的势力。

（二）悲剧的特性

1. 悲剧是新的社会制度代替旧的社会制度的信号，是社会生活中新旧力量矛盾冲突的必然产物

人类历史发展的进程是由低级到高级，按照一定的客观规律前进的，其势如大河奔流，任何峭壁和深渊都无法阻挡，它必然地、不可避免地要奔向海洋。当新生力量起来革命，扫除现存制度这个阻挡自己发展的障碍物时，强大的旧势力也决不会自动退出历史舞台，新旧两股社会势力必然要产生尖锐的冲突，当强大的旧势力占上风压倒了新生力量时，便产生悲剧性的冲突。悲剧冲突从现象上看似乎是个人之间的偶然事件，其实个人正代表着一定历史时期的社会力量、阶级力量，因为人的本质在其现实性上是一切社会关系的总和。他在一定的社会地位中生活，一切行动要受到社会关系的制约。一个人之所以这样做而不是那样做，是因为受制于不以自己的意志为转移的各种社会客观条件。艺术作品中的悲剧人物行动的动机也不是从琐碎的个人欲望中得来的，而是从它所处的历史潮流中得来的。因此，人物的冲突体现着社会冲突、阶级冲突，表现出历史发展规律的必然性。

2. 悲剧人物性格都具有一定程度上的正面素质，具有向强大的丑恶势力进行斗争的革命精神、高贵品质

悲剧表现的是邪压倒正，是假丑恶压倒真善美，是有价值的东西的毁灭，因而悲剧人物的思想性格应具有某种或某些正面值得肯定的东西。巴黎公社社员墙上的浮雕描绘的是：站在最前面的自由女神，挺着胸、张开双手护卫着公社社员。由于她遭到敌人的枪击，身子已经逐渐向后倾斜，女神的身后出现了社员的各种英雄形象，有的振臂高呼，怒斥敌人，有的抱着被杀害的幼儿，流露出悲愤的神情，有的被杀害，倒在血泊中，表现了无产阶级的高贵品质和崇高精神。《大雷雨》中的卡捷琳娜、《阴谋与爱情》中的斐迪南和露易丝、《窦娥冤》中的窦娥等，都是具有崇高品质的悲剧人物。这些人物虽然遇到不幸或遭到毁灭，但是他们不同程度地认清了反动势力的真实面目，增加了人们与邪恶势力作斗争的勇气，坚定了人们的美好终将战胜邪恶的信念。悲剧人物的类型和范围是十分宽泛的。随着时代的发展，悲剧艺术也不断深入和不断扩大，英雄人物和普通劳动者是最基本的两类。旧势力的代表人物或犯罪分子作为悲剧主人公的情况较为复杂，但无论如何在这些人物身上必须有一定的正面素质、合理因素，正是这部分合理的东西遭到毁灭才是悲剧性的。一般来说，悲剧人物的性格，总是与社会发展方向基本一致，与广大人民群众的社会命运相联系的，因而他们的斗争精神和思想品质是应当称颂的。

3. 悲剧人物的不幸、痛苦或死亡具有一定条件下的社会必然性

悲剧人物的正面素质，即他们的可贵品质、思想感情、正义行动，理应得到保存和发展。但是，由于在特定的历史条件和斗争形势下，受到了与他势不两立的社会力量的打击、摧残、迫害，因而遭到不幸、痛苦，以至于死亡。这是有其社会根源的。鲁迅先生笔下的祥林嫂是一位勤劳、善良的妇女，她希望有正常的生活和劳动的权利，只要凭自己的劳动所得活下去，她就心满意足了。然而，在旧社会的政权、族权、神权、夫权的统治下，人们连这一点起码的权利都不给她，从而断送了她的求生之路。《梁山伯与祝英台》中的梁山伯与祝英台，他们之间真挚、纯洁的爱情是人们所赞许的，他们追求的幸福生活

是人们所祝愿的。可是，由于受到家长制封建势力的无情摧残，这朵蓓蕾初放的花朵夭折了，欢笑变成悲哭，幸福化为痛苦。这是社会造成的，有着深刻的社会原因。在悲剧中，美的毁灭在与丑的斗争中成为不可避免的结果，是有它的必然性的，而这种必然性又是由美丑冲突本身的历史必然性所规定的。别林斯基说："偶然性，例如人物的意外的死亡，或者跟作品的基本概念没有直接关系的另外一种未能预料的情况，是不能够在悲剧中占有一席位置的。"① 这一见解十分精当。悲剧的结局虽然是正面主人公的不幸、失败以至于死亡，但悲剧在本质上是乐观的，而不是悲观的。悲剧是以美的毁灭来达到肯定美、否定丑的目的，是用悲的方式来激起人们对美的追求，它能使人们在悲痛之中由情感的巨大震荡而达到理性认识的升华，从而提高精神境界并得到审美的愉悦。因此，悲剧不是悲哀、悲惨，不是让人悲观失望，使人痛不欲生，意志消沉，而是悲愤、悲壮，能使人奋发向上，斗志昂扬。人们观赏任何一部悲剧或悲剧性的作品，如古希腊埃斯库罗斯的悲剧，莎士比亚的悲剧，曹雪芹在《红楼梦》中描写的贾宝玉、林黛玉的悲剧等，都会给人一种特殊的审美感受，即在审美愉悦之中产生一种痛苦之感，甚至止不住流下热泪。但是，这种"悲"，不是失望，不是消沉，它往往使人的心灵受到巨大震动，产生一种崇高感。那么，悲剧为什么会产生这种艺术效果呢？这是由于艺术家在表现它的时候，是以肯定、赞美的方式去作艺术处理，悲剧人物虽遭不幸，但他代表的是历史的必然，体现了历史发展的客观规律。悲剧当然有悲哀、悲痛等因素，给人以压抑、沉重之感，引起怜悯和恐惧。但在这些消极情绪中，又饱含着积极向上的东西，这就是悲愤和激励。人们从悲剧人物的奋斗中看到了美好未来的一线光明，增强了人们争取美好生活的信心和勇气。因此，悲剧的本质不在苦难而在崇高，悲剧是崇高美的集中表现。悲剧的审美给人以崇高感，这是悲剧美的特点。

（三）悲剧的几种类型

悲剧美的本质是由悲剧的矛盾冲突的性质所决定的。根据矛盾性质的差异，悲剧艺术可以分为英雄人物的悲剧、普通人物的悲剧、旧势力代表人物的悲剧。

1. 英雄人物的悲剧

英雄人物的悲剧是最早出现的悲剧类型。从古希腊三大悲剧家埃斯库罗斯、索福克勒斯、欧里庇德斯所塑造的普罗米修斯、奥列斯特、俄狄浦斯、安提戈涅、美狄亚等人物开始，到莎士比亚悲剧中的哈姆雷特、奥赛罗、李尔王、麦克白、罗密欧与朱丽叶，以至17世纪高乃依悲剧《熙德》中的施曼娜与罗德里克等，悲剧主人公无一不是神、英雄、帝王将相、皇亲贵族。随着整个社会的发展变化，英雄人物的范围也随之发展变化。英雄人物是一个历史的概念，每一个社会阶段、每一个历史时代都需要有自己的英雄。他们能适应生产力发展的需要，顺乎时代的潮流，代表广大人民的愿望，与邪恶势力作坚韧不拔的斗争。历史上伟大的爱国战士，社会上的仁人志士，民族的精华，其中包括王公贵族、资产阶级革命的先驱者，也包括奴隶起义的首领、农民运动的领袖、无产阶级的英雄。悲剧英雄人物具有鲜明的时代色彩，他根植在特定的社会、阶级和人民的土壤之中，随着历史的发展而层出不穷。英雄人物作为悲剧的主人公，使悲剧显得格外崇高、悲壮，给人以巨大的鼓舞。

---

① 《别林斯基选集》，第3卷，73页，上海，上海译文出版社，1980。

2. 普通人物的悲剧

普通人物的悲剧是指特定历史条件下，处在社会底层的劳动群众为谋求最低的生活和生存的条件而不得，反映了旧制度对下层群众的无情摧残。生活中千千万万的普通人，社会地位低下，他们被压在社会的最底层，长期过着屈辱的生活，套着沉重的枷锁，遭受无穷的苦难，大家看得多了，也就习以为常了。其实他们天天在与恶势力搏斗，很多人为追求自由解放献出了自己的宝贵生命。正是千百万人民群众创造了世界的历史，马克思说他们是历史的“剧中人”。因此，一旦艺术家把他们写成悲剧人物，把下层群众的苦难以艺术的形式集中概括起来，就会从普通人的不幸毁灭中显示其特殊的人生价值和社会意义。《孔雀东南飞》中的刘兰芝、《窦娥冤》中的窦娥、《琵琶记》中的赵五娘、《桃花扇》中的李香君、《阿Q正传》中的阿Q、《骆驼祥子》中的祥子等人物的悲剧，都闪耀着崇高的精神的火花，更能激起广大观众的情感。

3. 旧势力代表人物的悲剧

旧势力代表人物的悲剧，指曾经是光明的、合理的社会制度和社会力量，在历史发展的特定阶段转化为旧事物、旧制度，并与社会发展的历史趋向相对抗，但又没有完全丧失其合理性，因而其代表人物在本来还有一定存在价值的场合的毁灭具有一定的悲剧性。歌德的《葛兹·冯·伯利欣根》表现葛兹与现存制度的冲突，由于他对皇帝与诸侯的反抗与当时广大农民的利益一致，他曾一度背叛自己的阶级去当华美农军的首领。然而骑士的本性使他后来又背叛了农民，他最后的失败具有悲剧性。旧势力代表人物的悲剧的美学意义，不仅在于他在还没有丧失其合理性时被毁灭，引起人们的某些同情，而且还在于使审美主体在这种特殊形态的悲剧冲突中体验到不可抗拒的历史规律，唤起人们对真理的追求。

（四）悲剧的美育意义

悲剧由于蕴涵了理性意蕴及其领悟，所以对人生观教育具有很大意义。一方面，悲剧可以唤醒人的自觉的人生意识（悲剧意识本来就是人生观的一个重要组成部分），使人清醒地认识人生旅途中存在的各种不可调和的矛盾，正确对待人生的挫折乃至死亡，从而帮助人克服盲目乐观或消极悲观，提高人的道德感和精神力量，培养人为实现人类美好理想而不懈斗争的勇气和激情。例如，一般说来，青少年对生活往往抱有善良的愿望和美好的憧憬，但他们在成长过程中会愈来愈多地发现现实中的某些不合理与矛盾方面，发现理想与现实、个人与社会之间的对立冲突，因而会对人生矛盾作出片面、武断和摇摆的判断与反应。欢喜与悲哀、得意与失意、希望与绝望，这些相反的情绪在青少年心中不断涌现、交织在一起，使他们经常处于苦恼之中。而悲剧的审美体验可以使他们看到人生矛盾的必然性，理解人生的伟大意义正在于艰苦卓绝的斗争之中，从而激发他们的精神力量，推动理性的提升，使其情绪体验得以建立在正视生存矛盾的清醒理智之上，将一己的苦恼与绝望升华为坚定的信念。这样，原先的希望由于被注入了对困难的充分估计而变得更加坚实，原先的欢乐由于被置于痛苦的体验之上而变得更加深厚与强烈。另一方面，悲剧教育也是对人的心灵的磨炼，是现实人生考验的有指引的预演，能够给人提供有益的人生警戒，使人头脑更清醒、灵魂更坚强、心灵更有韧性。就像莎士比亚笔下的奥赛罗因嫉妒而轻信、哈姆雷特因迟疑延宕而“成千古恨”的悲剧，触目惊心、令人深思，足以使人在悲痛之余得到深刻的哲理启示和人生教训。

四、喜剧

喜剧艺术最早见于古希腊。起初有两种形式，一是与祭祀酒神的仪式相联系，二是在民间流行的滑稽的讽刺性演出。之后，雅典诗人克拉提诺斯首先编写了喜剧性情节以代替一般的滑稽表演，初步形成了独立的喜剧。“喜剧之父”阿里斯托芬则通过其杰出的作品使希腊喜剧定型化。像悲剧一样，随生活实践的发展，喜剧一词的含义也突破了对剧中一个类型的限制，泛指艺术中乃至生活中一切可笑的对象，从而成为现在的美学意义上的喜剧范畴。有些美学家也称喜剧为“喜”或“滑稽”。它不限于戏剧类型，还广泛存在于小说、叙事诗、电影、绘画、说唱文学等艺术样式中，是美的一种特殊的表现形态。

> 在西方美学史上，最早与喜剧有关的人是著名的苏格拉底。据说苏格拉底十分幽默风趣。他的妻子是一个凶悍之人，有一天，苏格拉底正口若悬河地同弟子们讨论问题，他的妻子在不远处朝他大叫大嚷，苏格拉底没有理会，结果他的妻子恼羞成怒，劈头盖脸朝他们泼了一大盆水，使得他们像落汤鸡一样。苏格拉底解嘲说：“我早就知道，一阵雷声响过之后，就会有一场大雨。”惹得弟子们哄堂大笑。
>
> 虽然苏格拉底关于喜剧的论述已失传，但他的言行已具备了喜剧的因素。

（一）喜剧本质的历史探讨

历史上许多美学家对喜剧的本质都作过研究，认为喜剧是与特定的矛盾相联系的，但是对于这是怎样一种矛盾、矛盾的根源是什么，持有不同看法，提出了不同论点。

1. 亚里士多德：“坏的人的摹仿说”

亚里士多德最早把喜剧艺术提到美学高度进行总结，指出喜剧、丑和滑稽之间的关系：“喜剧是对于比较坏的人的摹仿，然而，‘坏’不是指一切恶而言，而是指丑而言，其中一种是滑稽。”这里，亚里士多德指出，喜剧对象是对人无害、不使人痛苦反使人发笑的丑，即滑稽。喜剧是以滑稽为主角的戏剧性过程和结果。滑稽的丑强把自己装成美，这种已经失去存在根据的事物仍然坚持要以往昔强大威严的外观而存在，就以其笨拙的、造作的形式引人发笑，从反面肯定了实践主体的胜利斗争。这种通过对旧事物的丑的本质的嘲笑和彻底揭露，间接地显示出现实对主体实践的肯定，使人类“愉快地和自己的过去诀别”。以这种滑稽为主角的喜剧过程发生在事物存在的最后阶段。

2. 康德：“乖讹说”或“预期失望说”

康德认为，喜剧表现的是期望与结果的矛盾，是对对象的自由戏弄，起源于一种紧张的期望突然归于消灭而带来的喜剧感。

> 从前有个印度人在镇上的英国人家里，看见一瓶啤酒打开时泡沫不断从瓶口喷出，不禁连声发出惊叫。在场的英国人疑惑地问：有什么奇怪的事？印度人答道：“泡沫流出来我倒不奇怪，奇怪的是你原先是怎样把这么多的泡沫装进瓶里去的呢？”听了他的回答，大家便哄堂大笑起来。

康德解释上例中引起大笑的原因是，由于我们的期望很大，以为印度人惊恐万分的叫声一定是有什么了不得的事情发生，期望已经高涨到极点了，而听了他的回答，原来是如此幼稚、无知，高潮的期望便突然消失得无影无踪了。期望如此之大，结果却出乎意外的小。当期望一旦消失，人的过剩精力恢复了平衡，便引起快感。这种说法后人称为“失望”说或“乖讹”说。康德是从主体的感受出发来研究喜剧的，并没有揭示出喜剧的真正本质，但他已触及喜剧的基本特征——笑，这是可贵的。

3. 霍布斯：“突然荣耀说”

霍布斯认为，笑的情感显然是由于发笑者突然发现自己的能干。人有时笑旁人的弱点，是因为相形之下，自己的能干愈益突出。人听到“机智”也发笑，这中间的“巧妙”就在于使自己的心里见出旁人的荒谬。这里笑的情感也是由于突然想起自己的优胜。所以霍布斯断定说：“笑的情感只是在见到旁人的弱点或是自己过去的弱点时，突然念到自己某优点所引起的‘突然荣耀’的感觉”；“人们都不喜欢受人嘲笑，因为受嘲笑就是受轻视”。与突然荣耀相反的情感就是突然沮丧，它引起哭泣而不是发笑，它体现了我们自己的突然的失落。

总的来看，霍布斯的“突然荣耀说”尽管揭示了喜剧欣赏和幽默欣赏过程中的一个重要的心理现象，却只局限在否定性的笑中而难以解释带有歌颂和赞美性质的笑。值得指出的是，霍布斯的这种理论与柏拉图的“幸灾乐祸说”和亚里士多德的“滑稽之丑说”是一脉相承的：他像亚里士多德一样，认为笑的对象是一种否定的东西（丑和缺点）；他像柏拉图一样，认为这种否定的东西能够使人产生一种鄙夷之情（幸灾乐祸和突然荣耀）。但是由于霍布斯的理论中体现了较多的心理分析的成分，而且在论述上也更加完满，所以在近代有颇多附和者。英国的贝恩和萨利，德国的谷鲁斯，法国的拉穆斯和美国的沙笛斯，都接受了他的要旨而略加更改。

4. 柏格森：“生命的机械化说”

法国唯心主义哲学家柏格森提出了喜剧是“把有生气的和机械的嵌含在一块”的观点。他认为，所谓有生气便是有生命的活动，它瞬息万变，不断发展，能灵活地适应环境。机械的东西是呆板的、凝固的、僵死的、笨拙的和缺少弹性的。一个人也好，一件事物也好，如果处在二者的矛盾之中，即在“生气的机械化”状态下，那就是滑稽可笑的；把人的属性导向物的属性，两种根本敌对的属性的某种特殊的结合，便是构成全部滑稽的真正根源。由滑稽产生出来的笑，便是人的本质的恢复，是对物的机械性的否定。柏格森把喜剧矛盾归结为“生气的机械化”这样一个简单的公式，以此证明他的“生命就是变化”这个哲学前提，从而抹杀了喜剧冲突的社会性，没有揭示出喜剧的真正本质。

5. 弗洛伊德：“心理能量消耗节省说”

奥地利心理学家弗洛伊德认为，人的本能欲望受到压抑，压抑到无意识之中；喜剧性具有一种释放作用，让欣赏者发泄压抑，使压抑浮动在意识之中，得到满足。这种满足的方式可以通过巧智、想象、感情消耗的节省等途径来实现。

6. 马克思主义的喜剧观

马克思主义美学的喜剧观建立在关于社会发展规律的科学理论基础之上。马克思对旧喜剧理论作了批判性的总结，从人类社会发展的客观实际出发，把喜剧作为社会发展的历史范畴来加以考察。人们笑着与过去告别，把丑送进坟墓，迎接新的美的事物的诞生，这便是喜剧产生的基础。社会新旧力量的矛盾是喜剧冲突的根源，喜剧性冲突就建筑在社会生活本身美丑的斗争之中。如果说悲剧是通过丑对美的暂时压倒而否定丑，揭示美的理想，那么喜剧则是对丑的直接否定和揭露，美已经是或即将是现实的存在，是在肯定美的基础上对丑的嘲笑。

马克思主义的喜剧理论为我们研究喜剧的本质提供了指导性的线索。社会生活中新东西与旧东西、生长的东西与死亡的东西处在不断的矛盾和斗争之中。斗争的结果，是新生的东西和生长着的东西在成长、壮大、胜利，而旧的东西和死亡的东西在衰亡、没落、失败。这是事物发展的规律。然而，历史的发展又是迂回曲折的。为了掩盖其反动本质，陈旧的、死亡的东西总是千方百计地把自己的本质隐藏在假象之中，陈旧、衰退的东西伪装成新生、进步的东西，丑的要装成美的，这就造成了本质与现象、内容与形式相矛盾的滑稽现象。马克思、恩格斯说过，历史发展本身存在着巨大的幽默和讽刺。拿破仑三世模仿拿破仑的政变，使法国的历史已经进入最完美的滑稽阶段。拿破仑三世代表的资产阶级，明明害怕人民，背叛人民，已经丧失了革命性，还要装扮成人民利益的维护者，套上进步的合理的外衣，以伪善谋取存在的权力。结果是：昔日的主角成为今日的丑角，过去的悲剧角色变成今日的喜剧角色。过去的拿破仑代表的是新兴资产阶级，有他的进步性，他的斗争是悲壮的；今日的小拿破仑表演拙劣的模仿，犹如东施效颦那样可笑，更加暴露出他历史小丑的真实面目。

在人类历史长河中，一切先进的、进步的、合理的事物，有其社会存在的必然性。然而，它的存在形式有时也是奇特的。例如，先进人物做好事不愿表露，形成了言行不一的矛盾，也出现一种本质与现象、内容与形式的倒错、乖讹、背理、异常的滑稽现象。生活中的喜剧，虽然在客观上具有一定的审美性质，但一般很难进入人们的审美领域，只有反映形态的喜剧艺术才能真正成为审美对象。喜剧艺术并不是作为喜剧类型的喜剧所独有的，在其他艺术种类中也可以描绘和反映喜剧现象。

基于上述看法，我们认为：喜剧是经过艺术家的审美加工和审美评价，集中反映人们笑着否定陈旧的生活方式，笑着肯定新的生活方式的一种特殊表现形式。它往往通过特定条件下，本质与现象、内容与形式的荒谬、背理、异常等形式去展开矛盾冲突，塑造艺术形象，使人们在笑声中否定假、恶、丑，肯定真、善、美。

（二）喜剧的特性

喜剧的基本特征是“寓庄于谐”。“庄”是指喜剧的深刻思想内容，既要求喜剧艺术真实地反映生活的本质，又要求艺术家具有严肃认真的态度；“谐”是指喜剧社会内容的表现形式是诙谐可笑的，艺术家善于通过诙谐的形式表现特定的生活内容和思想感情。“庄”与“谐”处于辩证的统一之中。失去深刻的社会内容，喜剧就失去了存在的价值；没有诙谐可笑的形式，喜剧也就失去了应有的特色。喜剧“寓庄于谐”的特征主要体现在人物性格、情节、艺术手法等方面。

1. 可笑性

对于喜剧来说，重要的是表现人物性格内在的可笑性。自然，喜剧性格与可笑性不完全是一回事。喜剧并非仅指能够逗人发笑的东西，最平庸和最无聊的东西会惹人笑，最重要和最深刻的东西也会惹人笑。果戈理说，“我总是喜欢嘲笑那种内在可笑的东西。我知道，我们之中有些人，会随时倾心地嘲笑一个人的歪斜的鼻子，却无力去嘲笑一个人的畸形的灵魂。”喜剧性格既具有外在可笑性，又体现了内在可笑性，是指人物性格本身具有的可笑性。这个人物不仅在外貌上和姿态上是滑稽的，而且在本质上和性格上也是可笑的。果戈理在《钦差大臣》中塑造的一系列喜剧人物都有内在的喜剧性格。作品中描写一群地方官吏把一个从彼得堡来的年轻小官吏、落魄于旅途的纨绔子弟赫列斯达可夫，误认为外出私访的钦差大臣。赫列斯达可夫便假戏真做，摆出钦差的架势视察机关，收取贿赂，捞饱以后威风凛凛地扬长而去。而那群地方官个个都是贪污受贿、专横残暴的蠢货，却装成地位显要、外表堂皇的“百姓父母官”。他们在动作、姿态、语言上的荒谬可笑正体现出内心的丑陋和精神的可卑；虽然鼻子上不用抹白粉，可是个个都是喜剧人物。因此，真正的喜剧要着眼于塑造喜剧人物的喜剧性格，主要表现性格的可笑性，不应满足于漫画化和脸谱化。

2. 冲突性

喜剧艺术往往通过在特定条件下，本质与现象、内容与形式的倒错、乖讹、背理、异常等形式，去展开矛盾冲突，塑造喜剧艺术形象。莫里哀喜剧《伪君子》中的答尔丢夫本是一个崇拜金钱、贪图女色、凶恶残忍的宗教骗子，却要装成忠厚虔诚、仁慈善良的“良心导师”。在教堂里，他故意不接受大财主奥尔贡的施舍，即使接受了也当众分给穷人，但一旦进入奥尔贡家便图谋主人的全部财产。表面上他为捉过一只跳蚤一再忏悔，怨恨自己不该弄死它，显示出一个信徒的仁慈，实际上他正打算把收养他的恩人置于死地。口头上他宣扬“苦行主义”，行动上他一顿饭要吃两只鹌鹑、半只羊腿。他假惺惺地表示不愿看妇女袒胸露背的装束，然而转过身子却马上溜进奥尔贡妻子的房间，花言巧语地求爱。名义上他是上帝的信徒，其实他把上帝当成骗人的工具。有人提醒他：“上帝的审判是可怕的啊!”他回答道：“哪有这样的蠢事，只要不是公然，守着秘密，那么天大的罪恶，都是不要紧的，因为秘密的罪恶就不是罪恶了。”答尔丢夫自觉地有意识地用美和善的伪装来骗人，千方百计地掩盖丑恶的本性，装出一副道貌岸然的样子，背地里却无恶不作。因此，说的和做的自相矛盾，行动的逻辑荒谬背理，十分滑稽可笑。在喜剧艺术中表现的倒错、荒谬、背理、异常等，都是经过艺术家认定了的。在这里，假象并不掩盖本质，而是揭露本质，使讽刺的对象处在欲盖弥彰的情况下。正如莫里哀在谈及《伪君子》的创作时所说：“观众根据我送给他（指伪君子）的标志，立即认清了他的面貌；从头到尾，他没有一句话、没有一件事不是在为观众刻画一个恶人的性格。”① 至于歌颂性喜剧，虽然可以利用这种方式展开矛盾冲突，但在内容和性质上与讽刺性喜剧是不同的。人们在共同的生活中，日久天长便形成了某种共同的生活方式，共同的语言、习惯，并有许多公认的常情常理和逻辑性。歌颂性喜剧在表现审美对象的内在美时，常常以异乎寻常的、奇特的甚至是“荒唐”的形式出现，构成一定的矛盾冲突，塑造艺术形象。

3. 夸张性

在艺术手法上，喜剧常常运用夸张来表现人物性格，造成强烈的喜剧效果。在社会生活中，理想与现实的不一、动机与效果的矛盾、现象与本质的脱节、内容与形式的倒错，都是矛盾失调的因素，是变形的现象。在喜剧创作中，艺术家为了揭示事物的本质，抒发自己的情感，就对对象的某些特点予以突出、夸大、强调，借助于大胆的夸张，对事物的数量、性质、情状、关系和特征进行放大或缩小，达到极度甚至过度的地步，使之鲜明生动，意显情足，收到强烈的艺术效果。在喜剧《大独裁者》中有这样一个精彩的镜头：希特勒梦想吞并全世界，双手抱着地球，垂涎欲滴，一会拥抱它，一会旋转它，忽而打它，忽而踢它，甚至用头顶它，直至把气球般的地球弄炸。这段表演可谓夸张至极，它以独特

① ［法］莫里哀：《〈伪君子〉序言》，见段宝林编：《西方古典作家谈文艺创作》，88页，沈阳，春风文艺出版社，1980。

的典型化方法，放大了希特勒梦想吞并全世界的狼子野心，使讽刺的形象异常鲜明化，痛快地嘲讽了他的丑态。《西游记》中的孙悟空，作家在表现他的力、勇、智三个方面时，都是大胆地运用夸张的艺术手法，说他会七十二变，能翻十万八千里的筋斗，等等，这就使这个艺术形象具有了喜剧性格。同样，喜剧性的电影、绘画、戏剧、相声等也都常用这种艺术手法。

当然，喜剧艺术的夸张不能违反生活的事实。它必须以客观事物本身具有的特征为依据，而不是将客观事物原来没有的特征强加其上。“燕山雪花大如席”，这是夸张，因为燕山毕竟有雪花；如果说“广州雪花大如席”，那就失去了夸张的现实基础和真实性。

（三）喜剧的类型

由于喜剧艺术在塑造人物形象、矛盾冲突以及反映社会生活性质上的差异，喜剧艺术可以分为讽刺喜剧、幽默喜剧和歌颂喜剧三种类型。

1. 讽刺喜剧

讽刺喜剧反映的对象是社会生活中的腐朽现象，在于揭露旧事物、旧世界内在的空虚和无价值。它是以一切没落的、陈旧的、正在衰退的事物为基础的，因此我们可以说，在讽刺喜剧中，丑是喜剧的本质，通过美对丑的压倒，直接否定丑。当然，在现实生活中，形形色色的丑并不都直接成为审美对象，喜剧中的丑是审美领域中的丑。当然，要把生活中的丑引到审美领域，是有条件的。

2. 幽默喜剧

幽默喜剧以人民的缺点和错误为描写对象，是在基本肯定的基础上作部分的否定，从而使人们放下包袱，轻装前进。它是对人民内部荒谬言行的模仿和艺术加工，把人物性格的荒谬背理之处，用比较或对照的手法，在群众面前加以揭露，使它更加可笑。幽默喜剧也需要讽刺，但这种讽刺是充满热情的讽刺，恰如卢那察尔斯基所说的“轻轻的讽刺”，不同于对敌人的讽刺性嘲笑和带着严厉的愤怒的谴责。华君武有一幅漫画《公牛挤奶》（见图 3—3），画一个人坐在小板凳上，正在给一头公牛挤奶，旁边还放一个奶桶。我们初看这幅画，以为是在给母牛挤奶，这是照常理的判断。细看，出乎意料，一个年岁很大的人竟然向公牛要奶。再看那头公牛，它转过头来显得既尴尬又恼火。于是，我们觉得好笑。这笑是善意的笑，批评的笑。作品讽刺深刻，入木三分，对那些不调查研究的主观主义者进行了揭露，目的是提醒人们及时克服缺点，改正错误。

图 3—3　公牛挤奶

3. 歌颂喜剧

歌颂喜剧是对正面人物和美好事物的热情赞颂的艺术样式。这类喜剧中的人物往往有高尚的情操、善良的品德，生气勃勃，聪明而快乐。他们深信正义一定能战胜邪恶，敢于藐视强大的反面力量，与种种恶势力作斗争；其性格的内在可笑性不是与丑恶、卑鄙、愚蠢、荒谬联系在一起，而是与正义、机智、灵活、勇敢、诙谐、风趣联系在一起。在矛盾冲突中，或诙谐风趣地歌颂新人新事，将内在美与善通过较为奇特的形式、偶然的巧合表现出来；或以幽默的手法来衬托美好的东西，将新生的、萌芽的事物用夸张的手法扩大宣扬；或用误会法、相似法表现对象，以人物位置的倒错法等手段构成喜剧情节，使喜剧艺术妙趣横生，激起人们的热情欢笑。

（四）喜剧的美育意义

1. 提高人的理性认识和审美思想

喜剧让人捧腹大笑，轻松愉快，在笑声中诉诸理智，引起人的理性思考。它以错讹、乖谬、荒唐、颠倒、空虚等形式，揭露和鞭挞着无意义、无价值的对象，显示出主体的优越胜利，因此包含了主体的一种理智批判态度。主体在将“丑”自炫为“美”又自我失败的结局中，认识到假的、丑的、恶的事物不配享有更好命运的本质，从而要求自我完善，保持人应有的崇高。例如，在笑声中，人们不仅看到了《钦差大臣》人物、情节中所表现的矛盾与不协调性，而且深刻地发现了高贵的假象与伪装背后的渺小、空虚、丑恶、可鄙、可怜，从而对真正的人的存在价值有所领悟。

2. 培养人的乐观审美心理和幽默的人生态度

喜剧有独具的特点：以“丑”为基础，以“笑”为标志，以“喜”为内核。这种特性有利于培养人的乐观旷达的审美心理和幽默的人生态度，令人在微笑中面对生活，在平凡中识见深刻的价值，同时，幽默的乐观还使人坦然面对挫折，将令人尴尬的境遇、缺陷、失误付诸一笑，因为它以人类社会的进步力量为依托，从人类文化的精神财富中汲取了力量，所以能令人清醒坦然地超越面临的矛盾。总之，笑着对待生活，积极乐观地面对人生，是喜剧这一审美类型的情感体现，对于培育、增强人的幽默审美心理和人生态度，可以起到有效的作用。

第四单元　审美意识

知识目标

- 理解审美意识的根源。
- 掌握审美意识的含义和本质。
- 掌握常见心理因素在审美中的作用。
- 理解和掌握审美过程三个阶段的特征。

能力目标

- 能充分运用各种心理因素进行审美活动。
- 能在审美活动中提升审美综合素质和水平。

背景案例

中国历代对女性美的标准定义不尽相同。举例来说：在母系氏族社会，生殖和生产的标准就是美的标准，新石器时代女神像的造型特点展现的就是粗壮结实。先秦、两汉时期，女性的美尚未取得独立的价值，人们虽然欣赏女性之美，但更强调道德，表现出了以德压美的倾向。也许是受物质条件的限制，这一时期女性的服饰较为古朴，衣服、鞋子和男子无多大的差别，身上没有巾、带等饰物，头上也只是挽一个简单的发髻，没有任何装饰。从魏晋时期开始，女性之美开始获得了独立的价值，得到欣赏和珍视。这一时期的女子，大多穿着广袖短襦、曳地长裙，腰部束以“抱腰”，并且用衣带来装饰，当时还流行在头上插戴花钗和“步摇”，这样走起路来衣袂飘飘，环佩叮当，进一步强调了女性的温婉妩媚、婀娜多姿。隋唐时期，雍容富态、健康自然成了美女的主导性标准。唐代女子以丰腴的体态为美，加上高耸的发髻、飘扬的披帛，显得华丽大方，充分体现了女性美上的“盛唐气象”。她们的打扮是中国历代女性中最为大胆和性感的，这在唐代名画《簪花仕女图》中可得到印证。宋朝以后，时代精神与审美习俗皆为之一变，女性美从华丽开放走向了清雅、内敛。人们对美女的要求渐渐倾向文弱清秀：削肩、平胸、柳腰、纤足。

今天，随着经济、文化的进步，对女性美的标准不再单一，容貌、独立个性和知识素质均成为重要的参数。这在一定意义上也反映了中国妇女地位的提高。

问题讨论

1. 为什么不同时代对女性审美标准会发生这么大的变化？

2. 时至今日，女性美的标准趋于多元化，其内涵到底是什么？

第一节　什么是审美意识

审美意识是审美主体对客观存在的各种审美客体的能动反映，一般通称为“美感”。实际上，“美感”也有两种不同的含义：一是指审美意识，这是广义的“美感”，它包括审美意识活动的各个方面和各种表现形态，如审美趣味、审美能力、审美观念、审美理想、审美感受等。二是狭义的“美感”，专指审美感受，即人们在欣赏活动或创作活动中综合着感知、想象、情感、理解等多种因素的一种特殊的心理现象。审美感受是审美意识形成的基础，是构成审美意识的核心部分。

一、审美意识的根源

人的审美意识首先起源于人与自然的相互作用过程中。自然物的色彩和形象特征，如清澈、秀丽、壮观、优雅、洁净等，使人在相互作用过程中得到美的感受。并且，人也按照加强这种感受的方向来改造和保护环境，由此形成和发展了人的审美意识。马克思主义认为，社会存在决定社会意识，社会意识又反作用于社会存在。审美意识与人类一切意识现象一样，一开始就是社会的产物，而且只要人们还存在着，它就仍然是这种产物。

从反映内容说，意识在任何时候都只能是被意识到了的存在。审美意识是对于审美对象的一种能动的反映，它的内容与特性归根结底取决于审美对象的存在和发展，取决于社会存在的一定发展状况和水平。审美意识所特有的把握现实的感性方式，产生和建立在人类社会实践的漫长历史进程的基础上。审美意识就其反映内容或反映形式来说，都不是某种动物的本能或天赋能力，而是社会实践的产物。

随着社会的发展，人的生活领域的扩大，人的审美对象才日益地丰富起来。除了人的社会生活外，人们对和劳动生产有直接关系的自然事物，如土地、河流、庄稼等，也都发生了兴趣，这些本属于自然领域的客观对象，常常被人们当作社会美来欣赏，带有明显和直接的社会功利观念。其后，随着人的社会生活的发展，人不但对与人的劳动生产活动直接联系的对象，而且对与社会生活没有直接联系的自然美的对象，如树木、花鸟等，也开始作审美的欣赏，产生了对自然美的审美意识。

一般说来，自然美的审美意识的出现，晚于社会美的审美意识，特别是对山水花鸟等自然风景的独立观赏，则更是在社会形态发展较高阶段上才出现的。在中国封建社会时期，较早便对自然风景进行了把握和反映。六朝的山水诗，五代、宋以来的山水画，就突出表现了这一点。西方对自然风景的美的这种把握和反映，主要是随着资本主义文明而开始的。有独立意义的风景画的出现也比较晚，大约在 17 世纪才可以看到。最初，自然风景在艺术中一般是作为人物背景，对它的审美反映与对社会事物的审美反映还没有分开。相反，对前者的反映经常是作为对后者的反映的陪衬和补充而出现和发展起来的。只是由于其后社会生活的发展，自然风景才逐渐具有供人独立观赏的意义。至于对荒凉、怪异的自然景物的审美把握，则是更晚的事情。总之，人们对自然美的审美反映，最终是取决于社会现实生活的发展的。

二、审美意识的本质

从认识论的角度来看，审美意识是主体对具有审美价值的客体对象所作出的能动反映；从审美意识的形成过程来看，它是审美主体通过感觉、知觉、想象、情感、理解等心理过程产生的感性和理性统一、认识与感情统一、愉悦性与功利性统一的特殊意识形式。

（一）审美意识的直觉性

所谓审美意识的直觉性，是指审美主体对对象的形象和审美价值的一种几乎不假思索、超越逻辑的把握与领悟的能力。直觉性是审美意识的突出特征之一，也是审美意识区别于其他意识形式的重要标志。审美直觉起于对对象具体可感的形象的直观。对象世界的美是丰富多彩的，也都有其自身的特殊的体貌状态，显示着其特殊的质。比如自然美的山川之壮丽、田园之锦绣、花木之艳丽；艺术美生动感人的形象、抑扬顿挫的旋律；社会美的性情之优美、人际关系之和谐等，无不以其生动、具体、可感的特征进入审美的领域，成为审美的丰富源泉，决定着审美意识的直觉特征。

审美意识的直觉性，是一种非理性的“顿悟”，如同婴儿睁眼看世界一样，无需任何经验准备。审美直觉的美学特征在于它的直接性，理性思维和逻辑推理多潜伏在直觉的背后。也就是说，艺术家或欣赏者凭借着多年艺术实践或欣赏经验所形成的审美直觉力，能迅速敏感地捕捉到瞬间的典型形象，虽未经过有意识的理性思维或逻辑判断，但却是建筑在一定理性思维和经验积淀基础上的。

直觉是人的一种特殊的把握对象的能力，是一种寓理性于感性之中、化意识为潜意识的特殊的认识方式，是从审美对象获得印象并与主体的知识发生潜在的相互作用的结果。人的心理，一方面为外部世界获得的信息所决定，另一方面又受到个体成长中所积累知识的影响。前者是指对具体的客观对象的直接反映，它主要是通过外部世界对感官的直接作用而实现；后者是指主体在长期社会实践中所积累的经验、所形成的认识，以及人的各种社会需要。人对现实的有意识的反映，终究是人从现实事物获得的直接印象同他掌握的由社会经验形成的知识、概念、思想相互联系的结果。人在许多情况下并未将感知与理解直接统一起来，而仅通过对事物直接印象的感知即立刻领悟到它的普遍内容。这是因为主体深层心理结构中积淀着理性内容，尽管审美主体没有自觉地意识到它们，但是它们在审美直觉的一瞬间却像冲破堤坝的江水一样奔涌而出，使欣赏者的心胸豁然开朗，无穷的思绪浮现于脑海之中，审美对象丰富的理性内容展现于欣赏者的眼前。感觉与理解、主体与客体达到了统一和融合。这种统一与融合时间极短，又浑然一体，所以往往不被人们认识到。理性因素就是以“润物细无声”的形式，渗透进主体的审美直觉之中。

从客体上讲，美的形式也包含着一定的理性内容。自然的人化和人的本质力量的对象化是美和审美意识的根源。审美对象是自然的人化的结果，它融汇了千百年来人类物质文明和精神文明的成果。客观对象的形式不再是原始的自然现象，而是积淀和蕴含了人类丰富的思想、情感和意蕴等社会内容的形式，被克莱夫、贝尔称为“有意味的形式”。这些社会内容对每个文明人而言都是能理解的，同时，这些“有意味的形式”在直觉中促进和诱发了人的审美心理自由和谐地运动。

总之，审美活动往往表现为直觉，但在直觉活动中包含着丰富的理性内容，理性内容潜伏于直觉活动之中。

（二）审美意识的愉悦性

审美意识的愉悦性，主要是指审美愉悦不含有物质的、功利的、实用的个人欲念和自觉的目的要求。或者说，欣赏一幅画，聆听一曲交响乐，欣赏者获得的是精神的愉悦和情感的满足，不带有任何直接的实用性目的，也不会获得任何直接的物质利益。审美愉悦不是一个平面结构，而是呈现逐层递进的流动的深化过程。这种层次结构与主体审美心理过程阶段性相联系，审美主体不同层次的美感形态，就是审美心理过程不同阶段的产物。从历史的角度看，这种审美愉悦的层次性，又反映了审美主体内在自然“人化”的不同量级。它标志着人类摆脱动物界的程度，标志着主体生理器官的社会化和文化的量度。我们可以把审美愉悦分为三个层次，即感官层次、心意层次和精神人格层次，对于这三个层次，我国古代的美学家宗炳曾用“应目”、“会心”、“畅神”三个境界来描述。

感官层次的审美愉悦，是审美对象刺激主体的感觉器官所引起的最初的情绪激动。这种审美愉悦虽然是初级的，但也并不是纯生理的，因为，作为审美主体的人既然是社会文化存在物，其生理需要或欲望也就必然具有社会文化的性质。耳朵对旋律的感觉，眼睛对线条、色彩的感觉，都以人的内在自然的“人化”即社会化为限。但感官的愉快毕竟离不开生理的欲望甚至感官的需要，而且往往是由这种生理欲望和需要直接引起的，带有刺激—反应的性质。这决定了感官愉快的短暂性和变异性。

心意层次的愉悦，是审美主体通过对对象形式意味的领悟所产生的心理上的愉悦。人们欣赏一幅画、一支乐曲，不会仅仅满足于悦目、悦耳，即追求对象有限形式的视听快感，而且还力求感受、领悟形式的内在意蕴，追求比眼前有限形式更为深远的东西。如人们欣赏山水、花草，就不仅追求形色的悦目，而且还追求对自然意境和自然生命力的感悟。在这个层次上，审美愉悦从低级的生理快感升华为高级的心理愉悦，表现为一种会心的欣喜，一种既摆脱了生理欲望，又摆脱了实用功利的心理意识的怡然自得，主体的一切喜怒哀乐，皆与对象的情状相沟通、相融合。这是主体与客体在心意层次上的高度融合。

精神人格层次上的审美愉悦，一般见之于对崇高对象的欣赏之中，包含有更多的理性因素。在这一层次上，主体超越了有限的物理空间和时间，而进入到无限心灵时空之中。在终极的境界中，似乎窥见了宇宙本体，聆听到了神的召唤，发现了人生永恒价值，达到了对最深沉的宇宙意识和人生哲理的领悟，颇类似于佛教所言的“大彻大悟”，因而往往表现为人格的震动、灵魂的战栗。庄子用“至乐无乐”来描述这个境界。

（三）审美意识的非功利性

审美意识的非功利性，是指审美愉悦不含有任何物质功利的、实用的个人欲念和自觉的目的要求，美感不涉及个人直接的物质欲求，或者说，人们在审美过程中很少考虑客体对象对人类的直接实用功利价值，这就是审美的非功利性。

审美意识的非功利性可以从主客体两个方面来理解。从审美主体来看，当主体进入审美状态时，他就克服了对对象的单纯的占有欲，形成了审美态度；从客体来看，审美客体成为主体的审美对象，主要是以其特有的形式及结构而显示出对于审美主体的意义的。由于审美对象的非实在性或非实际占有性，决定了审美意识必然不涉及功利的计较和占有的欲念。

审美意识的非功利性，并不意味着审美活动不包含功利价值。审美意识实际是个人审美“非功利性”与美感社会功利性的统一。因为，美感不可能脱离社会功利目的和内容，与人生的实际利害毫无关系。从原始人类最初所产生的审美观念来看，劳动产品的实用价值先于审美价值。实用的，也就是美的；美的，必须是实用的。随着社会实践的发展，美感的社会功利性逐渐从直接物质的实用性向普遍的社会功利性的方向转化，社会越向前发展，美感的社会功利性表现得越隐蔽、越曲折。初看起来，美感的内容似乎与社会功利性无关，实际上这种社会功利性以更隐蔽、更复杂的方式潜藏在审美感受之中，通过许多中间环节，以个人审美愉悦的形式表现出来。

第二节　审美感受的心理形式

审美意识作为广义的美感，包括了审美意识活动的各种表现形态和各种审美形式。但是，审美意识的最基本、最主要的形式，则是审美感受（或称审美情感），即狭义的美感。审美感受是一种由审美对象所引起的复杂的心理活动和心理过程。在这个过程中，不仅由于审美主体的各种复杂的心理因素以及它们之间的相互作用，而且也由于审美主体本身受着种种个体的特殊条件（如生活经验、世界观、心理特征的个性等）的制约，因此这种心理活动的结果便不是客观事物简单的、机械的复写和模拟。

关于审美感受中的各种心理因素、心理过程及它们之间的复杂联系，限于心理学的科学发展水平，现在还很难作出十分严格的科学分析和论证。但可以肯定的是，感觉、知觉、联想、想象、情感、思维是审美感受中不可缺少的几种基本心理因素。

一、审美感觉

审美感觉产生于审美主体与审美对象的相互作用中。因此，首先要考察审美主体通过什么来与审美客体发生联系。

感觉是人的一切认识活动的基础，是客观事物在人的头脑中的主观映象。客观事物自身具有多种多样的感性状貌，如各种色彩、声音、形状、硬度、温度等。感觉就是对事物的这些个别属性的反映。审美感受和其他形式的认识活动一样，必须以对审美对象的感觉为基础；只有通过感觉，审美主体把握了审美对象的各种感性状貌，才可能产生审美感受。审美感受中其他一切更高级、更复杂的心理现象，如知觉、联想、想象、情感、思维等，都是在通过感觉所获得的感性材料的基础上产生的。

关于感觉在美感中所占的地位，美学家们有很大的争论。快乐派（如格兰·阿伦、格兰特·艾伦利·马歇尔等人）比较强调感觉的苦乐因素在美感中的作用。形式派（如洛絮·佛莱）则坚决否认这点。实际上，感觉因素在审美感受中能起一定作用，这种作用与生理快感的关系比较密切。实验美学的材料证明，对单纯颜色可以有快或不快的不同感觉，如红色与绿色对视神经的刺激反应便很不一样，并随年龄、性别等而有所差异。这些无疑在审美中将起一定作用。所以，应该承认审美感受的愉快与生理快感有一定的联系。对生理机能的适应和满足与对社会需要的精神享受可以有内在的相互渗透和联系。日常语言中审美愉快与生理快感就经常彼此交错、混为一谈（美味、美食），也反映了这一点。所以，完全否认感觉生理因素在美感中的作用，像黑格尔那样纯粹用理性原则来解释感觉，连单纯音调的美也完全归结为整齐统一的理智认识，倒是一种轻视感性的唯心主义的偏见。

感觉所具有的生理快感虽然和美感有一定的联系，但是不能过分夸大这一联系。感觉的生理快感因素在美感中的作用是相当次要的。即使同一对象（如色彩）所引起的愉快，也应慎重地区别其中的快感和美感的不同因素。在审美中，某个色调、音调的感觉之所以有快与不快，某种质料（如木、石、水墨、水彩）之所以具有不同的感觉特色，主要不是单纯的生理感受所造成的。

在各种感官中，视、听两种器官可以发展成为主要的审美的官能。从这里可以看出，审美活动具有不同于低级生理感觉的理性性质。心理学证明，光有视觉、听觉而失去触觉、味觉（特别是触觉）时，对象似乎是一种只可理解而不能肯定的虚幻的存在，即缺乏一种对世界的最直接的感性经验的确证（儿童最初是以触觉来感知和认识世界的）。但如光有触觉、味觉、嗅觉而失去视觉、听觉（特别是视觉），如果不凭借教育（思想语言）的帮助，对象则变得混浊一片而不可理解了。车尔尼雪夫斯基说："视觉不仅是眼睛的事情，谁都知道，理智的记忆和思考总是伴随着视觉，而思考则总是以实体来填补呈现在眼前的空洞的形式。人看见运动的事物，虽则眼睛本身是看不见运动的；人看见远处的事物，虽则眼睛本身看不见远处；同样，人看见实体的事物，而眼睛看到的只是事物的空洞的、非实体的、抽象的外表。"触觉、味觉、嗅觉感受的对象范围较狭小，往往引起直接的生理反应，更多地与对世界的感性认识有关，而视觉、听觉的感受范围则更为广泛，有着更大概括的可能，从而更多地与对世界的理性认识有关，与人的高级心理、精神活动有关。它们具有更多的理解的功能，具有更明显的社会特点，更善于去把握、反映客观世界的本质，以达到更深入的认识。因此，视觉、听觉就成为审美感受的两种主要官能，形成为"感受音乐的耳朵、感受形式美的眼睛"。

虽然视听感觉是审美中最主要的，但其他的感觉和分析器也仍然具有一定的作用。例如，在欣赏自然风景时的嗅觉、温觉，在欣赏雕塑绘画时的触觉等，便仍在不自觉中起作用。此外，其他感觉在视觉、听觉的帮助下，也可以形成审美感受。例如，对祖国土地的抚握，对家乡泉水的品尝，都是在视听感觉和想象、理解的帮助下得以产生的某种审美感受。

二、审美知觉

在反映事物个别特性的感觉的基础上，形成了人们对现实中客观事物、对象和现象的知觉。知觉的主要特点在于，它不只是反映事物的个别特性和属性，而且是把感觉的材料联合为完整的形象。知觉以感觉为基础。要知觉一朵红花，必须首先感觉到花的颜色和形状、姿态等个别特征。感觉到的客观事物的个别特征愈丰富，对该事物的知觉也就愈完整。

人的审美感觉，总要以知觉的形式反映客观事物。也就是说，客观事物是作为整体反映在审美主体意识之中的。人通过大脑的作用，依靠多种分析器的共同参与，才能够反映客观对象多种多样的特征和属性，并产生综合的、完整的知觉。不仅在欣赏某些艺术作品时是如此，就是在欣赏自然风景时，也往往需要多种分析器的联合活动。在文学作品的欣赏中，虽然对文字的视知觉所占的地位并不重要，但是文学形象所激起的美感，却是建筑在回忆的表象的基础之上的，而表象实质上又是知觉在记忆中概括的保留和复现。因此，从这个意义上说，审美感受始终脱离不开知觉因素。

人的审美知觉，是在社会条件的直接作用和影响之下形成的。在某种程度上，知觉需要由已往的知识、经验来补充。人们过去的经验所形成的暂时联系，在对当前的刺激物的分析综合的心理活动中起着重要作用；它影响着知觉的内容。没有过去的经验，对客观对象的感觉便很难构成完整的知觉。主体的经验、知识、兴趣、需要对知觉都有或大或小的作用和影响。不同的人对于同一对象的知觉往往是不同的，甚至同一个人在不同的时间地点，由于主观情绪状态的差异变化，对于同一对象的知觉也可能是不一样的。如“青纱帐”，在战争环境里与在和平环境里，人们对它的感知就不一定相同。因此，人的知觉就不再是对自然环境的被动的生理适应，而是对社会环境的能动反映。有目的有意识的、比较持久的对客观对象的知觉，便是观察。

因为客观事物无比丰富，人总是经过识别有选择地以少数事物或事物的某些方面作为知觉对象，对它们知觉得格外清晰。这种选择性随着人们长期的经验和习惯固定下来，并经常处于不自觉的状态之中。审美中的知觉也具有特定的选择性，它经常抑制对于对象其他方面的反映，而突出地选择、感知对象的某一个方面。在审美中，知觉经常充分停留在对象本身上面，让对象本身的现实的感性形态获得充分的注意和观察，让对象的形体外貌、形式结构、色彩线条获得充分的揭示和暴露。所以，一个画家对一棵树的审美知觉，可以充满许多为常人所忽略的精细的形象内容。画幅之所以需要有画框，戏剧之所以需要有舞台，审美上的原因之一便是为了让知觉能集中在对象的一个方面，把知觉的别的方面（如知觉到画幅不过是一块胶布，剧中人不过是扮演出来的）暂时抑制下去。初到一个陌生的地方，或者在很熟悉的地方，突然换一个角度看景物，之所以有时也可以产生一种使自己觉得惊异的、新鲜的审美感受，原因也正在此。正由于知觉的有所选择，它才不是一种被动的感觉。

总括审美中知觉的活动和特点，首先是它特别注意选择感知对象的形象的特征，使知觉中的感觉因素得到高度兴奋，使对象的全部感性被感官所充分感受。其次，在审美活动中，知觉因素是受着想象的制约的，想象以各种联想方式加工和改造着知觉材料。在审美感受的心理活动过程中，就一般情况看来，知觉先于想象，但知觉和想象互相作用着。

三、审美联想

审美联想是审美感受中的一种最常见的心理现象。审美感受中的所谓触景生情，就是指曾被一定对象引起过感情反应的审美主体，在类似的或相关的条件刺激下，回忆起过去有关的生活经验和思想感情，这是联想的一种表现形式。审美联想本身也具有多种形式，一般分为审美接近联想、审美类比联想两种。它们在审美感受的想象活动中都有着重要的作用。

> 你的头脑中存在着枯藤、老树、昏鸦、小桥、流水、人家、古道、西风、瘦马、夕阳等记忆表象，请再三欣赏马致远的《天净沙·秋思》，借助于这些表象的重新组合，描绘出一幅苍凉的“秋暮羁旅图”。

审美接近联想是甲、乙两事物在空间或时间上的接近，在日常生活的经验中经常联系在一起，形成巩固的条件反射，于是由甲联想到乙，而引起一定的情绪反应。如果可以认为，“巴东三峡巫峡长，猿鸣三声泪沾裳”，是猿声触动了人的哀愁，而“两岸猿声啼不住”、“风急天高猿啸哀”、“寒猿暗鸟一时啼”是人对自然的情绪的对象化，那么可见，在引起社会的人的情绪的变化或表现人的特定情绪状态方面，接近联想是起了特定作用的。猿猴声或鸟声与人声有接近之处，这样的接近联想，与类比联想、对比联想一样，是文艺创作的“赋比兴”的心理条件，在审美感受中有其重要作用。

审美类比联想就是由一件事物的感受引起对与该事物在性质上或形态上相似的事物的联想。例如，艺术作品中用暴风雨比喻革命，用雄鹰比喻战士，便都是运用了这种联想。暴风雨与革命本不相干，但人们在暴风雨的摧枯拉朽的气势中看到了与革命的类似之处，所以，诗人用暴风雨象征革命，人们觉得是合适的。在一般用语中，这种联想运用得很广泛。审美感受中这种联想的特征，是由此及彼的推移，以感情为中介，从而具有更浓厚的情感的色调。“假如诗人看出海的啸声和人们的吼声相似，诗人从明亮眼睛中看见闪电的光辉，从树林发出的声音中听到诉泣，从美妙生动的风景画中看到微笑等等，那么，在实质上这不过是相似的联想，但这种相似不过不是由理性揭露的，而是由人的诗意情感揭露而已”，“两个表象联系着，正由于它们二者在我们心中引起相同的内心情感”①。

审美类比联想比审美接近联想有着更为广阔的领域，客观事物、现象间的各种微妙的类似都可以成为这种联想的基础。例如，爱森斯坦等人谈到的色彩、声音、形体之间的各种联系，又如由感觉器官内在联系所形成的各种“联觉”：视觉可以唤起触觉、听觉，高声与亮光或低声与黑暗的生理心理的内在联系等。正是这种种联想，大大扩充了审美感受中的知觉意义，使其感觉因素随着这种种想象而具备了丰富的内容。因此，我们在对象的感性形态中就不是被动地、简单地只感到某种物质材料，如声音、形体、色彩，而是通过它们间接地看到了更多的东西，感到更多的意义和价值。由于客观事物之间的这种类似常常是曲折隐蔽的，这种联想也就常常更为错综复杂，比起审美接近联想来，就具有更为广阔和不确定的性质，甚至是人们不一定能自觉意识得到的（例如红色的热烈激动，绿色的安详宁静，直线的坚硬感，曲线的柔和感等，人们习以为常而不自觉）。它更多地依靠人们的想象能力去感受它、去发现它。艺术家们在这方面常常表现出特殊的本领，他们能依据很平常的感性对象联想和想象出许多丰富深刻的东西来。李白“云想衣裳花想容”这样的诗句，可以当作审美类比联想的例证。

四、审美想象

人在反映客观事物时，不仅感知当时直接作用于主体的事物，而且还能在头脑中创造出新的形象，即没有直接感知过的事物的形象。这种特殊的心理能力称为审美想象。

审美想象是人类在长期的劳动实践过程中逐步发生和发展起来的。马克思说：劳动过程结束时得到的结果，在这个过程开始时就已经在劳动者的想象中存在着，即已经观念地存在着。正由于人有这种想象的能力，人的有目的的创造性劳动才成为可能。

审美想象与记忆有密切的联系。没有记忆就没有想象，想象凭借着记忆所供给的材料进行活动。它是在人的头脑中改造记忆中的表象而创造新形象的过程，也是过去经验中已经形成的那些暂时联系进行新的结合的过程，所以，它虽然具有很大的创造的性质，但实质上仍是对现实反映的一种特殊形式。人不能想象在客观世界中没有任何客观根据的事物。不管是人首蛇身或神话世界，都只是现实世界中的事物在头脑中的特殊组合。想象具有形象的特点，并经常与人们实践活动中的一定的需要、愿望和情感相联系。

审美想象是一个具有广阔内容的心理范畴。但是，艺术创作、艺术欣赏活动的想象，与科学的想象是有区别的。审美中的想象，包括观赏风景的各种审美活动中的想象，区别于工程设计等科学研究中的想象的特征之一，是不带直接的功利目的，并伴随着爱或憎等情

---

① ［俄］乌申斯基：《人是教育的对象》，第1卷，253、244页，北京，人民教育出版社，2007。

感，与情感互相作用着。例如，杜甫《对雪》中的“瓢弃樽无绿，炉存火似红”，瓢里没有酒且不说，分明没有火而又觉得炉中似乎有火，这种幻觉的产生是诗人发挥想象的结果。而这种想象活动既与他的记忆相联系，也是此时此地的诗人感到孤独和贫困的情绪状态所促成的。火炉的设计当然也需要想象，但它恰恰不满足于构成幻象，而是紧紧与怎样才能发热的功利目的结合着。

按照审美想象内容的独立性、新颖性和创造性的不同，前人把想象分为再造性想象和创造性想象两类。再造性想象是主体在经验记忆的基础上，在头脑中再现出客观事物的表象。创造性想象则不只是再现现成事物，而能创造出新的形象。不论是艺术创作还是艺术欣赏，一切审美活动总需要有所发现、有所增添，才能产生新鲜的愉快的感受，所以它总是既熟悉又不熟悉的，也就是再造性想象与创造性想象的结合和统一。

人们的审美联想和审美想象活动与他的生活教养、经验密切相关。各种形式的联想和想象是建立在人类特有的高级神经活动的基础上的，而其内容则是对社会生活的复杂联系的能动的反映。联想和想象是能动的，不是纯主观性的；是自由的，不是任意的。联想和想象，不论自觉或不自觉，总是受着客观对象本身的规定和制约。它必然地指向一定的方向，这样才能达到对于对象的审美素质的真正把握。

五、审美情感

审美感觉的一个突出的特点，是它带有浓厚的情感因素。

审美情感是人对客观现实的一种特殊的反映形式，是人对客观事物是否符合自己的需要所作出的一种心理反应（感觉、知觉、记忆、思维等都是对客观事物的一种认识活动）。跟认识过程不同，情感和情绪不是对客观对象本身的反映，而是对对象与主体之间的某种关系的反映。所以，它表现为对待客观对象的一定的主观（肯定或否定的）态度。这种态度与人的活动、需要、要求以至理想，亦即与人的利害有密切的联系。对象与主体需要的不同关系产生不同的情感，不同的情感又驱使主体采取不同的活动，以符合主体的要求和需要。与动物的情绪不同，人的情感是社会历史的产物，具有社会的内容和社会的意义。情感和其他心理能力一样，是在人的长期劳动实践中产生和发展的，并且对实践起着反作用。列宁曾经说过：没有“人的情感”，就从来没有也不可能有人对于真理的追求。

> 庄子与惠子游于濠梁之上。庄子曰：“儵鱼出游从容，是鱼之乐也。”惠子曰：“子非鱼，安知鱼之乐？”庄子曰：“子非我，安知我不知鱼之乐？”惠子曰：“我非子，固不知子矣；子固非鱼也，子之不知鱼之乐全矣。”庄子曰：“请循其本。子曰‘汝安知鱼乐’云者，既已知吾知之而问我。我知之濠上也。”
>
> ——《庄子·秋水》

在审美活动中所产生的情感活动，有时也被称做审美快感，但这容易与生理快感混为一谈。生理快感不过是由生理欲望和冲动得到满足而引起的身心快适，它在本质上是物质性的，而不是精神性的。审美快感则是一种精神的愉悦，它要求的是所谓“赏心悦目”，而不是物质情欲的发泄。因此，它是人的一种高级的情感活动。

审美情感活动，以对审美对象的感知为基础。一般说来，主体的情感活动与对象的感性形式是密切联系着的。在审美中，审美对象引起的感觉、知觉、表象本身就带有一定的情感因素，而在知觉、表象基础上进行的想象活动，更推动情感活动自由地扩展和抒发。

所谓“登山则情满于山，观海则意溢于海”，就是对古人的审美中情感活动伴随对对象的感知而展开的描述，这也就是情景交融的境界。在我国古代的诗论和画论中，对于审美中的这种“情”与“景”的关系问题，有着大量的记述，并把它作为衡量艺术作品的艺术性的一条重要标准。王夫之在《薑斋诗话》中说：“情景名为二，而实不可离。神于诗者，妙合无垠。巧者则有情中景，景中情。”又说：“夫景以情合，情以景生，初不相离，唯意所适。截分两橛，则情不足与，而景非其景。”人们在欣赏艺术作品时，不但感知着作品所描写的景物形象，而且感受着体现于这景物形象中的艺术家的情感体验，从而引起人的共鸣。“昔我往矣，杨柳依依；今我来思，雨雪霏霏。”（《诗经·采薇》）在这短短四句诗中，杨柳飘飘与雨雪交加的景，与离乡远戍和凄凉归来的情交织在一起，读者从那对杨柳和雨雪的描绘中感受到诗人的情感的波动，不知不觉地进入诗的境界，深深受到诗情的感染。

审美情感虽然总的说来是从美的享受中得到的愉快，但其内容并不是单一的，而是依据审美对象内容的不同而引起不同的情感态度。悲剧所引起的快感与对剧中人物的情感态度（如同情等）不可分割，它与喜剧所引起的快感（如笑等）在本质上便不相同。优美的抒情小调与雄壮的进行曲，其唤起的情感体验也有显著区别。

六、审美思维

审美情感是客观对象与自己的关系的主观反映，是主体对待客体的一种态度，因而随着立场、观点等主观条件的不同，随着主体与对象的客观利害关系的不同，具体的情感也有所不同。人们的社会阶级性，在个人生活和教育的不同个性的作用下，渗透于其情感的心理深处的表现形态十分复杂。在人们的日常审美感受中，经常不自觉地表现出种种阶级倾向，就是同一审美对象，对不同时代、不同阶级的人们所唤起的情感态度，既有联系的一面，又有差别的一面，但它在审美感觉中都起着重要作用。

在审美感觉中，审美思维是一种在感觉、知觉、表象等感性认识基础上产生的理性认识活动，它是通过概念、判断、推理的形式对现实所作的概括反映。它反映的不是客观事物的个别特征和外部联系，而是客观事物的普遍特征和内部联系。人们通过思维达到对事物本质的认识，因此，与感觉、知觉、表象等对客观事物的直接的感性反映比较，它是更深刻、更完全也可说是更高级的反映。

审美思维在审美中是有着重大作用的。审美作为艺术地掌握现实的一种方式，即认识和反映现实的一种特殊的形式，具有一般认识功能，能够揭示客观事物的本质。审美思维是审美中不可缺少的组成部分，不但再现性强的艺术经常需要经过一定的概念（如绘画、电影）进行审美欣赏，就是一些再现性较弱而表现性较强的艺术（如建筑、音乐、图案画），如果要获得真正的审美效果，仍需思维活动在其中起作用。这包括人们过去的认识成果和文化修养（如对音乐的知识）在起作用，只是人们往往没有意识到这种作用罢了。正是审美思维在审美中规范知觉、想象的趋向，将前者渗透溶化于后者之中，人们才能不只是看到对象的感性形态自身，而且通过它获得了对生活的广阔的理解、认识，达到对对象的深刻把握；艺术家才能把许多个别的特殊的感觉材料集中、综合，概括为典型形象，揭示客观事物的本质特征。

但是，另一方面，又必须看到在审美中的思维活动的特点。这种特点从现象形态上看，表现为一种似乎是不经思索地直接达到审美对象的理解。所谓理解，就是认识了事物的本质，它是认识过程的最终成果。当然，在这种直接性的形式下仍然进行着思维活动，不过在这里，思维是在生动的创造性想象中不着痕迹地起着作用的。例如，电影中的蒙太奇，爱森斯坦曾说过，“把无论两个什么镜头对列在一起，它们就必然会联成一种从这个对列中作为新的质而产生出来的新的表象”。由于这种新的质并不直接表露在镜头的外部，而是蕴藏在两个镜头之间内部的逻辑关系上，随着对这些联系的迅速理解，人的反映也就从感性的反映转到理性的认识。也就是从两个各自独立的镜头的感性内容即艺术形象的媒介，推断出那些没有直接作用于人的感官的事物的本质属性。电影《青春之歌》中，卢嘉川就义时高喊“中国共产党万岁”之后，紧接着是林道静张贴“中国共产党万岁”的标语的镜头。观众从这两个镜头的联结中直接把握、理解到其中的内在逻辑联系，即共产党人是不可战胜的，一个战士倒下去，千百个战士站起来。这种蒙太奇的例子说明，两个画面通过思维所获得的新的质，虽然具有逻辑的必然性，但仍然不是2＋2＝4这种逻辑关系，因此爱森斯坦把这解释为“两个蒙太奇镜头的对列不是二数之和，而更像二数之积”，因为组成蒙太奇的画面本身具有比概念本身更为广阔的感性内容。人们在审美中常常并不自觉地意识到逻辑推理，而且，如果以一般的逻辑推理来替代审美反映所特有的这种具体的、感性的、形象的理解形式，便会丧失艺术的本质，也不免损害人们的审美愉快。

上面简略地叙述了审美感受中的各种心理因素。至于这种种心理因素在审美感受过程中发生作用的机制，在心理学中还没有得到充分的研究。根据人类认识活动的总的规律来看，一般来说，在审美中，人们通过感觉感知审美对象，并在审美主体的一些主观条件的影响下，将知觉专注于对象的感性、具体性的形态，使直接的感觉因素获得充分的兴奋，对象的这一方面获得了充分的注意，从而构成审美感受。但审美感受不单纯是一种感性的认识。审美主体往往结合感性的形象，通过想象和思维的相互作用，把感觉和知觉到的直观和表象，加以去粗取精、去伪存真、由此及彼、由表及里的改造制作，既保留了现象中的具体性、鲜明性、生动性，又达到了深刻地反映和认识事物的本质，从而构成审美感受中的理性认识，由此而产生一种特有的情感愉悦，进入了审美感受的高级状态，完成审美感受作为情与理相统一的心理功能。在这个审美认识的理性因素中，知觉、想象、思维的结果不是以理论的形态给人以明确的概念（观点），而是始终没有脱离感性的形象性、具体性。审美感受之所以在哲学上被称为“观照”，与资产阶级美学的解释相反，并不是意味着一种“无所为而为”的静观，不是一种消极被动的感受，不是一种既非认识又非情感的神秘经验，而恰恰是一种既有思维又有情感的反映和认识，是一种主动积极的感受，是导向实践激发人们行动的力量。

总之，一方面，我们应该承认，审美心理活动是一个非常复杂的、尚未彻底搞清的问题，还需要继续深入地进行研究。在这种研究中，应该充分利用和吸收现代心理学的科学成果。另一方面，我们也必须肯定，对审美心理的研究，只有在辩证唯物主义认识论的指导下，在对美的本质的唯物主义解释的前提下，才能得到真正的科学成果。

第三节　审美心理过程

人类的审美活动是一个动态的心理过程。在这个过程中，各种心理要素并不是孤立的，而是彼此交融制约、协同综合地发生作用的。审美的整个心理过程，并不是各种心理要素的简单相加，因此，对各种心理要素的分析不能代替对整个心理过程的描述。审美心理活动作为一个完整的过程，可以分为三个阶段：准备阶段、实现阶段和延续阶段。

一、准备阶段

准备阶段是审美心理过程的第一个阶段。在这一阶段，审美主体形成了审美注意和审美态度，这两方面共同构成了审美心理定势，为审美心理活动进入实现阶段做好了准备。

（一）审美注意

所谓注意，是指心理活动对一定事物的有选择的指向和集中。这种有选择的集中，使得在每一瞬间人的心理活动就只能指向一定的对象，而离开其余的对象。注意的生理机制是神经的诱导规律。按照这个规律，在大脑皮层上每一个兴奋中心的形成，都会引起对周围区域的抑制。这种抑制，在心理学上被称为“负诱导”。在每一瞬间，大脑皮层上只有一个最优势的兴奋中心。在这个优势兴奋区域最容易形成暂时联系和分化，并由此产生机体的各种定向反射，所以，它是与最清楚的意识状态相联系的，这就是注意。与此同时，大脑皮层的其余区域就由于负诱导而多少处于抑制状态，这便是注意的边缘或未被注意。

根据产生和保持注意时有无目的性和意志努力程度的不同，可以把注意分为无意注意和有意注意两种。无意注意是事先没有预定的目的，也不需要做意志努力的注意。它表现为在某些刺激物的直接影响下，人就不由自主地立刻把感觉器官朝向这些刺激物并试图认识它。有意注意是有预定目的、需要做一定努力的注意。这种注意是受人的自觉调节和支配的。

审美活动中的注意被称为审美注意，它是审美主体与审美客体之间最直接的心理中介，是审美主体的心理活动对特定审美对象的指向和集中。任何一个事物，只有首先进入审美注意的心理范围，才构成现实的审美对象；同样道理，只有进入审美注意状态的主体，才是真正的审美主体。

在审美活动中，审美注意主要具有如下两方面的功能。

1. 审美注意能促使艺术家发现审美客体

审美注意不仅能促使艺术家发现审美客体，而且能使审美客体的审美价值得以充分显现。在日常生活和大自然中，到处都存在着美，但并非人人都能发现它。审美注意使人的意识集中地指向具有审美特征的客体和审美客体的审美价值，并由于负诱导规律的作用，把与审美无关的客体与方面都排除在外。这样一来，审美注意就如同一个画框，把“画”框在里面，把“非画”排除在外面，这就使画与非画隔离开来，使审美主体聚精会神于画框里的画。这样，审美客体的审美价值才有可能充分地显现出来。

> 两人同时攀登一座树木茂密的山，但一人是为了观景，另一人是为了采药。他们都集中了注意力。对于那个采药的人来说，他所注意的只是药材，药材已经被选择出来，成为他的意识指向的目标；与之相应，山水草木、花鸟虫鱼都成了药材的“背景”，它们的美完全被忽略了。而对于那位观景者来说，那摇动的树枝、歌唱的小鸟、飞舞的蝴蝶、变幻的云彩，成了他注意的中心；其余的一切，包括那十分珍贵的药材，都变为背景，甚至从他的视野里消失了。而且，他所关注的不是树木的生长规律、小鸟的生理特征、蝴蝶的属种划分、云彩的化学构成；他注意的是它们的审美属性。因此，只有观景者才能发现这座山上的美的事物以及这些事物的美。这就是审美注意促成对审美客体的发现，使审美客体的审美价值得以充分显现的功能的表现。

2. 审美注意能激发和调动各种审美心理要素

审美注意不仅能激发和调动各种审美心理要素，而且能使审美主体投入审美活动，并使审美不断趋向深入。当人处于聚精会神、注意力高度集中的状态下，常常会出现这种情况：平日感受不到的东西突然感受到了，平日忘记的东西突然回忆起来了，平日不理解的东西突然理解了……审美注意也是如此。它能够激发和调动审美主体的各种审美心理要素，使审美欲望、审美兴趣、审美情感、审美意志，以及审美知觉、审美想象、审美理解等，都处于活跃状态。

任何审美活动的开端，总是表现为审美注意对某一特定审美对象的指向和集中。当人将审美注意集中于某一事物的时候，他也就在对这一事物进行着审美知觉、审美想象、审美理解，同时对这一事物产生着审美欲望、审美兴趣、审美情感、审美意志等。在审美活动开始以后，审美注意并不消失，它贯穿于整个审美心理过程，保证着审美心理过程能顺利地进行。如《红楼梦》第二十三回“西厢记妙词通戏语，牡丹亭艳曲警芳心”，真切而细腻地写出了林黛玉听《牡丹亭》曲子时的心理状态：开始是偶然听到远处传来的乐曲声，这是无意注意；紧接着是止步侧耳细听，从无意注意转入了有意注意。偶然吹到耳内的两句戏词，正好符合了林黛玉的审美趣味，引起了她的审美兴趣，激发了她的审美欲望。于是，她调动审美意志，进入了有意识的审美活动。从“侧耳细听”到“点头自叹”、“心下自思”，表明她在审美知觉中已经渗透了审美理解；而“心动神摇”、“如醉如痴”，则是审美想象的典型特征。“心痛神驰，眼中落泪”，正是审美情感达到高潮的表现。可见，审美注意不但强化了主体的审美驱动力，激发了主体投入审美活动的热情，而且维持着审美心理活动的指向，使审美活动不断趋向深入。

（二）审美态度

一件事物能否成为美的对象，从根本上来说，取决于观赏者对它采取何种心理态度。朱光潜先生曾经以古松为例来说明人面对同一事物时的三种不同态度。同样是面对一棵松树，“你”只有一种实用的打算；“我”只是在作科学研究；“他”则为其昂然高举、不受屈挠的气概所感动，这才是一种审美活动。在上述三种情况中，“你”采取的是实用的心理态度，“我”采取的是科学的心理态度，“他”采取的则是审美的心理态度。可见，审美态度是审美活动中所特有的心理态度。在审美活动的开端，它作为一种心理准备，与审美注意共同构成审美心理定势；在审美活动开始以后，它作为一种区别审美活动与非审美活动的特殊心理机制，贯穿于审美活动的全过程。

那么，审美态度作为审美活动中所特有的心理态度，与非审美态度究竟有什么区别呢？围绕着这个问题，美学家们提出了两种截然不同的观点。

一种观点认为，审美态度与非审美态度的根本区别是：审美态度不涉及利害、欲望和功利，是一种纯粹的静观；而非审美态度则是涉及利害和欲望的实用功利的态度。关于这一观点最著名的理论是英国美学家布洛的“距离说”。布洛认为，审美活动的基本原则和特征是，主客体之间必须保持适当的心理距离。主体在心理上和审美对象拉开一定的距离，不考虑对象和自己的实际需要有什么利害关系，只是进行审美观照。为了说明自己的观点，布洛举了一个例子。他设想一艘船在海上遇到了大雾，这对于船上的乘客来说当然是一件极为伤脑筋的事情。乘客们担心，船只会因为看不清远方、辨不清信号方位而发生危险；或者，因为怕发生危险而行驶得太慢，因而耽误了行期。出于这样一些实用功利的考虑来看大雾，这场大雾就变成了海上的一场大恐怖。但是，倘若乘客们能暂时忘却实际的危险和耽误的日程，只是聚精会神地观看海雾本身，海雾也能成为趣味和欢乐的源泉。这时，海雾就好像是半透明的帷幕，后面仿佛藏着能歌善舞的仙女或奇形怪状的形象；海雾在使人看不清周围的同时，也仿佛使人与世隔绝，进入一种超凡脱俗的境地。这时，乘客所采取的就是一种审美的态度。

可见，在布洛看来，是否涉及功利欲望，是区别审美态度与非审美态度的关键所在。布洛的这一观点在西方有着很深远的理论渊源，古希腊的柏拉图、古罗马的普洛丁、中世纪的托马斯·阿奎那、17世纪英国经验美学家夏夫兹博里等理论家都曾从不同角度深入讨论过审美态度与非审美态度的区别问题。德国古典美学家康德更是提出了“审美无关利害”的理论主张，这一观点在现代西方美学中仍然很有影响，克莱夫·贝尔、克罗齐、科林伍德等许多现代西方美学家的理论，都是以“审美非功利”作为自己的理论核心的。

与此相反，在西方美学史上也有相当多的美学家主张，审美态度不但离不开功利欲望，而且它本身就是功利欲望的表现。这种古已有之的美学思想在20世纪以来影响逐渐扩大，对“审美无功利”的观点提出了有力的挑战。

在现代西方美学史上，尼采第一个站出来批判审美静观的理论，指责康德提出的“审美无关利害”的命题玷污了美和艺术。尼采认为，审美绝不是一种静观的境界，而是生命力热烈奔放的状态。在尼采之后，弗洛伊德更为明确地阐述了审美与欲望的关系。弗洛伊德认为，审美的深层心理动因在于主体的潜意识欲望，审美是这种欲望的象征性表现或替代性满足。法国诗人兼哲学家居约也从工艺学与生理学的角度对审美非功利性的命题提出了尖锐的批评。居约认为，“审美无功利”的命题就是想把现实生活中的各种生动的形态从美的领域排除出去，然而事实恰恰相反，现实生活中的各种事物的美，正是由于它们符合人的欲望和需要，符合生活的目的，才能作为一种审美特质而发生，因此美和需要是不可分割的。此外，桑塔耶那、乔治·迪基、杜威等现代西方美学家也都强调审美态度的功利特征，反对用非功利来界定审美态度。

如何看待西方美学史上这两种截然不同的观点呢？我们认为，这两种观点分别揭示了审美态度的某个层面的特性，如果将两者结合起来，就是对审美态度的比较辩证和全面的认识。

首先，审美态度确实是超越实用功利和欲望的。许多审美活动的实例都充分说明，当人执著于现实的实用功利和欲望时，是不可能进行审美欣赏的。主体必须超越对对象的功利企图和占有欲望，以一种纯粹自由的态度去观照对象，才能进入真正的审美状态，成为真正的审美主体。

其次，审美态度之所以是超功利的，恰恰是因为，只有当人超越了实用功利和欲望的时候，人的生命力才能得到最大限度的自由发挥，真正达到生命力热烈奔放的状态。在现实生活中，人们不仅受到种种客观条件的制约，更重要的是受到主观的实用功利、欲望的束缚，因而生命力受到压抑，得不到尽情的舒展，甚至变得麻木不仁。只有摆脱了实用功利和各种现实欲望的束缚，被压抑的生命力才能苏醒并得到最大程度的张扬。从这个意义上说，审美态度又是在最大程度上符合了人的欲望。但这种欲望不是一般的实用功利欲望，而是人的审美欲望。

总之，审美态度是通过对现实的实用功利和欲望的超越，力求达到生命力的最大限度的发挥。只有当审美主体对审美对象抱有这样一种态度时，才能摆脱日常意识，进入审美状态。这是审美活动的必要准备。

二、实现阶段

在这一阶段，审美活动从外部感发转向内部体验，再升腾到精神的自由境界。因此，审美心理过程的实现阶段又可以分为“应目”、“会心”、“畅神”三个环节。这既是先后有序的三个环节，又是程度有别的三个层次。这三个层次既呈现为审美心理活动的递进，又各自具有相对的独立性。在具体的审美活动中，并不一定每一次审美活动都要经历三个环节，达到最高层次。只要达到其中的某一个层次，就标志着审美活动的一次实现。

（一）应目

所谓“应目”，就是审美感受的获得阶段。这是审美心理过程实现阶段的第一个环节，也是最基本的层次。在这一层次，审美主体主要运用审美知觉，对审美对象进行选择、理解、组织、建构，并由此获得某种审美愉悦。

当人们将审美注意集中到审美对象之上，并对之采取审美态度时，对审美对象的审美感受就开始了。我们将审美感受称为“应目”，是借鉴了中国古代画论中的范畴，其实审美感受并不仅仅是视觉感受，它是人的各种感觉器官所获得的感觉材料，经过审美知觉的选择、理解、组织、建构的结果。

审美感受的获得过程，首先是审美知觉的选择过程。作用于人的客观事物是纷繁多样的，人不可能全都清楚地知觉到，也不可能对所有的事物都作出反映。他总是有选择地以少数事物作为知觉的对象，对它们知觉得格外清晰，而对其余的事物的反映则比较模糊。知觉的这种特性称为知觉的选择性。在审美活动中，知觉的选择性体现得更为突出。审美知觉总是选择具有审美价值的对象以及对象的审美属性作为知觉的对象。例如我们在看露天电影时，尽管环境非常杂乱，我们仍然专心地看电影，而不去听环境的吵闹声，不去看过往的行人和车辆，这就是审美知觉选择的结果。

审美感受的获得过程，也是审美知觉的理解过程。任何知觉都包含着理解。例如，我们听到马蹄声，看到月亮在水中的倒影，闻到花香，等等，这些知觉中都包含着理解，要把理解和知觉完全分离开来是十分困难的。即使我们听别人讲一种我们完全不能理解的语言，我们也知道他是在讲一种外语，这仍然是一种理解。在审美知觉中，理解起着更为重要的作用。审美知觉不但能够理解审美对象是什么，而且能够理解审美对象的审美意蕴。例如，当我们面对莫奈的《干草垛》，在知觉的瞬间，我们不但能看到一些色彩和线条，而且能够理解这是一幅关于干草垛的图画，同时还能领悟到一

> 《老残游记》第二回描述老残在明湖居听书时的心理活动，其中就充满了对通感现象的描写：“王小玉便启朱唇，发皓齿，唱了几句书儿。声音初不甚大，只觉入耳有说不出来的妙境；五脏六腑里，像熨斗熨过，无一处不伏贴；三万六千个毛孔，像吃了人参果，无一个毛孔不畅快。唱了十数句之后，渐渐的越唱越高，忽然拔了一个尖儿，像一线钢丝抛入天际，不禁暗暗叫绝。那知他于那极高的地方，尚能回环转折；几啭之后，又高一层，接连有三四叠，节节高起。恍如由傲来峰西面攀登泰山的景象；初看傲来峰削壁千仞，以为上与天通；及至翻到傲来峰顶，才见扇子崖更在傲来峰上；及至翻到扇子崖，又见南天门更在扇子崖上，愈翻愈险，愈翻愈奇。”
>
> 在这里，听觉与味觉、视觉甚至内脏感觉、体表感觉等都产生了通感，既有各种感觉的力的结构的相似，更有丰富的联想和想象。

种自然的宁静和恬淡的情调。

审美感受的获得过程，还是审美知觉的组织、建构过程。审美知觉的组织、建构过程，也就是审美知觉的“完形”过程。“完形”是格式塔心理学提出的范畴，指的是人在知觉过程中的一种天赋能力，能将似乎杂乱无章的对象构造成具有一定结构、一定形状的完整形式。例如，当我们欣赏音乐时，听到的绝不是一个个单独的乐音，而是整首乐曲所表达的丰富情感和审美意象。审美知觉的完形作用，在审美活动中具有十分重要的意义。例如著名的大理石雕像《断臂的维纳斯》，由于年代久远，已经受到了一定的侵蚀和损坏：维纳斯的鼻梁上有一块污痕，胸脯上可能是由于水的侵蚀而产生了许多粗斑、空穴、小孔等。但是，当人们欣赏这座雕塑时，审美知觉却能够忽略这块大理石上这些不美的东西，人们似乎觉得维纳斯的鼻梁毫无瑕疵，胸脯丰满而平滑，所有的洞穴仿佛都已经被填上了。于是，审美知觉就为人们建构起了一个完美无缺的审美对象。

在审美感受的获得过程中，还常常出现“通感”现象。通感又称联觉，是指一种感觉兼有另一种感觉的心理现象。知觉是由感觉组成的，一个完整的知觉常常包含多种感觉。但各种感觉并不是相互独立地成为某一知觉的组成部分，它们是相互影响、相互作用的。通感现象就是这种不同感觉间相互作用的一种表现。钱钟书先生对此作过很好的说明：“在日常经验里，视觉、听觉、触觉、嗅觉、味觉往往可以彼此打动或交通，眼、耳、鼻、舌、身各个官能的领域可以不分界限。颜色似乎会有温度，声音似乎会有形象，冷暖似乎会有重量，气味似乎会有锋芒。诸如此类在普通语言中经常出现。譬如我们说‘光亮’，也说‘响亮’，把形容光辉的‘亮’字转移到声响上去，就仿佛视觉和听觉在这一点上无分彼此。”[①] 日常生活中的通感，主要是基于各种感觉之间在力的形式、方向和强度等方面的共同性；审美活动中的通感，则更多地借助联想和想象。

（二）会心

所谓“会心”，就是审美体验的展开阶段，是用“以身体之，以心验之”的方式对审美对象的把握，是在主客体的交融互渗中所得到的体察和领悟。这是审美心理过程实现阶段的中心环节，也是整个审美心理过程的中心环节。在“应目”阶段，审美主体主要是通过各种感官来把握审美对象；在“会心”阶段，审美主体则是以整个心灵来把握审美对象。在“应目”阶段，审美主体的心理活动主要是审美知觉，其他审美心理要素处于辅助或边缘的地位；在“会心”阶段，审美主体的心理活动则调动了几乎所有的审美心理要素，而且这些审美心理要素都处于空前活跃的状态。因此，审美主体在“会心”阶段获得了更高层次的审美愉快。

既然“会心”就是审美体验的展开，那么，审美体验是如何发生的？它与日常生活中的体验有何不同？德国美学家里普斯的“移情”理论比较好地回答了这个问题。

里普斯认为，审美体验是一种审美享受，而审美享受不是别的，是一种客观化的自我享受。在审美享受的瞬间，审美主体把自我移入一个与自我不同的对象（自然、社会、艺术中的事物）中去，并在对象中玩味自我本身。里普斯以古希腊建筑中的道芮式石柱为例来说明他的“移情”理论。道芮式石柱是支撑古希腊平顶建筑的支柱，例如著名的帕提农神庙的支柱就是道芮式石柱。这种石柱上细下粗，柱面刻有凸凹形状的纵直槽纹。由于受到房顶的重压，石柱在纵向上本应产生下降的感觉，在横向上本应产生膨胀的感觉，但实

---

① 钱钟书：《旧文四篇》，52页，上海，上海古籍出版社，1979。

际上，当人们将道芮式石柱作为审美对象进行欣赏时，产生的却是“耸立上腾”和“凝成整体”的审美体验。为什么会产生这种审美体验呢？里普斯认为，这是因为我们把自我移入石柱的结果。我们也曾硬着颈项，挨过各种艰难困苦。困难越是要压倒我们，我们越是要坚强地挺住。这样，挺起腰杆抵抗压力，就成了我们的品格。于是，当我们看到石柱以挺直的姿态撑持着重压，就唤起了我们的这种品格，我们把它移入石柱，在石柱上发现了自己的镇定自持和昂然挺立，从而产生了审美体验。

里普斯进一步指出，审美体验与日常生活中的体验是不同的。“我”在欣赏石柱时感到自己在用力抵抗重压，与“我”在竖立或毁坏石柱时感到自己在用力是不同的。从主体方面来说，日常体验的主体是实践性的自我，审美体验的主体是观念性的自我。当“我”毁坏石柱时，“我”的活动是实践性的，是对石柱的改造，“我”与石柱处于对立关系。当“我”欣赏石柱时，“我”并非实际地改造石柱，而是向石柱灌注情感和生命。“我”不是与石柱相对立的主体，而是生活在石柱之中。从客体方面来说，日常体验的客体是对象的存在或实体，审美体验的客体则是受到主体生命灌注的有力量、能活动的形象。当“我”竖立石柱时，“我”所体验到的是那块造成石柱的石头，它是与“我”相对立的客体；当“我”欣赏石柱时，“我”所体验到的是石柱呈现给我的空间意象，即耸立上腾和凝成整体的空间意象。它不是与“我”相对立的客体，而是由“我”灌注生命的形象。总之，审美体验与日常体验的区别就在于：在日常体验中，主体与客体是对立的；而在审美体验中，主体生活在对象里，对象则从主体受到生命灌注，主体与客体的对立完全消除，达到了物我合一的境界。

需要指出的是，里普斯的“移情”理论也有一个明显的缺陷，那就是忽视了人类的社会实践在审美体验中的作用。移情现象并不是任意的，而是在实践的基础上才可能发生的。在生产力水平极其低下的远古时代，自然界作为一种完全异己的、有无限威力和不可克服的力量与人们对立，这时人们是不可能向大自然移情的。只有随着生产力的提高，人与大自然的关系改变了，与人对立的自然变成了可以亲近、可以欣赏的对象，这时移情才可能产生。至于对社会生活中的各种事物和艺术品的移情，就更与人类的社会实践密不可分了。随着人类社会实践的发展，移情的范围越来越扩大，人类的审美体验也越来越丰富。

（三）畅神

所谓“畅神”，就是审美自由的实现。这是审美心理过程实现阶段的最后一个环节，也是整个审美心理活动的高潮。这里的“神”，指的是审美主体的精神。所谓“畅神”，就是指审美主体通过审美活动，升腾到一个精神无限自由的境界。

只有人才有自由，自由是人的特性。所谓自由，就是对自然必然性的克服。这种克服可以分为两个方面：一是对外在的自然必然性的克服，人类通过实践改造自然、征服自然，通过科学研究认识自然、把握自然，都是要克服自然对人的束缚，从而获得自由。二是对内在的自然必然性——人的动物性本能的超越。人类通过道德来为自己立法，就是要克服动物性本能对自己的约束，从而实现自由。但是，人在这两方面的自由都是有限的和相对的。就人与外在自然的关系而言，人本身就是自然的一部分。无论人类的实践和科学技术如何发展，人总要受到自然必然性——自然规律的约束，人所能做的，只是认识规律、掌握规律、按规律办事。就人与内在自然的关系而言，动物性本能是人不可分割的一部分。人只能通过高尚的道德追求来超越动物性本能，而不可能完全摆脱动物性本能。更重要的是，人在这两个方面对自由的追求都存在着异化的危险。科学技术可能给人带来自由，但也可能成为束缚人的枷锁。在现代资本主义社会，科学技术迅猛发展，而人却越来越被技术所统治和控制，越来越不自由，就是科学技术异化的典型形态。至于道德的异化则更为明显，中国古代封建社会的“礼教杀人”，现代资本主义国家打着“爱国主义”旗号的侵略战争，都是以道德名义对人性的吞噬。总之，自由一方面似乎不可企及，另一方面又时时处于异化的危险之中。

但人总要追求自由，因为追求自由是人的本性。人之所以为人，就在于他不仅受制于自然必然性，而且能够超越自然必然性。只有在审美活动中，人对自由的追求才摆脱了异化，获得了现实的实现，这就是审美心理过程的最高层次——畅神。首先，从人与外在自然的关系来看，畅神不是人站在自然界的对立面，认识、把握、改造、征服自然所获得的自由，而是人与自然融为一体、物我合一所体验到的自由。中国古典美学中的“身与物化”、“神遇”、“迹化”、“物我两忘”等，都是对这种自由的形容。“相看两不厌，惟有敬亭山”（李白），“人老簪花不自羞，花应羞上老人头”（苏轼），都是这种自由境界的实现。其次，从人与内在自然的关系来看，畅神不是人站在自我本能的对立面，约束、控制自我本能所获得的自由，而是从人最为根本的生命欲望出发，求得生命力的自由发挥和表现。海德格尔对人的原初的、自然的、本真的生命存在的追求，马斯洛把审美需要看作一种人类必不可少的心理冲动，都是对这种自由的探索。畅神消除了人与自然、人与自身的对立，也就消除了自由的异化，使人对自由的追求在现实中获得了实现。由此可见，审美自由是人类自由理想的现实投影。在人类由必然王国迈向自由王国的进程中，这是人类所能达到的最高的自由境界。

三、延续阶段

延续阶段是审美心理过程的后效阶段，也是审美心理活动的最后一个阶段。这一阶段常常为许多美学家所忽略，因为他们的焦点更多地集中在审美心理活动的实现阶段。然而，这一阶段在整个审美心理过程中具有十分重要的意义，是不可忽略的。在这一阶段，审美高潮虽已过去，但审美活动仍在进行。审美主体通过审美回味和审美反思，使审美心理活动进一步深化。

（一）审美回味

审美回味是一种回溯性的心理活动，它是指审美对象不在当前时，审美主体通过回忆、联想、想象，不同程度地回复到审美高潮的心理状态之中的心理活动。所谓“余音绕梁，三日不绝”，说的就是审美回味。

审美回味不是审美心理过程实现阶段的自动延长，而是审美主体对实现阶段的主动回溯。审美高潮过去以后，审美心理过程并不马上结束。审美主体常常还要一再回溯，使自己回复到审美高潮的心理状态之中。美丽的风景、动听的音乐、优秀的文学作品等，都会引起人的再三回味。人们通常认为，审美回味是由审美对象的审美属性所引起的，审美主体只是被动地接受审美对象的影响而已。其实，这种观点是错误的。审美回味当然与对象的审美属性有关，只有美的事物才能引起人的审美回味。但是，审美主体在审美回味中绝不仅仅是被动的。如果说，在审美心理过程的实现阶段，审美主体需要积极主动地参与到审美活动之中，那么，在审美回味阶段，就更需要审美主体的主动参与。这是因为：在审美心理过程的实现阶段，审美对象处于当前位置，不断对审美主体形成感官刺激，吸引审美主体参与到审美活动中来；而在审美回味阶段，审美对象已经不在当前，审美主体要对审美对象作出反应，必须发挥更大的能动性。例如，在音乐厅听音乐，绝大部分听众都会被或优美、或雄壮的乐曲所感动；而走出音乐厅后，对乐曲进行审美回味，则只有那些有较高音乐修养的人才能做到。这就充分说明了主体的参与在审美回味中的作用。

由于审美主体的积极参与，审美回味不仅可以达到和高潮阶段一样的审美心理状态，而且还可能发现和领悟到高潮阶段所没有发现和领悟的新的意蕴。孔子闻《韶》乐而"三月不知肉味"，可见在这三个月的审美回味中，孔子达到了和审美高潮阶段一样的忘我程度。而且，由于高潮阶段审美主体常常处于情绪激动的状态之中，对审美对象的体验多于理解；只有经过了反复的审美回味，审美主体才能更好地把握审美对象的意蕴。这在文学作品的欣赏中表现得尤其突出。例如美国意象派诗人庞德的《地铁车站》，我们在阅读时首先会被其意象之美所感染；而只有当我们掩卷沉思，再三回味，才能领悟到诗中独特的意蕴：在浓黑的背景上，美好的事物显得尤其美好，也尤其短暂。

审美回味对于审美创造具有十分重要的意义。中国古代的山水画家常常游历名山大川，但并不对景写生，而是"搜尽奇峰打草稿"，将山水孕育于心中，形成"胸中丘壑"。显然，画家游历名山大川时，面对大自然的各种美景，获得审美感受、展开审美体验、实现审美自由，达到了审美心理过程的高潮。但画家并不认为这是审美创造的最佳时机。他还要通过不断的审美回味，发现和领悟审美对象的独特意蕴，把外在的大自然的山水变成"吾家之山水"，使"山川脱胎于予也"，然后才落笔为画。

（二）审美反思

审美反思是指审美主体以较为平静的心态，对审美对象和自己前一段的审美心理活动进行重新审视，从而获得全新的审美领悟。审美反思发展了主体的审美需要，提高了主体的审美能力，完善了主体的审美意识，为主体进行新的审美活动打下了基础。

审美需要是人的较高层次的精神需要，它既是审美活动的动力，又是审美活动的产物。人总是在审美需要的激发下开始审美活动，获得审美愉快。而一旦原有的审美需要得到满足，人就会产生新的审美需要，这种新的审美需要又会推动人去进行新的审美活动。在审美需要的发展过程中，审美反思起着至关重要的作用。在审美心理过程的准备阶段和实现阶段，审美主体虽然感到审美需要的驱动以及审美需要得到满足的愉快，但并不明确地知道这种审美需要究竟是什么。只有经过审美反思，主体才能对自己的审美需要进行总结、审视和评判，从而确立新的审美需要，使自己的审美需要获得更新和提高。

审美能力是审美活动得以发生和实现的条件，而审美活动又可以培养和提高审美能力。这是一个互为因果、不断发展的回环系统。在审美心理过程的准备阶段和实现阶段，审美能力只是潜在地起作用，主体运用自己的审美能力进行审美活动，却意识不到审美能力的存在。或者说，这时主体对于自己的审美能力只具有一种"非正题"的意识，审美能力处于主体意识的边缘。只有在审美反思中，审美能力才进入主体意识的中心，主体对于自己审美能力的"非正题"意识才转变为"正题"意识。这时，主体才能对自己的审美能力进行深入的分析，才能知道自己何以能欣赏某些审美对象而不能欣赏另一些审美对象，从而有意识、有目的地提高自己的审美能力。

审美意识是审美主体的审美观念、审美趣味、审美理想等的总和，它决定着审美主体的审美价值取向。在审美活动中，审美意识是审美主体进行审美欣赏的标准、审美创造的范型、审美批评的尺度。但是，在审美欣赏、审美创造和审美批评过程中，人们常常只是不自觉地应用某种标准、范型或尺度，而并不一定清楚自己的审美标准、创造范型、评价尺度究竟是什么。例如，在审美欣赏中，人们常常能说出自己“喜欢”或“不喜欢”某个审美对象，却不能说出为什么喜欢或为什么不喜欢；在审美创造中，艺术家常常能形成自己独特的艺术风格，却不能说出自己的艺术风格；甚至在审美批评中，有些批评家也常常说不出自己批评的尺度是什么，只是凭感觉进行批评。这都是缺乏审美反思的表现。只有通过审美反思，主体才能对自己的审美活动进行总结、概括和提升，挖掘出审美活动中隐藏着的审美观念、审美趣味和审美理想，明确自己的审美价值取向，并对其进行分析和评判，从而促进审美意识的更新和完善。

最后需要说明的是，审美心理过程的这三个阶段不是截然分开的，而是相互影响、相互作用、相互渗透的。在具体的审美活动中，不同审美主体的审美心理过程也是不尽相同的。因此，不能机械地看待审美心理过程的这三个阶段，而必须从实际的审美活动出发，充分认识审美心理过程的多样性和复杂性。

下　篇

艺术欣赏

第五单元　音乐艺术欣赏

知识目标

- 了解音乐艺术的含义和分类。
- 理解音乐艺术的基本要素及表现手段。
- 掌握音乐艺术的欣赏方法。

能力目标

- 能赏析以《高山流水》为代表的古琴曲。
- 能赏析以《长征组歌》为代表的近合唱音乐。
- 能赏析以《梁祝》为代表的器乐曲。
- 能赏析以《命运交响曲》为代表的交响曲。

背景案例

闻名世界的科学家爱因斯坦也是一位造诣很深的音乐家，他演奏小提琴和钢琴都不逊于专业水准。他说："我的科学上的成就，很多是受音乐启发而来的。"据说，他那使世界震惊的改变力学系统观念的相对论，就是在弹奏钢琴后思考出来的。爱因斯坦幼时被认为天生迟钝，在小学和中学读书时，经常受到歧视和凌辱，因而不得不辍学，由母亲教他各方面的知识。母亲引导他学习小提琴，他很快就对这种奇妙的乐器着迷，14岁登台演奏，获得了很高的赞赏。音乐开启了他智慧的心扉，丰富着他内心的生活，伴随着他一生在科学的大道上前进。

问题讨论

1. 背景案例体现了音乐艺术的哪些魅力？我们应怎样欣赏音乐？
2. 中国民族音乐是中华民族文化宝库中珍贵的财富，它将如何与国际接轨？

音乐是一门以声音为素材，通过有规律的程序（高低、长短、快慢和强弱）的音响组合，形成音乐形象，诉诸听觉，利用通感激起美感，以表达人的思想感情和反映社会现实生活的时间性表演艺术。

音乐艺术按体裁、形式、乐种和风格特点的不同，可分出许多不同的种类。音乐作品按其演唱、演奏形式分为声乐、器乐两大类；从音乐发展、地域上分为中国民族音乐和西方音乐等。

第一节　音乐艺术常识

一、音乐艺术的基本要素

音高、音强、音色和时间是构成音乐的基本要素，也是一切音乐形式的基础。

（一）音高

音高是由振动频率决定的音乐听觉属性。声音可以分为：乐音——声波振动呈周期性变化而产生的声音，噪音——声波振动呈不规则状态而产生的声音。前者使人产生明确而稳定的音高体验，而后者则不具有明确而稳定的音高。从人类对听觉愉悦性的自然审美需求出发，前者是音乐艺术的基本材料，而后者实用的成分相对较少；从音乐艺术整体来看，前者的使用是普遍的，而后者的使用则是个别的与局部的。音高之所以是音乐最重要的表现要素之一，不仅是因为不同音高和音长的组合能构成音乐艺术中最具表现力的旋律，还因为音高本身就具有一定的表现力，低音深厚、沉重，中音宽广、温和，高音明亮、轻快。在节奏、音色、力度等因素不变的情况下，仅音高的改变就会使音乐的表现性发生巨大变化。

（二）音强

音强是由振动幅度决定的声音听觉属性。旋律完全相同的音乐，以不同的音强进行演奏，其表现性会发生巨大的变化。音强的变化是音乐表现丰富性的重要因素。任何具有表现力的音乐都包含着丰富而细腻的音强变化，没有强弱变化的音乐听上去枯燥、平淡，很难谈得上艺术表现力。

（三）音色

音色即声音的感觉特性，是不同人声、不同乐器及其不同组合在音响上的特色，它是由构成发声体的材料决定的。通过音色的对比和变化，可以丰富和加强音乐的表现力。

（四）时间

时间也叫音长，即声音的长短，是由发声体的振动时间决定的。乐音长短的不同，决定了音乐的辽阔、舒缓、抒情以及急促、昂扬等动力性情绪对比。

二、音乐艺术的表现手段

音乐是人自身的生活和情感体验的反映，是经验性地利用声音材料，遵循一定的艺术规律和适应人的审美需求而创造的艺术形式。我们可以从形式表现的内部探讨其运动规律，从而整体把握音乐美。如果说音乐表达的情感意义是抽象的，那么音乐表现手段则都是具体的。音乐形式的构成材料是声音，声音组织的方式、方法、原则都是很实在的。音乐用来表情达意的手段包括旋律、节奏、速度、力度、音区、音色、和声、调式、调性、曲式、配器等许多要素。其中，旋律、节奏、和声与音色，是构成音乐的四根支柱。

（一）旋律

旋律，也称曲调，是由高低不同、长短不同、强弱不同的音色组成的音流，也就是这些不同音高所产生的一种情感线条。它将所有的音乐基本要素有机地结合在一起，形成完整的统一体。如蒙古族“长调”的旋律韵味悠长、节奏自由，意境开阔，表现出草原文化的特点；藏族“果卓”的旋律规整、节奏整齐、回环往复、富于舞蹈性，表现出高原文化的特点；而新疆维吾尔族的许多音乐旋律，既有特殊的音律、独特的节奏，也有非常热烈的、舞蹈性的、极富动感的旋律，表现出绿洲文化的鲜明特征。旋律线条的起伏有着重要的表情意义，一般可分为水平式、上升式、下降式、波浪式等。水平式旋律线情绪平稳、舒缓；上升式旋律线有紧张度增长、情绪高涨的意味；而下降式旋律线则与松弛、缓和、低落、悲伤的情绪有关；波浪式旋律线则为以上线条形式有规律的起伏运动。旋律是塑造音乐形象的主要手段，是从音乐一开始到结束都存在的，被称为音乐的灵魂。我们在欣赏音乐时，一定要抓住这一条旋律线。表现音乐内容最主要的就是旋律。音乐中旋律的创作是来源于生活，和生活联系在一起的。举个最简单的例子，你哀伤的时候，会哭和叹气。就拿叹气来说，声调的特点是下行的，即声音从高往低，因此，在音乐的表现中，表示哀伤、哭泣和叹息的旋律一般也是下行的。对生活中不存在的事物，旋律也有其表现的手法，比如在音乐中要表现妖魔鬼怪，这是无法由生活联想的，作曲家这时就用让人觉得讨厌的、恐怖的音调去作象征性的描述。久而久之，只要一听到这种音调，就会产生一种条件反射的恐怖感觉。

（二）节奏

节奏，是由音的长短、强弱构成的抑、扬、缓、急的音乐律动，是旋律发展的内在动力，能给旋律以鲜明的性格，被称为旋律的骨骼。一般来说，脱离节奏的旋律是不存在的，但有的节奏可以离开旋律而单独存在。每一件音乐作品内部都有自己独特的节奏，其中具有典型意义的节奏叫节奏型。不同的节奏型，有不同的表现作用。节奏型往往一再地反复，给人以深刻的印象。我们欣赏音乐时，要善于识别和把握节奏型。节奏在音乐作品中，又总是和拍子结合在一起。二拍子是一强一弱的交替反复，常用于进行曲、舞曲或表现欢乐、战斗等内容的乐曲。三拍子是强—弱—弱，常用于舞曲或抒情曲。四拍子是强—弱—次强—弱，多用于宽广的颂歌、山歌、庄严的音乐等。

（三）和声

和声是多声部音乐的音高的纵向组织形态，也是音乐美的重要表现手段。和声的产生与声音的自然本性有关，如大三和弦就是由泛音列中最初几个音构成的。和声具有重要的表现意义，它的协和程度可以造成人们心理上紧张或松弛的感觉，例如增、减和弦常常可以表现紧张，大、小三和弦可以消除紧张感。和声具有表情功能，有的明亮，有的暗淡，有的尖锐，有的柔和。和声还有组织功能，在古典的调性音乐中，它的连接、进行、解决，常常暗示着音乐的发展逻辑、段落划分等。可以说，和声是音乐曲体结构的“黏合剂”。所以，和声的美，不仅来自它饱满丰富的音响，还来自它特有的性能，即表情功能和组织功能。

（四）音色

音色是声波的音调所产生的听觉品质，与泛音有关，对人的心理影响显著。音色是音乐的重要表现手段。我们在欣赏世界各民族音乐时，会产生强烈的感受。这里不仅有迥异的旋律、独特的节奏，而且有音色的百花纷呈。音色感是造成民族音乐文化最重要的特质之一。人的音色感一方面受先天生理因素的影响，另一方面又受后天文化心理的无形制约，尤其是民族文化背景的差异，可以使人们对音色形成千差万别的“主观评价”。音乐心理学认为，音色之所以有表情的功能，在于它能激发听众的联想，如号角音色令人联想到战争和狩猎，弦乐音色有柔美温馨的意味，童声音色如天使般纯洁，大管低音似老人般沧桑……作曲家常常把乐队当作“调色板”，对乐曲进行“着色”，同一段旋律用不同音色的乐器来演奏，可以产生很不同的音乐表现；音乐家又有意识地把人声按音色分组，组成表现力丰富的合唱，如男女混声合唱有丰满的效果，同声合唱则显得整齐浑厚。

由于各民族文化心理不同，人们会追求独特的音色，把对音色的审美看成民族音乐文化最重要的内涵。例如，中国戏曲中不同角色的唱法，就有强烈的音色追求，苍劲的老生、华美的旦角，其声音要求是不一样的；而古琴的音乐虽然主要是单声部的，但是它极其丰富微妙的音色变化使其呈现出异常的表现力，琴师往往是在每一个音上把音色做足了功夫才放手；中国民族打击乐更以其丰富的音色组织获得表现功能，可以非常生动地表现音乐形象。又如，小提琴协奏曲《梁祝》中强弱的运用，在描述十八里长亭相送那一段时，小提琴轻柔、缠绵的声音恰如其分地表现出两人依依不舍的情感，而在表现抗婚的一段中，小提琴与大提琴相互对话，小提琴就仿佛是祝英台，大提琴则是祝英台的家庭，一强一弱在对抗，而小提琴的声音强度尽管没有大提琴那么强，但是依然可以听出坚韧的反抗。音色好像绘画中的颜色，是音乐中极为吸引人的能直接触动感官的重要表现手段。

三、音乐艺术的分类

音乐作品按其演唱、演奏形式分为声乐、器乐两大类；从音乐发展、地域上分为中国民族音乐和西方音乐等。西方音乐从年代、风格上主要分为巴洛克风格、古典乐派、浪漫乐派、民族乐派、印象乐派、现代乐派等。下面，我们主要从中国民族音乐和西方音乐角度介绍几种常见的体裁。

（一）中国民族音乐

1. 民歌

中国民歌的主要形式有号子、山歌、小调三大类。

号子：是和劳动节奏密切结合、带有呼号的民间歌曲。音乐特点：质朴、粗犷、节奏感强，多为一领众合的演唱形式。如《板车歌》、《平水号子》、《川江船夫号子》等。

山歌：是劳动人民在野外劳动生活中自由抒发内心感情的抒情歌曲。音乐特点：自由、舒展，多为独唱、对唱形式。如《小河淌水》、《槐花几时开》等。

小调：又称小曲，是人们在劳动之余的日常生活中用以抒发感情和自我娱乐的民歌。音乐特点：规整、细腻，有一些加工变化。如《月儿弯弯照九州》、《孟姜女》等。

各地各民族都有自己的民歌。它是各民族最基本的艺术形式，流传最广，数量最多。人们以歌代言，表达他们的喜怒哀乐以及理想和愿望。如蒙古族民歌大体分长调和短调。长调节奏舒缓，旋律悠长，没有明显的节拍规律，但有独特的旋律装饰；短调豪放流畅，深沉庄重，节奏铿锵有力，舒展从容。

2. 民乐

我国民族乐器品种繁多，常见的有：笛子、二胡、高胡、板胡、筝、唢呐、扬琴、柳琴、三弦、琵琶等。按照传统习惯，分为吹管乐器、拉弦乐器、弹弦乐器和打击乐器四类，俗称“吹、拉、弹、打”。

吹管乐器：笛、唢呐、笙等。

拉弦乐器：二胡、京胡、高胡等。

弹弦乐器：琵琶、筝、古琴、柳琴、月琴、三弦、扬琴等。

打击乐器：鼓（大鼓、排鼓）、锣（大锣、云锣）、钹（大钹、小钹）、板等。

以上四种乐器除用于独奏外，也用于重奏、合奏，如民族管弦乐曲《金蛇狂舞》、《瑶族舞曲》等。

此外还有多种具有地方特色的民间器乐合奏形式，如江南丝竹、广东音乐、苏南吹打、潮州锣鼓、河北吹歌等。由民族乐器组成的乐队叫民族乐队，民族乐队常见的编制形式有民族管弦乐队（以管乐器、弦乐器为主）、丝竹乐队、吹打乐队（以管乐器、打击乐器为主）、芦笙乐队等，其中以民族管弦乐队最常见。民族管弦乐队又分为管乐器组、弓弦乐器组、拨弦乐器组和打击乐器组四个部分。

3. 戏曲

戏曲是我国的传统戏剧形式，是包含文学、音乐、舞蹈、美术、武术、杂技表演等各种因素的综合性艺术，主要有京剧、川剧、黄梅戏、豫剧、越剧等。戏曲音乐包括声乐和器乐两大部分。

（二）西方音乐

1. 器乐

“奏鸣曲”一词来自意大利语，本意是演奏乐器，没有体裁方面的含义。今天说的奏鸣曲是指在 18 世纪形成的一种音乐形式，有着严密的组织规则。它一般由四段组成：第一段用奏鸣曲式，快板；第二段用三段式，慢板；第三段为小步舞曲或诙谐曲；第四段用奏鸣曲式或回旋曲式，快板。其中的每一段又称作一个乐章，各乐章之间在速度、情绪、主题、调性等方面形成对比，用不同的方式发展音乐材料，使得作品的整体结构丰满而又富于变化。这种形式形成于维也纳古典乐派时期，因此被称作“古典奏鸣曲”。海顿、莫扎特、贝多芬的作品是古典奏鸣曲的典范，但他们的作品通常是分为三个乐章的。

交响曲的原文词意是“同时发音”，也被称作“乐队的奏鸣曲”，因为它与奏鸣曲大体产生于同时期，即海顿和莫扎特的时代，其结构原则可以说是直接由奏鸣曲脱胎而来。它也是由四个乐章构成，各乐章的顺序亦为快—慢—舞曲—快，每个乐章所惯用的曲式亦与奏鸣曲相仿。演奏交响曲的乐队被称作交响乐队。维也纳古典乐派的三位大师——海顿、莫扎特和贝多芬的交响曲被视为经典之作，至今仍在演奏。

交响诗是一种单乐章的具有描写和叙事、抒情和戏剧性的管弦乐曲，属标题音乐的范畴。匈牙利作曲家李斯特于 1850 年首创这一体裁，并发展了它。交响诗的题材多取自文学、诗歌、戏剧、绘画及历史传说，内容富有诗意；乐曲形式不拘一格，常根据奏鸣曲式的原则自由发挥，也有用变奏曲式、三部曲式或自由曲式写成的。另有音诗、音画、交响童话、交响传奇等体裁，均与交响诗的性质相类似。

协奏曲指一种由独奏乐器与管弦乐队协同演奏的大型器乐作品。它的特点是独奏部分具有鲜明的个性和高度的技巧性。在音乐演奏中，独奏与乐队常常轮流出现，相互对答、呼应和竞奏。独奏时，乐队处于伴奏地位，合奏时，独奏乐器休止，完全由乐队演奏。古典协奏曲的奠基人是莫扎特。协奏曲一般分为三个乐章：第一乐章是热情的快板，多用奏鸣曲式，充满生气；第二乐章是优美的、抒情的慢板，带有叙事风格；第三乐章是欢乐的舞曲，蓬勃有力，活跃奔放。在第二乐章结束前，往往加有独奏乐器单独演奏的华彩乐段，以表现高超的演奏技巧。

从器乐的体裁来看，西方音乐还有套曲和组曲、前奏曲和序曲、军乐和进行曲、夜曲等之分。

2. 声乐

清唱剧是包含了“剧”的大型声乐体裁，由独唱、合唱和乐队共同完成。有时，清唱剧也被翻译成“神剧”，对于早期清唱剧而言，这个名字也许更为贴切，因为早期的清唱剧主要是讲述圣经中各种圣灵的经历和事迹，或关于神的种种故事。近代以来，清唱剧并不局限于宗教，但总是表现比较严肃的重大题材。清唱剧产生于西方音乐的巴洛克时期，巴洛克音乐的两个巅峰人物亨德尔、巴赫对这一体裁有重要贡献。之后，清唱剧一直受到历代作曲家的重视，可以说是一个经久不衰的体裁。古典时期，海顿写有《创世纪》、《四季》；浪漫时期，门德尔松写有《以利亚》、《圣保罗》，柏辽兹写有《基督的童年》；20 世纪，斯特拉文斯基的《俄狄浦斯王》、奥涅格的《火刑堆上的贞德》等，都是清唱剧的名作。

康塔塔是大型声乐套曲体裁的一种，原意为“用声乐演唱”。最初是一种独唱或重唱的世俗叙事套曲，由咏叹调和宣叙调交替组成，到 17 世纪中期传入德国，遂发展成为一种包括独唱、重唱、合唱的声乐套曲，以世俗生活或《圣经》故事为题材。康塔塔在形式上与清唱剧有相似之处，唯规模较小，偏重于抒情，故事内容亦较简单。

歌剧是一种综合性艺术体裁。它是戏剧与音乐的结合，同时也容纳了舞蹈、舞台美术等其他成分。歌剧在音乐上很丰富，它包含了器乐、声乐，声乐中又包含了独唱、重唱、合唱等形式。西方歌剧独唱的最大特点是分为朗诵化的宣叙调和歌唱化的咏叹调，它们成为歌剧歌唱的两种主要形式，各司其职：宣叙调用来叙述事件、对话，发展剧情；而咏叹调一般旋律优美，主要用于抒发主人公的内心感情，它可以在剧情发展过程中暂时从故事中游离，专门展示音乐的巨大表情能量，通过音乐的作用使戏剧内涵得到进一步的升华。在西方音乐中，歌剧具有非常广泛的社会基础，多数作曲家都很关注歌剧创作。

艺术歌曲是指 19 世纪浪漫主义音乐发展起来的歌曲形式，是由受过专门训练的作曲者谱曲的、有精心编配的钢琴伴奏谱的独唱曲，通常对演唱者的技巧和表现能力有较高的要求。艺术歌曲虽然篇幅不长，但写得十分精致，富有艺术趣味，几乎在所有歌唱家的常备曲目中都能找到它们的名字。历史上著名的艺术歌曲作者有：奥地利的舒伯特、马勒，德国的舒曼、布拉姆斯，法国的柏辽兹、福莱，以及东欧的柴可夫斯基、德沃夏克等。

3. 音乐流派

巴洛克时期：大约从 16 世纪末到 1750 年之间的音乐，人们习惯称为巴洛克音乐。以德、意、法几个国家为代表，音乐艺术在这一时期得到了前所未有的发展。代表人物：巴赫、亨德尔、维瓦尔第等。

古典乐派：18 世纪到 19 世纪 20 年代产生于欧洲的音乐潮流及创作风格。代表人物：古典三杰海顿、莫扎特、贝多芬，以及勃拉姆斯、罗西尼、帕格尼尼、韦伯。

浪漫乐派：19 世纪初到 19 世纪中叶产生于欧洲的一种新的音乐潮流及创作风格。代表人物：李斯特、门德尔松、舒伯特、肖邦、柏辽兹等。

民族乐派：19 世纪中叶浪漫主义音乐中后期在俄罗斯及东欧、北欧各国兴起的一个音乐流派。艺术家大多是激进的爱国主义者，具有强烈的民族意识，善于采用本国优秀的民间歌调作为音乐素材，去表现爱国主义的英雄主题，赞美祖国瑰丽的山河。代表人物：斯美塔那、德沃夏克、格里格、西贝柳斯、格琳卡、巴拉基列夫、鲍罗丁、柴可夫斯基等。

第二节 音乐艺术的审美特征与欣赏方法

一、音乐艺术的审美特征

音乐艺术的审美特征主要表现在以下四个方面。

（一）表情性

表情性是音乐最主要的特性。《礼记·乐记·乐本》说："凡音者，生人心者也。情动于中，故形于声，声成文谓之音。"意思是说，音乐是人心产生的，感情在心里激动起来，就表现为声（乐音），声组织成曲调，就成为音乐。俄国大文豪托尔斯泰也说："音乐是一种通过声音引起某种情感、传达某种情感的工具。"音乐的表情达意的特性，在实际音乐生活中是随时可以体会到的。如《国际歌》以激越悲壮的旋律，抒发出被剥削、被压迫的无产者决心砸碎旧世界的锁链，建立"鲜红的太阳照遍全球"的新世界的坚强信念，听者、唱者都会被感染得热血沸腾，因此，一百多年来它一直成为鼓舞全世界无产阶级向着旧世界冲锋陷阵的战斗号角。

（二）时间性

时间性是音乐的第二特性。音乐形象是在时间流动过程中逐渐展现、逐渐消失的，从这个意义上说，音乐是时间艺术。它不仅表现于音乐形象要在时间流动过程中展现和完成，还表现于许多优秀作品是当时的社会现实生活在作曲家头脑中的反映。每当你静心欣赏聂耳的《义勇军进行曲》、冼星海的《黄河大合唱》和贺绿汀的《游击队歌》时，就仿佛回到血与火的抗日战争年代中去，脑海里浮现着强敌入侵、国破家亡、同仇敌忾、抗击侵略的情境。

（三）普遍性

普遍性是音乐的第三特性。音乐的基本材料——音响是非概念性的，不需要也不可能翻译。音乐的目的又是表情达意，既可以自娱，也可以娱人；喜、怒、忧、思、悲、恐、惊等七情，世人皆有。所以，大部分音乐可以超越地域、人种、国家、民族的界限，以人类共同的情感语言特性，来进行相互间的感情交流，器乐更是如此，无须翻译都能听懂。说音乐最富于国际性，是一种"自然的普遍性语言"，是无误的。尽管每个国家、每个民族的音乐传统不同，但其基本原理是一致的，其区别只在于技法和音乐语言的风格特点。

（四）描绘性

描绘性是音乐的第四特性。音乐由于表现手段的特殊性，较难描绘生活现象和叙述生活事件，也难以表达具体的思想观点。音乐的思想蕴藏于深刻的感情内容之中，通过作曲家对生活的感情态度而体现出来。如贝多芬在1789年的法国资产阶级革命影响下创作的第三交响曲《英雄》，表现出他对法国资产阶级革命的敬仰和对共和革命英雄的崇拜，但是不可能直接表达资产阶级的共和主义思想，也不可能直接表现大革命事件本身及其领袖人物。音乐能够描绘，并不是说它能像绘画那样直接呈现视觉形象，而是通过声音的比拟在联想中达到描绘。如民族管弦乐曲《春江花月夜》，通过对夕阳西下、渔舟晚归的描绘，使欣赏者借助标题能对此情此景产生一定的联想。琵琶大曲《十面埋伏》，描写汉刘邦和楚项羽垓下之战，运用琵琶的特殊技巧，表现千军万马冲锋陷阵之势，使人好像看到古代战争场面。音乐有时还采用模拟自然声音的手法，使欣赏者产生比较具体、确定的联想。如有些乐曲中模拟鸟鸣、流水、牧笛、寺钟、马嘶、风雷、海浪搏击等声响。但是，由于自然声音所能揭示的生活内容很有限，音乐所值得模拟的声音不多，所以这种模拟手法在音乐中只占次要地位。况且，真正的音乐应以抒发感情及创造意境作为最高任务，若要模拟自然界音响，也应作为借景抒情、寄情于形的一种手段，并且需要经过高度的提炼和组织，加以音乐化。无目的地、过多地模拟自然声音，必然会削弱音乐的艺术感染力。

二、音乐艺术的欣赏方法

（一）从音乐史学角度欣赏音乐

我们应顺着音乐起源、发展的历史，去探寻音乐发展的足迹，了解音乐变化的历程。比如，从古希腊、古罗马音乐开始，到中世纪音乐、文艺复兴时期音乐、巴洛克音乐、古典主义音乐、浪漫主义音乐、民族乐派、印象派音乐、20 世纪的近现代音乐等，这是音乐发展的清晰线条。从这个角度欣赏音乐时，必须清楚音乐历史时期是以音乐流派划分的，这个“流派”包含社会因素、人文环境、创作思想、音乐题材与体裁、音乐风格、技术规范……而不同时期的音乐又是由代表性作曲家及他们的代表性作品组成，了解音乐流派和不同时期音乐作品的个性与共性、作者和时代背景、作者的创作个性、音乐的民族特征等，成为这种欣赏方法的主线。

例如，贝多芬的《第九交响曲》是在欧洲资产阶级革命遭到失败，封建王朝复辟，整个欧洲一些自由思想和民主运动遭到残酷镇压的背景下创作的，集中反映了民众反抗专制暴政的斗争的行动和思想境界。冼星海的《黄河大合唱》描述了中国抗日战争时期中华民族的宏大气魄与不屈不挠战胜一切艰难险阻的时代精神。程维的交响诗《人民英雄纪念碑》是悼念和歌颂 1840 年以来特别是“五四”以来牺牲的人民英雄的，作者立足于社会主义革命时代，表现了新中国人民站立在人民英雄纪念碑前缅怀先烈时的内心感受，有鲜明的时代特点。

因此，了解作品的时代背景，是理解音乐作品内容的前提。作曲家由于生活时代、环境、素养、经历和艺术趣味的不同，表现出各不相同的创作个性。贝多芬的《第九交响曲》和舒伯特的《未完成交响曲》是同一时期的作品，具有同样的时代背景，但创作个性不同，作品的风格也大不一样。《第九交响曲》是一部悲壮宏伟的戏剧，而《未完成交响曲》则是哀婉动人的浪漫主义抒情诗。

（二）从音乐特征角度欣赏音乐

从音乐特征角度欣赏音乐，要借助于音乐语言要素，如旋律、节奏、节拍、速度、力度、音区、音色（配器）、调式与调性、和声、复调、曲式结构、体裁、乐器常识等。例如何占豪、陈钢创作的小提琴协奏曲《梁祝》，吸收了我国南方越剧中的音乐要素。程维的交响诗《人民英雄纪念碑》的音乐语言，同我国北方民歌的音调有密切的联系：表现人民英雄斗争精神的第一主题，吸收了陕北民歌《信天游》的某些音调；表现英雄们宽广胸襟的第二主题，吸收了山西民歌《东山上点灯》的某些音调。这些作品不仅有强烈的时代气息，同时也有鲜明的民族特征。柴可夫斯基的芭蕾舞剧《天鹅湖》中的

《西班牙舞曲》、《那不勒斯舞曲》、《匈牙利舞曲》等乐曲，都与民族民间音乐有着密切的联系。

（三）从表演形式角度欣赏音乐

音乐一般分为器乐、声乐两大类型，其中器乐按其材料构成可以分为管乐、弦乐、打击乐、键盘乐等四种，按其表演形式可分为独奏、重奏、齐奏、合奏等；声乐按其音色可以分为男、女高音、中音、低音，按其演唱方式可以分为独唱、对唱、齐唱、重唱、轮唱、领唱、合唱等。每种表演形式都有独特的审美特征和欣赏方法。

（四）从音乐体裁角度欣赏音乐

不同的音乐体裁适用于不同的表现需要。如咏叹调篇幅较大，结构完整，音域宽广，技巧复杂，抒情性强，常用于表现主人公的内心活动；宣叙调即朗诵调，以语言音调为基础，旋律性不强，伴奏简单，属吟唱性质，常用于西洋歌剧的对话。又如交响音乐主要有交响曲、协奏曲、交响序曲、交响诗、管弦乐组曲等不同形式，这些形式和音乐发展时期密切相关，直接影响了音乐的表现力和欣赏方法。

第三节　作品欣赏

一、古朴典雅的古琴曲——《高山流水》

图 5—1　伯牙弹琴

《高山流水》是我国一支古老的琴曲，传说先秦的琴师俞伯牙某日在荒山野地弹琴（见图 5—1），樵夫钟子期竟能领会这是描绘“巍巍乎志在高山”和“洋洋乎志在流水”。伯牙惊道：“善哉，子之心与吾心同。”子期死后，伯牙痛失知音，摔琴绝弦，终生不操，故有《高山流水》之曲。《高山流水》原为古琴曲，最早的曲谱见明太祖朱元璋第十七子朱权于 1425 年印的《神奇秘谱》，这是中国现存最早的古琴谱集。

《高山流水》以及伯牙、子期这一段千古佳话，之所以能在两千多年里广为流传，是因为它包含了深厚的中华文化底蕴。中国古代“天人合一”、“物我两忘”的文化精神在这段佳话中得到了充分的体现。《神奇秘谱》对此作了精当的诠释：“《高山》、《流水》二曲，本只一曲。初志在乎高山，言仁者乐山之意。后志在乎流水，言智者乐水之意。”仁者乐山，智者乐水，《高山流水》蕴涵天地之浩远、山水之灵韵，诚可谓中国古乐主题表现的最高境界。然而，伯牙的《高山流水》琴曲并没有流传于世，后人无从领略伯牙所弹之曲的绝妙之处。后人虽不断传颂《高山流水》的故事，但完全是“心向往之”，对音乐并无切身体会。这个佳话得以流传的最直接的原因是伯牙与子期之间那种相知相交的知音之情。当知音已杳，伯牙毅然断弦绝音。岳飞在《小重山·昨夜寒蛩不住鸣》一词中说“知音少，弦断有谁听”，正是伯牙当时心境的准确反映。伯牙的绝琴明志，一者作为对亡友的纪念，再者为自己的绝学在当世再也无人能洞悉领会而表现出深深的苦闷和无奈。想那伯牙也必是恃才傲物、卓尔不群之人，他的琴曲曲高和寡，凡夫俗子自然难以领会其乐曲的精妙。所以伯牙才会感到孤独，才会发出知音难觅的感慨。

二、中国合唱经典——《长征组歌》

1934年8月至1936年10月中国工农红军进行了史无前例的伟大长征。红军以超乎寻常的毅力，战胜了几十万国民党反动军队的围追堵截，越过了人迹罕至的雪山、草地，经历十个省、两万五千里的征途，终于到达目的地陕西省北部。1965年，为纪念红军长征胜利30周年，曾参加过长征的肖华回顾他在长征中的真实经历，历时半年完成了12首形象鲜明、感情真挚的史诗。随后，晨耕、生茂、唐轲、遇秋等作曲家选择其中的10首谱成了组歌，分别描绘了10个环环相扣的战斗生活场面，并巧妙地把各地区的民间曲调与红军传统歌曲的曲调融合在一起，最终汇成了一部主题鲜明、内容丰富、形式新颖、风格独特的大型声乐套曲——《长征组歌》(见图5—2)。整个组歌共分为《告别》、《突破封锁线》、《遵义会议放光辉》、《四渡赤水出奇兵》、《飞越大渡河》、《过雪山草地》、《到吴起镇》、《祝捷》、《报喜》和《大会师》10个部分，以深刻凝练的语言、优美动人的曲调、浓郁的民族风格和为群众喜闻乐见的艺术表演形式，讴歌了中国工农红军在党中央毛主席的领导下，不屈不挠、无私无畏的革命精神，歌颂了红军指战员艰苦卓绝、英勇奋战的英雄气概，颂扬了中国革命史上具有传奇色彩的两万五千里长征。

图5—2 长征组歌

长征组歌的艺术表现手段主要有：

（一）旋律具有民族风格及地区色彩，融合多种音乐要素

《长征组歌》的曲调分别采用了红军传统歌曲，如江西采茶苗家山歌、湖南花鼓、云南花灯、川江号子、陕西民歌等。例如在第一曲《告别》的中段中，作者运用了带有江西采茶戏风格的地方民歌曲调谱写了一段女声二声部合唱，十分形象地描绘了根据地人民同红军离别时的不舍之情，音乐舒缓、委婉，体现了人民与红军之间难舍难分的动人情怀。在第三曲《遵义会议放光辉》的女声二重唱领唱中，作者把苗族、侗族的民歌素材运用在两个声部中，其鲜明的音乐形象和地方民歌特色令人过目难忘。在第四曲《四渡赤水出奇兵》中，作者运用云南民歌音调来表现横断山的特定环境，并运用风趣的旋律描写四渡赤水的胜利。在第五曲《飞越大渡河》中，作者采用了川江号子的音乐元素来描写滚滚惊涛的大渡河与红军战士的英雄气概，音乐形象既有地方特点，又扣人心弦、紧张激烈。在第七曲《到吴起镇》中，作者用陕北民歌的音调来表现陕甘宁边区军民对中央红军的欢迎之情。在第八曲《祝捷》中，作者用湖南花鼓的音乐风格谱写了一段领唱合唱。作者之所以在这里采用了湖南花鼓的音调，是因为战士中湖南籍的居多，用他们熟悉的乡音来表现红军长征的胜利是最合适的。《长征组歌》之所以唱起来朗朗上口，听起来娓娓动听，在群众中广泛流传开来，与其具有鲜明的民族风格是分不开的。

（二）运用多种表演形式

《长征组歌》是一组大型声乐套曲，主要采用了大合唱的表现形式，独唱、重唱、小合唱、表演唱穿插其中。在《长征组歌》的十段曲目中，第一曲《告别》、第二曲《突破封锁线》、第十曲《大会师》均采用了大合唱的演唱形式。第三曲《遵义会议放光辉》的演唱结构是这样的：女声二重唱——女声合唱伴唱——混声合唱。先用明亮的女声二重唱唱出大地回春、万物复苏的季节，比喻政治上春天的到来，又以舞蹈性的音调来表现军民同庆毛主席确立领导地位的喜悦心情，接着又用多声部重叠模仿的手法，使原来的女声二重唱发展为领唱，并与合唱交替出现，表现“英名领袖来掌舵，革命磅礴向前进”的声涛。第四曲《四渡赤水出奇兵》的演唱结构是这样的：领唱——领唱合唱——女声合唱——男声合唱——混声合唱——男声齐唱——合唱——男声独唱——领唱合唱——合唱。结构虽然多变，但是自然流畅，一气呵成。第五曲《飞越大渡河》在快速激烈的合唱声中，突然飘出一个男高音，高亢有力，像船工号子一样，形象地展示了红军战士的英勇气概。

三、中国现代著名小提琴协奏曲——《梁祝》

小提琴协奏曲《梁祝》是何占豪、陈钢就读于上海音乐学院时的作品，作于 1958 年冬。如今《梁祝》已成为中国音乐史上最具国际声誉的经典交响乐名曲，成为中国文化的一种象征。该作品的艺术成就主要有：

（一）新奇的表现手法

这部作品以越剧中的曲调为素材，综合采用交响乐与我国民间戏曲音乐的表现手法，依照剧情的发展精心构思布局，深刻而细致地描绘了梁山伯与祝英台的真挚爱情，突出地表现了祝英台对封建势力的强烈反抗精神，歌颂了人民对美好生活的向往。从体裁上讲，这部作品是小提琴协奏曲，是小提琴与乐队的协同演奏；其中，小提琴有很多高难度技巧演奏。协奏曲一般分为三个乐章：第一乐章是热情的快板，第二乐章是抒情的慢板，第三乐章是欢乐的舞曲。《梁祝》是单乐章的协奏曲，既有热情的快板，也有抒情的慢板，更有中国戏曲音乐的紧拉慢唱，故这部作品刚问世时，有人称它“新奇、迷人。”

（二）鲜明的民族特色

在艺术处理上，为了充分发挥交响性效果，使之具有民族特色，这部作品吸收了我国戏曲中丰富的表现手法，如：在呈示部尾吸取了戏曲中歌唱性的“对话”形式，来表现“梁祝相爱”的主题；展开部中的“哭灵投坟”则用了京剧中的倒板和越剧中的嚣板；在小提琴演奏上，借用了我国民族乐器的一些演奏技法和效果。这部协奏曲旋律优美，色彩绚丽，通俗易懂，艺术性很强，在国内被誉为“民族的交响音乐”。

四、外国著名古典音乐——《命运交响曲》

贝多芬（见图 5—3）的《命运交响曲》（又称《第五交响曲》）是一首壮丽的充满英雄气概的篇章，自公之于世以来，一直鼓舞着人们进行各种斗争的勇气，至今深受人们的喜爱。

图 5—3　贝多芬

全曲共分四个乐章：第一乐章为奏鸣曲式，快板；第二乐章为双主题变奏曲式，慢板；第三乐章为舞曲或诙谐曲，快板；第四乐章为回旋曲体，快板。全曲结构完整，精练简洁，一气呵成。

全曲主旨鲜明，情感起伏，雄伟壮丽，反映了欧洲资产阶级革命时代人们欲以斗争赢得自由、摆脱苦难、走向光明的坚强意志和决心。全曲通过两个对立形象之间的冲突，表现了光明与黑暗的斗争，并最终战胜黑暗的欢乐情绪，表达了作者“通过斗争，获得胜利”的光辉思想。

第六单元　舞蹈艺术欣赏

知识目标

- 了解舞蹈艺术的含义和特色。
- 理解舞蹈艺术的分类及表现手段。
- 掌握舞蹈艺术的欣赏方法。
- 了解舞蹈艺术的代表作品。

能力目标

- 能赏析以《千手观音》为代表的中国古典舞。
- 能赏析以《红绸舞》为代表的中国民间民族舞。
- 能赏析以《天鹅湖》为代表的芭蕾舞。
- 能赏析以《小溪·江湖·大海》为代表的现代舞。
- 能赏析以《走·跑·跳》为代表的当代舞。

背景案例

当代聋人舞蹈家邰丽华小时因高烧注射链霉素而失去了听力，从此进入了一个无声的世界。律动课上，老师踏响木地板的震动，启蒙了她对音乐的痴迷，而被她称作“看得到的音乐”的舞蹈也从此成为她生命的亮色——她赖以表达内心世界的语言。

在婀娜的舞姿背后，邰丽华付出了比常人多好几倍的辛苦。她将自己变成了一只旋转的陀螺，24 小时中除了基本的吃饭和睡觉时间，其他一切时间都是在舞蹈。找不准节拍再练，动作不对再改，一次又一次，爬起，摔倒，爬起……以致小腿上留下了一道又一道伤疤。2003 年在波兰，邰丽华的一支《雀之灵》打动了全场观众的心，当他们知道邰丽华听不到自己的掌声时，流下了伤心的泪。邰丽华先后出访过 20 多个国家，在国内外演出数百场，以其“孔雀般的美丽、高洁与轻灵”征服了不同肤色的观众。2005 年中央电视台春节联欢晚会上她领舞的群舞《千手观音》，让几亿中国人在热闹中沉思、感动。

问题讨论

舞蹈有哪些意义?

舞蹈是以人为载体、以人体动作运动为表现手段的一种综合性表演艺术，是艺术的一种，属人体文化范畴。它以经过提炼、组织、美化了的人体动作为主要表现手段，着重表现语言文字或其他艺术表现手段所难以表现的人们的内在深层次的精神世界，创造出可被人具体感知的生动舞蹈形象，以表达编导和演员的审美情感、审美理想，反映生活的审美属性。

舞蹈作为一种社会审美形态起源于人类劳动，是通过连续的人体动作过程、凝练的姿态表情和不断流动的队形画面，结合音乐舞台美术等艺术手段塑造出造型艺术形象。所以，也可以说，舞蹈是一种空间性、时间性、综合性的动态造型艺术。

第一节　舞蹈艺术常识

一、舞蹈艺术的基本要素

(一) 动作表情

表情这个词，是我们在日常生话里经常用到的，它主要指的是人的脸部表情。但是，舞蹈的动作表情是指舞蹈创作和表演中，由人的内在感情所引发的各种动作和姿态，包括面部表情和人体的动作表情。

舞蹈离不开面部表情。这一点特别充分地表现在东方人跳舞的时候。为了舞蹈内容的醒目和让舞蹈角色之间有清晰的区别，东方人跳舞时的表情丰富而夸张，有时还要涂抹上厚厚的油彩。非洲人、澳洲的土著人、欧洲一些山地民族，跳舞时也有相同的情形。但是在欧洲的大都市里，人们跳舞时，面部表情往往单一而纯净，有时欢乐，有时冷寂。

对于欣赏的过程来说，更重要的是舞蹈动作的整体表情。舞蹈的动作表情，不仅是把生活动作的表情加以夸张、变形、节奏化的处理，而且更注意符合艺术审美的要求。另外，在舞蹈艺术作品中，动作表情必须符合表现内容的需要，也就是说，动作之“言辞”要能够传达出动作的“意思”，词要达意。动作之“词”和动作之“意”之间，不再是我们日常生活里动作与内心之间那样简单的关系。舞蹈动作有比较多的修饰性，可以被看作一种高度修饰化的动作表情。还有，舞蹈动作往往是把生活里的情感感受的每一个细微之处，放大了来给人看。一段爱情故事，在小说家的笔下，往往是把故事编得曲曲折折，而最后的爱的表情，可能只是一瞬间的事情；在舞蹈家的身形里，那曲折的爱情过程可能编排得很简单，但他们要把爱情之感受的每一秒钟的变化，都放大得清清楚楚。舞蹈家们要从感情的最动人的那一瞬间去表现爱情，从动态的每一个颤动中揭示爱情的美好和感人，从而可以深刻地展示激情带给人的无尽的折磨和无限的快乐。所以，在舞蹈欣赏中，动作表情可以看作放大了的表情。我们在欣赏舞蹈时，完全可以不去求解每一个动作的具体含义，而是在整个一段舞蹈里体会舞蹈的真谛。

(二) 节奏

舞蹈节奏，是舞蹈动作在速度上的快慢处理对比，是动态造型上力度强弱的对比，是舞台空间幅度大小的对比，以及在舞蹈作品结构安排上的张弛对比，节奏就是对比中的规律。节奏是形成舞蹈艺术的要素，它是表达事物本质、塑造人物性格、把握作品的情调和风格的关键所在。

舞蹈艺术的节奏应分为外在节奏和内在节奏。舞蹈的外在节奏，指自然节奏和物理节奏，主要指的是舞蹈动作的快与慢。它起着控制时间长度和节拍的制约作用。舞蹈的内在节奏，指的是舞蹈动作在时空中所表现出来的舞蹈者的态度，它影响到舞蹈动作在空间形成的特定的轨迹。舞蹈的节奏，一方面是动作时间上的形态，另一方面是表现在空间上的人体轨迹，带有一种特定的规律性。舞蹈节奏不是不可捉摸的东西，它是完全可以感受和获取的东西。在日常生活里，我们都会发现，有的时候，一个人说出的话，因为说的节奏变了，语气也就变化了，在词句完全一样的前提下，意思却可以全然不同。一个一个字地说“我爱你”和敷衍了事地、快节奏地说“我爱你”，意思可能完全不同。前者可能是海誓山盟，后者却可能是离异的前奏。这就是节奏的力量。

舞蹈动作的节奏更是有这样的表现魅力。舞蹈家是抓住可视的或不可视的心理变化规律，将其再现、发展、重复，再现和重复自然产生了节奏。这种按照一定规律把动作组织起来的方法，能够使动作不断地流动，呈现出一大特点：律动性。律动，正是舞蹈节奏的最鲜明的表征之一。有了节奏，展示舞蹈特有的艺术魅力和神韵才有了可能。在舞蹈欣赏中，我们还应注意到另一种结构上的节奏。舞蹈作品结构上的张弛规律，形成了舞蹈作品结构的节奏，它决定着舞蹈作品的总体艺术的氛围和效果。一个作品，怎样开端，怎样结局，高潮何在，又怎样铺垫，这一切都与节奏有关。一个好的舞蹈作品，哪怕是很短小的一个作品，在篇章布局上有了好的节奏，也就有了出奇制胜的法宝，特别能够吸引人。

（三）构图

舞蹈的构图，就是指舞蹈表演中演员的静态造型，以及舞蹈队形变化所构成的画面。舞蹈构图在很大的程度上体现了舞蹈是一种造型艺术。

舞蹈演员的静态造型，就具有构图的意义。特别是在舞蹈欣赏过程中，人们在力求把握作品形象的时候，总是偏向于先认知一个确定的舞姿造型。一说到中国芭蕾舞剧《白毛女》，人们就会想起山洞里白毛女与大春相见后，跟随大春走出山洞的动人造型。一提到《红色娘子军》，就会想起吴青华从南霸天的土牢里逃跑以后，一身红衣，足尖弓步，警惕环视四方的生动造型。足尖和弓步的构图，强烈地传递出女主角彼时彼地的情感内容。当然，永远不朽的《天鹅湖》中公主的舞姿构图，杨丽萍以孔雀飞舞、轻灵飘逸的神态为原型而塑造的《雀之灵》的舞姿构图，都是家喻户晓的形象。

舞蹈队形的构图是更常见的舞蹈构图。无论是传统舞蹈表演，还是当代舞蹈创作，无一例外地运用集体舞蹈的队形构图来表达人们心中的期待、愿望、信仰、崇拜……人们在舞蹈活动中所产生的构图观念，似乎起源于人的模仿天性。原始舞蹈就有许多对客观事物的模仿。如许多传统民间舞蹈的圆形群舞构图即为对太阳或月亮运行轨道的再现。生活在中国青海境内的土族有传统歌舞“安召”，跳舞时集体排一长蛇队盘旋绕行歌舞，就是对土族祖先长途迁徙路线的模仿。原始舞蹈中的许多造型是对图腾崇拜物的摹拟，其构图有象征意义。完成了从原始宗教活动向审美创作活动转变的舞蹈的构图，日益具有抽象的形式美的意义。有研究者指出：东西方许多传统古典舞和民间舞，采用对称平衡方法构成舞姿和队形，深刻反映着农业文明社会的中央集权状态，属轴心论运动思想的审美形式的体现，舞蹈构图多呈现一个中心旁的弧形曲线。19 世纪以后，舞蹈构图呈现出多中心、多方向、弧形与直线并用的趋势，体现了工业文明社会多维发展、自然法则超出大一统的思想潮流。当代舞蹈构图变化多端，为当代编导创作意图服务，在方法上更趋抽象和注重个性。当代舞蹈创作上的构图，往往是针对着舞台而言的。舞蹈编导们把当代剧场的表演舞台划分为不同的表演区域，以数字来标明表演时必须注意的方位。他们把舞台看作一个大致上的四方形框架，在其中画出一个“米”字格，“米”字的每一笔画的尾端，就是一个方向。最引人注目的地方，当然是舞台的正前方，所以那里是第一点，简称“1”点。然后，从观众的角度看，顺时针方向，舞台的左前角就是第 2 点，舞台的左侧就是第 3 点……依此类推，在舞台上共有 8 个点。这 8 个点，对于舞蹈构图来说，意义重大。比如，当舞蹈者们排成一个平排，“一”字形地从一个台侧向另一端前进时，即从舞台的“3”点向“7”点前进时，舞蹈的观众们会有平稳的视觉感受。当演员们在舞台上围起了圆圈，顺时针而转动时，我们会暂时忘记舞台的方位，因为圆形打破了我们对方位的判断。当舞蹈者们组成了一个锐利的三角形，从舞台的“4”点向“8”点，即从舞台的侧后方向侧前方前进时，我们会强烈地感受到一种扑面而来的冲击力量。懂得一些舞台方位的知识，对于我们欣赏舞蹈是很有帮助的。因为，在舞台方位的运用上，当代舞蹈编导们常常是有意识地、有目的地采用一定的“点位”，来突出自己的创作意图。

二、舞蹈艺术的分类

作为艺术之一的舞蹈，是一个非常广阔的天地，它也是由不同种类、不同样式、不同风格的舞蹈所组成的。根据舞蹈的作用和目的，舞蹈可分为生活舞蹈和艺术舞蹈两大类。

（一）生活舞蹈

生活舞蹈包括：习俗舞蹈、宗教祭祀舞蹈、社交舞蹈、自娱舞蹈、体育舞蹈、教育舞蹈等。

1. 习俗舞蹈

又可称为节庆、仪式舞蹈，是我国许多民族在婚配、丧葬、种植、收获及其他一些喜庆节日所举行的各种群众性的舞蹈活动。这些舞蹈活动表现了各个民族的风俗习惯、社会风貌、文化传统和民族性格特征。

2. 宗教祭祀舞蹈

该舞蹈是进行宗教和祭祀活动的舞蹈形式。主要用以祈求神灵庇佑、除灾去病、逢凶化吉、人畜兴旺、五谷丰登，或是答谢神灵的恩赐。祭祀舞蹈，是祭祀先祖的一种礼仪性的舞蹈形式，过去人们用以表示对先祖的怀念或是希望先祖和神灵对自己的保佑和赐福。

3. 社交舞蹈

该舞蹈是人们进行社会交往、增进友谊、联络感情的舞蹈活动，多指在舞会中跳的各种交际舞。另外，我国许多少数民族在各种节日所进行的群众性的舞蹈活动，多是青年男女进行社会交往、自由选择配偶的社交活动，因此也可以说是各民族的社交舞蹈。

4. 自娱舞蹈

该舞蹈是人们以自娱自乐为主要目的的舞蹈活动，用以抒发和宣泄内在的情感冲动，从而获得审美愉悦的充分满足。

5. 体育舞蹈

该舞蹈是舞蹈和体育相结合，以艺术审美的方式锻炼身体，使身心全面健康发展的舞蹈新品种。如各种健身舞、韵律操、中老年迪斯科、冰上舞蹈、水上舞蹈，以及我国传统武术中的舞剑、舞刀和象征模拟各种动物、特定形象的象形拳、五禽戏等。

6. 教育舞蹈

该舞蹈是指学校、幼儿园等进行审美教育的舞蹈活动，以及开设的舞蹈课程，用以陶冶和美化思想感情、道德情操，对培养团结友爱的精神、加强礼仪以及增进身心健康都能起到潜移默化的作用。

（二）艺术舞蹈

艺术舞蹈是指由专业或业余舞蹈家，通过对社会生活的观察、体验、分析、集中、概括和想象，进行艺术的创造，从而创作出主题思想鲜明、情感丰富、形式完整，具有典型化的艺术形象，由少数人在舞台或广场表演给广大群众观赏的舞蹈作品。艺术舞蹈品种繁多，大致以舞蹈的风格特点和表现形式的特点为标准来进行分类。

1. 按舞蹈的不同风格特点分

根据舞蹈的不同风格特点来区分，艺术舞蹈又可分为古典舞蹈、民间舞蹈、现代舞蹈、当代舞蹈和芭蕾舞等。

（1）古典舞蹈。该舞蹈是在民族民间舞蹈的基础上，经过历代专业工作者的提炼、整理、加工创造，并经过较长期艺术实践的检验，流传下来的被认为是具有一定典范意义和古典风格特点的舞蹈。世界上许多国家和民族都有各具独特风格的古典舞蹈。欧洲的古典舞蹈，一般泛指芭蕾舞。

（2）民间舞蹈。该舞蹈是由广大人民群众在长期历史进程中集体创造，不断积累、发展而形成，并在群众中广泛流传的一种舞蹈形式。它直接反映人民群众的思想感情、理想和愿望。由于各民族、各国家、各地区人民的生活劳动方式、历史文化心态、风俗习惯以及自然环境的差异，因而民间舞蹈形成了不同的民族风格和地方特色。

（3）现代舞蹈。该舞蹈是19世纪末20世纪初在欧美兴起的一种舞蹈流派，其主要美学观点是反对当时古典芭蕾的因循守旧、脱离现实生活和单纯追求技巧的形式主义倾向，主张摆脱古典芭蕾过于僵化的动作程式的束缚，以合乎自然运动法则的舞蹈动作，自由地抒发人的真实情感，强调舞蹈艺术要反映现代社会生活。

（4）当代舞蹈。该舞蹈是新创作舞蹈，不同于上述三种风格，它常常是根据表现内容和塑造人物的需要，不拘一格地借鉴和吸收各舞蹈流派的风格、表现手段和表现方法，兼收并蓄为我所用，从而创作出具有独特新风格的舞蹈。

（5）芭蕾舞。该舞蹈是一种经过宫廷的职业舞蹈家提炼加工、高度程式化的剧场舞蹈。“芭蕾”这个词本是法语“ballet”的音译，意为“跳”或“跳舞”，其最初的意思只是以腿、脚为运动部位的动作总称。法国宫廷的舞蹈大师们为了重建古希腊融诗歌、音乐和舞蹈于一体的戏剧理想，创造出了“芭蕾”这样一种融舞蹈动作、哑剧手势、面部表情、戏剧服装、音乐伴奏、文学台本、舞台灯光和布景等多种成分于一体的综合性舞剧形式，在西方剧场舞蹈艺术中占统治地位达300余年，至今已历4个多世纪。1958年，北京舞蹈学校引进俄罗斯芭蕾，至今也已50多年。

2. 按舞蹈表现形式的特点分

根据舞蹈表现形式的特点来区分，艺术舞蹈还可分为独舞、双人舞、三人舞、群舞、组舞、歌舞、歌舞剧、舞剧等。

（1）独舞。该舞蹈由一个人表演，完成一个主题，多用来直接抒发人物的思想感情和揭示人物的内心世界。

（2）双人舞。该舞蹈由两个人表演，共同完成一个主题，多用来直接抒发人物的思想感情的交流和展现人物的关系。

（3）三人舞。该舞蹈由三个人合作表演，完成一个主题。根据其内容可分为表现单一情绪、表现一定情节，以及表现人物之间的矛盾冲突等三种不同的类别。

（4）群舞。凡四人以上的舞蹈均可称为群舞，多为表现某种概括的情节或塑造群体的形象。通过舞蹈队形、画面的更迭、变化和不同速度、不同力度、不同幅度的舞蹈动作、姿态、造型的发展，能够创造出深邃的诗的意境，具有较强的艺术感染力。

（5）组舞。该舞蹈是由若干段舞蹈组成的比较大型的舞蹈作品。其中各个舞蹈有相对的独立性，但它们又都统一在共同的主题和完整的艺术构思之中。

（6）歌舞。是一种歌唱和舞蹈相结合的艺术表演形式，其特点是载歌载舞，既长于抒情，又善于叙事，能表现人物复杂、细腻的思想感情和广泛的生活内容。

（7）歌舞剧。是一种以歌唱和舞蹈为主要艺术表现手段，来展现戏剧性内容的综合性表演形式。

（8）舞剧。是以舞蹈为主要艺术表现手段，并综合了音乐、舞台美术（服装、布景、灯光、道具）等，表现一定戏剧内容的舞蹈作品。

第二节　舞蹈艺术的审美特征与欣赏方法

一、舞蹈艺术的审美特征

（一）直觉性

舞蹈直接诉诸视觉，主要通过人们的视知觉器官（眼睛）来进行审美感知。

舞蹈音乐对于舞蹈只起一种辅助的从属作用。舞蹈主要是让观赏者从人体的舞姿、旋律中感受和联想情节的故事。由于舞蹈艺术具有直觉性这个特点，就规定了在舞蹈作品中所要表现和说明的一切都必须通过艺术的形象直接地表现出来。

我们把文学作品中的江姐形象与舞剧中的江姐形象做个对比，就可以说明这个问题。文学作品中的江姐究竟是什么样子，只有通过作者文字的描述，才能在读者想象中产生具体的形象，也可以说她只能是观众的内心视像，因此，一百个读者就可能有一百个不同形象的江姐。但舞剧中的江姐是由舞蹈家塑造出来的舞蹈形象，虽然不同的观众对这个人物也可能有不同的审美感觉，但在剧场中一千多名观众面前只有这一个江姐。由此可见，舞剧中的江姐是一个可以被观众直接感知的鲜明、生动的艺术形象。

（二）动作性

舞蹈形象的动作性，是由舞蹈艺术的主要表现手段——人体的舞蹈动作所决定的。舞蹈艺术的动作大致可分为表现性、说明性和装饰性三类。表现性动作，是描绘人物的情感、思想和性格特征的动作。这类动作具有一定的类型性和概括性的特点。如表现人们的激情时，急速地跳跃、旋转；表现人们细腻的思想感情和抒发人们的宽阔胸怀时，用圆润、流畅的缓慢动作。一些具有不同民族性格特点、表现各民族人民不同的思想感情和风格特点的民族民间舞蹈即属此类。说明性动作，是展示人物行动的目的和具体内容的动作。这类动作具有更多的模拟性和再现性的特点。说明性动作对事物有着鲜明、准确的描绘，在我国的传统舞蹈中非常多见，如穿针引线、上下楼梯、坐船行舟、武斗厮打等动作。装饰性动作，是在舞蹈中起装饰和衬托作用的动作，通常没有明显的含义。有时也用它作为表现性动作和说明性动作相互转换和连贯的过渡动作。如我国民族传统舞蹈中的云手、晃手、垫步、错步，芭蕾舞中的滑步、布雷步，以及一些群舞中作陪衬的造型姿态动作等。

如独舞《天鹅之死》，女演员以优美的舞姿表现一只受伤的天鹅由远而近徐徐飞来的情景。她的手臂碧波荡漾似的起伏，脚尖似行云流水碎步移动。一阵轻风，天鹅旋转，飘逸地落在平静的湖畔，边饮水边自我怜惜地看着水中的倒影。一会儿，它带着沉重的翅膀慢慢蹲下，只剩单臂抽动，抒发着天鹅哀伤而又渴望生存、向往重上蓝天的强烈感情。舞蹈动作是虚拟的、美妙的，同时又是极为感人的，把抽象的思想感情发挥得淋漓尽致。舞蹈《鄂尔多斯》通过强悍粗犷的男演员的出场动作，以及女演员抖肩、笑肩的动作和轻快的舞步，形象地展现了鄂尔多斯草原牧民充满朝气的新生活。

在以上三类舞蹈艺术动作中，表现性动作是舞蹈艺术的主体和最主要的组成部分，是塑造人物形象的主要艺术表现手段；说明性动作和装饰性动作是一般性的说明和连接，是从属于舞蹈艺术主体的。

（三）抒情性

舞蹈艺术用人体动作的舞蹈语言来表现其他艺术语言难以表现和描绘的人的内在精神世界和丰富、复杂的情感，这是舞蹈艺术的一个非常重要的审美特征。我们从古代文物和历史资料中得知，原始人的舞蹈状态和形式，主要是抒发他们的内心激情、表现生命的无限活力。舞蹈的这种特点充分体现出它的强烈的抒情性。

《毛诗序》中说："情动于中而形于言，言之不足，故嗟叹之；嗟叹之不足，故咏歌之；咏歌之不足，不知手之舞之，足之蹈之也。"这充分说明了舞蹈艺术的抒情特点。因此我们说，舞蹈在表现人的情感方面所具有的真实、真切、淳朴、激越、丰富、深厚等往往是其他艺术所不及的。

如舞蹈《春江花月夜》，在春、江、花、月、夜的特定环境中，直接表现和抒发了一位古代少女对幸福美好的生活的向往，同时也寄托了创作者对封建社会中深锁闺中的女性的深切同情。傣族双人舞《追鱼》则以拟人化的手法，将金鱼拟化为人，借鱼之形，抒人之情，鲜明生动地表现了一个傣族老人和金鱼嬉戏的场景，既富有浓厚的生活趣味，又具有活泼天真的性格特征，把人与鱼交织在一起，显示了在艺术上的独到之处，给我们以极大的美的愉悦。

（四）节奏性

节奏在舞蹈中是非常重要的，而且不同风格的舞蹈节奏能表现出不同的感情色彩。不同民族、不同地区的舞蹈之间，都有着不同的舞蹈风格和性格特征。有了舞蹈节奏，才能使舞蹈具有强大的艺术生命力。

什么是节奏呢？节奏是人们对时间的一种知觉，它是客观现象的延续性、顺序性和规律性的反映。节奏可分为内在节奏和外在节奏。内在节奏，即人的各种情绪和情感在人的机体内部所引起的各种不同节奏的发展变化，如人发怒或突然震惊时，呼吸加快而短促，心跳加速，血压升高，血糖增加，血液含氧量也增加；突然震惊甚至会导致暂时的呼吸中断，等等。这种内在节奏必然会转化为外在节奏的各种形式表现出来。所以说，内在节奏是外在节奏的基础，外在节奏是内在节奏的表现形式。外在节奏又可分为听觉的节奏和视觉的节奏。听觉的节奏，是听觉对象在时间上作有规律的变化，如音的高低、长短、强弱、快慢等。视觉的节奏是视觉对象在空间上作有规律的变化，如线条由短而长、形体由大而小、高低相间、曲直有序等。

在舞蹈中，节奏一般表现为舞蹈动作力度的强弱、速度的快慢和能量的大小。相同的动作，由于节奏的发展变化，可以表现出不同的情绪和情感，体现出不同的丰富内容。如快速的旋转动作，可以表现出人物的激动情感，或狂喜、或盛怒、或悲痛；随着旋转速度的减慢，喜、怒、哀、乐的激情也随之趋于平静；速度减至最慢，激动的情绪也就逐渐消失。再如沉重的顿足跳跃，可以表现人的气愤情绪和暴躁的性格；而轻巧的顿足跳跃则可以表现出人的喜悦情绪或温顺的性格。另外，许多舞蹈动作，如把它们放大，可以表现人物开朗、粗犷的性格；而把它们缩小，则可以表现出人物拘束、谨慎的性格或压抑的情绪。

舞蹈艺术的节奏，是把所要表达的生活和感情的节奏作规律性的序列的整体安排。其中，内在情感是节奏的基础，外部动作是节奏的表现形式。而不同民族地区和不同国家都有各自特有的思想感情、风俗习惯和生活情趣，经过历代舞蹈家的提炼、整理，逐步形成了各具风格的有规律的舞蹈语言，呈现出不同的节奏，产生不同的韵律和风格。如蒙古族民间舞的甩肩、抖肩，西班牙舞的双手有力的上下甩动和脚下有力的打点。

（五）造型性

舞蹈的造型性就是让舞蹈动作在连续流动的过程中给人以明晰的美的感受，并且在片刻的停顿和静止时呈现出舞蹈内在的含义和韵味。

舞蹈艺术的造型性包括两方面的内容：人体动作姿态的造型和舞蹈队形、画面的造型。人体动作姿态造型美的标准，服从于人们对形式美的审美观念。如我国古典舞的舞蹈动作很讲究“曲、圆、收”，我国民族民间舞蹈中的许多舞蹈动作呈现出曲线的运动过程，一些民族舞蹈家还主张以“三道弯”为美。“三道弯”即使人体运动姿态和造型不处于一条直线和一个平面上的运动与造型。世界上许多国家和地区的民间舞蹈，除了具有不同的风格和表现方法的特色外，在人体动作姿态的造型方面也具有曲线美和“三道弯”的共同特点。不是特殊的需要，运动方式很少是在一条直线和一个平面上。对称和平衡也是人体动作的基本规律和法则，因为人体构造的本身就是对称和平衡的统一。任何舞蹈动作，无论是跳跃还是旋转、是动还是静，保持重心的稳定是做好一切动作的基本条件，而只有在对称和平衡的先决条件下，才能保持身体重心的稳定。因此，对称和平衡也是构成人体造型美的一个重要因素。

舞蹈队形、画面的造型，即舞蹈意境的构图，是舞蹈作品构成的重要因素。不管是独舞还是群舞，也不管是抒情舞、叙事舞或是舞剧，舞蹈者总是要在舞台上的空间按一定的方向和路线进行运动。根据所表现的各种不同情绪和内容的需要，就产生了各种类型的舞台空间运动线和画面造型。在人们审美的形式感觉中，曲线使人感到运动，直线使人感到挺拔，横线使人感到平稳。直线、方形、硬物、重音、狂吼、情绪激昂是一个系列，曲线、圆形、软和、低声、细声、柔情又是一种系列。舞蹈中各种类型的空间运动线的基本特性，一般从属于人们审美活动中这种不同系列的形式感。

（六）象征性

舞蹈艺术的象征性是以生活为基础，依据舞蹈的特有长处来形象地、概括地反映生活的本质。从包容着我国汉族古典舞蹈的戏曲来说，它的舞蹈动作如骑马、划船、坐轿、刺绣、扬鞭等，都是象征性的。舞蹈动作中只是用一根马鞭、一支船桨等来作象征性的示意，但这种假设性的舞蹈动作却被观众承认和接受。在环境的表现上，既无山的模型，又无河的布景，但是双手示意攀登，向上抬腿示意爬山，却使人们相信这是在上山。观众确信一连串的大跳、旋转和翻滚动作是在表现战斗，深信这就是硝烟弥漫的战场。《丰收歌》以黄色纱绸的舞动象征着稻浪翻滚。《金山战鼓》中的梁红玉在击鼓作战时，时而跃上鼓面，时而绕鼓旋转，酣战中竟然在鼓上连续翻腾。这在实际战斗中是不可思议的。但是人们并没有对这种虚拟、象征的特点提出怀疑，更不会有人认为这样有失历史名将的身份和气度。相反，人们为这些舞蹈动作所激动，从中领会到战斗的激烈和巾帼英雄的英武气概。生活中的孔雀，并没有呈现过逐个肢节的拧动和舒畅，但在《雀之灵》中，却以这种特色来象征和体现净化的心灵和高尚纯真的情操。现代舞《听妈妈讲故事》中，既没有妈妈出现，也没有别的演员。但从动作中，人们可以感受到母亲在为女儿叙述一个动人的故事，通过一些地面的坐、卧等形体姿态，生动形象地表达了女儿被故事所感动的心理活动。

（七）综合性

舞蹈是一种以人的身体动作为主要表现手段的艺术，但是，它与文学、诗歌、音乐、美术、戏剧、建筑、舞台美术等许多方面有着紧密的联系，是一种高度综合性的舞台艺术形式。

舞蹈和音乐有着最为密切的关系。舞蹈与音乐是相辅相成、相映生辉的关系。一个舞蹈作品的成功与否，舞蹈音乐起着极为关键的作用。在舞蹈作品中，音乐起着烘托气氛、描绘人物性格、交代和展现剧情的重要作用。有些舞蹈家为了强调舞蹈艺术的独立性，创作了不用音乐伴奏的舞蹈作品，但是尽管没有音乐的伴奏，却有鼓声或脚铃声、服饰配物相击声，随着舞蹈的节奏而起伏共鸣。从广义上讲，这种有节奏的声响就是音乐的基本因素，或者说它们是一种音乐的原始形态。而将现代化的灯光、布景等舞台美术效果作为使舞蹈更加完美的表现手段来加以运用，改变了单一、简单的舞台效果，呈献给观众绚丽的视觉效果，使舞蹈这门综合艺术更加吸引人。

二、舞蹈艺术的欣赏方法

（一）从演员表现出的内心情感来欣赏舞蹈

舞蹈是人们为了表达内心情感而产生的，演员的舞姿和舞步借助情感的动力而流动变化，舞蹈的形象是舞蹈创作者经过主观情感的融化，借助艺术的想象而构成的。一部成功的舞蹈作品，不在于它反映的是社会生活的哪个侧面，而在于它是否能以突破和创新的艺术手法来表现人物的性格和思想感情。如舞剧《红色娘子军》表现了主人公爱憎分明的性格以及正义感、使命感，表达主人公誓将革命进行到底的信心和决心。

（二）从舞蹈表现的内容来欣赏舞蹈

舞蹈表现的内容是经过高度概括和凝练的。因此，观赏舞蹈，尤其是一些意境性的舞蹈，要从舞蹈整体表现的情绪去感受，去引发生活的联想。

如《荷花舞》，需要通过朝阳初升，荷花随风荡漾的优美意境，才能够联想到祖国的欣欣向荣、蒸蒸日上的幸福情景；《海浪》表现出海燕搏击风浪的无畏气概。美国作家斯诺在他的《西行漫记》里说："抗日革命根据地延安的宣传队演出的歌舞，唤醒了正在沉睡的中国农民意识。”许多优秀舞蹈都具有与祖国的命运、民族的危亡休戚与共的自觉意识。大型组舞《黄河》表现了中华民族的魂魄，它的主题具有历史的典型性、深刻性；群舞《黄土黄》以夸张变形的体姿、鲜明强烈的节奏、反复铺陈的结构和跌宕的层次，表现了陕西人的粗犷雄浑；大型民族舞剧《丝路花雨》则歌颂友谊，赞颂开放，鞭笞邪恶。

（三）从舞蹈艺术所表现的形象美来欣赏舞蹈

舞蹈形象要借助于音乐、构图、舞台美术（服饰、布景、灯光、道具、化妆）等因素一同塑造。所以，从形象美的角度来看，舞蹈演员的体形美是舞蹈艺术形象美的一个重要方面，尤其是表现劳动、爱情、战斗生活的舞蹈题材，更需要舞蹈形象的配合，表现出人的求生存、求发展的内在生命力量。

如舞剧《白毛女》，在表现一定情节或矛盾冲突的同时，以舞蹈手段集中概括地刻画和塑造具有鲜明性格的人物形象——白毛女；独舞《海浪》，通过两个形象——海燕和海浪，抒发了舞者和作者对新时代和对青春、理想、希望的豪情壮志。不同的舞蹈形象带给观众不同的想象环境，只要是真切的舞蹈形象，都易激发和感染观众。

（四）从舞蹈艺术的造型美来欣赏舞蹈

舞蹈的造型分为两大方面：一是人体动作姿态的造型；二是舞蹈队形画面的造型，也就是指舞蹈的构图。只有符合人体动作姿态造型美的标准，符合人们对形式美的审美观念，并且符合舞蹈的主题，充分表现出当时舞者的思想、行为的舞蹈，才能使观众产生联想，发生共鸣，给人带来精神享受。

如《小溪·江河·大海》，以拟人化的手法由24位身着白衣白裙的少女塑造出水滴、细流、小溪、江河、大海的舞蹈形象，象征着人生旅途的沧桑，也表现出世上万物都是从无到有、由小到大以至壮丽辉煌的客观规律，其人体动作姿态的造型表现出了优雅、欢愉、阴柔之美；而《奔腾》的构图表现的则是雄壮美。

（五）从舞蹈灵动的人体技巧美来欣赏舞蹈

舞蹈灵动的人体技巧美，是指舞蹈演员舞蹈技巧性的表演艺术，如腾空跳跃、急速多圈旋转、身体各部位的柔软展现以及慢动作的控制能力等。

如芭蕾舞《天鹅湖》第三幕中的“黑天鹅双人舞”，以在一个点上完成32个“挥鞭转”征服了全场观众，后来也成为该舞剧上演的一个硬性指标；古典舞《金山战鼓》中多腾空跳跃与翻转的技巧动作，这些技术技巧动作融入舞蹈动作中，不仅承接了舞蹈语汇，更丰富了人物个性特征。

（六）从起伏的节奏韵律美来欣赏舞蹈

舞蹈离开了节奏就不可能产生有韵律感的舞蹈动作，节奏是联系动作的纽带，动作就像一串分散的珠子，通过节奏这条线把它串联起来，并形成有规律或无严格规律的动作组合。多变的节奏韵律会给舞蹈增添无穷魅力。

踢踏舞就是一种被用来听的舞蹈样式，听舞者打击节奏的轻重缓急。对于踢踏舞来说，最重要的是节奏是否清晰。一个好的踢踏舞者，不管是多快的节奏，多复杂的舞步，多轻的声音，都能做到清清楚楚。

（七）从舞蹈艺术的音乐美来欣赏舞蹈

舞蹈音乐的美一定要符合人的欣赏习惯，如表现活泼灵巧的孔雀，如果配上低沉的大提琴，就没有办法让孔雀鲜活起来了，但是配以涓涓的溪水声以及林中的鸟叫声就让人们有了身临其境之感了。当舞蹈表现优雅温柔之美时，音乐的线条都是柔和舒缓的；当表现雄壮、磅礴气势之时，音乐线条分外强烈，充满激情。

（八）从舞蹈艺术的创作手法来欣赏舞蹈

舞蹈不是直接对生活的照相式复制，或者仅仅用人体动作去模仿某一种生活动态。舞蹈创作者可以发挥艺术的想象，借助客观事物来表现主观情意。在舞蹈中，人体扮演的花鸟虫鱼等自然万物，都好像有了灵性，充满着丰富的情感而翩翩起舞，如《孔雀舞》、《荷花舞》以及《无言的战友》等。所以人们常说，没有舞蹈想象就没有舞蹈艺术，欣赏舞蹈不应该只看到个别动作像或不像，而是要看舞蹈中表现的情感可不可能存在。只要是合乎人的情感发展，舞蹈的情绪允许表现得比生活中更加强烈，舞蹈的艺术形象允许塑造得比实际生活更夸张。

第三节　作品欣赏

一、中国古典舞——《千手观音》

图 6—1　《千手观音》

《千手观音》（见图 6—1）是震惊中外的、完美表现巨大沉静和安详的舞蹈。编导张继刚说："我从事舞蹈工作已经快 20 年了，曾多次到家乡山西的云冈石窟以及甘肃的敦煌去采风，对千手观音的形象记忆尤深。1996 年夏天，当我再次看到云冈石窟里的千手观音时，灵感顿现，为什么不创作类似'千手观音'这样的舞蹈呢？我大约酝酿了 4 年时间，直到遇到了中国残疾人艺术团。"《千手观音》这个作品，在艺术上可以说相当完美，具有很强的观赏性。舞蹈由中国残疾人艺术团的聋哑人来表演，聋哑人用她们的沉默，用她们的无声，震撼了人们的心灵。站在最前面的演员，眼神在前面三四米的地方下垂，面部表情松弛、安详，显得心如止水。

二、中国民族民间舞——《红绸舞》

《红绸舞》是纵横交错、热情洋溢的舞蹈。金明在谈创作经验时说："《红绸舞》创作于 1950 年，当时正值我们伟大的祖国刚刚诞生之际，'中国人民从此站起来了'，一轮红日从东方升起，到处是锣鼓喧天，彩绸飞舞，全国亿万人民欢欣鼓舞。"这一情景激发了金明的创作灵感，他根据人们喜闻乐见的民间秧歌舞，并汲取古老的戏曲艺术营养，来表现新中国的青年一代高举火炬，挥舞红绸，欢庆节日的情景。

作品以民间传统舞形式表达了亿万人民翻身做主的喜庆心情，体现了工农大众扬眉吐气、欢欣鼓舞的时代精神。编导在民间秧歌的基础上，注入弹跳的律动，加强动作的热烈欢快的情绪。道具红绸，大小 8 字、横波、立波、肩圈、大车轮的展开，形成了丰富生动、多彩多姿的流动造型。蹦子、射雁、翻身、倒踢紫金冠等传统戏曲语汇的纳入，更增强了整个舞蹈的艺术表现力。构思的特点有三：其一，主次分明。领舞无论在长绸动作难度或空间上都占有突出的地位。其二，热闹而有序。台前、中、后方各成一体，看似杂沓纷乱，实则秩序井然。其三，画面设计别致。《红绸舞》的服装、道具，亦见匠心。作为主要道具的红绸，时而扎成火炬状，时而打开，将编导的意图发挥得淋漓尽致。在服装方面，绿衣与红绸在色彩上形成互补，白衣、黑鞋又与红绸相互映衬，使得整个舞蹈在色调上鲜明开朗，富有层次感。

三、中国现代芭蕾舞剧——《白毛女》

图 6—2 《白毛女》

《白毛女》（见图 6—2）是反映中华民族灾难深重的芭蕾舞剧。“白毛仙姑”的故事在我国民间可谓家喻户晓。1945 年抗战胜利前夕，诗人邵子南根据这一民间传说写成剧本，经过集体讨论、修改，孕育出了中国歌剧里程碑式的作品《白毛女》。该芭蕾舞剧就是根据歌剧《白毛女》改编再创作的。《白毛女》这部芭蕾舞剧巧妙地运用了古典舞、民间舞的素材，以写实与浪漫相结合的方法将剧情予以芭蕾化。剧中主要人物形象鲜明、生动。主要人物前后的变化也刻画得非常到位。如：喜儿的纯真、甜美和变成“白毛女”后的坚韧、刚毅；大春的憨厚、朴实以及参军后的英勇、干练；对于反面人物黄世仁的阴险、毒辣等性格特征都刻画得十分鲜明、生动。舞剧运用大胆直白的揭露也符合了观众爱憎分明、惩恶除奸的心理。《白毛女》是中西结合更深层次的实践，是“洋为中用”的完美结合，它和《红色娘子军》的创作，在中国芭蕾舞剧史上具有里程碑的意义，以其独有的中国特色立于世界芭蕾艺术之林，使中国化的芭蕾舞的探索在一开始就有了一个较高的起点。芭蕾舞剧《白毛女》被确认为“中华民族 20 世纪舞蹈经典作品”。

四、古典芭蕾舞精品——《天鹅湖》

图 6—3 《天鹅湖》

《天鹅湖》（见图 6—3）是深受世界各国人民喜爱的芭蕾舞精品舞剧。该舞剧取材于德国中世纪民间童话。该剧描写王子齐格弗里德与被魔王掠去变成白天鹅的公主奥杰塔相爱，魔王为破坏王子与奥杰塔的誓言，带着女儿奥吉丽雅闯进宫廷舞台。王子误将奥吉丽雅当成奥杰塔而中了奸计，看到窗外凄凉飞去的白天鹅方知受骗。王子追赶到森林湖畔，与魔王展开殊死搏斗，爱情的力量终于战胜邪恶。1877 年 3 月，该剧在俄国莫斯科首演时遭到失败。1894 年 2 月，由列·伊万诺夫重新编导的第二幕在纪念柴可夫斯基逝世一周年的晚会上演出并获得成功。翌年，柴可夫斯基之弟莫杰斯特重新整理了音乐和剧本，并由彼季帕和伊万诺夫担任编导上演了全剧，使柴可夫斯基的音乐重获新生。

该剧是浪漫主义时期最伟大的作品，它的成功使古典芭蕾舞达到了顶峰。由于编导对音乐的深刻理解，使舞蹈编排真正达到“交响化”的高度。在二版的《天鹅湖》中，伊万诺夫在深刻理解柴可夫斯基的音乐实质后，以变幻无穷的芭蕾舞姿和一些主导动作，如双臂挥拍、各类旋转和跳跃等，创造出天鹅的象征性动作，达到了神似的效果。第二幕的双人舞充满了诗意和激情：奥杰塔的孤独哀伤，用柔和弯曲的翅膀动作及安静沉思的阿拉贝斯来体现，脚尖轻轻碰触地面表现她细腻而脆弱、敏感而丰富的心。此外，天鹅们群体的伴舞，营造了舒缓、宁静的氛围。“四小天鹅舞”是第二幕中脍炙人口的舞段，她们表达了美好的心声和情趣，但时而又焦急地挥拍着翅膀，预示着即将到来的悲剧。舞剧不光在情节上下工夫，在舞蹈语汇上下工夫，同时对舞蹈技巧也有很高的要求，其中最值得一提的就是黑天鹅奥吉丽雅的32个“挥鞭转”，这成了以后芭蕾舞团要上演天鹅湖的一个硬性标准。一百多年来，该剧以优美的音乐、动人的故事和具有经典意义的舞蹈段落，成为芭蕾舞坛上最为夺目的珍品，并深受世界各国人民的喜爱。

五、现代舞——《小溪·江河·大海》

《小溪·江河·大海》是表现最美的画面且极富哲理性的舞蹈。据该舞蹈的两位编导介绍，解放军艺术学院舞蹈系的学生们在课堂上跑“圆场”时的流动美触发了他们的创作灵感。舞蹈《小溪·江河·大海》充分反映了舞蹈抒情的本质，运用了大写意的手法，如果从文学的角度对它进行比喻的话，那么它是一首极具抒情性的诗歌。

在舞蹈形式上，编导充分发挥集体舞这一审美特征，运用队形变化、整体动作、道具式的长纱裙所形成的“集合形体”，在舞台空间成功塑造了小溪、江河、大海的舞蹈形象。首先，编导在舞蹈构图上设计得精巧、顺畅。舞蹈从一位演员登场到二十四位演员的接续，始终处于连绵不断的运动之中，整体形态十分鲜明。如舞蹈一开始，就以圆场步引出单线流动，时而横向连贯来回于舞台，时而又径直向观众走来，时而向斜方向穿梭而过，时而又迂回绕弯蔓延而去，使小小的舞台上出现了千川百流的景象。具有“流动”意象的圆场步，被当作主题动作，甚至是唯一的动作而突现，强化了它本身的动态美、流畅美，又以折、转、弯、回的队形变化，淋漓尽致地发挥了它自身的特点。演员在跑圆场时，身随步倾，腰顺步拧，身体自然辗转，各部位协调一致，使舞台“动感空间”具有很强的旋律性。其次，道具式的白色长纱裙的巧妙运用对舞蹈形象的烘托起到很大的作用。在舞蹈的第二、三部分中，编导利用提裙和步伐速度变化，以及拉开衣裙连续点步翻身和一大斜排有节奏地往前撩起大纱裙的动态，与舞蹈第一部分平静安宁的流动形成对比，准确地表现了江河、大海的风采。

六、当代舞——《走·跑·跳》

图6—4　《走·跑·跳》

《走·跑·跳》（见图6—4）是体现军营男子生命状态以及性格特征的舞蹈。该舞蹈将表现的焦点对准和平环境中的军人，他们在和平年代为保卫祖国建立了不朽的功勋。编导运用极其单纯的动态语言和军事化的基本动作，营造出整齐划一、风驰电掣之势，表现出轩昂、火热的军营男儿特有的生命状态和性格特征。在舞蹈作品中，士兵们一身简练的军装显出男性的棱角和英气逼人的气质。幕启，红黄白混合灯光的投射衬托出训练场地火热与气宇轩昂的气氛，士兵们精神抖擞，积极参加训练。突然，腾空跃出一名年轻的教官，以过人的滞空能力和“变身撕叉跳”等高难度技巧，展示了当代军人高水准和过硬的本领。舞蹈是这样逐层深入表现主题的：日常训练开始了，在烈日炎炎下，新兵们笔直地站立着，接受一场又一场的考验。教官在新兵中间行走，仔细观察他们的姿势是否正确并及时给予纠正。此时，音乐充满着张力，并不断向高潮推进，在烈日的暴晒下，有一个士兵快要倒了，教官赶忙扶他站立好，给他信心和力量，士兵中不断有人失去平衡，但都努力恢复站立的正确姿势。突然，有个小兵倒下了，大家赶忙上前扶起，他却靠自己挣扎地站起来，然而力不从心，又再一次倒下了。面对挑战，小兵重整衣衫，爆发了惊人的能量，庄严肃穆地站了起来，行出了神圣的军礼。高潮来临，激情爆发，小兵挺拔的身躯是新兵们的骄傲和榜样，在教官的带领下，走、跑、跳的变化逐渐加快，翻腾、跳跃就像生命之歌越唱越高。一组组动作戛然而止，齐刷刷的一个军礼让生命之歌更显庄严肃穆，让激情荡漾在训练场上。作品从普通的队列训练中提取军事训练的最基本动作，把走、跑、跳这些枯燥乏味、艰苦异常的训练艺术化，在舞蹈中表现出排山倒海的恢弘气势，塑造了当代军人强健、帅气、洒脱的形象。

第七单元　戏剧艺术欣赏

知识目标

- 了解戏曲艺术的含义和特征。
- 掌握戏曲艺术的行当及表现手段。
- 掌握戏剧艺术的欣赏方法。

能力目标

- 结合戏剧作品的赏析，加深对戏剧基本特征的理解。
- 初步运用戏剧的一般欣赏方法，去赏析具体的戏剧作品。

背景案例

布莱希特有一次在观看了《打渔杀家》后说："一个年轻女子，渔夫的女儿，在舞台上站立着划动一艘想象中的小船。为了操纵它，她用一把长不过膝的木桨。水流湍急时，她极为艰难地保持身体平衡。接着小船进入一个小湾，她便比较平衡地划着。就是这样的划船，但这一情景却富有诗情画意，仿佛是许多民谣所吟咏过、众所周知的事。这个女子的每一动作都宛如一幅画那样令人熟悉，河流的每一转弯处都是一处已知的险境，连下一次的转弯处在临近之前就使观众觉察到了。观众的这种感觉是通过演员的表演而产生的，看来正是演员使这种情景叫人难以忘怀。"布莱希特眼中的惊奇正好说明了中国戏曲的奥妙。

问题讨论

1. 背景案例体现了中国戏曲艺术的哪些奥妙？如何欣赏戏曲？

2. 中国戏曲曾经有过辉煌的历史，但进入 20 世纪 80 年代以来它却呈现出衰落的趋势，中国戏曲应如何走出困境？

戏剧是由演员扮演角色，运用多种艺术手段，在舞台上当众表演故事的一门综合艺术。戏剧艺术融文学、美术、表演、音乐、舞蹈等多种艺术于一身，以语言、动作、场景、道具等的组合为表现手段，通过编剧、导演、演员的共同创造，把生活中的矛盾冲突尖锐、强烈、集中地再现于舞台之上，使观众犹如亲眼目睹或亲身经历戏剧中发生的事件一样，从而获得具体生动的艺术享受。

戏剧根据表现手段的不同，可分为话剧、歌剧、轻歌剧、戏曲、诗剧、舞剧、哑剧等形式；按作品所反映的矛盾冲突的性质和意义的不同，又可分为正剧、悲剧、喜剧、悲喜剧四种类型；根据作品容量大小，有多幕剧和独幕剧之分；按题材不同，可分为历史剧、现代剧、儿童剧、童话剧等。在西方，还有问题剧、假面剧、宗教剧、情节剧、田园剧、结构剧等。

戏剧在西方国家是指话剧。中国戏剧广义上包含中国传统的戏曲和新文化运动前后受西方影响而产生的话剧。而狭义上，中国戏剧指的是以有“国剧”之称的京剧为代表的中国戏曲。戏曲既具有戏剧的共同特征，又因表现手段不同而区别于话剧等其他戏剧艺术。中国戏曲有其独特之处，诸如舞台采取上下场的分场方法，可以自由地处理舞台的空间和时间；演员运用虚拟动作来表现角色的思想感情和所处的环境，给观众以丰富的联想；唱、念、做、打更是中国戏曲的特点。本章主要介绍中国传统戏曲。

第一节　戏曲艺术常识

一、戏曲艺术的角色行当

扮演剧中人物分角色行当，是中国戏曲特有的表演体制。从内容上说，行当是戏曲人物艺术化、规范化的形象类型。从形式上说，行当又是有着性格色彩的表演程式的分类系统。这种表演体制是戏曲的程式性在人物形象创造上的集中反映。每个行当都是一个形象系统，同时也是一个相应的表演程式系统。中国戏曲中人物角色的行当分类，按传统习惯有“生、旦、净、丑”和“生、旦、净、末、丑”两种。近代以来，由于不少剧种的“末”行已逐渐归入“生”行，通常把“生、旦、净、丑”作为行当的四种基本类型。

(一) 生

生是戏曲表演行当的主要类型之一。生的名目初见于宋元南戏，泛指剧中男主角。历代戏曲都有这一行当，近代各地戏曲剧种根据所扮演人物年龄、身份的不同，又划分为老生、小生、武生等分支，表演上各有特点。

1. 老生

因多挂髯口（胡须），又名须生（见图 7—1），扮演中年或老年男子，多为性格正直刚毅的正面人物。这些人物的性格气质比较接近，在表演上也有一整套相应的程式。如念韵白、用真声演唱；风格刚劲、质朴、淳厚；动作造型以雍容、端方、庄重为基调。如于魁智在《打金砖》中饰的刘秀。

2. 小生

与老生相对应，扮演青年男性，不戴胡须（见图 7—2）。高腔和地方小戏系统剧种多用真声演唱，昆曲和皮黄系统剧种多以假声为主、真假声结合。如康健在《西厢记》中饰的张生。

3. 武生

扮演擅长武艺的青壮年男子（见图 7—3），分长靠武生、短打武生两类。长靠武生：因装扮上“扎”靠、戴盔、穿厚底靴子而得名。扮演大将，一般使用长柄武器。表演要求功架优美、稳重、沉着，具有大将风度和英雄气魄。念白讲究吐字清晰、峭拔有力，重腰腿功和武打。短打武生：常用短兵器，表演以动作轻捷矫健、跌扑翻打的勇猛炽烈见长。舞蹈身段要求漂、帅、脆，干净利索。武生也兼演部分武净戏。如李帅有在《三江越虎城》中饰的秦怀玉。

图 7—1　老生

图 7—2　小生

图 7—3　武生

(二) 旦

旦是戏曲表演行当的主要类型之一，女角色之统称。早在宋杂剧时已有“装旦”这一角色。宋元南戏和北杂剧形成后仍沿用旦的名称，运用上又略有不同。昆山腔成熟期，形成正旦、小旦、贴旦、老旦四个分支。其后各剧种又繁衍出众多分支。近代戏曲旦角根据所扮演人物年龄、性格、身份的不同，大致划分为正旦（青衣)、花旦、武旦、老旦、彩旦等专行，表演上各有特点。

1. 正旦

原为北杂剧行当名，泛指旦行中的主角。在近代戏曲中的正旦已成为一定类型的独立行当，主要扮演娴静庄重的青年、中年妇女（见图 7—4)，重唱功，多用韵白，因常穿青素褶子，故又名“青衣”。如刘淑云在《西厢记》中饰的崔莺莺。

2. 花旦

多扮演性格明快、活泼的青年女性（见图 7—5)，表演常带喜剧色彩，重做功和念白。如刘长瑜在《桃花村》中饰的春兰。

3. 武旦

扮演擅长武艺的女性（见图 7—6)，按扮演人物的身份和技术特点，又分短打武旦和长靠武旦（又称刀马旦）两种类型。刀马旦多扎靠，骑马，持长兵器，表演重身段、功架、念白；短打武旦穿短衣裳，重跌扑翻打，常扮演神怪，多表演“打出手”特技。如关肃霜在《战洪州》中饰的穆桂英。

图 7—4　正旦

图 7—5　花旦

图 7—6　武旦

4. 老旦

扮演老年妇女（见图 7—7）。唱念用本嗓，唱腔虽与老生相近，但具有女性婉转迂回的韵味。多重唱功，兼重做功。有些剧种称老旦为夫旦或婆旦。如袁慧琴在《杨门女将》中扮演的佘太君。

5. 彩旦

又叫"丑旦"、"丑婆子"，扮演滑稽或奸刁的女性人物（见图 7—8）。表演富于喜剧、闹剧色彩，实属女丑，故常由丑行兼扮。有的剧种称其为"摇旦"。如秦腔《拾玉镯》中的王媒婆。

图 7—7　老旦

图 7—8　彩旦

（三）净

净是戏曲表演行当的主要类型之一，俗称花脸。以面部化装运用各种色彩和图案勾勒脸谱为突出标志，扮演性格、气质、相貌上有特异之点的男性角色。或粗犷豪迈，或刚烈耿直，或阴险毒辣，或鲁莽诚朴。演唱声音洪亮宽阔，动作大开大阖、顿挫鲜明，为戏曲舞台上风格独特的性格造型。据说此行当是从宋杂剧副净演变而来。"花部"兴起后，净扮演的人物范围不断扩大，后根据角色性格、身份的不同，划分为若干专行，表演上各有特点。

1. 大花脸

也叫正净、大面（见图 7—9），扮演剧中地位较高、举止稳重的人物，多为朝廷重臣，故造型上以气度恢宏取胜。表演上重唱功，唱念及做派要求雄浑、凝重。如孟广禄在《二进宫》中饰的徐延昭。

2. 二花脸

又称副净、架子花脸、二面（见图7—10），大都扮演勇猛豪爽的正面人物。以做功为主，重身段功架，唱念中有时夹用炸音，以点染特定人物的威势和性格上的刚烈。如郝寿臣在《醉汀山门》中饰的鲁智深。另外，一些勾白脸的奸臣，也属二花脸范围。

3. 油花脸

俗称毛净（见图7—11），多用垫胸、假臀等塑型扎扮，以形象奇特笨重、舞蹈身段粗犷为其特点，有时用喷火、要牙等特技。有名的鬼魂形象钟馗在中国戏曲舞台上就是扎扮造型，非常独特。

图7—9 大花脸

图7—10 二花脸

图7—11 油花脸

4. 武二花

也叫摔打花脸、武净，以跌扑摔打为主，不重唱、念。

(四) 丑

丑是戏曲表演行当的主要类型之一，为喜剧角色。由于面部化装用白粉在鼻梁、眼窝间勾画小块脸谱，故又叫小花脸。宋元南戏至今，各戏曲剧种都有此角色行当。扮演人物种类繁多，有的心地善良、幽默滑稽，有的奸诈刁恶、悭吝卑鄙。近代戏曲中，丑的表演艺术有了长足的发展，不同的剧种都有各自的风格特色。丑的表演一般不重唱功而以念白的口齿清楚、清脆流利为主。相对地说，丑的表演程式不像其他行当那样严谨，但有自己的风格和规范，如屈膝、蹲裆、踮脚、耸肩等都是丑的基本动作。按扮演人物的身份、性格和技术特点，大致可分为文丑和武丑两大支系，表演上各有特点。

1. 文丑

包括人物类型极广，除武夫外的各种丑角均由文丑扮演。

2. 武丑

俗称开口跳，扮演机警幽默、武艺高超的人物，念白口齿伶俐，吐字清晰真切，语调清脆，动作轻巧敏捷，矫健有力，擅长翻跳扑跌等武功。

二、戏曲表演的四功五法

四功五法是戏曲界常说的一句术语。

(一) 四功

四功，就是唱、念、做、打的四项基本功，是戏曲舞台上一刻也离不开的表演手段。

1. 唱功

唱功是戏曲表演中第一重要的表现手法。演唱最基本的要求是字清腔纯、节奏准确、以字生腔、以情带腔。最高标准的唱法是达到说的意境，不是为唱而唱，甚至不要给人以唱的感觉，而是以唱来强化唱词的语气、抒发人物的情感。把节奏、旋律、感情、语气很自然地融为一体，来表达生活中说话一样的情景，切忌耍腔、找味、卖嗓。

戏曲的唱，是塑造人物的重要手段之一。一些优秀剧目，安排唱段是根据剧情的需要，以及人物性格、思想、情绪发展的需要。通过优美的音乐形象来丰富和加强文学形象，诉诸观众的听觉感官，正如做和打通过优美的舞蹈形象诉诸观众的视觉感官一样。因而戏曲的唱、演员的技巧和修养都是决定艺术创造得失、高下的重要因素。对同一剧目的同一角色，由于演员的体验、理解不同，也由于唱腔、唱法不同，逐渐形成了演唱上各种意趣不同的艺术风格。

不同的剧种，对唱的运用也有所不同。有的唱得多，动辄三五十句，甚至超过百句。有的唱得较少，在剧中人动情的时刻才设置大段的唱腔。唱得多的剧种，往往以唱代念，或介乎唱与念之间，润腔较少。唱得少的剧种，大都在声乐艺术上刻意求工，对行腔度曲进行高度的提炼。

由于唱词都是诗词体，句法紧凑精练，文学性较强，因此更便于集中地抒发情感。此外，在叙事、写景、争辩、斥责等场合，也常发挥唱的功能，以增强艺术效果，并给人以美感享受。为了便于传达感情、唤起共鸣，曲词的文学性不尚典雅，而在于雅俗共赏、简洁明快、涉笔成趣。

2. 念功

念功是与唱功同样重要的表演手段，甚至有“千斤话白四两唱”的说法。念功与唱功相互配合、补充，是表达人物思想感情的重要艺术手段。在表演过程中，演员必须结合具体剧目，根据人物的特点和情节的开展，妥善处理轻重、缓急、抑扬、顿挫的节奏变化，达到既悦耳动听又能语气传神的艺术境界。

戏曲念白大体上可分为两大类：一种是韵律化的“韵白”，另一种是以各自方言为基础、接近于生活语言的“散白”，如黄梅戏的安庆语、苏剧的吴语、京剧的京白等。无论韵白或散白，都不是普通生活语言，而是经过艺术提炼的语言，近乎朗诵体，具有节奏感和音乐性，念起来铿锵悦耳。唯其念白也是音乐语言，在传统剧目中，唱和念才相互协调，而无凿枘之感。

实际上，戏曲演员塑造人物，大都善于充分调动和发挥各种艺术手段的独特功能。唱和念不仅并重，而且要求安排妥帖、相互衔接、彼此和谐。在长期演出实践中逐渐生发出一些过渡形式，如叫头、哭头、起唱之类。

3. 做功

做功，即身段动作的表演，是戏曲有别于其他表演艺术的主要标志之一。演员在创造角色时，把手、眼、身、步等技巧动作与人物的身份、动作目的、情感意境结合起来，灵活运用这些程式化的舞蹈语汇，以突出人物性格上、年龄上、身份上的特点，并使自己塑造的艺术形象更增光辉。如在各种步法中，狼狈挣扎时走跪步，少女在欢乐时甩着辫梢走碎步，就不仅是纯技术性的表演，而能起到渲染气氛和描绘情态的作用。同样是翎子功，用在不同人物身上，有的表现英武，有的表现轻佻，有的表现急躁，有的表现愤怒。在髯口功中，弹须、理髯、甩髯口等各具特定的内涵与表象。卓越的演员表演时既有内心的体验，又能通过外形加以表现，内外交融，得心应手，而不流于形式。

4. 打功

打功，也就是武功，是传统武术的舞蹈化，是生活中格斗场面的高度艺术提炼，包括翻跟头、打荡子、各种舞蹈和高难技巧，如起霸、走边、对枪、下场等。因此必须要有相当的腰、腿、把子的基本功，才能胜任武打表演的需要。打功也要在规范、自如地掌握武功技巧的同时，以武功来表现人物和剧情，做到技不离戏，就是枪来剑往也要打出情感、打出语言，而不是单纯的卖弄武功。

打功一般分为“把子功”、“毯子功”两大类。凡用古代刀枪剑戟等兵器（又称“刀枪把子”）对打或独舞的，称把子功。在毯子上翻滚跌扑的技艺，称毯子功。演员从小练打功，需要付出艰苦的劳动。拿顶，一练就是一炷香的时间；小翻、旋子，一走就是几十个；耍刀花、耍枪花，不到精疲力竭不止。只有苦练，才能打下坚实的基础。但技术功底还只是创作素材，演员还必须善于运用这些难度极高的技巧，准确地显示人物的精神面貌和神情气质，并分清敌对双方的正反、胜败和高下。

（二）五法

五法与四功是密切相连的，例如唱功，就要口、手、眼、身、步同时并用，缺一不可。因为戏中的唱，不能傻唱或干唱，眼神要与唱词所表现的情感统一，身、手、步也要有机地配合唱词所表达的情绪。也就是说，唱、念是表现情感的，就要有动作，要动作也就要有章法。例如：口，要讲四声五呼；眼，要练出眼神，要讲喜、怒、悲、哀、惧、恐、惊；动作时要眼随手走，才身心相合。总之，要让眼睛成为心灵的窗户。身体四肢的动作要讲未左先右、欲进先退、未高先低、未快先慢，要“梢节起，中节随，根节追”，还要达到“六合”，即眼与心合、心与气合、气与身合、身与手合、手与脚合、脚与胯合，才能使口、手、眼、身、步的表演达到自如和谐的境界。

三、戏曲艺术的表现手法

戏曲艺术家为了把剧本的主题思想表现得更鲜明，人物形象刻画得更生动，情节安排得更紧凑，也为了让观众看懂、看好、看得有兴趣，常常要运用一些艺术手法，如悬念、惊奇、延宕、渲染、强调、突转、预示等。这里介绍几种常用的戏剧艺术手法。

（一）悬念

这是戏剧结构中的一种重要的艺术手法。所谓悬念，就是以“悬”而未决的问题使观众的心理紧张，并产生一种“欲知后事如何”的急切心情，以及让观众饶有兴趣地看完一出戏的一种艺术技巧。如话剧《最后一幕》一开场就制造了一个悬念：幕一拉开，一个青年男子紧张地跑出来，一个中年男子提着枪追了上来，“砰”的一声枪响，把那个青年男子打倒在地。紧接着，一个女人哭叫着跑了出来，伏在倒地的青年身上，指着开枪者大叫：“你打死的是你的儿子。”那中年男子一下怔住了。这是怎么回事呢？观众急于想知道下文，这就是悬念。有的戏不只有一个悬念，而是一个接一个。有的戏则在总悬念之外，还附着一些小悬念。设置悬念的目的只有一个，就是为了让观众看得有滋有味。

（二）惊奇

戏剧情节的发展或一个动作的突然出现，出乎观众的意料，使人感到大吃一惊，制造这种效果的手法叫惊奇。现代京剧《红灯记》中有这样一个让人虚惊的场面：李铁梅为追寻磨刀师傅转交密电码，从里屋墙洞经邻居家外出了，家中只剩李奶奶一个人。这时，在门口监视的特务进来借火，他一见李铁梅不在，便问她哪里去了。李奶奶谎称她病了，在里屋躺着呢。特务不信，便出门叫两个同伙上门来查户口。李奶奶阻拦不住。眼看特务掀起门帘举步将进的时候，突然里屋传来姑娘的“奶奶，谁呀?”的问话声。特务一听，以为铁梅在里屋，只得走了。正当李奶奶与观众们大惑不解之际，邻居家的慧莲掀帘而出，原来是她顶替了李铁梅。惊奇很有戏剧性，它的出其不意，不仅瞒过了观众，还瞒过了在场的其他角色（如李奶奶）。不如此，观众就紧张不起来，戏剧也就达不到预期的强烈的艺术效果。

（三）延宕

延宕，也叫拖延或抑制。它与悬念有密切关系，它可以使剧情的发展和矛盾冲突的展开发生起伏，使之迂回曲折，引人入胜。如《罗密欧与朱丽叶》中，当朱丽叶急着要听乳母说罗密欧对婚事的态度时，这个婆娘一边装出累得上气不接下气的样子，一边喋喋不休地说自己骨头痛和头痛，又说罗密欧的脸、脚、手长得如何好看。朱丽叶求她先回答一个字，这消息是好还是坏，她就是避而不答，一直等她缠够了，才向朱丽叶说出“你快到劳伦斯神父的寺院里去，有一个丈夫在那边等着你去做他的妻子”这句要紧的话来。朱丽叶一听，马上向乳母说了声“再见”，便匆匆赶去了。为了让乳母说出这句话，莎士比亚写了整整一场戏。这种“急惊风偏遇慢郎中”的写法造成的矛盾、差异和对比，常能给观众带来极大的审美愉悦。

（四）渲染

一件大事将要发生，一个高潮将至，一个突出表现主题或人物性格的场面就要出现，有的剧作家便以“泼墨如云”的气势，为求淋漓尽致的艺术效果，常用大书特书、铺垫渲染的手法。《窦娥冤》第三折的中心事件是斩窦娥。关汉卿在这场戏中倾注了足够的笔墨。窦娥未出场时，先有监斩官、公人和刽子手为她出场作铺垫。窦娥一出场，又有两段从容不迫的清唱，充分地表达她心中的冤屈、怨愤和抗争。再有她与婆婆的生离死别，渲染婆媳的深情和窦娥的至孝至善，借以激起观众对窦娥的深切同情。最后，关汉卿“翻空出奇”，写出三桩誓愿当场应验的情节，把剧情的进展和窦娥的反抗性格同时推向高潮，产生了一种揪人心肠、紧张激烈的悲剧效果。

第二节　戏剧艺术的审美特征与欣赏方法

一、戏剧艺术的审美特征

中国戏曲作为世界上独树一帜的古老戏剧文化，有着自身独特的文化品性。王国维在《戏曲考原》中对戏曲的内涵作了这样的界定：“戏曲者，谓以歌舞演故事也。”这里强调了戏曲在音乐性、舞蹈性、戏剧性上的统一。随着研究的不断深入，当代一些戏曲理念界的学者对戏曲艺术的基本特征进行了总结和阐述，提出了戏曲的综合性、虚拟性、程式性等。

（一）综合性

戏曲是一门综合艺术，它不像歌剧那样基本上是只歌不舞，又不像芭蕾舞那样只舞不歌，也不像话剧那样只说不唱。中国戏曲是载歌载舞，有情节，有故事的。戏曲的基本表现手段是“唱念做打”，称之为“四功”。这“四功”在传统戏曲程式的基础上，不断吸收舞蹈、杂技、武术、曲艺以及话剧、电影的表现方法，能够生动传神地表现剧中人物的动作和心理活动。比如《贵妃醉酒》里的杨贵妃，在百花亭设筵，欲与唐明皇同乐，但久候不至，后知明皇驾往别宫，于是独饮大醉，边舞边唱，把她那醉态和企盼悲怨的感情表现得淋漓尽致。《昭君出塞》中，王昭君一路上边舞边唱，通过大开大阖的舞蹈动作，把她那思念家乡和无限悲愤的心情刻画得淋漓尽致。

（二）虚拟性

虚拟是戏曲反映生活的基本手法，它是指以演员的表演，用一种变形的方式来比拟现实环境或对象，借以表现生活。中国戏曲的虚拟性首先表现在对舞台时间和空间处理的灵活性方面，所谓“三五步行遍天下，六七人百万雄兵”、“顷刻间千秋事业，方丈地万里江山”，这就突破了西方戏剧的“三一律”与“第四堵墙”的局限。其次是在具体的舞台气氛调度和演员对某些生活动作的模拟方面，诸如刮风下雨、船行马步、穿针引线等，更集中、更鲜明地体现出戏曲虚拟性特色。戏曲脸谱也是一种虚拟方式。中国戏曲的虚拟性，不仅仅是戏曲舞台简陋、舞美技术落后的局限性带来的结果，更主要是追求神似、以形写神的民族传统美学思想积淀的产物。这是一种美的创造，它极大地解放了作家、舞台艺术家的创造力和观众的艺术想象力，从而使戏曲的审美价值获得了极大的提高。

（三）程式性

程式是戏曲反映生活的表现形式，它是指对生活动作的规范化、舞蹈化表演，并被重复使用。程式直接或间接来源于生活，但它又是按照一定的规范对生活经过提炼、概括、美化而形成的，此中凝聚着古往今来艺术家们的心血。它又成为新一代演员进行艺术再创造的起点，因而戏曲表演艺术才得以代代相传。在程式方面，我们举几个例子，比如“趟马”就是一个表演程式，又叫“马趟子”。演员右手执鞭，通过圆场、转身、勒马、三打马（表示催马加鞭）等身段动作，配合快速的锣鼓节奏，表示策马疾驰的情景。再如“起霸”，是表现武将整盔束甲、准备上阵的情景，主要由三抬腿、云手、踢腿、整袖、紧甲等基本动作结合而成，给人一种战斗即将开始的气氛。另外如大家熟悉的“跑圆场”、“耍下场”、“劈叉”、“摔僵尸”以至吃饭、睡觉、喝酒、读书、写字、开门、关门、喜、怒、哀、乐等都有程式。除了表演程式外，戏曲的剧本形式、角色行当、音乐唱腔、化妆服装等各个方面，都有一定的程式。优秀的艺术家能够突破程式的某些局限，创造出自己具有个性化的规范艺术。

二、戏剧艺术的欣赏方法

（一）认真阅读剧本，把握矛盾冲突

欣赏剧本跟欣赏其他体裁的作品一样，首先要认真阅读剧本。只有阅读了剧本，才能对剧本的故事情节、所产生的背景、思想内容、主要人物形象及艺术特色等有一个了解。只有这样，才能达到欣赏的目的。

在认真阅读剧本、了解剧情的过程中，首先要搞清楚剧本产生的背景。如在欣赏莫里哀的《伪君子》这一剧本时，首先要搞清在这一剧本产生时期，法国天主教“圣体会”这一反动组织的成员打着宗教的旗帜，到处刺探自由思想，霸人妻女，占人钱财。《伪君子》的目的就在于揭露天主教“圣体会”的欺骗性和虚伪性。

搞清了剧本产生的背景，其次是要掌握剧情。每一个剧本都有一个完整的故事情节，在欣赏时，先要对整个剧本的故事情节有一个大体的了解，以便于去欣赏整个剧本的其他方面，得到思想上的启发、感情上的愉悦，也就是受到美感教育。

在了解剧情之后，紧接着就要理清剧情发展脉络，把握矛盾冲突，为分析人物形象打下基础。每一个剧本都是一个完整的故事，而每一个完整的故事又都是由一个一个的情节组成的，每个情节之间又是密切联系着的，有其发展脉络。剧本的矛盾冲突也就是通过剧情的发展脉络展现出来的，所以在欣赏某一剧本时，必须搞清剧情发展的脉络，这样才能抓住这一剧本的矛盾冲突。

如王实甫的《西厢记》就是紧紧地抓住恋爱这一事件，一切围绕崔莺莺、张生的恋爱这一中心来写的，整个情节的发展脉络是很清楚的。故事的开端是书生张生与已故相国的女儿崔莺莺在普救寺一见钟情。故事的发展是叛军孙飞虎包围普救寺，声言要娶莺莺为妻，老夫人在危急关头设下退兵之计，将莺莺许婚。张生设法退兵，理应与莺莺结为夫妻，但危机过后老夫人赖婚，故事进入了高潮。丫环红娘挺身而出，帮助莺莺、张生克服了重重障碍，以她的机智、勇敢战胜了老夫人，迫使老夫人答应了两人的婚事。一波未平，一波又起，老夫人又耍花招，以相国门第“不招白衣女婿”为名，硬逼张生求取功名后方可成亲。在此，故事进入了尾声，张生中了状元，终于与莺莺结婚。在这一情节的发展过程中，矛盾冲突十分突出，有叛军孙飞虎与崔家的矛盾，有张生、莺莺与老夫人的矛盾，还有红娘为帮助张生、莺莺与老夫人的矛盾。这些矛盾冲突都很尖锐，而且都是围绕爱情这一主线，再通过一系列的剧情发展表现出来的，从而深刻地揭示出批判封建礼教、歌颂婚姻自由“愿普天下有情的都成了眷属”这一主题。

（二）欣赏人物语言，分析人物形象

语言是构成剧本的基础，是戏剧塑造人物形象、推动情节发展的重要手段。戏剧语言包括人物语言和舞台说明。人物语言也叫台词，包括对白、独白、旁白等。剧作家通过人物语言来展开戏剧冲突，塑造人物形象，揭示戏剧主题，表达自己对生活的认识。舞台说明是一种叙述语言，用来说明人物的动作、心理、布景、环境等，直接展示人物的性格和戏剧的情节。

1. 要品味个性化的人物语言

所谓个性化，是指受人物的年龄、身份、经历、教养、环境等影响而形成的个性特点。如老舍《茶馆》的第二幕中用个性化的人物语言来表现不同的人物形象是一个很突出的特点。作者笔下的人物都说自己的话，符合各自的出身、身份、年龄、经历、性格以及所处的环境等，说的话没有一个相同。雇工李三说：“改良！改良！越改越凉，冰凉！”这反映出他对时局的不满和无可奈何的心情。至于唐铁嘴说：“大英帝国的香烟，日本的‘白面儿’，两大强国伺候我一个，这点福气还小吗?”不仅切合说话人的身份，而且话中有话，无形中点出了帝国主义无孔不入地侵略中国的惨痛事实，起到了深化主题的作用，人物形象栩栩如生。

2. 要品味富有动作性的人物语言

动作性，有时表现为人物之间的动作冲突，如《雷雨》中周萍打鲁大海；有时表现为人物内心的活动，如鲁侍萍看见周萍打鲁大海后的那种痛苦。也就是说，动作性包括外部动作，也包括内部动作，即内心活动。我们常常说“言为心声”，语言是人的内在感情的一种外在表现形态。从这个角度说，人物语言的动作性主要指人物的内心动作。这种显示动作性的语言，从人物的内心发出，能够展示人物丰富的内心世界。例如《雷雨》第二幕，当周朴园说死去的侍萍和周家“有点亲戚”关系时，有下边一段对话：

鲁侍萍：亲戚？

周朴园：嗯，——我们想把她的坟墓修一修。

鲁侍萍：哦，——那用不着了。

这一“嗯”一“哦”，语言很简单，但发自人物的内心，揭示出人物丰富的内心世界，表现了这两个人物在特定情境下的特殊心态。

3. 要品味人物语言中蕴涵的丰富的潜台词

好的潜台词总是以最少的语言表达最丰富的内容，给人以品味、想象的空间。比如《雷雨》中，周朴园听出侍萍的无锡口音后，便问起往事，称当时的侍萍为“梅小姐”，说她“很贤惠，也很规矩”。已知实情的侍萍听到他的谎言，想起自己的遭遇，满怀悲愤，于是语带嘲讽而又意味深长地反复说“她不是小姐，她也不贤惠，并且听说是不大规矩的”，表现了她痛苦的内心和对周朴园的不满。

(三) 欣赏人物动作，分析人物形象

戏剧艺术的基本手段是动作，包括形体动作、言语动作、静止动作及各种主观表现手段。

1. 通过戏剧动作，可以看出人物的地位和性格

《茶馆》中茶客们喝茶，不同的人物，喝茶的方式便全然不同。唐铁嘴流浪江湖，以算卦糊口，贫困寒酸，一生“偷喝”王掌柜的剩茶，常常趁人不备端起茶杯“急饮”，属“牛饮式”，一气喝完，他喝茶是为了解渴。洋教徒马五爷，吃洋饭，信洋教，成了当时上层社会的要人，终日养尊处优，游手好闲，他到茶馆多是沏上自带的名茶，喝茶时细细品味，他喝茶不是因为口渴，而是为了消遣，为了炫耀自己的悠闲和富有。通过喝茶这一行为，人物的处境、目的、性格便表露无遗，观众由人物的动作得知他们的地位、性格，会心一笑。

2. 通过戏剧动作，可以窥视到人物复杂微妙的内心世界

契诃夫的喜剧《蠢货》中的寡妇波波娃，听说外面的男人要见她时，她口口声声说谁都不见，要进修道院躲避这些讨厌的男人，却又情不自禁地摘了一朵鲜花插在头上。这个动作泄露了她内心的情感。她表面上厌烦男人，内心却喜欢男人接近她，和她交往。一旦有男人要见她，她便想“这个男人已爱上了自己”，并不自觉地要“女为悦己者容”，表露自己的好感。这个插花动作就是波波娃自作多情、表里不一的绝妙表现。

3. 通过戏剧动作，还可以领会人物之间的关系，把握戏剧冲突

关汉卿的悲剧《窦娥冤》中，窦娥遭诬陷后，张驴儿作为原告，一进大堂，官老爷楚州太守倒向他跪下了，并声称：“但来告状的，就是我的衣食父母。”太守这个“跪”的动作，表面上是给告状人下跪，引起观众的哈哈大笑，实质上是在给“钱”下跪，他并没有把告状人当作子民，而是把他们看作钱的来源。因为有人告状，就会有人给太守送礼，有案子，太守就有生意可做，做生意嘛，谁给的钱多，当然就把“打赢官司”卖给谁。可见太守心里根本没有公平断案、主持正义的意识，一心一意惦记着受贿。这不仅揭露出太守昏庸、贪婪的本性，而且暗示着窦娥与张驴儿的矛盾冲突将扩大为窦娥与太守、与整个腐败官场的冲突，使观众预感到窦娥将面临不祥的命运。一个科诨式的动作，包含了如此丰富的内容。

（四）用综合艺术的眼光进行欣赏

戏剧是多种艺术的综合。因此，对戏剧艺术的欣赏就不同于一般单体艺术的欣赏，它要求欣赏者具备诸多的审美能力，要善于用综合艺术的眼光进行欣赏，即从剧本、导演、表演的有机结合、“单体部件”与“整体结构”的有机结合、内容与形式的有机结合等方面进行欣赏。

例如，欣赏戏曲，首先欣赏其声乐美和器乐美。戏曲的声乐唱腔既要抒发人物的思想感情，又要和剧情相衔接，推动矛盾冲突的发展；器乐伴奏既给演员托腔，又要渲染、烘托环境气氛，增强剧情的感染力。其次，欣赏演员的服饰美和表演美。任何戏剧都离不开演员的舞台表演，要依靠演员扮演的角色来演绎剧情，形成冲突，完成故事叙述。再次，欣赏舞台装饰美，如灯光、布置、舞台场地以及由此构成的三堵墙立体空间等。这些舞台美术不仅要展现环境，还要有意境感，使景物造型与戏曲内容、人物感情相协调。

第三节　作品欣赏

一、悲剧《窦娥冤》

《窦娥冤》（见图7—12）原名《感天动地窦娥冤》，是元代伟大的戏剧作家关汉卿最具代表性的作品。全剧四折一楔子。剧情是：楚州贫儒窦天章因无钱进京赶考，无奈之下将幼女窦娥卖给蔡婆家为童养媳。窦娥婚后丈夫去世，婆媳相依为命。蔡婆外出讨债时遇到流氓张驴儿父子，被其胁迫。张驴儿企图霸占窦娥，见她不从便想毒死蔡婆以要挟窦娥，不料误毙其父。张驴儿诬告窦娥杀人，官府严刑逼讯婆媳二人，窦娥为救蔡婆自认杀人，被判斩刑。窦娥在临刑之时指天为誓，死后将血溅白绫、六月降雪、大旱三年，以明己冤，后来果然都应验。三年后，窦天章任廉访使至楚州，见窦娥鬼魂出现，于是重审此案，为窦娥申冤。

图7—12　《窦娥冤》

《窦娥冤》取材于刘向《说苑》和班固《汉书·于定国传》中“东海孝妇”的故事。作品将13世纪中叶中国的社会现实典型化，通过一个蒙冤而死的普通妇女的满腔怨愤使天地变色、草木不生的故事情节，抨击了封建社会的黑暗和政治的腐败，异常强烈地表现了被压迫人民的反抗情绪。《窦娥冤》的主要艺术成就表现在以下方面：

（一）通俗生动的戏剧语言

关汉卿是元杂剧“本色派”的代表，戏剧语言通俗生动。例如在《窦娥冤》“婆媳告别”一场戏中，窦娥讲述了自己的冤情及屈打成招的原因，然后向婆婆提出了一些要求，紧接着是［快活三］和［鲍老儿］两段。这些语言汲取了人民群众日常生活中生动的口语，质朴明快，富有音乐节奏之美。又如《窦娥冤》全戏的高峰第三折是一场唱功戏。开始的［正宫端正好］和［滚绣球］等几支曲子，把窦娥的满腔怨恨如火山爆发般发泄了出来。窦娥胸中的激愤之情汹涌澎湃，震撼人心！

（二）自然分明的艺术结构

《窦娥冤》在节奏安排上紧凑集中，巧妙自然。虽然只是短短的四折戏，但由于作者匠心独具，巧妙构思，把剧情组织得繁简得体，疏密相间，使人读来既感到严守绳墨、如两峰夹一谷般无隙可击，又觉得节奏鲜明、摇曳多姿。在剪裁上，该简略处惜墨如金、一笔带过，从楔子到第一折，一跨 13 年，用笔极为简练；需要突出描写时，作者又毫不吝啬笔墨，着力铺陈，如对第三折的安排，作者没有按照审案紧接判决的一般规律处理，不是把公堂审问放在第三折，而是把张驴儿告状、窦娥受刑等所有的事件都放在前两折交代清楚，然后腾出笔来，用第三折整一折戏来写窦娥对黑暗社会的控诉，从而把她的反抗性格表现得淋漓尽致。

（三）现实主义与浪漫主义手法相结合

关汉卿为了抒写被压迫妇女感天动地的冤屈，表现被压迫人民宁死不屈的性格和有冤必申的理想，按照自己对时代的深刻认识和窦娥性格发展的必然趋势，运用浪漫主义的手法，让窦娥临死前发出气壮山河的三桩誓愿，即血飞白练、六月飞雪、三年大旱。这虽然是现实生活中不可能存在的幻想产物，但却反映了人民群众申冤复仇的愿望。三桩誓愿的实现，不是上天对窦娥的怜悯，而是人民力量的巨大胜利。通过这三桩震撼人心的誓愿，人们心中的怒火为之燃烧，精神为之振奋，斗志为之昂扬。最后，“天从人愿”的安排，预示窦娥死后斗争的胜利，不仅是冤气大清、正义大申、人心大快，而且告诉人们，不是封建主义的天地神权主宰着人民的命运，而是人民不可屈服的斗争精神支配着天地的意志。窦娥发出的三桩誓愿，是作者一种大胆的艺术处理，其精神是浪漫主义的。这有利于昭示这出悲剧深刻的思想内容，传达了作者对黑暗现实的强烈不满和反抗精神。剧终时窦天章的出现以及对案情的重新审理，表现了作者对窦娥的深切同情，也体现了古代人民善恶有报的良好愿望。这一浪漫主义的手法，表现了下层群众惩恶扬善的心理，在一定程度上给人们以精神的安慰，反映了人民群众报仇雪恨的决心。

（四）强烈的悲剧气氛

鲁迅曾说：“悲剧将人生有价值的东西毁灭给人看。”窦娥高尚的品格和悲苦的命运，构成了戏剧冲突的主要矛盾之一。她虽具有坚强的性格，进行着顽强的抗争，但却遭遇着悲苦的命运，结局必然是悲惨的。因为封建势力的强大和反抗势力的相对弱小，构成了历史的必然要求与这个要求实际上不可能实现的悲剧冲突。这种矛盾在当时的历史条件下无法解决，但作者不忍心眼看着被压迫人民无声无息地死去，不肯让真、善、美的东西被无辜毁灭，所以他在这折戏里运用独特的构思，创造了独特的悲剧美。窦娥一出声，阴风飕飕，杀气腾腾，气氛凄烈悲壮，使窦娥的形象更加光彩照人，构成一种悲剧的壮烈美。特别是三桩誓愿得以实现，冤案平反昭雪，悲剧性矛盾化为喜剧性结局，展现了中国古典悲剧的特征。

二、爱情剧《牡丹亭》

汤显祖是我国古代继关汉卿之后的又一位伟大的戏剧家。他的戏剧创作现存主要有五种，即“玉茗堂四梦”（或称“临川四梦”）和《紫箫记》。“玉茗堂四梦”即《紫钗记》、《牡丹亭》、《邯郸记》、《南柯记》。这四部作品中，汤显祖最得意、影响最大的当数《牡丹亭》（见图 7—13）。剧情是：贫寒书生柳梦梅梦见在一座花园的梅树下立着一位佳人，说同他有姻缘之份，从此经常思念她。南安太守杜宝之女名丽娘，才貌端妍，从师陈最良，后来在昏昏睡梦中见一书生持半枝垂柳前来求爱，两人在牡丹亭畔幽会。杜丽娘从此愁闷消瘦，一病不起。她在弥留之际要求母亲把她葬在花园的梅树下，嘱咐丫环春香将其自画像藏在太湖石底。其父升任淮阳安抚使，委托陈最良葬女并修建梅花庵观。三年后，柳梦梅赴京应试，借宿梅花庵观中，在太湖石下拾得杜丽娘画像，发现杜丽娘就是他梦中见到的佳人。杜丽娘魂游后园，和柳梦梅再度幽会。柳梦梅掘墓开棺，杜丽娘起死回生，两人结为夫妻，前往临安。杜丽娘的老师陈最良看到杜丽娘的坟墓被掘，就告发柳梦梅盗墓之罪。柳梦梅在临安应试后，受杜丽娘之托，送家信传报还魂喜讯，结果被杜宝囚禁。发榜后，柳梦梅由阶下囚一变而为状元，但杜宝拒不承认女儿的婚事，强迫她离异，纠纷闹到皇帝面前，杜丽娘和柳梦梅二人终成眷属。

图 7—13　《牡丹亭》

《牡丹亭》的主要艺术特色有：

（一）巧妙运用浪漫主义手法

汤显祖把杜丽娘作为理想化的“情至”的化身来描写，运用浪漫的笔调，通过“梦而死”、“死而生”的奇幻情节，揭示出理想与现实的矛盾，表现了对封建礼教的抨击，对人的真性情的憧憬与追求。虽然这种抨击与追求带有受压抑的惆怅的感情色彩，但却表现得异常强烈。《牡丹亭》在情节结构上充满离奇跌宕的浪漫色彩。如《惊梦》、《冥判》、《魂游》、《回生》等情节，都是只在幻想中才能存在的。梦本是一种生理现象，但杜丽娘梦遇柳梦梅只能是幻想的产物。鬼魂、地狱本是宗教制造的世界，杜丽娘的鬼魂“随风游戏”，追随情人柳梦梅，以及“专掌惜玉怜香”的花神出现，则代表了一种美丽、庄严的本性。杜丽娘生前描绘真容，拾画者恰是生前梦中幽会的情人，而且又由于才子的痴情，与杜丽娘的鬼魂相会，最终使她复生。作者的这一切富于幻想的艺术构思，正是《牡丹亭》戏剧结构的支柱。

（二）洋溢着浓郁的诗情画意

用写诗的手法写戏是我国古代许多戏曲家的共同特征，汤显祖在这方面表现得更为突出。他采用抒情诗的手法，倾泻人物内心的感情，全剧处处洋溢着浓郁的诗情画意，《惊梦》、《寻梦》、《闹殇》、《冥判》、《拾画》、《玩真》、《冥誓》等出的许多曲词，将抒情、写景、刻画人物紧密结合在一起，文采斐然，美不胜收，创造出一个个如诗如画的意境，达到了传神的艺术境界。如《惊梦》开始的两支曲子：

［绕地游］梦回莺啭，乱煞年光遍。人立小庭深院。炷尽沉烟，抛残绣线，恁今春关情似去年？

［步步娇］袅晴丝吹来闲庭院，摇漾春如线。停半晌，整花钿。没揣菱花，偷人半面，迤逗的彩云偏。步香闺怎便把全身现！

这抒情诗般的曲词，把深闺少女愁闷孤独的感情和顾影自怜的娇羞神态，与摇漾的春色融为一体，意象表现得尽善尽美。这样的曲词，即使没有音乐，也仍然给人以强烈的艺术感染。

（三）语言浓丽华艳，意境深远

一方面，全剧采用抒情诗的笔法倾泻人物的感情。另一方面，具有奇巧、尖新、陡峭、纤细的语言风格。这些特点向来深受肯定。一些唱词直至今日仍然脍炙人口。

总之，《牡丹亭》上薄风骚，下夺屈宋，可与王实甫《西厢记》交胜，无论是思想，还是艺术，都堪称明代传奇的代表作。这部作品在当时和后世都产生了深远的影响，它的思想和人物引起无数青年男女的共鸣。据载当时有娄江女子俞二娘，“酷嗜《牡丹亭》传奇，蝇头细字，批注其侧，幽思苦韵，有痛于本词者，十七惋愤而终”（汤显祖《哭娄江女子二首·序》）。杭州女伶商小伶，因演《寻梦》一出，唱至“待打并香魂一片，阴雨梅天，守得个梅根相见”，泪随声落，气绝而殒（焦循《剧说》卷六）。广陵女子冯小青读《牡丹亭》后，作绝句一首：“冷雨幽窗不可听，挑灯闲看《牡丹亭》。人间亦有痴于我，岂独伤心是小青！”未两年，幽愤而卒（蒋瑞藻《小说考证》续编卷二引《花朝生笔记》）。在文学史上，吴炳的《画中人》、洪昇的《长生殿》都从《牡丹亭》中吸取了许多养分。曹雪芹在《红楼梦》中也留下了“西厢记妙词通戏语，牡丹亭艳曲警芳心”的瑰丽篇章。至于戏曲演出舞台上，300多年来一直回荡着《牡丹亭》的妙曲清音。在国外，《牡丹亭》也早有德、日、英译本流传，盛誉不衰。

三、京剧《四郎探母》

图7—14　《四郎探母》

《四郎探母》（见图7—14）取材于杨家将故事，但情节却与《杨家将演义》有所不同。小说中的杨四郎战败被擒后降辽招亲，是为了伺机报仇。后来果然策应宋军破辽。该剧的作者在原小说的基础上进行了加工改造，有意淡化战争气氛，重点渲染人物之间的人伦亲情。该剧的剧情是：辽宋战争中，杨延辉（四郎）被俘，隐瞒身世，改名木易，被辽主萧太后招为驸马。15年后，六郎杨延昭与母亲佘太君率大军至雁门关下，与辽军对垒。杨四郎思母心切，苦于无法过关，其妻铁镜公主设计巧取令箭，助夫过关至宋营探母。其后，杨四郎又连夜赶回辽邦。萧太后得知真情之后大怒，欲将杨四郎斩首，经铁镜公主苦苦求情，才将四郎赦免。该剧的成功之处是：

（一）结构严谨，情节顺畅，环环相扣，一气呵成

该剧对人物感情的描写很有深度，在“人情”二字上做足了文章。在两军对阵、剑拔弩张的背景下，身陷异邦的杨四郎连夜冒着杀身之祸偷跑出关探望母亲。漫长的15年骨肉离别，短暂的一夜团聚，杨四郎在声声更鼓的催促下，依次与家中亲人相见，说不尽的离别之恨、思念之情，却才相聚又分离。

（二）行当配置整齐，唱念安排得当，唱腔丰富优美

作者淋漓尽致地抒发了母子、夫妻、兄弟之间的种种人伦之情，苍凉凄楚，哀婉动人。该剧人物不少，行当配置相当整齐，唱念安排得当，唱腔也丰富而优美。尤其是《坐宫》一场，几乎囊括了西皮唱腔的全部板式，通过板式的变化，多层次地揭示了人物的情绪变化。这场戏的开始，四郎思母心切，但老母既近在咫尺，又好似远在天涯。铁镜公主想为丈夫排遣忧闷，便与他闲聊，并猜测心事。在这一段戏里，唱腔用的是舒缓柔和的慢板。接下来，四郎对公主讲明了自己的真实来历和想见老母一面的心情，公主大为意外。这时唱腔随之加快，转上摇板、原板和快板。公主表示愿意帮助四郎，但“怕你一夜不回还”；四郎则急切地保证信守诺言，以至跪下盟誓。这时唱腔进一步催快，特别是两人的大段对唱层层递进、一气呵成，淋漓尽致地表达出两人的激动心情。

(三) 人物情感刻画鲜明生动

综观全剧，对四郎、铁镜公主和其他重要人物的情感刻画都很鲜明、生动。正因如此，民族之间的残酷战争对人的正常亲情所造成的巨大伤害，就更让人思索不已。作为一部情感刻画很深、唱腔艺术成就也很高的作品，一直以来受到广大观众的喜爱，很多京剧演员也都喜欢演唱《四郎探母》。它还常常成为名家联袂演出的大合作戏。

四、粤曲《荔枝颂》

著名艺术家红线女（见图7—15）演唱的粤曲《荔枝颂》，深受岭南人民喜爱。这首曲子的美，首先是歌词美。全曲的唱词是："卖荔枝！身外是张花红被，轻纱薄锦玉团儿，人口多甘美，齿颊留香世上稀！什么呀？可是弄把戏？请尝个新，我告诉你，这是岭南佳果靓荔枝，果中之王人皆合意。说荔枝，一骑红尘妃子笑，早替荔枝写颂词。东坡被贬岭南地，日啖荔枝三百余。好佳果，品种各异，爽口桂味，肥浓糯米糍。荔枝早熟早上市，三月红有名气，增城挂绿美名驰，黑叶荔枝甜又脆。乡村姑娘，带着一班小伙子，成群结队摘果去，珠江两岸歌声起，万艇千帆，载荔枝。说荔枝，一果一木来非易，多少园丁挥汗雨，换来万紫与千红，枝垂锦弹含春意。隔山隔水，心连心，献给四海五洲兄弟，万般情意。情如荔蜜甜，心比荔枝果核更细致，荔枝花开香万里！荔枝！听我来为荔枝唱颂词。卖荔枝！"其特点表现在：

图7—15　红线女

(一) 浓厚的诗情画意

唱词优美生动地描绘了岭南佳果荔枝的可口美味、人们喜爱的情怀、采摘荔枝的情趣以及劳动的欢欣，表达了岭南人民热爱生活、勤劳朴实的品质和热情好客的民风。

(二) 曲调清婉，纡徐有情，酣畅淋漓，一气呵成

组成《荔枝颂》的曲调，是粤曲观众耳熟能详的"四不正"、"七字清"、"耍孩儿"、"步步娇"等，但是这些曲调的乐句和旋律，经过作者陈冠卿的巧手剪裁、加工，再重新连接组合，以一种全新的面貌展现人前。作者对这首曲子的布局和编排，为演唱的成功提供了重要的基础。

(三) 演唱者声腔圆润甜美，演唱技巧高超

红线女是著名的粤曲表演艺术家，舞形歌声，独树一帜，在国内外享有盛誉。她从十多岁在澳门首次登台以来，唱红了珠江两岸，唱红了整个岭南，唱红了港澳地区和东南亚。每次一曲告终，余音绕梁，掌声雷动。1957年以《荔枝颂》一曲荣获匈牙利世界青年联欢节一等奖，被誉为"国宝级"艺术家，毛泽东称她为"劳动人民的红线女"。

五、话剧《雷雨》

《雷雨》（见图7—16）是中国现代四幕话剧。故事发生在20世纪初期中国某城市周、鲁两个家庭中。煤矿董事长周朴园30年前勾引了使女侍萍，并与她生下了两个儿子，后来迫于家庭压力，为了娶一个门当户对的阔小姐，把侍萍撵出家门。侍萍带着快要断气的幼子鲁大海投河，被人救起。后来为了生存，嫁给了鲁贵，与鲁贵生下了女儿四凤。她与鲁贵感情不和，长期在外做女佣。鲁贵则背着她去周家做了管家，并把四凤拉去做使女。

图 7—16 《雷雨》

戏剧就是从鲁贵与四凤在周家的对话开场的。第一幕，从两人的对话里，可以听出四凤与周家大少爷周萍有些不平常的纠葛，周萍与后母繁漪也有些不清不白。第二幕，侍萍到来，侍萍与周朴园 30 年后的意外相遇把矛盾冲突全面推出。第三幕，繁漪为留住周萍，不让周萍与四凤一起出走，在周萍与四凤相会时，把四凤屋子的窗户关上，致使周萍与四凤之事在鲁家败露。第四幕，鲁大海、侍萍为寻找四凤，到了周家。当四凤得知自己竟然跟同母异父的哥哥发生了关系时，愧悔地冲出周家触电而死，周家二公子周冲为救四凤也触电身亡，周萍自杀，繁漪发疯。几乎每个人物都没有逃脱悲剧性的命运。剧本以集中的时间（从一天的上午到午夜 2 时）和集中的场景（周家的客厅和鲁家的住房），高度提炼了周鲁两家 30 年的旧恨新仇。《雷雨》在戏剧舞台上多次公演，1997 年还被拍成 20 集电视连续剧。《雷雨》的成功之处表现在以下几个方面：

（一）高度的集中性

剧本的集中性特点，表现在剧本的结构上。一个剧本，把人物、事件高度集中在有限的时间和空间里，在观众面前展开尽可能多的人物关系和矛盾冲突是很不容易的。《雷雨》把几条线索交织起来，错综地推进，一环扣一环，在不到一天的时间里，展现众多的人物关系和矛盾冲突，如果不把一切都想透彻是构建不起来的。《雷雨》里有多种矛盾冲突：周朴园与侍萍，周朴园与鲁大海，周萍与四凤，周冲与四凤，周萍与繁漪，周朴园与繁漪。作者以周朴园与鲁侍萍、周朴园与鲁大海的矛盾为主线展开剧情，一个悬念接一个悬念地把矛盾冲突推向高潮。

（二）尖锐的矛盾冲突

戏剧冲突主要表现在人与人之间的冲突上。比如剧中的第二幕，主要突出了周朴园与鲁侍萍、周朴园与鲁大海的矛盾，前者是主要矛盾。在双线交叉的冲突中，周萍出现并打了鲁大海，阶级烙印已深深打在生活环境完全不同的两兄弟身上，他们之间的矛盾已是不可调和的阶级矛盾。鲁侍萍面对这个陌生无耻的儿子，真是百感交集，于是新的悬念产生了，因为此时观众已经知道了她与周萍、四凤的关系。戏剧冲突不仅仅是吸引观众的手段，更重要的是为了展示人物性格、推动剧情发展、揭示主题。

（三）个性化的语言

在第二场戏中，作者通过对话鲜明地刻画人物不同的性格特征。例如，周朴园若干年来一直生活在伪善之中，他在室内保存着 30 年前在无锡与鲁侍萍生活在一起时用的家具，仍保留那时爱穿的绸衬衣、旧雨衣，保持着夏天关窗户的习惯，还要给侍萍修“坟墓”……这些在他未认出侍萍时与侍萍的对话中，很生动地揭示出他那虚伪、自欺欺人的性格。可是当他看到侍萍真的站在他面前时，他直觉感到这会对他的社会地位构成威胁，会侵犯他的利益和尊严，便本能地撕去了伪善的面纱，显露出他那卑劣狡诈、冷酷无情的真实性格。再如，鲁侍萍出场后与周朴园的对话，侍萍的每句话都包含着她 30 年来饱尝的人间痛苦以及她的屈辱、血泪和仇恨。但她还要见见自己的儿子，这是一个女人、一个母亲的真情流露，唯其如此，才更使人物有血有肉、真实可信。

无论是从故事层面、戏剧效果看，还是从更深的人生哲理意蕴看，《雷雨》都是一部值得一读的精彩之作。这里有着“最残酷的爱和最不忍的恨”，有着“最‘雷雨’”的女人，也有着如“一棵弱不禁风的草”般的男人；有在岁月中历练得冷酷但仍残存着一丝温情的老人，也有对生活尚充满幻想的孩子。在这最浓缩的时间与空间里，所有的人都在纠缠着、挣扎着，或为了实现救赎，或为了追求梦想，或为了保持一点眼前的平静，可一切的努力都是无力的，最终的毁灭不可避免。作者欲表达一种人类的命运：人对于一种神秘不可知的力量的“无名的恐惧”和“不可言喻的憧憬”。这是一个 23 岁青年的激情之作，也需要我们以激情去读，用心去感受。当然，多年来《雷雨》不是作为神秘剧而是作为社会剧而大受欢迎的，作者对人们就其作品所作的解释，即“暴露大家庭的罪恶”也表示了认可，这或许说明了这部作品内涵的丰富性。

第八单元　影视艺术欣赏

知识目标

- 掌握影视艺术的含义和要素。
- 掌握影视艺术的欣赏方法。
- 了解影视艺术的代表作品。

能力目标

- 能赏析以《泰坦尼克号》为代表的爱情片。
- 能赏析以《侏罗纪公园》为代表的科幻片。
- 能赏析以《特洛伊》为代表的历史、战争片。
- 能赏析以《断背山》为代表的伦理片。

背景案例

1895年12月28日（电影诞生日），在巴黎卡布辛路的大咖啡馆里，卢米埃尔兄弟放映了《火车到站》、《水浇园丁》、《婴儿的午餐》、《工厂的大门》等12部电影。当时法国的报纸这样描述："灯光一熄灭，里昂贝尔古广场的景象就出现在银幕上，'想用这玩意儿来糊弄我们，'有一个观众悄悄地向他旁边的人说，'这种东西（指幻灯）我已经看了十年了。'突然，一匹马拖着一辆汽车向前走去，紧跟着又是一些汽车，然后又出现一些走路的孩子，他们摆动着手臂和头，他们又说又笑，整个热闹的街道都出现在小银幕上。有一些观众开始窃窃私语，还有一些惊奇得目瞪口呆。当一辆汽车从贝尔古广场那头向剧场里的观众飞速开来的时候，一些观众赶紧作让开的姿势，好几位太太都站起来了，直到汽车拐了个弯消失在银幕的角落里时，才勉强坐下。当看见婴儿喝汤时，人们笑了，不一会，人们又小声议论：'看那些河边的树，树叶在风中颤动。'当放映结束时，大家都鼓掌。从他们脸上可以看出他们惊奇的表情。他们喊道：'这和现实中的完全一样啊！这太奇怪了，这简直是梦。’”

问题讨论

1. 这一案例体现了早期的电影哪些特点？

2. 如何欣赏电影艺术？

影视艺术包括电影艺术和电视艺术。它是指导演和演员等按照一定的影视理念，凭借摄影和录音器材，运用现代物理学、光学、声学等原理，通过蒙太奇等手段，对图像、色彩和声音进行有序组接而构制运动意象的一门综合艺术。虽然影视艺术诞生较晚，但由于文学、戏剧、音乐、美术、建筑、摄影等艺术形式和近代蓬勃发展的科学技术为它打下了坚实基础，所以影视艺术诞生后即得以迅速发展，尤其是数码技术的产生，将影视艺术推向了一个充满无限创意的创作平台。

影视的分类方法多种多样。常用的划分影视类型的标准有三个：场景、情绪、形式。按场景可分为犯罪片、历史片、科幻片、体育片、战争片、西部片等；按情绪可分为动作片、冒险片、喜剧片、剧情片、幻想片、恐怖片、推理片、爱情片、惊悚片等；按形式可分为动画片、传记片、纪录片、音乐片、短片等。

第一节　影视艺术常识

影视艺术是一门综合艺术，是艺术与技术的集大成者，是以影视作品为中心的，融编、导、演、摄、美、录等要素于一体的艺术。对于一个影视艺术欣赏者来说，要想从影视中得到艺术美的感受，必须了解影视艺术的相关要素。影视艺术的构成要素如图 8—1 所示。

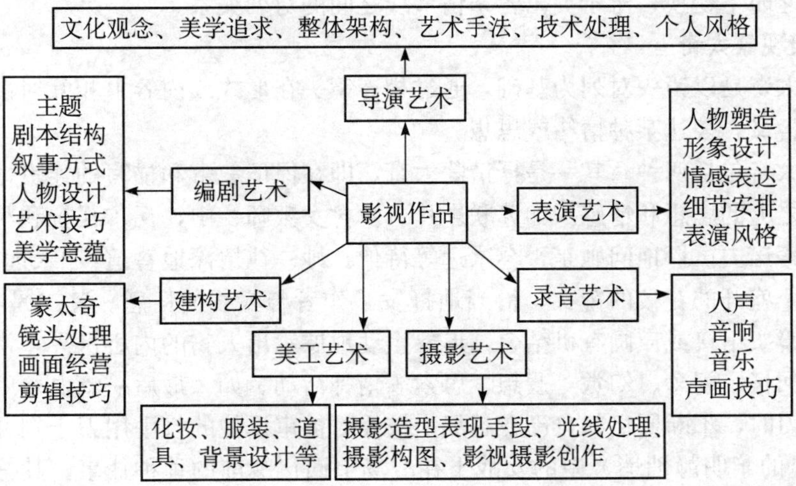

图 8—1　影视艺术构成要素

一、影视建构艺术——蒙太奇

蒙太奇在法语是“剪接”的意思，后被发展成一种电影中镜头组合的理论，是影视艺术的主要叙述手段和表现手段之一。简要地说，蒙太奇就是根据影片所要表达的内容和观众的心理顺序，将一部影片分别拍摄成许多镜头，然后再按照原定的构思将镜头组接起来，产生叙事或“会意”效果。

蒙太奇具有叙事和表意两大功能，据此，我们可以把蒙太奇划分为三种最基本的类型：叙事蒙太奇，表现蒙太奇，理性蒙太奇。前一种是叙事手段，后两种主要为表意手段。

（一）叙事蒙太奇

叙事蒙太奇由美国电影大师格里菲斯等人首创，是影视片中最常用的一种叙事方法，它的特征是以交代情节、展示事件为主旨，按照情节发展的时间流程、因果关系来分切组合镜头、场面和段落，从而引导观众理解剧情。

叙事蒙太奇又分为四种。其一为平行蒙太奇，即以不同时空（或同时异地）发生的两条或两条以上的情节线并列表现，分头叙述而统一在一个完整的结构之中。用这种手法处理剧情，集中情节，节省篇幅，扩大影片的信息量，并加强影片的节奏，相互烘托，形成对比，易于产生强烈的艺术感染效果。如影片《南征北战》中，导演用平行蒙太奇表现敌我双方抢占摩天岭的场面，造成了紧张的气氛。其二为交叉蒙太奇，它将两条或数条情节线迅速而频繁地交替剪接在一起，其中一条线索的发展往往影响其他线索，各条线索相互依存，最后汇合在一起。这种剪辑技巧易引起悬念，加强矛盾冲突的尖锐性，是掌握观众情绪的有力手法，惊险片、恐怖片和战争片常用此法造成追逐和惊险的场面。如《南征北战》中抢渡大渡河一段，将我军和敌军急行军奔赴大渡河以及游击队炸水坝三条线索交替剪接在一起，表现了那场惊心动魄的战斗。其三为重复蒙太奇，即具有一定寓意的镜头在关键时刻反复出现，以达到刻画人物、深化主题的目的。如《战舰波将金号》中的夹鼻眼镜和那面象征革命的红旗，都曾在影片中重复出现，使影片结构更为完整。其四为连续蒙太奇，即沿着一条单一的情节线索，按照事件的逻辑顺序叙事。这种叙事自然流畅，朴实平顺，但缺乏时空变换，难于突出各条情节线之间的对列关系。

（二）表现蒙太奇

表现蒙太奇是以镜头对列为基础，通过相连镜头在形式或内容上相互对照、冲击，从而产生丰富含义，表达某种情绪或思想。

表现蒙太奇包括四种。其一是抒情蒙太奇，即在保证叙事和描写的连贯性的同时，表现超越剧情之上的思想和情感。如苏联影片《乡村女教师》中，瓦尔瓦拉和马尔蒂诺夫相爱了，马尔蒂诺夫试探地问她是否会永远等待他。她一往情深地答道：“永远！”紧接着画面中切入两个盛开的花枝的镜头，恰当地抒发了作者与人物的情感。其二是心理蒙太奇，即通过画面镜头组接或声画有机结合，形象生动地展示出人物的内心世界，常用于表现人物的梦境、回忆、闪念、幻觉、遐想、思索等精神活动。如《最后一滴血》中兰博面对警察手中的剃刀时，不断回忆起自己在越战中被俘时被审讯他的打手用刀子划开胸膛的惨痛经历；《这里的黎明静悄悄》中的女战士在战场上回忆战前的种种往事。其三是隐喻蒙太奇，即通过镜头或场面的对列进行类比，含蓄而形象地表达创作者的某种寓意。如普多夫金在《母亲》一片中将工人示威游行的镜头与春天冰河解冻的镜头组接在一起，用以比喻革命运动势不可挡；又如《战舰波将金号》，在起义被血腥镇压的结尾，导演拍摄了三个不同形态的石狮子——睡着的、醒来的、怒吼的，然后以蒙太奇连接，形成“睡狮醒来发出怒吼”的奇特艺术效果，以此比喻群众的觉醒与反抗。其四是对比蒙太奇，即通过镜头或场面之间在内容或形式上的强烈对比，产生相互冲突的作用，以表达创作者的某种寓意或强化所表现的内容和思想。如电影《教父》中年轻的教父迈克在自己家里举行酒会，宾客盈门，气氛融洽；同时，迈克的手下正在清理各派头领，刀光剑影，气氛紧张。

（三）理性蒙太奇

理性蒙太奇由爱森斯坦“杂耍蒙太奇”而来，是通过画面之间的关系，而不是通过单纯的一环接一环的连贯性叙事表情达意。如影片《十月》中表现孟什维克发表居心叵测的发言时，插入了弹竖琴的手的镜头，以说明其“老调重弹，迷惑听众”；又如，《罢工》中把屠宰公牛的场面与军中警察开枪屠杀罢工工人的场面对列的镜头等，都是运用理性蒙太奇手法。

通过蒙太奇，影视的叙述在时间和空间的运用上取得了极大的自由，从而获得了最丰富的感染力。

二、影视导演艺术

导演的主要任务是把影视文学剧本的文字形象通过蒙太奇手段转化为视觉和听觉结合的银幕形象。导演统领编、演、摄、美、录等各项工作，从这个意义上来讲，影视艺术被称为导演的艺术。

导演的基本素养包括：其一是政治政策水平。导演必须能分析出影片发行后的社会影响。其二是美学素养。导演必须具有很深厚的美学素养，具备自己独特的美学理念，而且能通过作品反映他的美学风格。其三是对其他艺术（如音乐、绘画、舞美、摄影等）有相当扎实的基础知识。

除此以外，导演还必须掌握以下几个方面的能力：

（一）总体构思的能力

导演创作的首要环节是对作品的总体构思，包括主题、人物塑造、样式风格、叙事结构及对造型、音响、节奏等方面的通盘设想。这些构思必须体现他的人生观、美学观，体现他对题材的独特思考和对影视艺术规律的把握，体现他本人的社会阅历和人生体验。有部影片表现了一个穷困的青年音乐家终于被一位音乐大师赏识并受聘代为指挥大型交响乐。可是在上流社会，一个乐队指挥如果没有像样的礼服是无法登台的。于是，青年音乐家的一家都为他的衣着奔忙起来，最后，他们凑钱在寄卖店买了一件不合体的旧礼服。音乐会聚集了社会名流，在金钱、门第起主导作用的社会里，衣着成为人们鉴别等级的标志。青年音乐家刚开始指挥演奏，就听到了背后剧场里响起了笑声，而且越来越厉害。他不明白，回头看了看，接着指挥。笑声更大了。原来他粗壮的身躯将旧礼服给撑开了线。当他终于明白了真相后，愤怒地脱掉礼服，继续指挥演奏。终于，剧场静下来了，听众都被那萦绕心灵的音乐迷住了。青年的指挥才能使坐在台下的大音乐家肃然起敬，他痛感于人们的偏见，也效仿青年音乐家脱下了礼服。全场都惭愧了，他们也先后起立脱下了象征着社会地位的礼服。影片表现的其实是个老掉牙的题材，抨击重外表不重内在的社会陋习。然而，它找到了“脱礼服”这样一个突破点，使得整个短片具有了超凡脱俗、震撼人心的艺术魅力。

（二）场面调度的能力

场面调度是对银幕上人物动作和行动的组织。许多影视作品在拍摄前都有排练阶段，特别是一些大型的战争场面必须先进行排练，如《三国演义》、《赤壁》等影视作品。虽然大部分群众演员是训练有素的士兵，但重复排练、反复试镜的情况时有发生。有些影视作品在拍摄时为追求真实感而采用现场拍摄或“现场直播”，那就更考验导演的场面调度能力了。

（三）物色剧本和演员的能力

一个好的剧本和一批适合的演员是作品成功的关键。物色剧本是导演的权力，也体现其能力。导演在选择剧本时要有“胆”有“识”。有“胆”是指要敢碰有独创性的剧本。有“识”则是指有独到的眼光。如王滨和水华两位导演在物色《白毛女》中喜儿的扮演者时，王滨手里拿着田华和张奇虹两位演员的相片，结果他们认为田华演喜儿较好，因为田华和喜儿不仅气质相似，而且从田华的照片上能感受到一丝愁苦，结果影片和田华的表演都取得了成功。

当然，除此之外，导演还必须掌握结构影视的能力、运用光与色的能力、对音乐的运用能力、对拍摄速度与节奏的掌控能力等。正因为影视艺术是一门综合艺术，所以导演必须具备相关的综合素质。

三、影视表演艺术

演员在摄影机或摄像机前，以自身为创作手段去体现影片内容、塑造人物形象的艺术，统称影视表演艺术。演员是创作者、创作的工具材料和创作的产品这三位一体的统一。观众喜欢影视作品，尤其喜欢影视演员。一些在表演上取得巨大成功的演员被人们称为“巨星”、“影帝”、“影后”。

影视表演艺术是在戏剧表演艺术的基础之上发展而来的，但影视表演艺术由于有摄影机等的介入，又具有自己独特的魅力和表演特点。演员必须具备如下能力：

（一）生活化表演的能力

影视是通过拍摄把生活的原样搬到银幕和银屏上，它必须与生活相一致，要给群众“感同身受”的真实感，因此演员的举手投足、一言一行都要像生活那样自然适度、具体可信，这就要求演员的表演与真实的环境融为一体，做到自然、真实、生活化。

（二）在不连续的拍摄中展示最佳的表演瞬间的能力

演员的表演常常被分割成一个个独立的片断，表演的顺序通常不按剧情的发展顺序进行，演员必须适应那种最经济有效的拍摄顺序，而且这种表演的不连续性还不能割裂人物情绪的连贯性，这就要求演员在开拍前应将角色孕育得非常成熟，开拍时能及时进入应有的创作状态，在现场奉献最佳的表演瞬间，将最好的表演固定在胶片或磁带上。

（三）精准的“镜头感”

演员必须适应摄像机的推、拉、移、摇等运动而不让自己出格，以免破坏人物形象的整体性或画面的整体性。演员表演时，是面对摄影机或摄像机的镜头的，因此，必须建立镜头感，包括对镜头画面效果的具体感受、适应不同景别以及各种摄影技巧的处理、适应电影或电视特有的场面调度等。

（四）当众“忘我”的能力

演员应有排除干扰，当众进入忘我境界的本领。影视创作时需多种人员协助拍摄，繁杂的现场要求演员在创作上高度集中注意力，能够在无穷的等待和反复的技术性排练中节省和积蓄精力，以保持旺盛的创作热情投入实拍。演员必须要适应在摄影机前的表演，掌握好拍摄时与假想对象的交流及借位置、借视线等特殊的拍摄要求。

（五）综合性的表演技术

演员还必须掌握和磨炼自身的外部表现工具——形体、五官、声音、语言以及各种技能，并掌握一整套表达人物情感、思想的内部心理技巧，能依据剧本，在导演指导下进行二度创作，将艺术形象从剧本上搬到银屏上。一流的演员能胜任多种角色。如中国演员姜文，在影片《末代皇后》中扮演性格阴郁多变的末代皇帝，而在《红高粱》中扮演一个生命力旺盛的轿夫，姜文塑造的两个人物形象都相当出色，表现出他“演技派”的表演才能。除此以外，演员还应该掌握多种技能，如骑马、开车、游泳、格斗、射击、唱歌、跳舞等，为适应各种角色的创作需要，应更多地练习或学会各种技能。

四、影视摄影艺术

摄影艺术是一种具有时空性质的、由运动着的光与色构成的造型艺术。摄影师可以通过自己的劳动，用镜头将剧本所描绘的故事情节、人物命运、矛盾冲突等化为造型形象，给观众以完美的视觉感受。

（一）镜头的运动

镜头不仅仅是指摄影的物镜，更多的是指摄影机从开拍到停止期间所拍摄下来的不间断的全部影像。一部故事片一般由400个到800个镜头组成，多则上千个，少则一个。连续拍摄时间超过一分钟的镜头称为长镜头。影视作品必须通过镜头的变化和运动使画面的视野和内容发生变化，使人物与景物都运动起来，这样才能显示影视艺术的动态魅力。

镜头内部运动包括变焦距镜头、快镜头和慢镜头。运用变焦距镜头可以模拟产生移动的错觉效果，有时还用来造成虚实焦点的对比，一般适合表现人处在静态时的内心活动和视线的变化。慢镜头可以分解一些精彩、高难度或关键的动作，也可抒发人物的内心情感，创造出腾云驾雾、扑朔迷离的神奇效果，适宜拍摄体育纪录片或功夫动作片，如在《黑客帝国》中，尼奥为了躲避电脑人的射击，向后弯腰，这时，时间突然放慢，从枪管射出的子弹竟然缓慢飞行过来，这段精彩的慢镜头就是经典的“子弹时间”，是本片最突出的画面。运用快镜头则可以通过压缩动作来加快节奏，造成一种风驰电掣、惊心动魄的速度感，也可夸张人物动作，而产生某种机械、疯狂的喜剧效果。

镜头外部运动，其实也是摄影机的外部运动，可分为“推、拉、摇、移、俯、仰、跟、甩”等。

1. 推

推是指镜头由远至近向相对静止的拍摄对象逐渐推进的拍摄方式。它可以表现出空间的递变，使人产生身临其境的感觉。镜头的快推显得节奏急促、视觉冲击力强，镜头的慢推则显得节奏舒缓、抒情味浓。

2. 拉

拉是指将摄影机由近向远拉开，逐渐远离拍摄对象的拍摄方式。它可以让画面形象由少变多、由局部变成整体，主要是用来交代人与人或人与环境之间的关系，表达人物特殊的心境，使观众产生丰富的联想和感受。

3. 摇

摇是指摄影机位置不变，让镜头利用活动底盘并以此为轴心左右、上下或旋转运动的拍摄方式，又称为定点拍摄。它可以使描述空间、介绍环境等方面更自由、更灵活。左右横摇可用来展现宏大场面；上下直摇则可展示物体的雄伟、险峻；旋转镜头可使画面影像旋转起来，给人热烈、欢快的感觉，具有较强的艺术感染力。左右和上下方向的摇镜头的速度可快可慢。快摇又称为甩镜头，拍出来的画面具有快速变化、动感强烈的效果，常用在动作片或追逐场面上。慢摇则适合表现抒情、凝重的场面，突出庄重感。

4. 移

移是指摄影机跟随拍摄对象的行动作上下、左右运动的拍摄方式。移动镜头可以使画面突破四周限制，扩展画面的表现空间，不断改变画面的构图，既丰富了画面表现力，又使观众产生强烈的运动感和节奏感。左右横移镜头适合展现广阔的生活场景，而垂直移动拍摄方法往往可以营造出宏伟的气势。

5. 俯

俯拍，常用于宏观地展现环境、场合的整体面貌。

6. 仰

仰拍，常带有高大、庄严的意味。

7. 跟

跟是指摄影机跟随拍摄对象并保持相等距离运动的拍摄方法，即镜头与影像“形影不离”。它可以让观众比较细致地观察处在运动状态中被摄主体及其环境的变化，并产生与其相似的心理节奏，具有较强的穿越空间的感觉，因而适于连续表现人物的动作、表情或细节的变化。在日本影片《罗生门》中，为了表现强盗多襄丸的剽悍、蛮顽、狡猾的山贼本性，导演运用大量快速跟拍镜头来展现多襄丸在山林中疾驰、跳跃、穿梭等动作。《生死时速》、《卧虎藏龙》、《金刚》等影片中的追逐、打斗场面大量使用跟镜头，从而营造出一种紧迫、真切的气氛。

8. 甩

甩镜头，也即扫摇镜头，指从一个被摄体甩向另一个被摄体，表现急剧的变化，作为场景变换的手段时不露剪辑的痕迹。

（二）摄影与用光

影视摄影其实就是用光来进行绘画。不同角度与不同组合的光可营造出不同的拍摄效果。

按光的来源，可分为自然光源和人工光源。自然光适合表现自然真实的画面，突出纪实风格。人工光则是画面造型的主要手段。

按光的质量，即光线相对集中的程度，可分为柔光和硬光。柔光又称软光，或散射光，因照射效果柔和、均匀而适合表现纯净柔美的相貌以及欢快、明亮的情绪和气氛。硬光，又称直射光，因照射效果明暗对比强烈且不均匀而适合表现棱角分明的相貌以及阳刚或阴险的性格，更适宜制造悬念、恐怖等紧张气氛。在《蝴蝶梦》中，区别用光使德温特太太的清纯柔美和老管家婆的阴森恐怖形成鲜明对比。

按光照射被摄对象的方向，可分为前置光、侧光、背光、顶光、底光等五种。前置光射在被摄体的前面，使其显得扁平、呆板。侧光打在被摄体侧面，使其层次分明，产生一种严峻感。背光又称逆光，从被摄体后面射来，可以勾勒出其轮廓。从被摄体下方照射的底光，使之产生变形感，适于营造恐怖或狰狞的效果。顶光从被摄体上方照下，会产生大片阴影，给人一种神秘莫测的感觉。

按光的亮度可分为强光和弱光。强光可使被摄体明亮清晰，轮廓和细节较分明。弱光则使被摄体阴暗模糊，轮廓和细节不明显。两种用光具有不同的造型作用，可以产生不同的艺术效果，创作者可根据要求控制不同光亮，选择合适的照明亮度。

按光的基调，可分为明调、暗调。明调用光柔和、明亮，画面给人纯净明朗、赏心悦目的感觉，多用于爱情喜剧片和音乐歌舞片。暗调明暗对比强烈，画面比较深沉、阴郁，多用于恐怖片、黑帮片等。

（三）摄影与色彩

色彩具有表情性，创作者可以通过色彩的配置结合、色调的设计确定等途径来发挥色彩的造型功能，并产生特定的色彩艺术效果。例如，白色表示纯洁、透明、寒冷，红色表示热烈、温暖、兴奋、愤怒、刺激、危险，蓝色表示平静、有力、空虚、阴冷、抑郁等，黄色表示明朗、欢乐、懦弱等，绿色表示纯净、生长、安全，紫色表示高贵、牺牲等。每部影视都有它的基本色调，如《林家铺子》以灰色为基调，《红高粱》以红色为基调，《满城尽带黄金甲》以黄色为基调。

不同的色彩配置可以造成画面的浓与淡、明与暗、暖与冷、丰富与单纯等不同的视觉感受，从而起到造型作用。运用色彩的变化，可以显示或表达人物情绪的变化，从而创造出独特的艺术效果。如《鬼子来了》的结尾，马大山的头颅被砍落在地上，画面由黑白转成红色，然后又变成彩色，说明过去一直黑白不明、敌友不分的马大山，直到临死前才把这个世界看真切、看明白。

五、影视声音艺术

影视声音艺术包括人声、音响与音乐。

（一）人声

人声主要由对白、旁白和内心独白组成。

影视的对白必须符合人物的性格、年龄、性别、气质、身份和不同的场景与对象，必须尽可能的口语化、生活化。如电视剧《三国演义》中张飞的急躁、关羽的沉稳、刘备的仁厚、诸葛亮的深谋远虑、董卓的骄横、曹操的猜疑，在他们之间的对白中表现得淋漓尽致。

影视的旁白即画外音，在影视中可起到介绍剧情、刻画人物和交代说明的作用。如《大决战》就运用了庄严、雄浑、凝重的男声画外旁白，营造了一种宏大的气势和纪实政论融为一体的风格；电视剧《围城》则用诙谐、调侃的旁白营造出一种轻松幽默的气氛。

独白主要表现为人物内心情感的流露。如影片《海角七号》中日籍男老师只身搭上了离开台湾的船只，也离开了他在台湾的恋人友子，他无法当面说出对友子的感情，因此，他把怀念与爱恋写在一封封信上，运用独白的方式表达出来，感人肺腑。

（二）音响

音响是影片中除语言及音乐之外的自然界和人为的所有声音效果，包括动作音响、自然音响、背景音响、机械音响、枪炮音响、特殊音响等。音响在影视作品中能增强生活气息、烘托气氛、扩大视野，也能产生真实的效果和强烈的情感体验。如《愤怒的人》中巡警追击匪徒的一场戏，驾车、倒车、换挡、撞倒油桶、加大油门、猛烈急驶等各种声响，简直把观众带到了现场；《乡音》中油榨房的三次撞击声，一次揭示出山村生产力的落后，一次揭示出古老的乡村仍被落后的观念和生产方式束缚，一次揭示出陶春病重手术后的悲观情绪。

（三）音乐

影视艺术的音乐可分为器乐和声乐。影视的音乐有四个方面的作用：

1. 表现作品的主题思想

用片头曲或片尾曲的形式来表现，如美国影片《魂断蓝桥》的主题曲，主题音乐旋律在影片关键时刻每每响起，声与画的同步深化了主题；又如电视剧《汉武大帝》、《康熙王朝》的主题歌，雄浑悲壮，成功地表达了作品的主题。

2. 抒发感情

当人物的感情发生强烈变化时，影视音乐常给人带来强烈的感情冲击。如戏曲影片《红楼梦》中林黛玉病危、即将含恨而去时，却突然响起轻松、欢快的结婚喜庆音乐，这种强烈的声画对比突出了潇湘馆的悲剧气氛，感人肺腑、催人泪下。又如影片《魂断蓝桥》的主题曲《过去的好时光》、《泰坦尼克号》的主题曲《我心依旧》、《红日》的插曲《谁不说俺家乡好》等，都是震撼人心、令人难忘的影视音乐。

3. 展示民族特色

影视音乐可以展示地方色彩和民族风情，已成为各国、各民族、各地区展示独特风情的有声名片。

4. 连接画面，创造节奏

影视音乐常常用来连接不同画面。如《青春之歌》林红临刑前的情节中，《五月的鲜花》把剧情自然得体地连接在一起；美国影片《霹雳舞》利用其热情奔放的音乐，给影片平添了一种动态之美和积极向上的感染力。

六、影视数字化艺术

随着科技的发展，影视制作进入数字化时代，即运用计算机多媒体技术制作声音和画面，为影视艺术家的创意提供了更大的挥洒空间，拓展了影视艺术的内涵和表现力，观众也由此观赏到更多、更精彩的影片和电影剧。数字化技术正深刻地影响着影视艺术的改革，表现出数字时代的影视艺术美。

（一）模拟真实情景，超越真实情景

使用电脑参与创制画面不仅能模拟真实，甚至还能超越真实，取得难以想象的画面效果。如《泰坦尼克号》中男女主角生死分别一幕的经典镜头、《星球大战前传》等科幻片，均是以二进制数据为基本单位、由计算机生成的影像，这种与传统电子或模型特技、洗印合成截然不同的图像，极大地拓展了影视艺术的表现空间。

以前的电影特技都通过高超的拍摄制作技巧完成，偏重制作技巧和技术层面。现在，一些演员不可能直接完成的高难度特技，可以通过数字技术来实现。特技影视中最吸引人的除了动人的情节外，就是各种视觉特技效果了。影视数字特技既能极大地满足人们的情感体验需要，又可以为影视创作提供新的思维空间，拓展艺术视野。

（二）丰富表现形式，拓展创作空间

影视数字化丰富了影视艺术的表现形式。数字化技术提供了崭新的影视创作空间，使用计算机化的摄像机可以把预见和想象的画面、素材转换成数字信号输入电脑，利用虚拟现实技术，创造更多的视觉奇观，创造虚拟世界，改写电影、电视历史新篇章。

（三）丰富传播形式，扩大传播范围

影视数字化丰富了影视艺术的传播形式。数字艺术使影视走进家庭，走进手机、MP4

等新的传播媒介，使影视艺术的传播更加便捷。

第二节　影视艺术的审美特征与欣赏方法

要欣赏影视艺术，必须先掌握影视艺术的审美特征。

一、影视艺术的审美特征

（一）艺术元素的综合性

影视艺术吸收音乐、舞蹈、绘画、雕塑、建筑、文学、戏剧等艺术在千百年来的实践中积累起来的艺术精华，不仅综合了各门艺术中的多种元素，还对其进行了具有质变意义的组合改造，使得这些艺术元素进入电影和电视之后相互融合，形成电影和电视自身的新特性，并使得电影和电视最终成为两门崭新的、独立的艺术。

（二）客观环境的逼真性

影视艺术总是通过摄影技术，对真实的人和环境进行录制和拍摄，逼真地记录和复现客观世界，科技的发展更使得它们能够逼真地再现事物的声音和色彩。可以说，在所有的艺术形象中，影视艺术形象最真实、最直观，能在人们眼前精确地再现出事物的一切细微特征，从而具有其他任何艺术无法企及的真实反映对象的独特能力。从这种意义上讲，电影电视的本性就是纪实性，也就是逼真性。

（三）现实情境的虚拟性

影视艺术在通过镜头逼真地再现真实物境的同时，还刻意制造了一个和真实生活拉开距离的虚拟世界，特别是那些充满奇思妙想的科幻影片，通过模型、特技、洗印合成或数码特技等手段，就可以实现真实世界的简单变形或移位，让观众在平淡的日常生活之余，进入这个特别的虚拟空间。比如，《泰坦尼克号》一片中的沉船场面、女主角罗丝企图自杀的场面和那被称作经典浪漫镜头的男女主角在船头上的造型，都是根据现实虚拟的情境。但观众在欣赏时基本不需要任何思考就能进入导演特意再造的艺术虚拟空间，暂时忘记真实生活中的紧张和烦恼，获得一种真实生活中无法获得的审美愉悦。这正是影视艺术现实虚拟性的表现，也是在快节奏的现代生活方式下人们喜爱影视作品的主要原因。

（四）时空意象的运动性

构筑运动过程的意象是影视艺术的基本特性。影视中创制运动意象的媒介手段主要是演员表演和影视剪辑，演员按剧本和导演意图诠释影视形象，并借助摄影分镜头而形成胶片，再借剪辑组接分镜头，就能创造出有别于现实生活的独特的影视时空意象，并借助压缩和精炼诸如人物对话等有声语言及音乐的变化，表现环境的变化，表现心理的活动，表现生活的进程。

（五）场景动作的特技性

无论是近百年前，还是现在世界各地的影视制作，都离不开科技，特别是现在，以那些光怪陆离的电脑动作特技去制造某些情节和场景上的特技镜头，不仅能让观众看得眼花缭乱，而且能使故事情节变得扑朔迷离。现代数码技术的发展使影视特技的制作更加方便，它已成为现代影视制作的重要手段。

二、影视艺术的欣赏方法

(一) 从演员形神兼备、惟妙惟肖的表演来欣赏表演艺术

演员是影视作品中最基本的、最重要的元素。演员要从外形、气质、修养和技巧上演绎角色、吸引观众，就必须对角色进行审美理解和倾心演绎，才能使剧本中的人物在影视作品中重生，才能从人物的外形、谈吐、风度、服饰、动作、神态、性格、气度等视觉元素上为观众呈现栩栩如生的银幕形象。如喜剧巨星卓别林在其自导自演的《城市之光》中，把幽默夸张的表演方法同现实主义表演方法融为一体，带有浓厚的戏剧夸张和装饰性，将动作、表情放大，以此把真切感受与人情味注入剧情之中，突出效果。他凭借高超的演技和夸张的表演，在音乐和必要的文字提示下，以动作与表情延伸故事情节、刻画人物性格。尤其是最后他与卖花姑娘相认时的眼神、表情，更是透视出他对下层人物的人道主义关怀，这是当时的一大创新。

(二) 从匠心独运、起伏跌宕的结构安排来欣赏结构艺术

欣赏影视作品要从影视剧本与影视作品的故事情节安排的顺序来看，更要运用影视思维，从各个角度分析影片的思想性和艺术性。影视作品所追求的结构美应该做到雅俗共赏，不仅要让专业人员看懂，而且要让一般观众看明白。真正具有结构美的影视作品，一定能够抓住原著的精髓，用影视化的创作手段在银幕上再现原著的精神。如苏联影片《这里的黎明静悄悄》采用的是时空交叉性结构，分别描写当代生活、过去残酷的战争岁月、年轻女兵的回忆与幻想的时空。如美国电影《公民凯恩》，虽叙事平淡，但别出心裁、耐人寻味。著名法国电影理论家安德烈·巴赞认为："影片把错综复杂的事物呈现在观众面前，却未把凯恩的一生完全点破，非常高明。"《公民凯恩》以其独特的结构美而成为现代电影和传统电影的分野标志和转折点，赢得了"现代电影的纪念碑"的高度赞誉。

(三) 从曲折生动、荡气回肠的故事情节来欣赏编剧艺术

影视作品的故事情节大都取材于生活，剧中的角色可以看作观众角色的代言人。不同角色之间的性格冲突就构成了影视作品的情节。影视作品的编剧就如同雕塑家，只有根据自己对素材、目标观众的审美习惯以及已有的艺术修养、表现技巧和审美价值观等的理解进行艺术加工，才能创造出让人荡气回肠的影视作品。武侠小说在社会上一直受到追捧，其中一个重要因素是因为它的曲折生动、荡气回肠的故事情节美。武侠小说大师金庸曾经在自己的作品后记中提及：武功实际上不可能，而人性却是可能的。也就是说，即使是在传奇神秘的故事情节中，表现的也是普遍的人性——角色的喜怒哀乐与观众的情感很相似，生活逻辑的真实与艺术的真实很接近。

(四) 从视听美感、赏心悦目的影像来欣赏影视的音画艺术

随着蒙太奇手法的深入发展、影视制作进入数字化时代，借助摄影机和镜头的分切、组合，可以把剧本和导演的逻辑、思想化为声画合一的视觉形象，把各种形象的局部联结成整体，渗透融进丰富、深刻的社会内容，成为视与听、动与静、感性与理性的有机统一。如香港电影《功夫》，不论是电脑特技，还是武术功夫中的硬桥硬马，抚琴波动拳、狮吼功、十二路谭腿、蛤蟆功等的实打，都让人看得眼花缭乱，特技与剧情相得益彰，具有震撼、爆笑的魅力。

第三节　作品欣赏

一、爱情片《泰坦尼克号》

（一）剧情简介

1912年4月10日，被称为“世界工业史上的奇迹”的“泰坦尼克号”从英国的南安普敦出发驶往美国纽约。富家少女罗丝与母亲及未婚夫卡尔一道上船，另一边，不羁的少年画家杰克靠在码头上的一场赌博赢到了船票。罗丝早就看出卡尔是个十足的势利小人，从心底里不愿嫁给他，甚至打算投海自尽。关键时刻，杰克一把抱住了罗丝，两个年轻人由此相识。为排解罗丝心中的忧愁，杰克带罗丝不断发现生活的快乐。很快，美丽活泼的罗丝与英俊开朗的杰克相爱了。罗丝脱下衣服，戴上卡尔送她的项链，让杰克为她画像，以此作为他们爱情的见证。后来，泰坦尼克号撞上了冰山。惨绝人寰的悲剧发生了，船上一片混乱，在危急之中，人类本性中的善良与丑恶、高贵与卑劣更加分明。杰克把生存的机会让给了爱人罗丝，自己则在冰冷的海水中被冻死了。老态龙钟的罗丝讲完这段哀恸天地的爱情之后，把那串价值连城的项链沉入海底，让它陪着杰克和这段爱情长眠海底。

（二）艺术欣赏

《泰坦尼克号》（剧照见图8—2、图8—3）投资2亿多美元，获1998年奥斯卡最佳影片、最佳导演、最佳音效、最佳摄影等11项大奖，取得了巨大成就。

图8—2　《泰坦尼克号》剧照一

图8—3　《泰坦尼克号》剧照二

1. 场景美

首先是泰坦尼克号本身之华美。泰坦尼克号这艘“规模空前绝后、豪华新颖、舒适、举世无双的船”，本身就是美的化身、美的象征。在这艘船上有达到甚至超过宫殿的陈设，无处不给人美的享受。其次是沿途风景之美。《泰坦尼克号》中的大西洋是美丽而多情的。白令海的晚霞和夜空璀璨的星星，美得让人心旷神怡，美得让人们对未来的生活充满憧憬，也让罗丝和杰克对他们的爱情充满憧憬。最后是场面之凄美。本片有许多感人的凄美场面，就连沉船时发射到夜空的求救火箭，也在向那些将死的人们尽情地展示着炫目的美。

2. 语言美

剧本的语言像抒情散文诗一样美丽。如剧本所描述的：“锋利如刀的船艏劈开如一块硕大无比的通体透蓝宝石的海面驶向前方……阳光明媚，万里无云，一切都在祝福，祝福万事如意”，“水中，漂浮着的白色救生衣在黑色的海面中犹如一片片绽放的睡莲，在群星璀璨的天幕下，表现出一种凄婉的美……”

3. 人性美

首先是职业道德美。让观众心灵受到冲击和洗礼的，既有人性的善良，也有船上工作人员崇高的职业道德。在巨轮即将倾覆，人们争相奔向放入大海中的一条条救生艇时，那些忠于职守的船员们，他们没有人想到一小时以后他们的位置，只要还有一个乘客没有获救，他们就不能先于乘客离船，因为职业道德高于一切。船员迈达特在误杀了下等舱乘客托米后，悔恨交加地举起右手，庄重地向人群行了个礼，然后举起左手的手枪对准自己的太阳穴，扣动了扳机。这是崇高的职业道德的最好表现。泰坦尼克号的乐队一直在甲板上认真地演奏着。人们在他们身边往来穿梭，各自逃命，但他们却一丝不苟地坚守他们的岗位。其次是爱情之上的人性美。本片对爱情的刻画是动人的、成功的。导演詹姆斯·卡梅隆摆脱好莱坞爱情电影的俗套，让观众透过爱情看到了人性的伟大。杰克在生死关头把生存的机会留给心爱的人，并鼓励她继续活下去，直到自己变成冰人沉入海底。这是由爱情升华为人性品格的高尚：高于爱情的舍己为人。这种主流的文化价值更加通俗地深入到观众心里。

4. 音乐美

熟知英语文化的人都知道苏格兰风笛的旋律和乐音是伴随苏格兰男性征战沙场的，为了突出女性世界与男权社会的交锋，导演詹姆斯·卡梅隆在片中插入了大量具有浓烈民族韵味的苏格兰风笛的旋律。片头曲《没有绝对》以婉转、悠扬而略带沙哑的风笛声和浑重、低沉而恰似呜咽的乐音将观众带入优美而凄惨的故事中；片中插曲《罗丝》、《无能为力》、《去留之间》、《世事难料》均插入了苏格兰风笛的旋律。影片通过音乐对爱情作出了更美妙也更经典的诠释。由加拿大女歌手席琳·迪翁演唱的主题曲《我心永恒》是该影片音乐成功之处的集中体现。歌曲的旋律从最初的平缓到激昂，再到缠绵悱恻的高潮，一直到最后荡气回肠的悲剧尾声，短短四分钟的歌曲实际上是整部影片爱情故事的浓缩版本。透过音乐，我们发现爱情原来如此简单却如此美妙。

二、科幻片《侏罗纪公园》

（一）剧情简介

本剧根据迈克尔·克里奇顿同名小说改编。古生物学家格兰特博士和女博士萨特勒一直在蒙大拿州寻找恐龙化石。这次他们应亿万富翁哈蒙德博士的邀请，到几百里之外的一座海岛去主持鉴定哈蒙德博士使恐龙复生的方法。哈蒙德博士在进行恐龙研究过程中发现一只吸了恐龙血、藏在树脂化石中的蚊子。他从恐龙血中提出DNA，复制出恐龙，并建成一个恐龙“侏罗纪公园”。没想到的是，员工丹尼斯为报复哈蒙德，私自关闭了公园的安全系统，盗走部分恐龙蛋，并冒险打开公园大门准备出逃，后在出逃过程中被恐龙咬死。格兰特博士一行人在参观恐龙孵化场的途中，发现公园安全系统失灵，高压电围栏出现故障，这时一只霸王龙出现在安全车前，危急中他们躲到悬崖下面才幸免于难。为恢复公园围栏的高压电，两名管理员遇难，公园内恐龙纷纷出动，情况岌岌可危。后来历经千难万险，女博士萨特勒接通围栏供电。在控制中心，格兰特一行受到两只凶悍的猛龙的攻击，陷入绝境，这时曾被他们救过的霸王龙出现，与两只猛龙激战，格兰特等一批幸存者终于逃出险恶的侏罗纪公园，乘直升机离开，但岛上的恐龙仍然活着，危机并没有解除。

（二）艺术欣赏

《侏罗纪公园》（剧照见图 8—4、图 8—5）创造了极高的票房纪录，并获 1994 年奥斯卡金像奖最佳音效、最佳音响编辑、最佳视觉效果三项大奖。作为轰动全美的科幻片，该片自有它突出之处。

图 8—4 《侏罗纪公园》剧照一

图 8—5 《侏罗纪公园》剧照二

1. 特技制作

首先表现在仿真机器恐龙的制作上。其次是数字技术的充分运用。在本片中，制作人员创造了腕龙、速龙、三角龙、暴龙、盔龙等各种大小不同的恐龙，均有逼真的外貌、生动的表情和敏捷的动作。本片更创造了电影史上第一次出现的 20 米高（真实比例）的暴龙，又加入了电脑动画处理，高潮时有暴龙大战两条速龙的动作场面。而充满活力、行动迅速的速龙，在橡胶肌肤下则是一副经精心设计的金属骨架并连有电线，使它的每一个关节都活动自如。诸如此类的特殊制造，使片中出现的每一条恐龙几乎可以以假乱真。其中最令人津津乐道的几场恐龙特技，如长颈的腕龙在一片原野上津津有味地嚼食大树上的树叶，细小的速龙从恐龙蛋中孵出，一大群速龙在原野上追赶格兰特博士及两个小孩等场面，其逼真程度非亲眼目睹不能置信，堪称电影特技史上又一重大突破。

2. 逼真的音响效果

影片首次采用 THX 环绕声方式录制，音响效果极其逼真。恐龙那种低沉而巨大的吼声，使人感到这绝非是当今世界所有，恐龙身躯的庞大超出人们的想象，视盘重放的音响清晰自然，画面大多呈暗色调，但有较好的层次感。片中音乐壮阔恢宏，同影片一样享誉全球。

3. 对社会心理的提振作用

1993 年，是美国、日本甚至西欧各国均陷入严重不景气的一年，经济复苏遥遥无期，失业率居高不下，民众普遍对前途产生恐惧心理。在《侏罗纪公园》中对人类展开致命攻击的恐龙，正象征着“经济不景气”这头大怪兽。当观众看着银幕上的主角被恐龙百般摧残，最后却能凭机智与勇气突围而出捡回性命时，在心理上会产生一种难以言喻的宣泄感，走出影院之后又能抬头挺胸地面对人生。这种对怪兽片的移情作用，曾帮助 1933 年面世的《金刚》创下辉煌的卖座纪录。因为在 20 世纪 30 年代初期，美国正陷于经济大崩溃的边缘，观众希望银幕上能出现一个让他们宣泄对现实不满的对象。把纽约市搞得天翻地覆的大猩猩满足了人们的欲望，影片遂得到票房的回报。60年后，《侏罗纪公园》大受观众欢迎的心理背景与《金刚》如出一辙。

4. 通俗易懂的科普方式

本片的故事情节发展其实相当简单，编导只是在介绍了一个时空背景之后，就让各式恐龙四处肆虐制造大灾难。导演斯皮尔伯格聪明的地方是运用轻松活泼的方式解释科学方面的理论。例如，以幻灯片和动画方式说明科学家如何借琥珀化石中的“蚊血”来复制恐龙，将高深的科学理论变成有趣的科教普及片。适时制造幽默笑料来平衡紧张刺激的气氛也取得了成功：吃素的腕龙朝小女孩蕾克丝打喷嚏，喷了她一脸，使先前恐龙出现时造成的提心吊胆的气氛登时得到缓和。此外，全片虽不乏惊栗恐怖的场面，却绝少卖弄血腥，因此青少年观众亦能欣赏。事实上，编导为了迎合青少年观众，特别把小女孩蕾克丝塑造成电脑小天才，小男孩蒂姆则是生物学小天才，并且在高潮中让蕾克丝把控制中心的电脑系统修复，挽救了众人的生命；而原来讨厌小孩的格兰特博士，后来也变成了他们的救星。这种种设计，都符合了当时好莱坞电影凸显童星重要性的潮流，也贯彻了斯皮尔伯格一向持有的赤子之心。

5. 意味深长的结局

虽然格兰特博士一行逃离了公园，但影片的高明之处是，通过恐龙的依然存在，让人们发现，尽管侏罗纪公园成功复活了恐龙，但无法控制和改造它们，大自然有自己的规律。而且，本片的结局是多位主角乘直升机离开令人惊心动魄的侏罗纪公园，但岛上的恐龙仍然活着，危机并没有解除，很显然是为了拍摄续集而预留伏笔。

三、历史、战争片《特洛伊》

（一）剧情简介

公元前1193年，特洛伊大王子赫克托尔和二王子帕里斯在希腊斯巴达王麦尼劳斯的宫中受到了盛情的款待。但是，帕里斯却和麦尼劳斯美貌的妻子海伦一见钟情并将她带回了特洛伊，恼怒的麦尼劳斯和他的兄弟迈西尼国王阿伽门农兴兵讨伐特洛伊。

希腊联军的统帅阿喀琉斯和特洛伊大王子赫克托尔在战争中成为双方各自的英雄。由于特洛伊城池牢固、易守难攻，希腊军队和特洛伊勇士们对峙长达10年之久，最后英雄奥德修斯献上妙计，让希腊士兵全部登上战船，制造撤兵的假象，并故意在城前留下一具巨大的木马。特洛伊人高兴地把木马当作战利品抬进城去。当晚，正当特洛伊人沉湎于美酒和歌舞的时候，藏在木马腹内的希腊士兵杀出，打开城门，里应外合，特洛伊立刻被攻陷，杀掠和大火将整个城市毁灭。

（二）艺术欣赏

1. 英雄主义的表现

《特洛伊》（剧照见图8—6、图8—7）中的两个主要人物希腊英雄阿喀琉斯和特洛伊英雄赫克托尔是塑造得最具有英雄性格品质又具有鲜明个性的形象。阿喀琉斯是海神的女儿与一位人间英雄的孩子，天生神力且刀枪不入，坦率、真诚，在战场上他骁勇善战、奋不顾身但性格暴烈鲁莽。特洛伊之战前，母亲告诫他不要参战，他愤怒地叫道：“如果命运女神不让我保护我的被杀的朋友，我宁愿去死！”在生存与死亡、平庸与荣誉之间，阿喀琉斯毅然选择了荣誉，也选择了死亡。赫克托尔是一个十分感人的领袖形象，更具有英雄主义气概和集体主义精神。他年轻而凛然，有着王者尊严；他也一样勇敢无畏、意志坚定、果敢务实。他富于正义感，他预知到战争的结局是毁灭，但作为国家最好的勇士和领袖，他只能选择战斗。他毅然肩负起保家卫国的重任，代父上阵，身先士卒，最后血洒疆场。与阿喀琉斯相比，赫克托尔的感情世界要更为深沉、复杂。

图 8—6　《特洛伊》剧照一

图 8—7　《特洛伊》剧照二

2. 悲剧色彩

影片中的悲剧色彩在战争中英雄的逝去、爱情的毁灭及特洛伊的灭亡中体现得淋漓尽致。一是人物的悲剧。阿喀琉斯具有健壮的身体、敏锐的头脑和一颗冷酷与火热并存之心。他一生所追求的梦想就是国家的荣誉、勇士的荣誉。他为荣誉而生，也为荣誉而死。赫克托尔是又一典型悲剧人物。为了国家的荣誉，赫克托尔选择了舍弃妻子与儿子，宁愿牺牲自己的生命也要捍卫国家。二是悲剧的战争。战争是人类最大的敌人，战争意味着死亡、分离与痛苦。战争题材被视为永恒的悲剧。影片最后那燃烧尸体的火焰直冲天际的情景，那原本固若金汤、坚不可摧的特洛伊城堡受到战争摧残化为灰烬、成为废墟的情景，将全片的悲惨结局展现在了观众的面前。三是爱情的悲剧。战争因特洛伊二王子帕里斯与海伦的爱情而引起；赫克托尔为了保家卫国毅然选择了为国家而出征，放弃了自己最爱的妻子，牺牲了自己的爱情；阿喀琉斯与虔诚祭神的女祭司之间的爱情在战争中萌发，这从一开始就是个悲剧：阿喀琉斯用利剑砍去太阳神像的头颅这一亵渎神灵的举动与女祭司的神圣使命是相互矛盾的，所以他们爱情的悲剧结局也是必然的，当盟军的木马计成功得以实施，特洛伊城沦陷，阿喀琉斯与女祭司的爱情即将成为整部影片中唯一令人欣慰的一幕上演时，特洛伊二王子帕里斯用一根利箭射穿了阿喀琉斯的死亡之穴。尽管一生英勇善战，尽管被称为英勇无比的战神，但最终决定阿喀琉斯的命运的却似乎是爱情。

3. 宏大而壮观的场面

《特洛伊》是一部史诗性好莱坞大片。影片中多处使用长镜头，展现爱琴海上千帆竞渡的宏伟场面和古战场上千军万马斗争的场面，给观众以强烈的视觉冲击。

四、伦理片《断背山》

（一）剧情简介

故事发生于 1961 年的得克萨斯州和怀俄明州，农夫杰克和牛仔希斯邂逅，孤单寂寞让两个不到 20 岁的少年互相爱上了对方。他们在篝火边长谈，在帐篷里欢爱。一个人做饭，另一个去放羊，总是早早起床，推一推还在熟睡的另一个，道一声明天见，就骑马冲进寒冷的夜里。虽然彼此真心相爱，但是迫于世俗压力，他们各自结婚生子，只能每年在一起度假。随着年龄的增长，两人的感情愈加浓厚炽烈，无法满足一年只有几天的团聚。可是怀俄明州的牛仔们嘲笑同性恋，还会用各种方法折磨他们，这让希斯没有勇气承认和接受与杰克共同生活。杰克因一场意外不幸去世。希斯第一次来到杰克父母的农场，想遵照他的遗愿把他的骨灰带到两人初识的断背山。在杰克的房间里，他发现了一个小秘密。这个小秘密让希斯认识到杰克有多爱他，自己有多爱杰克。但是，不管这份爱有多强烈，最终他们拥有的只有那座断背山。

（二）艺术欣赏

《断背山》（剧照见图 8—8）曾获多项国际大奖：第 62 届威尼斯国际电影节最佳影片金狮奖，第 63 届美国电影电视金球奖剧情类最佳影片奖、最佳导演奖、最佳改编剧本奖、最佳原创音乐奖，第 59 届英国电影学院奖最佳影片奖、最佳导演奖、最佳改编剧本奖、最佳男配角奖（杰克·吉伦希尔），第 78 届美国电影奥斯卡金像奖最佳导演奖、最佳改编剧本奖、最佳原创音乐奖。

1. *导演李安东方式的审美风格*

在导演《断背山》时，李安（见图 8—9）不追逐时尚潮流，一如既往地以平实的叙事风格和熟练的电影技巧——朴素、流畅的摄影，干净利落的剪辑和场面调度，沉静、平和的叙事笔触——理性而睿智地演绎着独具东方情调的伦理人情。李安以“中和”之美为最高理想，以不激不厉的柔思，不温不火的叙述，温柔敦厚的美学标准，素朴和谐的审美意识系统，不动声色地讲述着，即便是冲突、高潮的来临都处理得那么含蓄，不任由感情恣意泛滥，回避大开大阖、大恸大悲，叙事抒情颇为节制，节奏比较舒缓，基调显得平淡，情节似乎散漫，但是结合在一起却恰到好处，回味无穷。两个人相爱却不能相守的悲剧人生，在看似平和自然的流程中暗中涌动着情感的波澜：这种处理方式不仅契合了东西方观众的审美心理，而且具有意味深长的文化韵味。

图 8—8　《断背山》剧照

图 8—9　李安

2. *准确凝练的画面语言*

一切景语皆情语：断背山上的这份真情生发得如此顺其自然，超凡脱俗，和自然风光融为一体。画面干净明亮高远，纯吉他配乐质朴清丽，淡淡地拨动心弦。漂浮的白云、皑皑的雪山、淙淙的溪流，那如画的风景见证着他们的聚散和悲欢，象征和暗示了他们情爱的纯洁、绵长与鲜活。主人公在山间骑着马的近景极富质感，清晨的阳光下，林间草地柔软、湿润，带着新鲜的露珠，映衬着两人之间脱离世俗的静谧的情感之美。让观众看到的是视觉画面，感受到的是脉脉的情感流动。画面清淡自然的东方色彩，与影片“中和”美、人情美的风格自然契合，成为美感趣味代码。

3. *隐喻蒙太奇的使用*

影片成功地运用了隐喻蒙太奇的手法：冲动之后的第二天清晨，希斯心情沉重地骑马行走在山脉间，在仰视镜头中，空中大面积的黑云压下来，将他逼到画面的最底部，象征着他对情感前途的深刻忧虑，随后他便看到被狼掏空了内脏的羊的遗骸。被杰克用套马索绑住双腿时，希斯奋力与杰克搏斗，代表的正是他内心的挣扎，这种挣扎贯穿着整部影片。第一次分离，杰克的车开走以后，希斯扑倒在角落失声痛哭，逆光镜头中，他两边是黑暗的阴影，背后是黑云压迫下倾斜的树木，整个画面暗喻了他此刻面临的困境。在处理希斯和杰克面临的社会压力时，影片更多出现的是怀俄明州美丽的自然风光，绵延无际的雪山、郁郁葱葱的森林、辽阔无边的草原、奔腾激越的溪流和其间大片滚动的一眼望不到边的羊群。就是在这样如世外桃源般的断背山上，希斯和杰克也没有摆脱世俗的监控，当他们在工作之余无忧无虑地嬉笑打闹时，远远地、有一双冷漠的眼睛在望远镜里看着他们。这既是一个颇具匠心的细节安排，也是一个绝妙的隐喻。那不仅是牧场主监视他们的目光，也是整个主流社会冷漠的眼光。

4. 经典的语言

影片的对白体现了电影剧本语言的魅力，例如下面一段对话，希斯："有些事情当我们解决不了的时候，我们就必须一直忍受下去。"杰克："那要忍多久呢？"希斯："能忍多久就忍多久。"对话充分揭示了这段隐忍多年的爱情中所包含的辛酸和无奈。希斯："你有没有过这种感觉？你去镇子上，有人会用一种很特别的眼光打量你，好像他什么都知道了。然后他们又故意装作不认识你的样子，假装什么都没发生。"童年的见闻以及秘密被看破的尴尬使得希斯一直生活在这种恐惧之中。[①]

① 参见闫薇：《从〈断臂山〉看李安的美学风格》，载《艺术百家》，2007（3）。

第九单元　绘画艺术欣赏

知识目标

- 了解绘画艺术的类型。
- 掌握绘画艺术的语言。
- 理解绘画艺术的审美特征。

能力目标

- 结合油画与国画作品的赏析，提高对作为视觉空间艺术的绘画的本质特征的理解。
- 学会初步运用欣赏绘画艺术的一般方法欣赏具体的绘画作品。

背景案例

宋朝时，有一次画院考试，题为“深山藏古寺”。主考官对众多考生的试卷都不满意，唯独有一份试卷让他拍案叫绝。这位考生没有直接画寺庙，而是画了山脚下一条淙淙流淌的小溪边，一个小和尚正在挑水，在他身后一条蜿蜒而上的石板路淹没在密林深处。

问题讨论

1. 背景案例中没有直接画古寺，为何让主考官拍案叫绝?
2. 绘画是一门造型艺术和想象艺术，我们应如何欣赏一幅绘画作品?

绘画，是运用线条、色彩、形体等特有的艺术语言，在二度空间（平面）的范围内，塑造物象、反映生活、表达情感或理念的造型艺术。绘画的起源很早，古人很早就在描画着自然和反映自己的生活。由于生活环境和审美观等的差异，各国绘画在技法和创作方式上有一定的差异，从而形成了许多风格各异的画种。

绘画艺术大体上分成东西方两大体系。东方绘画体系是在古印度、古埃及、波斯和中国等东方古国发展起来的，中国画成为其主体和代表。东方绘画体系亦称为亚洲体系、东方画。西方绘画体系是从古希腊、古罗马发展起来的，以欧洲为中心。西方绘画体系亦称为西洋画。

中国画有工笔与写意之分，工笔画细致逼真，给人清雅之感；写意画则较随意，予人以洒脱之美。西洋画具象的作品画得逼真，适合一般人欣赏；抽象的作品主观性强，宜于作者情感的表露，但欣赏者不容易看懂。

第一节　绘画艺术常识

一、绘画艺术的语言

线条、色彩、形体是绘画艺术独特的表现方式和表现手段。

（一）线条

在绘画中，线条的作用体现在两个方面：一是对物象轮廓、形体的描绘，二是线条自身的艺术表现。前者是“他律”的物象描绘性、再现性的线条，后者是“自律”的情感表现和抽象表现性的线条。

从中国绘画来看，早期（汉魏以前）的线条是他律的，主要是为了填色而勾勒出物象的大体轮廓，至于线本身的粗细变化是无关紧要的。汉魏时期的线描也大致属于原始阶段的这种线条运用。汉代画像石里面虽然也有近乎浅淡的浮雕趣味的东西，甚至有的已趋于对线条变化的追求，但是它的主流还是细线刻画，仍然停留在原始线描的阶段。其线条的任务就是勾勒物象轮廓，而线条本身的情感表现力未被重视。

六朝至唐末，中国绘画中的线条产生了质的变化。东晋顾恺之画中的线条，虽然主要还是传统的线描形式，但其中已灌注了精神内容，有了相对独立的审美价值。“顾恺之之迹紧劲连绵，循环超忽，调格逸易，风趋电疾，意存笔先，画尽意在，所以全神气也。”（张彦远《历代名画记·论顾陆张吴用笔》）他吸收东汉张芝草书用笔，创造了一种后人称之为“春蚕吐丝”和“高古游丝”的描绘线条，使其人物画既有“象人之妙”，又有“描线之美”。

南朝梁代张僧繇和唐代吴道子则使传统线描形式的写意功能进一步发展。张僧繇吸收东晋女书法家卫夫人《笔阵图》中“点”、“曳”、“斫”、“拂”等笔法，形成一种与顾恺之连绵细密的密体不同的“笔不周而意周”的疏体表现形式。吴道子虽然是画家，但曾学书于张旭、贺知章，在书法上功力较深，所以绘画的线“用笔全类于书”。他创“柳叶描”和“枣核描”等，其线条以粗放的逸写笔法为之。线的写法之妙，至吴道子几乎发展到了极致。

在不断的艺术创作实践过程中，中国画的线发展成为线条中最为独特的线的艺术。在线条的运用中追求最大限度的表现性，拓展着线条的艺术表现空间。著名画家、美术教育家吕凤子论国画线条的情感表现性时说，“勾线技巧，即使每一有力的线条都直接显示某种感情的技巧”，“被认为是中国画的特有技巧”。他指出：“凡属表示愉快感情的线条，无论其状是方、圆、粗、细，其迹是燥、湿、浓、淡，总是一往流利，不作顿挫，转折也是不露圭角的。凡属表示不愉快感情的线条，就一往停顿，呈现出一种艰涩状态，停顿过甚的就显示焦灼和忧郁感。有时纵笔如‘风趋电疾’，如‘兔起鹘落’，纵横挥斫，锋芒毕露，就构成表示某种激情或热爱、或绝忿的线条。”中锋、侧锋、藏锋、露锋、方笔、圆笔、肥笔、瘦笔、疾笔、涩笔，表现出微妙多样的审美意味。

在传统的线描技法中，我国画家创造了十八种线的表现形式——“十八描”。“柳叶”、“铁线”、“高古游丝”、“行云流水”，一支毛笔在中国画家手中出神入化，描绘出丰富多样的线条形态。线条的作用既做到状物，又做到达意。顾恺之的“春蚕吐丝”般的线描把缠绵温情刻画得细腻入微。吴道子的“吴带当风”的形态把飘逸之感表现得淋漓尽致。陈老莲的线条则把古拙之意表现得炉火纯青。画家的兴致倾注于刚、柔、健、润、涩、疾之中，让观众从线的运动中体悟到画家的情思。

西方传统绘画尽管强调体、面，但也对线条的审美特性作了探讨，并在绘画中充分发挥其艺术表现作用。18世纪英国画家荷迦斯在《美的分析》中论述了不同线条的审美特性。他认为，直线最少装饰性，曲线具有装饰性，二者结合，使单纯的曲线多样化；波状线由两种弯曲的、相对照的线组成，更加吸引人；蛇形线是一种弯曲的并朝着不同方向盘绕的线，具有无限多样的变化，是富有魔力的线条。在西方现代抽象艺术中，线条具有了独立的艺术表现价值。线条此时成为抽象表现的线——抽象绘画的构成性表现。康定斯基在《点·线·面》一书中论述了线条的表现性特征：点——静止；线——内在张力，源于运动。点本身只具有张力，而不可能有方向性，而线同时具有张力和方向。直线的张力使它以最简洁的形式表现出运动的无限的可能性：水平线的基调是冷与平，表现出运动无限的、冷峻的可能性；垂直线表现出运动无限的、温暖的可能性；对角线表现出运动无限的、冷—暖的可能性。简单的曲线由两端施加的压力越大，形成的向外的张力也就越大。曲线的主要张力在于弧，它本身潜藏着韧力。几何学的波状线均匀地使用作用力与反作用力，交替增加和减少张力的水平走向；任意的波状线变化加大，两种力之间激烈竞争……康定斯基把自己的抽象形式理论付诸实践，创作了用抽象线条、形状、色彩构成的艺术画面。

（二）色彩

色彩是绘画的重要表现手段。同雕塑、建筑等造型艺术比较来看，色彩在绘画中体现出更充分、更丰富的艺术表现作用。在绘画中，色彩有物象描绘性色彩、主观情感性色彩和抽象表现性色彩等多方面的性质。红、橙、黄、绿、青、蓝、紫，多种色相具有丰富多样的情感意味和象征意味，明度、纯度的变化又给人以微妙细腻的心理感受。梵高认为“画面里的色彩就是生活里的热情”，他强调“色彩的暗示力量”，说他在《夜咖啡馆》一画中“用红与绿来表现人类的可怕的情调”，认为这些色彩“是一种富有暗示力的色彩，它们表现出人们的火热的情绪活动”。在不同时代、不同画家的绘画作品中，色彩又体现出不同的时代性和个性风尚。

从暖色系列看，红色是其典型代表。它色性最暖，亮度较高，最具积极性。它热烈、光明、温暖，象征着喜庆、吉利、真诚。红色还具有英雄主义精神性，有令人鼓舞和催人进取的革命意义。红色又表示健康向上、充满活力。红色穿透力强，视度高，适于作为警惕色。它与血和火联系紧密，又具有激烈、紧急、危险等含义。在绘画史上，红色在不同画家手中展示了多样的情感意蕴。鲁本斯的红色突出了旺盛充沛的生命力。大卫的红色具有庄严壮烈的英雄气度。德拉克洛瓦的红色是激情气氛的渲染。雷诺阿的红色洋溢着甜美温暖的欢乐情调。在蒙克画中出现的红色则充满着血腥气味。马蒂斯画中铺天盖地的纯红突出了鲜明率意的装饰性意趣。

黄色的色性暖，亮度高，有光明、辉煌、豪华、高贵的特色。在中国，黄色是皇权的象征，御服曰“黄袍”，御车曰“黄屋”。而那些纯度、亮度低的黄色，则显出枯萎、病态之意。梵高之画黄色格外突出。这些黄色既有阳光、大地、生命的意蕴，又闪动出刺目的神经质的情绪。

从冷色系列看，蓝色、青色具有代表性。它们让人联想到天空、海洋，清澈开阔，高远永恒。青色含生命之源——空气与水的固有色，具有生命活力、青春朝气。蒙克的《大蓝马》之蓝象征着阳性的刚健。但蓝色、青色毕竟是冷色调，对人的情感来说有消极性，与冷落、凄凉、忧郁、寂寞、孤独等联系紧密。梵高作品中那些偏深暗的蓝色，散发着抑郁的悲剧性气息。毕加索在1901年至1904年间的创作为“蓝色时期”。他目击人们贫困不幸的生活，感受孤寂、绝望的情绪，作品以蓝色为基调，突出了忧郁、悲哀的气氛。

绿色是植物的基本色，是最能体现生命力的色彩。它亮度中性偏暗，色温偏中，有舒适、安全、静谧、和平之感。绿色有减少刺激、消除疲劳、镇静安神的功能。亮度高的浅绿、嫩绿具有鲜活、清新、生动性，饱和度高的翠绿等更具兴旺茂盛、朝气蓬勃的美感。但绿色在亮度、纯度偏低时，也有恐怖、病态、腐坏等消极意蕴。蒙克的《生命之舞》中绿色的面孔给画面增加了阴森恐惧的气氛。

紫色是红与青的混合色，是冷暖强烈对比色的强制性结合，处于矛盾不安的动荡之中，性格双重，情绪不稳，加上纯度浑浊、光度深暗，有阴森、险恶、悲哀等消极意义。但在西方基督教艺术中，紫色被赋予了神圣高贵的象征意义。

黑、白属极色。黑色给人以重、暗、退之感。它被视为不幸、死亡、黑暗的象征。在以悲剧性为主题的梵高、蒙克和德国表现主义的绘画中，黑色是主要因素。粗硬、扭动、浓重的黑色遍布画面，散发着沉重、压抑、恐怖的气息。但是由于黑色的厚重、沉静，它又象征着权威、尊贵、高雅等。中国道家崇尚黑色。在中国文人水墨写意画中，墨的黑色是唯一的色彩，寄托着超逸的情怀。白色是轻、明、进的极色，亮度、纯度极高。由于高亮度色的反射力强，减弱了太阳的辐射热，白色显得凉爽、明净、清洁。它象征着圣洁、尊严、端庄，有轻盈、柔软、素雅等审美特色。古典主义画派的代表安格尔笔下的白体现的是朴素、淡雅、圣洁。白色也有消极性，有恐怖、悲哀、死亡、不幸等意义。蒙克的白色便弥漫着这种气氛。

色彩表现具有鲜明的时代风貌。古希腊的素色无色性，中世纪的色彩斑斓，文艺复兴在写实基础上的色彩和谐，巴洛克的色彩对比，洛可可在银白基调上的透明的艳丽，新古典主义以素描为基础的中间色、调和色，浪漫主义的强烈、纷杂，现实主义的沉实、凝重，印象主义的细微、明亮、跳跃，野兽主义的纯粹、鲜明，表现主义的浓郁、狂乱，等等，不同时代、不同艺术流派的绘画有多样、变化的色彩追求。

（三）形体

形体是绘画艺术语言中最具辩证关系，最具隐寓倾向，因而也是最见功力的部分。在绘画艺术中，形体并不是一般意义上的“形状”与“体量”，作为一种艺术语言，它更主要的是一种关系、一种寓意、一种倾向。它从宏观上、全局上设置辩证与统一的整体效果，这种效果不仅是外在的、直观的，更主要的是内在的、象征意义上的。构图的目的是根据作者的创作意图，按一定的章法在画面上设置和处理表现对象的位置关系，把各种形象有机合成一个艺术整体。构图不是对客观事物的自然堆砌，而是艺术家自觉地运用实践形成的均衡、对比。同一、数比、节奏韵律等基本规律，很大程度上来自人们的视觉习惯，比如，向心式的构图常常给人一种凝聚、庄重、紧张的感觉，离心式结构则给人一种轻松、奔放、活泼的感觉，因而不同的构图必然表现出不同的审美意向和艺术氛围。画面整体性的效果最终达到了形体的写实性与象征性的融合、静态与动态的融合，达到了艺术家深层次审美取向的追求。

东方与西方在美学观念与审美情趣上存在着一定差异，西方传统绘画注重客观的真实再现，采用焦点透视，因而画面上出现的空间是绝对静止的、无变化的。真实有限的空间与客观规律相一致。中国画的构图则不拘于特定的时空，而是根据作者对对象的领悟和理解去“立意定景”，采取运动式、鸟瞰式的多点透视或散点透视在一张图上形成多种视点、多种场面，在布局上讲究呼应、开合、疏密、虚实、偏正、轻重等对立统一的传统章法，在时空环境处理上采取大胆取舍、虚实相生等办法突出主体，体现出中国绘画在构图上的自由开阔、灵活多变的特征。

二、绘画的分类

绘画的分类有不同的标准。一般按工具材料的不同和表现内容的不同来划分。

（一）按工具材料的不同分

按工具材料的不同，绘画可分为油画、中国画、水彩水粉画、版面、壁画等。

1. 油画

油画是在经过处理的不吸油的平面上（如布、纸板、墙面等），用油性的颜料描绘成的绘画。

油画颜料是用植物油与颜料粉调和而成的，使用时也用植物油来调整其软硬干湿。它的最大特点是色彩艳丽，有光泽，色泽细腻，既可薄涂也可重叠堆厚，因而可以反复修改。它的可塑性很强，也很容易使用，能够表现出事物的形体、质感、量感和丰富而美好的颜色，深受广大画家们的喜爱。但是油画干得比较慢。就目前而言，一幅完成的作品要使它完全干透大约需要半年的时间。我们看到的大多数油画作品是绘制在画布上的。它是先将牢实的布料（如棉布和亚麻布）用小钉绷在一个矩形木框上，然后要在布面上做防止吸油的底子。一幅画完成后，还要配上与作品内容和色调搭配的外框，目的是将观众的视线集中到画面上来。

油画表现的内容十分丰富。无论是人物、静物还是风景的表现都是油画艺术所长。它描绘的对象即可以细腻乱真，也可以大笔挥洒，深厚而有气势，为画家准确地表达自己的情感提供了先决条件。油画在清末传入我国，在 20 世纪得到了很大的发展。

2. 中国画

中国画采用的工具材料是中国特有的笔、墨、纸、砚。

笔，按照不同的原料和性能可分硬毫、软毫、兼毫三种。硬毫包括老兔颈毛制成的紫毫与黄鼠狼毛制成的狼毫两种。笔毫均为棕色，笔性硬健，弹力强，蓄水少，画出的线条苍劲爽利。软毫用羊毫制成，笔性软，蓄水性强，泼墨、渲染多采用它。兼毫笔由硬毫与软毫或其他不同毫毛合制而成，吸水适中，易于使用。此外，按照笔锋的长短分为长锋、中锋、短锋；按照笔锋的大小分为大、中、小等型号。

墨，分为油烟、松烟、漆烟。油烟墨亮而有色泽，宜用于山水画；松烟墨暗而无光，多用于画翎毛及人物毛发；漆烟墨亮度一般，用者不多。

纸，唐宋时期多画在绢上，元代以后才大量用纸。纸又分为熟宣与生宣。熟宣的特点是不吸水，宜于工笔重彩；生宣的吸水性很强，多用于水墨写意画。

砚，即中国书画用以磨墨的石砚（俗称砚台）。我国最有名的砚是端砚和歙砚，分别产于广东高要县和安徽歙县。

中国画的构图、笔法、色彩有别于西洋画，有自己独特的语言。如术语“写”，写形重在写意，写意的至高境界是传神，因此，“神韵”就成为中国画的要义。

中国画在19世纪被西方油画家所学习和借鉴。

3. 水彩画

水彩画起源于西方，是用水质颜料在纸上描绘而成。

水彩画的最大特点是在画面上体现一种轻快感、透明感和滋润感。这些特点比较合适记录风景，也有表现人物和静物的。水彩画存在先天性的局限性：水彩的颜色和纸都薄而脆，不宜反复涂改，也不及油画牢固、厚重，更不能作巨幅作品。但是，随着水彩画的技法的发展和材料的革新，这些局限性也已逐步得到解决。

水彩画传入我国，并被继承和发展。许多专家和学者认为，中国水彩画在发展水平和成就方面都可居于世界前列。

4. 水粉画

水粉画，也是用水质颜料来完成，兼有水彩画和油画的两种性能。使用水粉时既可薄画，也可厚涂。色彩效果以鲜艳、华丽、柔润、明亮、浑厚为特点。它的应用范围很广，可以绘制年画、宣传画、图案设计图、建筑设计效果图、舞美设计图等。

同时，水粉画也是美术院校和美术教育的色彩基础训练课程，以培养学生的色彩感受能力和表现能力。

5. 版画

版画是在不同材质的版面上，用刀刻画出形象内容，再经过印刷而成的绘画。版画按版面的材料不同可分为木刻、石版、铜版和丝网版等，多以黑白单色版面出现，也有彩色的套色版面。版画的最大特点就是色调明快，画面简单朴素、明白易懂。因为同一版可多次印刷，因此，可通过大量印刷达到更广泛传播的效果。

版画的产生和发展与印刷术有关，到近现代发展成为独立的画种。

6. 壁画

壁画是绘制在土、木、砖、石等各种质地的壁面上的绘画。

壁画所用的颜料比较多样，有油彩、国画颜料等。壁画历史悠久，最早见于洞窟。随着人类居住条件的改善，壁画也有很大程度的发展。壁画的形式和主题是根据建筑的风格、内容来加以确定的，且与建筑的空间环境相协调。所以对于壁画的欣赏最好置身于它所处的环境当中，即欣赏原作。

7. 素描画

指“单色画”，是用钢笔、铅笔、木炭等单色材料在纸上描绘而成。素描多半是画家面对实物写生的作品，一般是带有研究性的。在写实绘画中，它是训练造型的一种手段。一幅好的素描作品，可以体现作者的思想感情，可以成为一幅单独的艺术作品，有独立的欣赏价值。素描的直接性和它本身表现出来的个性笔风，又是一个独特的艺术世界。

8. 其他

随着科学的进一步发展和艺术观念的改变，新的画种相继出现。如丙烯画、电子计算机绘画、全息照相图画，以及将二度空间的绘画与三度空间的实物、雕塑相结合的绘画。画家在进行艺术创作时，都要尽可能地发挥本画种的性能特点和在造型上其他材料所达不到的效果。有时，也会出现材料混合使用，或用本材料营造其他材料效果的情况。

（二）按表现内容的不同分

绘画根据表现内容的不同又可分为人物画、风景画、静物画等。

1. 人物画

人物画就是以描绘人物为主的绘画。画面上，或以景衬托，或以人物衬托，目的是突出人物形象、交代人物环境。人物画中以表现历史题材为主的称为历史画；以表现人物形象为主的，称为肖像画。肖像画中又有群像、全身像（单、双人）、半身像、头像之分。在人物画中有一特殊种类，这就是人体画。人体画，是画家应用人体语言，表达自己的审美理想，反映作者对人、对时代的认识和看法，并寄予思想感情的绘画。人体自古以来都被认为是自然界中最完美的形象。人体的每一根线条、每一块肌肉和骨骼无不体现出优美和力量。女子人体象征着和谐、优美和宁静，男子人体象征着力量、热情和创造，他们的各种形体动作都能体现人物的精神和心理状态。

2. 风景画

风景画是以表现自然风景为主要内容的绘画。在中国画中称之为“山水画”。中国最早的风景画记录，是魏晋时期的山水画。此时，其他国家和地区的风景画还尚未形成，还没有从“从附”的位置中摆脱出来。在欧洲，到十三四世纪，才有单独意义的风景画产生。画家们在描绘风景时，一般先做实地写生，再回画室整理创作。到了现代，画家更多的是借用照相机来收集素材。在风景画中，西洋画注重形、色、光的变化，中国画更多的是侧重气、韵、神的表现。

3. 静物画

静物画是专门描绘静止陈列物的绘画，有着独立艺术欣赏价值。静物画在西洋画当中，到17世纪的时候才发展成为独立的绘画题材。一些优秀的静物画家悉心观察各种日用器皿、珍肴果品，对它们作出十分细致入微的描绘，使其极为真实、生动。静物画发展到现代，题材极大丰富，形式多样，为许多静物画家所探讨和研究，显示出自己独特的艺术魅力。

三、绘画艺术欣赏要求

所谓绘画艺术的欣赏，就是指对绘画艺术形象感受、理解和评价的过程。绘画艺术的欣赏一般可以从以下几方面着手。

（一）从形式美与形式感入手

绘画是视觉艺术，它是通过直观形象来反映生活，唤起观众的美感的。绘画区别于其他艺术门类的主要特征在于：绘画的美是通过绘画的形式来体现的，我们把绘画具有直观性的视觉形式的美称为形式美，由形式美引起的美感称为形式感。因此，我们欣赏绘画要从形式美与形式感入手。

（二）注重技巧与物质媒介性

画家通过对生活的长期体验与探索产生了自己的审美认识，然后根据自己的创作意图进行艺术构思，这只是绘画创作的第一步，而画家要把自己的审美艺术构思表现出来，必须通过特殊的绘画语言、技巧与物质媒介。既然画家的认识是审美认识，画家的作品是审美表现，那么画家的创作技巧与使用的物质媒介材料同样也具有审美属性。

中国画注重笔墨，西方画注重色彩颜料，这些材料均有自己的物质性能和审美属性，画家如想通过这些材料去完成创作意图，必须找到与笔墨、色彩、颜料性能相适应的手段与技巧，这样才能得心应手地表现出画家的审美观念。而上述的物质媒介同样也借助画家的创作显示出各自的天然审美属性，因而注重技巧与物质媒介性成为欣赏绘画艺术另一个重要途径。

（三）观照历史文化积淀，把握时代特征

任何一种艺术形式既然形成了自己特殊的艺术语言和表现手段，它就是一定历史文化和人类时代审美意识的积淀物。这一点在绘画艺术鉴赏中表现得更为突出。比如中国山水画中的皴法、人物画中的衣纹、花鸟写意中的泼墨，既是技巧也是形式，同时也是几千年民族文化和审美意识的历史积淀。中国绘画中的一条墨线，西洋绘画中的一个圆，与几何图形相比，后者更准确、更规范，任何人都可以用尺和圆规画出来，而前者具有现实和历史的审美意蕴，其技法和形式是长期的历史积淀，只有画家甚至是有成就的画家方能完成。这其中既有着普遍的规律与技法，也有着画家个人的审美取向。绘画艺术的历史文化积淀性既关系到它的审美本质，又关系到它的时代特征。鉴赏时只有将具体的绘画作品放在一定的历史与文化的背景中，才能真正把握其时代特征并得出正确的评价。

（四）寻找独创性与个性

严格地讲，画家的绘画创作应属于个体劳动，可以作为商品进入市场，但它不同于社会上的物质生产，有统一的规格，可成批生产。就绘画的审美本质而言，任何一个作品都应是单独的个体，每完成一幅画都应是一次独特的审美创造，每一件作品都应具有独创性与首创性，既不应雷同于他人，也不可重复自己。既然每一作品所表现的是创作者独特的审美意识和审美个性，那么作品的风格样式应该说也是画家在审美实践中独特的发现和创造，而这种意识与实践是不停向前发展的，可以说创作主体的每一次实践都应该是一次首创，而绝不是对前一次创造的仿造和模拟。因此，正确地理解绘画审美独创性，在绘画鉴赏中寻找每一位艺术家的个性风格，把握每一幅作品的独创特点，便成为了绘画鉴赏中的要义。

（五）重视自我感受，达到最佳审美境界

绘画鉴赏的另一特点则是，欣赏者并不是机械被动地接受艺术品，而是在欣赏的同时进行着艺术的再创造，因为作品欣赏通常是从外部形象的形式美的感受开始，由表及里，从现象到本质，把直觉体验与欣赏者的联想、想象、幻想等形象思维结合起来，从而逐步体察到形象的深层。由于鉴赏者年龄、修养、情趣的不同、欣赏的目的与角度的不同，同一幅作品会出现“见仁见智”的不同结果。一幅成功的绘画作品一经从艺术家笔下诞生，它就成为一种独立的存在，欣赏者在审美中就进入了一个再创造的过程。优秀的作品给欣赏者留下了广泛的再创造空间，从而使欣赏者敞开视野，展开想象与情感的翅膀，达到最佳的审美境界。所以，在绘画艺术鉴赏中要重视自己对作品的直觉感受。当然，只有具有深厚的艺术修养的人，才会在这种直觉感受中达到最佳的艺术审美境界。

第二节　绘画艺术的审美特征与欣赏方法

一、绘画艺术的审美特征

绘画艺术的审美特征是由它的艺术特质所决定的。绘画艺术最显著的特质是造型的平面性。绘画艺术借助自己独特的艺术语言，在二度空间中状物抒情。正是这一特质形成了绘画艺术的审美特征和与之相适应的鉴赏要求。

（一）平面直观的造型美

平面直观的造型美是作为空间艺术的绘画的主要审美特征。在平面上状物抒情，并将外界物象存留下来，成为直观的形象，这是人类的一大进步。也许正是因为在平面上画画便于操作，又可以十分快捷地描摹对象，绘画艺术才得以产生和发展，并由此决定了它主要的特质和审美特点。

绘画的平面直观造型性，中外画家和绘画理论家是有所认识的。唐朝的张彦远在他的《历代名画记·叙画之源流卷》中有一段十分概括的论述，他说："无以传其意，故有书；无以见其形，故有画。"《广雅》云："画，类也。"《尔雅》云："画，形也。"《说文》云："画，畛也。像田畛畔，所以画也。"《释名》云："画，挂也。以彩色挂物象也。"应该指出，"以形写形"、"像"与"不像"是当时主要的审美标准。最能说明这一点的当属《韩非子·外储说》中的一段故事："客为齐王画者，齐王问曰：'画孰最难者？'曰：'犬马最难。''孰易者？'曰：'鬼魅最易。'夫犬马，人所知也，旦暮罄于前，不可类也，故难；鬼魅无形者，不罄于前，故易之也。"既然绘画以状物为第一要义，而现实中的"物"又无不以三维空间的方式而存在，如何在二维的平面上营造出具有三维空间效果的艺术造型，以还原和接近现实生活中的"原物"，成为画家乐此不疲的艺术追求。

到"以形写神"阶段，平面造型的局限性恰恰进一步激发了艺术家们的创新和灵感。在有限之中去寻求无限，在有形之中去寻求无形。借助于"线条"与"色彩"的运用，形、光、色、面、线、点等造型手段的运用，明暗、透视、散点、聚点的探索，形成了绘画艺术平面直观造型的独特审美观。

（二）视觉凝聚的静态美

视觉凝聚的静态美是绘画艺术的又一审美特征。

作为空间的静态艺术，绘画把自己的选择凝固在一个有限的空间中，使之处于无变化的静止状态，用"沉默"来表现自己的审美追求。与戏剧、影视艺术相比，绘画不以再现事物的变化与运动过程为己任，这使绘画在视觉展示上受到"局限"，这"局限"生发出了它的审美特质，这种特质表现在绘画的全过程中。

首先，动笔之前，画家先得考虑如何将运动着的对象转化为一瞬间相对静止的画面，即"由动到静"。众所周知，客观世界万事万物无不处于一定的时间与空间之中，绝对静止不变的事物是不存在的。因此，如何捕捉住运动中的事物，变动为静，用自己的造型语言将其固定下来，便成为绘画艺术的创作首要考虑的问题。

其次，绘画艺术视觉凝聚的静态美还表现在第二次的"由静到动"的转化过程中。当人们驻足画前，无论山川湖海，无论花鸟虫鱼，那静止的画面展示给欣赏者的已不仅仅是静止的外在的造型形象。优秀的绘画艺术品不仅赋予山川湖海以灵气，那花鸟虫鱼也呼之欲出。由形似走向神似，由静态走向动态，这第二次由静到动的转化，使绘画艺术在凝聚静态的物象中饱蕴丰富的内涵。

（三）形神兼备的意蕴美

作为再现性空间艺术，形神兼备的意蕴美是绘画艺术的又一审美特征。

再现性是造型艺术的最高的审美特征之一。绘画的再现性主要表现在"形似"上。西晋陆机曾说："宣物莫大于言，存形莫善于画。"西方的达·芬奇也把绘画看做"模仿一切自然造物形状的科学”。

中国绘画艺术在强调“形似”与“再现”特点的同时，一贯提倡“以形写神”、“形神兼备”，强调通过“形”而达“传神”。较之西方，中国更早地注意到了绘画艺术的表现特点，将“形神兼备”作为绘画艺术审美的最高追求。首先，形神兼备在于强调绘画艺术在描摹事物外在形貌之时，要体现出内在的精神气韵。西晋的顾恺之即提出了“传神写照”的著名论点。所谓神，就是人物的精神面貌、气质特征。北宋的刘道醇在《宋朝名画评》中提出：“善观画马者，必求其精神筋力，精神完则意出，筋力劲则势在。”其次，形神兼备更深层次的意蕴美，在于表现了绘画艺术家个人的思想情感和审美追求。画家借助对艺术对象的造型，将自己的情感融入其中，构成绘画艺术独特的形神兼备的审美意蕴。正是这种有意味的形式中所表现出的人格化的意蕴，成为绘画艺术鲜明的审美特征。

随着绘画艺术自身的进一步发展，尤其是摄影艺术诞生之后，绘画的再现性受到了严峻的挑战，西方绘画艺术出现了抽象化、几何化的趋向，部分地改写了绘画的审美特征。

二、绘画艺术的欣赏方法

（一）中国画欣赏方法

1. 从疏密处理去品味构图美

古人在论绘画构图时说：“疏可走马，密不容针。”有些画家好疏朗，有些画家爱密实，这除了个人因素外，也有时代风气使然。如倪瓒《渔庄秋霁图》（见图 9—1），设景疏朗清空，呈现出一种萧疏之美，自是高人逸士作派；黄宾虹《山水图》（见图 9—2）好作密体，千笔万笔，密密麻麻，除巧妙的留空外，大部分地方又黑又密，强调黑与密之美。倪瓒和黄宾虹在构图上一疏一密，是两种极端之美。潘天寿《松石图》（见图 9—3）则好大密大疏，显示出大开大合之美。

图 9—1　《渔庄秋霁图》

图 9—2　《山水图》

图 9—3　《松石图》

2. 从行笔的收与放看笔墨美

有人画画狂放不羁，恨不得以拳脚代笔；有人则内敛自制，谦谦霭如。前者如徐渭，其画常常行笔粗放，逸笔草草，如《雪蕉梅竹图》（见图 9—4），用笔狂放，想其行笔时，必是飒飒有声，以尽吐胸中块垒为快。山涛有国破家亡之恨，但慑于高压，为求保身，他的画虽有寓意，但含蓄得很，如《荷鸟图》（见图 9—5），行笔很收敛，不张扬，画上题款也少，笔墨圆融恬淡，一派出家人模样。

图 9—4 《雪蕉梅竹图》

图 9—5 《荷鸟图》

3. 从写意与兴寄看其思想美

徐渭在《墨葡萄》上题诗云："半生落魄已成翁，独立书斋啸晚风。笔底明珠无处卖，闲抛闲掷野藤中。"明显是借画显志和借诗言情了。郑板桥题竹诗曰："衙斋卧听潇潇雨，疑是民间疾苦声。些小吾曹州县吏，一枝一叶总关情。"也是借竹显志。

写意与寄情是文人画的特征，这就意味着客观再现的同时也在强调着主观表现。文人画家好画"四君子"（梅兰竹菊）图和"岁寒三友"（松竹梅）图，当然是有所兴寄的：君子之风，守节不移志，凌霜傲雪，孤清自许，不入俗流。画家所画题材很大程度上表现了自己的志向，如古人好画荷花，显然是爱其"出污泥而不染"之品格。徐悲鸿以画马名世（见图 9—6），除了画得好之外，还有其象征意义，他曾在一幅奔马图上题"问汝健足果何用，为觅生刍尽日驰"，以马喻人，故其马画为世人所宝。李苦禅的雄鹰图常是借鹰喻人，其《双鹰图》（见图 9—7）题款为"苍鹰不搏即鸳鸯"，写出了勇者温情的一面，令人想起鲁迅先生的诗句"无情未必真豪杰，怜子如何不丈夫"。

图 9—6 《 奔马图》

图 9—7 《双鹰图》

4. 从泼墨与工笔看风格美

前面提到中国画分为工笔和写意两大类，画家据其所学与所好各擅胜场，这就为观赏者提供了不同的美感源泉。泼墨有豪放之美，而工笔则有典雅之韵。如张大千的泼墨泼彩前无古人，后乏继者，充分显示了画家的功力与胆识，如《泼墨荷花》（见图 9—8）。何家英的工笔女性人物画在当今画坛颇受好评，如《少女像》（见图 9—9）就画得既精到又现代味十足。王绂的《淇渭图》（见图 9—10）在竹画中算是精致之作，很有潇湘临风之韵。

图 9—8 《泼墨荷花》

图 9—9 《少女像》

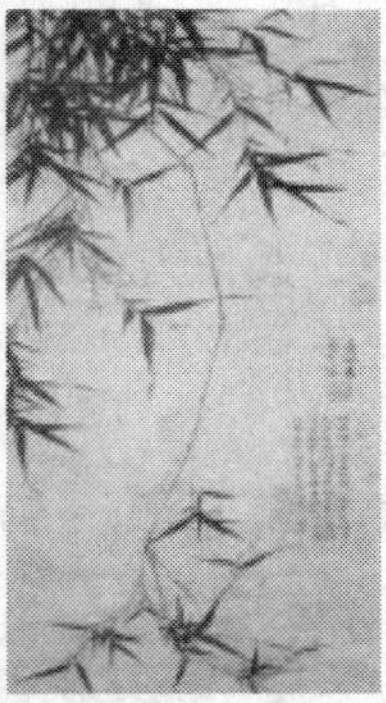

图 9—10 《淇渭图》

5. 从亦中亦西看融合美

这些画家一般有外国画的基础，如林风眠和吴冠中师徒俩。林风眠绘画亦中亦西，如其所作《仕女图》（见图 9—11）既有中国青花瓷画的味道，也有西洋画用色用光之身影；而吴冠中的《春如线》（见图 9—12）有很浓的西方现代绘画的味道，特别是波洛克彩画的影子，但却是用宣纸和中国画的颜料画的。用土瓶子装洋酒，有点怪，但只要效果好，也是一种风格。当今不少国画家在效仿西洋画的基础上进行创新，形成中西合璧的画风。

图 9—11 《仕女图》

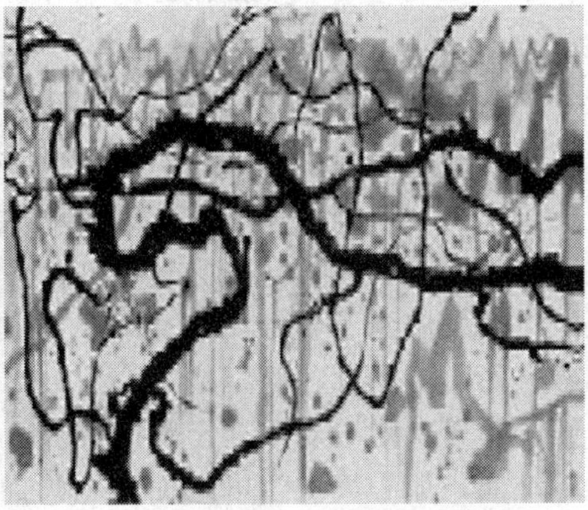

图 9—12 《春如线》

（二）西洋画欣赏方法

西洋油画的风格与流派很多，各有不同特点，硬要将之归类是件很困难的事。下面仅以如何欣赏传统绘画为例，粗为归纳，以求收到以管窥豹之效。

传统绘画是指印象派绘画出现前的那种传统画风。从文艺复兴前后直到 19 世纪，时间跨度大，画派多，作品多。绘制上强调客观性，以严谨、典雅著称。这种画风延及当代，所以这既是个时域上的划分，也是风格上的划分，切勿将之仅仅局限在古代绘画范畴。

传统绘画之美，体现在其高度的写实技巧上，如安格尔和戈雅，他们的画技是令世人叹服的。又如达·芬奇的名画《蒙娜丽莎》（见图 9—13），因其典范性而成为绘画界的里程碑式作品。她那神秘的表情，不但艺术家欣赏她，连医学家也对她感兴趣，许多医学专家由达·芬奇逼真的刻画中寻找种种医学上的答案。如有人说她怀孕了，所以才有种幸福的满足感；有人说她是因为没有门牙的缘故，所以才笑不张嘴；有人说她可能是半身不遂，所以才采用这种姿势；还有人说她可能是因为牙疼甚至是斗鸡眼，所以……这一切都源于作者高度的写实技巧，栩栩如生的刻画使后人如见真人，可以对她“望、闻、问、切”了，换了其他人像，谁还会作出如此多的猜测呢？

俄国画家伊凡·克拉姆柯依的《月夜》（见图 9—14）富有诗意美。公园一角，月光如水，白莲盛开，一位姑娘斜靠在塘边的长椅上，像在等人，又像在赏花，或是沉思。周围景物描摹得非常逼真，特别是月光的刻画，十分迷人。

图 9—13　《蒙娜丽莎》

图 9—14　《月夜》

传统绘画若从其写实性来看，似可称之为现实主义绘画，当然，早期绘画是写“天上”而非写“人间”，如“文艺复兴三杰”（达·芬奇、米开朗琪罗、拉斐尔），他们多从事宗教画创作，到后来，凡人像渐多，随着尼采一声“上帝死了!”，神退位，凡人英雄出现了，他们成了艺术作品的主角。如德拉克洛瓦《自由女神引导人民前进》（见图 9—15），再也不是宙斯和丽达的故事，它是活生生的生活再现，绘画从间接反映生活发展到了直接反映生活。此画是据法国 1830 年“七月革命”而创作的。普基寥夫的《不相称的婚姻》（见图 9—16）也是真事实录，它是一幅反映妇女命运的名作。作者（图右双手抱于胸前者）心爱的姑娘要结婚了，但新郎（画面正中的老人）不是他，那心境之苦可想而知。画面很生动地再现了那令作者刻骨铭心的一刻，具有震撼人心的力量。

图 9—15　《自由女神引导人民前进》

图 9—16　《不相称的婚姻》

第三节　作品欣赏①

一、顾恺之《洛神赋图》

《洛神赋图》（见图 9—17）是中国十大传世名画之一。原作为绢本，设色，纵 27.1 厘米，横 572.8 厘米，根据曹植著名的《洛神赋》而作。现存为宋摹本，在一定程度上保留了顾恺之艺术的若干特点，千载之下，亦可遥窥其笔墨神情。全卷分为三个部分，曲折细致而又层次分明地描绘了曹植与洛神真挚纯洁的爱情故事。人物安排疏密得宜，在不同的时空中自然地交替、重叠、交换，而在山川景物描绘上，无不展现一种空间美。

图 9—17　《洛神赋图》

曹植的《洛神赋》描述的是诗人情场受挫，未能与所爱的人结合，而通过神话寓言，在想象的空间中让自己与洛水边美丽的仙女洛神相遇，以释放自己对失去情人的伤怀和思念。此卷很好地传达了原赋的思想境界，在画中我们可以清晰地找到《洛神赋》所传达的思想。展开画卷，只见站在岸边的曹植表情凝滞，望着远方水波上的洛神，痴情向往。梳着高高的云髻，被风吹起的衣带，给了水波上的洛神一股飘飘欲仙的来自天界之感。她欲去还留，顾盼之间，流露出倾慕之情。初见之后，整个画卷中画家安排洛神一再与曹植碰面，日久情深，最终不耐缠绵悱恻的洛神驾着六龙云车，在云端中渐去，留下此情难尽的曹植在岸边，终日思之，最后依依不舍地离去。这其中泣笑不能、欲前还止的深情，最是动人。

全画用笔细劲古朴，恰如“春蚕吐丝”。山川树石画法幼稚古朴，所谓“人大于山，水不容泛”，体现了早期山水画的特点。

此画卷从内容、艺术结构、人物造型、环境描绘和笔墨表现的形式来看，都不愧为中国古典绘画中的瑰宝。

二、阎立本《步辇图》

《步辇图》（见图 9—18）为中国十大传世名画之一，绢本，设色，纵 38.5 厘米，横 129.6 厘米。唐代著名画家阎立本以贞观十五年（641 年）吐蕃首领松赞干布与唐文成公主联姻的历史事件为题材，描绘唐太宗接见来迎娶文成公主的吐蕃使臣禄东赞的情景。

---

①　此节内容根据百度百科网站的内容整理。

图 9—18　《步辇图》

从构图的角度来看，这幅画以画卷中轴线为界将所有人物分成两组：左边三个男人依次排开，井然有序，没有任何装饰，在规矩中略显拘谨；右边是以唐太宗为中心的人物群，左右簇拥的仕女形象，以及装饰物“两把屏风扇”、“一展旌旗”、“步辇”等，把人物按照其功能自然分工成不同的角色，而且仕女衣带飘飘和华盖的迎风招展都营造出一种柔情、安详、和善的情调。作者为了更好地突现出太宗的至尊风度，巧妙地运用对比手法进行衬托表现。一是以宫女们的娇小、稚嫩，以她们或执扇或抬辇、或侧或正、或趋或行的体态来映衬唐太宗的壮硕、深沉与凝定，是为反衬；二是以禄东赞的诚挚谦恭、持重有礼来衬托唐太宗的端肃平和、蔼然可亲之态，是为正衬。该图不设背景，结构上自右向左，由紧密而渐趋疏朗，重点突出，节奏鲜明。

从绘画艺术角度看，作者的表现技巧已相当纯熟。衣纹、器物的勾勒墨线圆转流畅中时带坚韧，畅而不滑，顿而不滞；主要人物的神情举止栩栩如生，写照之间更能曲传神韵；图像局部配以晕染，如人物所着靴筒的折皱等处，显得极具立体感；全卷设色浓重淳净，大面积的红绿色块交错安排，富于韵律感和鲜明的视觉效果。

三、顾闳中《韩熙载夜宴图》

《韩熙载夜宴图》（见图 9—19）是五代大画家顾闳中所作，绢本，纵 27.9 厘米，横 69 厘米，是今存五代时期人物画中最杰出的代表作。

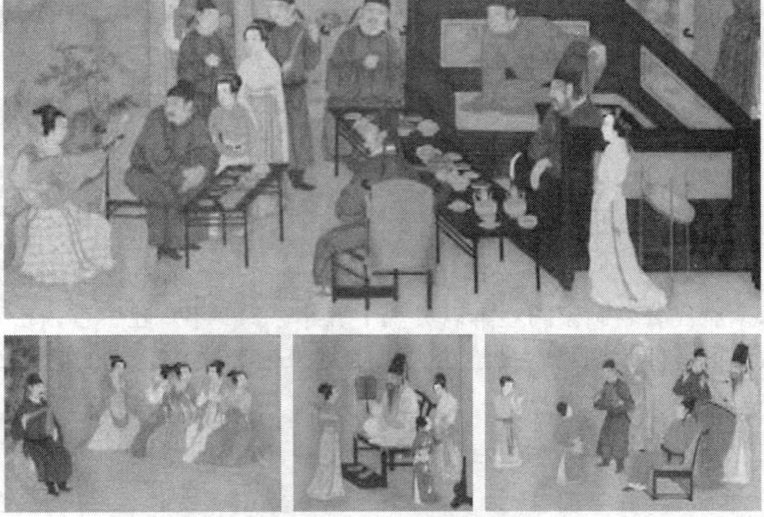

图 9—19　《韩熙载夜宴图》

此图中，顾闳中选取了听乐、观舞、歇息、清吹、送客五段对整个夜宴的过程进行详细的描述。每一段独立而连贯流畅，画者巧妙处理了时间、空间与人物的关系，丝丝入扣，笔笔传情，让人身临其境。顾闳中用笔圆润，深刻而细腻地表现出画中人物的迥然不同的神情意态——众人手舞足蹈、欢悦暧昧，而韩熙载却眉头不展、双目凝视、沉郁寡欢，营造了一种“众人皆醉我独醒”的独特意境，表现出韩熙载当时“身处夜宴，却无心夜宴”、“看似玩世不恭，却忧心忡忡”的心态。

在这幅巨作中，画有四十多个神态各异的人物，蒙太奇一样地重复出现，性格突出，神情描绘自然。在用笔、设色等方面也都达到了很高的水平，如韩熙载面部的胡须、眉毛勾染得非常到位，蓬松的须发好似从肌肤中生出一般。人物的衣纹组织得既严整又简练，非常利落洒脱，勾勒的用线犹如屈铁盘丝，柔中有刚。敷色上也独具匠心，在绚丽的色彩中，间隔以大块的黑白，起着统一画面的作用。人物服装的用色大胆，红绿相互穿插，有对比又有呼应，用色不多，但却显得丰富而统一。如果仔细观察，可以看出服装上织绣的花纹细如毫发，极其工细。所有这些都突出地表现了我国传统的工笔重彩画的杰出成就。

四、张择端《清明上河图》

《清明上河图》(见图 9—20)，绢本，设色，纵 24.8 厘米，横 528.7 厘米，是北宋画家张择端存世的仅见的一幅精品。该作以精致的工笔记录了北宋末叶、徽宗时代首都汴京(今开封)郊区和城内汴河两岸的建筑和民生。作品以长卷形式，采用散点透视的构图法，将繁杂的景物纳入统一而富于变化的画面中，画中人物衣着不同，神情各异，其间穿插各种活动，注重戏剧性，构图疏密有致，注重节奏感和韵律的变化，笔墨章法都很巧妙。《清明上河图》的艺术特色表现在以下几个方面：

图 9—20　《清明上河图》(片段)

(1) 在表现手法上，以散点透视法来摄取所需的景象。大到广阔的原野、浩瀚的河流、高耸的城郭，小到舟车上的铆钉、摊贩上的小商品、招牌上的文字，都和谐地组织成统一整体。画中有仕、农、商、医、卜、僧、道、胥吏、妇女、儿童、篙师、缆夫等人物和驴、马、牛、骆驼等牲畜，有赶集、买卖、闲逛、饮酒、聚谈、推舟、拉车、乘轿、骑马等情节。画中大街小巷，店铺林立，酒店、茶馆、点心铺等百肆杂陈，还有城楼、河港、桥梁、货船，官府宅第和茅棚村舍密集。画有 1 695 人，各种牲畜 60 多匹，木船 20 多只，房屋楼阁 30 多栋，推车乘轿也有 20 多件。如此丰富多彩的内容，为历代古画中所罕见。各色人物从事的各种活动，不唯衣着不同，神情气质也各异，而且穿插安排着各种活动，其间充满着戏剧性的情节冲突，饶有无穷回味。

(2）结构严谨，繁而不乱，长而不冗，段落分明。可贵的是，如此丰富多彩的内容，主体突出，首尾呼应，全卷浑然一体。画中每个人物、景象、细节都安排得合情合理，疏密、繁简、动静、聚散等画面关系处理得恰到好处，繁而不杂，多而不乱，充分表现了画家对社会生活的深刻洞察力和对画面组织控制的高超能力。

(3）在技法上，大手笔与精细的手笔相结合。善于选择既具有形象性又富于诗情画意的事物、场面及情节。人物各有身份，各有神态。房屋、桥梁等建筑结构严谨，描绘一丝不苟。车马船只面面俱到，谨小而不失全貌、不失其势。比如船只上的物件、铆钉，甚至结绳系扣都交代得一清二楚，令人叹为观止。

五、黄公望《富春山居图》

《富春山居图》(见图 9—21），纵 33 厘米，横 636.9 厘米，纸本，水墨，为元代画坛宗师、“元四家”之首黄公望晚年的杰作，也是中国古代水墨山水画的巅峰之作，为中国十大传世名画之一。

图 9—21　《富春山居图》

在构思上，它以长卷的形式，描绘了富春江两岸初秋的秀丽景色。开卷描绘坡岸水色、远山隐约，接着是连绵起伏、群峰争奇的山峦，然后是茫茫江水、天水一色，最后则是高峰突起、远岫渺茫。山间丛林茂密，点缀村舍、茅亭，水中则有渔舟垂钓。山和水的布置疏密得当、层次分明，大片的空白乃是长卷画的构图特色。

在笔墨上，简约利落。山石的勾、皴，用笔顿挫转折，随意而似天成。将近 20 厘米的长披麻皴，枯湿浑成，功力深厚，洒脱而极富灵气，洋溢着平淡天真的神韵。全图用墨淡雅，仅在山石上铺染一层极淡墨色，并用稍深墨色染出远山及江边沙渍、波影，只有点苔、点叶时用上浓墨，但已足够醒目。

六、拉斐尔《西斯廷圣母》

图 9—22 《西斯廷圣母》

《西斯廷圣母》（见图 9—22）为拉斐尔“圣母像”中的代表作，它以甜美、悠然的抒情风格而闻名遐迩。这幅祭坛画，指定装饰在为纪念教皇西克斯特二世而重建的西斯廷教堂内的礼拜堂里。最初它被放在教堂的神龛上，至 1574 年一直保存在西斯廷教堂里，故得此名。现为德国德累斯顿博物馆收藏。

位于中心的圣母体态丰满优美，面部表情端庄安详，秀丽文静。在拉斐尔过去创造的圣母中，总是极力追求美丽、幸福、完好无缺，更多地具有母亲和情人的精神气质和形象。而这幅《西斯廷圣母》是在更高的起点上塑造了一位人类的救世主形象：她决心以牺牲自己的孩子来拯救苦难深重的世界。画面像一个舞台，当帷幕拉开时，圣母脚踩云端，神风徐徐送她而来。代表人间权威的统治者教皇西克斯特二世身披华贵的教皇圣袍，取下桂冠，虔诚地欢迎圣母驾临人间。圣母的另一侧是圣女渥瓦拉，她代表平民百姓来迎驾，她的形象妩媚动人，沉浸在深思之中。她转过头，怀着母性的仁慈俯视着小天使，仿佛同他们分享着思想的隐秘，这是拉斐尔的画中最美的一部分。人们忍不住追随小天使向上的目光，最终与圣母相遇，这是目光和心灵的汇合。圣母的塑造是全画的中心。从天而降的圣母出现在我们的面前，初看不觉其动人，但是当我们注目深视时，感觉她仿佛正向你走来，年轻美丽的面孔庄重平和，颤动的双唇仿佛正在祝福。趴在下方的两个小天使睁着大大的眼睛仰望圣母的降临，稚气童心跃然画上。据说，这两个小孩是拉斐尔有一天在面包房前看到的，两个孩子曲肘作成天真的样子，拉斐尔敏捷地把他们速写下来，后来加在这幅画上。

作者构图十分严谨，整幅画呈现为均衡的三角形，但上下左右又有一些轻微的不平衡，比如教皇的大法衣使画面左侧显得有些沉重，但右上角低垂的厚重布帘又弥补了这一不平衡感。圣女渥瓦拉的头略高于教皇，下面两位小天使又以相反的高低平衡了画面。这些轻微的不平衡，使整幅画活泼可喜，显示出高雅、柔媚、和谐、明快的格调，因而使人得到一种清新、纯洁、高尚、升华的精神享受。

七、梵高《星月夜》

挚爱深夜的梵高在圣雷米时期（1889 年 6 月）所画的这幅《星月夜》（见图 9—23）表现了他深埋在灵魂深处的对世界的感受。在这件作品中，闪烁于碧蓝色夜空中的星星格外夺目。每一颗大星、小星回旋于夜空中，新月也形成一个旋涡，星云与棱线宛如一条巨龙不停地蠕动着。暗绿褐色的柏树像一股巨形的火焰，由大地的深处向上旋冒。山腰上，细长的教堂、尖塔不安地伸向天空。所有的一切似乎都在回旋、转动、烦闷、动摇，在夜空中放射艳丽的色彩。

图 9—23 《星月夜》

这幅油画是梵高所画的为数不多的不靠直接观察对象，而用虚构的形与色，凭想象创造某种气氛的作品中的一幅。《星月夜》体现了内心的、最紧张的幻想，是发泄无法抑制的强烈感情的创造性尝试，而不是对周围大自然平心静气研究的结果。

这幅画展现了一个高度夸张变形与充满强烈震撼力的星空景象。那巨大的、卷曲旋转的星云，那一团团夸大了的星光，以及那一轮令人难以置信的橙黄色的明月，大约是画家在幻觉和晕眩中所见。对梵高来说，画中的图像都充满着象征的涵意。那轮从月蚀中走出来的月亮暗示着某种神性，让人联想到梵高所乐于提起的雨果的一句话："上帝是月蚀中的灯塔。"而那巨大的、形如火焰的柏树，以及夜空中像飞过的卷龙一样的星云，也许象征着人类的挣扎与奋斗的精神。

在这幅画中，天地间的景象化作了浓厚、有力的颜料浆，顺着画笔跳动的轨迹，而涌起阵阵旋涡。整个画面，似乎被一股汹涌、动荡的激流所吞噬。风景在发狂，山在骚动，月亮、星云在旋转，而那翻卷缭绕、直上云端的柏树，看起来像是一团巨大的黑色火舌，反映出画家躁动不安的情感和狂迷的幻觉世界。在这里，梵高并没有消极、被动地沉溺于他那感情激流的图像中，他能将自己作为一个艺术家从作品中抽离出来，并且寻找某种方式，用对比的因素与画面大的趋势相冲突，从而强化情感的刺激。我们在画中看到，前景的小镇是以短促、清晰的水平线笔触来描绘的，与上部呈主导趋势的曲线笔触产生强烈对比。那点点黄色灯光，均画成小块方形，恰与星光的圆形造型形成鲜明对比。教堂的细长尖顶与地平线交叉，而柏树的顶端则恰好拦腰穿过那旋转横飞的星云。

第十单元　书法艺术欣赏

知识目标

- 掌握书法、书体的含义与类别。
- 掌握书法作品的构成。
- 掌握书法艺术欣赏的特点、审美特征和欣赏方法。
- 了解书法艺术的发展史及书法基本知识。

能力目标

- 能赏析以《兰亭序》为代表的行楷书法艺术。
- 能赏析以《祭侄稿》为代表的行草书法艺术。
- 能赏析以“楷书四大家”为代表的楷书书法艺术。
- 能赏析以宋代“行书四大家”为代表的行书书法艺术。
- 能赏析以邓石如、邓廷桢等为代表的篆书书法艺术。
- 能赏析以张芝、怀素、张旭等为代表的草书书法艺术。
- 能赏析以《乙瑛碑》、《曹全碑》、《张迁碑》等为代表的隶书书法艺术。
- 能赏析以田英章、杨再春、陈景舒等为代表的当代毛笔书法艺术。
- 能赏析以张学鹏、侯登峰、张穗先等为代表的当代钢笔书法艺术。

背景案例

中国为书法之故乡，书法为中国之特有。自唐以来，书法远播海外，结实东瀛，举世珍重。故学书法，识国宝，当有益于爱国之心。

古代书法家刻苦临习的故事，举不胜举。东汉著名书法家张芝“临池学书，池水尽墨”，被后人称为“草圣”；魏晋最杰出的书法家钟繇“卧则画被，被为之穿”；隋唐著名书法家智永练字，“退笔成冢”。他们成为中华儿女学习书法的楷模。

晋代著名书法家王羲之被后人称为“书圣”，他的《兰亭序》被誉为“天下第一行书”，唐太宗赞叹《兰亭序》：“点曳之工，裁成之妙。”黄庭坚称《兰亭序》：“王右军平生得意书也。反复观之，略无一字一笔，不可人意。”董其昌在《画禅室随笔》中写道：“右军《兰亭序》，章法为古今第一，其字皆映带而生，或小或大，随手所如，皆入法则，所以为神品也。”解缙在《春雨杂述》中说：“右军之叙兰亭，字既尽美，尤善布置，所谓增一分太长，亏一分太短。”有的书家认为《兰亭序》具有“三美”：遒媚劲健、极尽使锋的用笔之美；别出心裁、自成妙构的结体之美；天生丽质、翩翩起舞的章法之美。

有人说：“书法作品欣赏，只可意会，不可言传。就书法风格而言，有的如高山大海，十分豪迈；有的似小桥流水，非常优雅；有的像巨龙飞天，气贯长虹；有的如嫦娥奔月，轻盈飘逸；有的似雪山苍松，朴茂坚实；有的像含苞荷花，亭亭玉立；有的如映月白兰，端丽清新等。”

问题讨论

1. 当代大学生如何继承与发扬中国书法艺术？
2. 古代书法家刻苦临习的故事给我们什么启示？
3. 有人说：“书法作品欣赏，只可意会，不可言传。”你对这句话是怎样理解的？

书法是中华民族传统艺术之一，是中华传统文化的瑰宝，是中国文化的重要组成部分。它与中国本身的历史一样源远流长，经过历代书法家的潜心研究，不断创新，已发展成为祖国艺术宝库中的一笔重要财富。传承中华传统文化，继承与发扬中国书法艺术，是炎黄子孙的崇高职责。当代大学生是祖国的栋梁，是中国特色社会主义的接班人，传承中华传统文化，继承与发扬中国书法艺术，更是责无旁贷。

第一节　书法艺术常识

一、何谓书法

（一）书法的含义

书法是指以汉字为表现对象，以软笔和硬笔为表现工具的一种线条造型艺术。简言之，书法是指写字的艺术，包括软笔书法和硬笔书法。

软笔书法以毛笔书法为代表。毛笔书法是指毛笔字的书写方法，包括执笔法、运笔法、结体法和章法。

硬笔书法以钢笔书法为代表，是中国书法的一个分支。虽然硬笔书法比软笔书法历史短很多，但是它在执笔、运笔、章法、字体的形态与风格上独树一帜，不断创新，成为覆盖面最广的大众艺术，而且正在蓬勃发展。它必将与软笔书法并驾齐驱，成为祖国艺术宝库中的又一笔重要财富。

（二）书法与写字的关系

写字与书法是两个有本质区别的概念。书法是指写字的艺术，但写字并不都是书法。只有当写字达到一定的艺术水平才能升华为书法，而书法必定是写字。写字的目的是交流信息，重实用性；书法的目的是创作、抒情和欣赏，重艺术性。写字力求以最短时间和较少精力达到目标；书法则需要以毕生的精力来探索，目标也无止境。然而写字和书法又是密不可分的。书法必须是写字，否则就不叫书法；写字是书法的基础，充当了由实用美向艺术美过渡的桥梁。字写好了也不等于书法，因为书法是艺术，不但字要写好，而且还要合乎章法。

二、书体及其种类

书体是指汉字的书写形体。在我国汉字发展史上，从甲骨文算起，曾经出现过数十种书体，其中最主要有篆书、隶书、草书、楷书、行书等五种。

（一）篆书

广义的篆书是指秦篆以及秦篆以前的各种书体，主要包括甲骨文、金文（或钟鼎文）、石鼓文、籀文和秦篆等。通常所说的篆书，主要是指大篆和小篆。

大篆是周宣王时期通用的文字书体，也称籀文。又因是周宣王之太史，籀（人名）所创造的，所以还叫籀篆。大篆有两个显著特点：一是线条化，早期粗细不匀的线条变得均匀柔和了；二是规范化，字形结构趋向整齐，逐渐离开了图画的原形，奠定了方块字的基础。

小篆也称秦篆，是秦朝实现统一文字后通用的标准文字书体。秦灭六国后，实现文字的统一，秦始皇命令丞相李斯等，将大篆整理成为小篆，以小篆为正字，淘汰了流行在其他地区的异体字，所以小篆又称“斯篆”。小篆也有两个显著特点：一是笔画匀圆齐整；二是形体秀丽大方。小篆对汉字的规范发展起了很大的作用，从大篆到小篆的文字变革在中国文字史上具有极其重大的意义。小篆除了把大篆的形体简化之外，还在线条化和规范化上达到了完善的程度，几乎完全脱离了图画文字，成为整齐和谐、十分美观的长方形方块字体。

从黄巨龙先生毛笔大篆与小篆作品（见图 10—1）中，可以体会到大篆和小篆的区别。

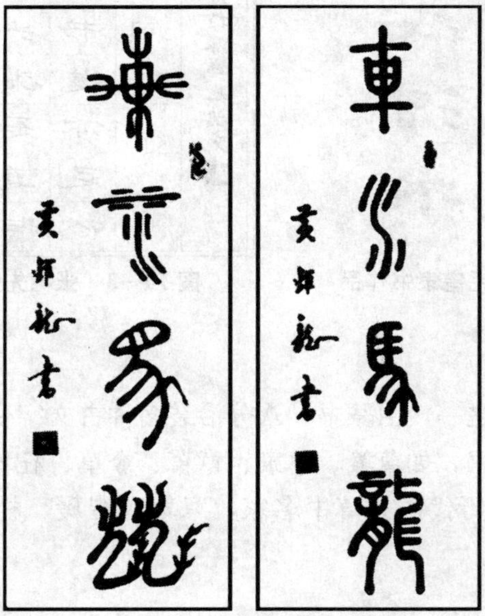

图 10—1　黄巨龙先生毛笔篆书作品

（二）隶书

隶书是在篆书的基础上发展起来的，是继小篆之后通行的一种书体。隶书又称佐隶、徒隶、隶字、隶文、佐书、今文、史书等。

篆书向隶书的演变，是一个渐进的过程。据说，秦朝有一个善书大篆的狱吏，名叫程邈，因得罪了秦始皇而入狱。他在狱中深思了10年，根据民间约定俗成的书体作隶书3 000字。这样，隶书作为一种书体就基本定型了。由于隶书将篆书的点画削繁就简，书写起来比篆书方便，所以，也可以说，隶书是篆书的快写。

隶书始于秦而兴于汉，东汉是隶书的鼎盛时期，魏晋后被楷书代替。隶书又有秦隶、汉隶、古隶、八分、飞白、散隶之分。在汉碑中，《礼器碑》、《华山庙碑》、《乙瑛碑》、《孔庙碑》、《石门颂》、《史晨碑》、《张迁碑》、《曹全碑》等都是上等的汉隶佳品。其中最具代表性的“三碑”是《乙瑛碑》、《曹全碑》和《张迁碑》，它们具有各自的隶书风格和特点，体现出极高的隶书艺术水平。

纵观隶书形成和发展的历史，其总的特点可以概括为：笔画波磔分明，用笔方圆结合；结构扁平端庄，形态清丽飞动。

从陈景舒先生毛笔隶书作品（见图10—2）和张穗先先生钢笔隶书作品（见图10—3）中，可以体会到隶书的特点。

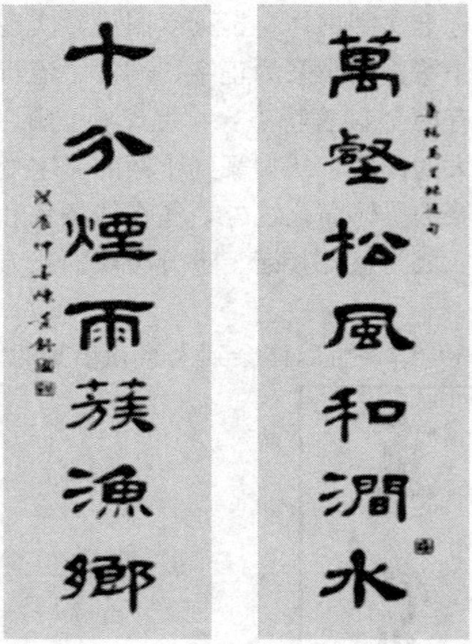

图10—2 陈景舒先生毛笔隶书作品

图10—3 张穗先先生钢笔隶书作品

（三）草书

草书是汉字主要书体之一，由篆书、八分沿袭多种古文字变化而成。广义的草书包括各个时期、各种形式的草书，如草篆、草隶、章草、今草、狂草等。其中具有代表性的草书是章草、今草、狂草。历代都有草书名家，章草有崔瑗、杜度等，今草有张芝、二王等，狂草有张旭、怀素等。

1. 章草

或称隶草、急就。唐代张怀瓘曰：“章草即隶书之捷。”宋代黄伯思曰：“凡草书分波磔者名章草。”一般来说，从草书的章法来看，字与字不连笔的草书称为章草。

2. 今草

今草是从章草发展而成的一种草书，是由东汉张芝所创。今草不仅突破了汉字的方块结构，省略了点画，而且体势连绵，上下多牵丝连带，书写起来比任何其他书体都简便快速，往往一个字甚至一连数字只用一次落笔写成。所以，今草又被人们称为“一笔书”，如张芝的草书作品。今草中字形大者称为“大草”；字形较小、笔画虽省但较易辨认者称为“小草”。小草适合钢笔书写，是钢笔书法爱好者之良友。

3. 狂草

大多数书法家认为，今草又分为大草、小草和狂草。狂草是指笔意更加奔放，笔画省简连绵，常一笔数字、隔行气势不断的今草，是唐代张旭所创，代表作品为《古诗四帖》。

（四）楷书

楷书又名真书、正书，是从隶书、章草演变而来，古时又称楷隶、今隶，是一种书写工整规范、笔画交代清楚、结构方正严谨的汉字书体。

楷书包含了古隶之方正、八分之遒美及章草之简捷等。古人曰：“楷如立，行如走，草如奔。”可见，楷书偏重于静，有一种稳重宁静之美。

楷书是汉字的主要书体。楷，是楷模，就是标准字体。不论是毛笔楷书，还是钢笔楷书，都有如下特点：形体方正，笔画平直，结构严谨，有规有矩。

书法界公认的“楷书四大家”是指欧阳询、颜真卿、柳公权、赵孟頫。由于他们的楷书体在运笔方法和字形结构上具有各自独特的风格，故被后人分别称为“欧体”、“颜体”、“柳体”、“赵体”，对后世影响很大，成为人们学习书法的向导。这四种楷书体的特色人们概括为“欧劲”、“颜筋”、“柳骨”、“赵肉”。图 10—4 是当代书法家田英章先生毛笔楷书（欧体）作品，图 10—5 是当代硬笔书法家侯登峰先生钢笔楷书作品。

图 10—4　田英章先生毛笔楷书（欧体）作品

图 10—5　侯登峰先生钢笔楷书作品

（五）行书

行书是介于楷书与草书之间的一种书体，是楷书的快写，亦称流动的楷书。据传是汉代刘德升所创，至东晋达到高峰，王羲之、王献之为其杰出代表。行书最显著的特点就是俊逸流畅，突出“行”字。人们常把行书比作“走”，就是说行书运笔具有流动性的特点。行书书写流畅，用笔灵活，表现出浪漫、唯美的气息。行书又分为行楷和行草两类。

1. 行楷

书写比较规矩、笔画变化偏重于楷书的行书称为行楷。如王羲之的《兰亭序》，被后人誉为“天下第一行书”。

2. 行草

书写比较放纵、笔画变化偏重于草书的行书称为行草。如颜真卿的《祭侄稿》，被后人誉为“天下第二行书”。

三、书法作品的构成

无论是软笔书法，还是硬笔书法，其完整的作品通常都由正文、落款、印章三部分构成。

(一) 正文

正文是书法作品的核心。正文内容总的要求是：积极向上，健康高雅，内涵丰富，时代感强。

(二) 落款

又叫题款、款识，是指书法作品正文以外的说明性补充文字。

落款有三种类型：

(1) 多款。书法作品有三行或三列以上的题款称为多款。

(2) 双款。书法作品有两行或两列的题款称为双款。双款又有上款、下款之分，书法作品正文之前的题款称为上款，书法作品正文之后的题款称为下款。

(3) 单款。书法作品中只有一行或一列的题款称为单款。单款又有长款、短款和穷款之分。

书法作品中题款内容多而长的称之为长款。长款不仅写正文出处、时间、名号、地点等，而且还加上书者创作时的感想或缘由等文字。见图 10—3。

书法作品中题款内容少而短的称之为短款。短款一般只落正文出处、时间、名号、地点等其中的几项。

书法作品中题款内容只有书者姓名的称之为穷款。见图 10—1。

此外，书法作品还有横款和竖款之分。书法作品中题款横写的称之为横款，题款竖写的称之为竖款。

(三) 印章

印章是书法作品的重要组成部分。钤印，即盖印，是创作书法作品的最后一道工序。钤印是否恰到好处，在一定程度上反映了一个人的艺术修养。上乘的印章在书法作品中起着调节疏密、点缀装饰、平衡重心、画龙点睛、锦上添花的作用。

1. 钤印的要求

印章的字体一般使用篆书体，多用小篆书体。钤印的要求是：款章相称，大小匹配，阴阳协调，名章方形，闲章随形，位置适当，多寡适度，该用则用，恰到好处。

2. 印章的分类

书法印章按印章的内容划分，可分为名章和闲章两大类。

(1) 名章。也叫姓名章，是指印文为书者姓名的印章。又有姓章、名章、姓名章、字号章之分。书法作品有的盖姓名章；有的盖姓章加名章；有的只盖名章。

(2) 闲章。除名章以外的印章称为闲章。闲章的内容多为名言、警句、书斋名、作者的别称、十二生肖的动物图案等。又有引首章、腰章、压角章之分。如图 10—1 的闲章为引首章；如图 10—2 的闲章为压角章。

书法印章按印的形状划分，可分为方形章、圆形章、长方形章、椭圆形章和不规则的自然形体章等。

书法印章按印的刊治划分，可分为朱文（阳文）章、白文（阴文）章、朱白文混刻章。

此外，还有图案章和文字章之分。图案章多为肖形章，是指以十二生肖的动物图案刻成的印章。除图案章以外的印章称之为文字章。

3. 印章的钤法

具体来说有如下几个步骤：

（1）确定印章的位置。在完成书法作品正文和落款之后，根据具体情况确定印章的位置。

（2）在确定的印章位置的纸下放一硬皮垫，比较简单的操作是垫一本书。

（3）用湿毛巾将盖印之处弄潮湿。

（4）印章蘸上书画专用红印泥，对正确定印章的位置钤印；或使用印规将盖印处定位，按着印规钤印。钤印要求用力均匀、端正清晰，印章的中心应与落款的中心线重合，做到不偏不倚。

第二节　书法艺术的审美特征与欣赏方法

一、书法作品欣赏的特点

（一）书法作品欣赏的再创性

梁武帝说：“钟繇书如云鹄游天，群鸿戏海。”王羲之形容卫夫人笔画：“每作一横画，如列阵之排云；每作一戈，如百钧之弩发；每作一点，如高峰之坠石。”这些形容能给人以美感，是欣赏者的“意”与书法作品的“象”相激发的结果。这就是书法欣赏的再创性。古代书法家习惯地将书法美类比于人体美，所以在书法理论中，优秀的书法也要肥瘦得宜、骨肉亭匀。毛笔书法作品线条的平缓激荡与欣赏者心理节奏应和共鸣，引发欣赏者凭借自己的学识修养和联想、想象等心理活动，再创艺术意境。硬笔书法作品与毛笔书法作品一样也具有欣赏的再创性。

（二）书法作品欣赏的模糊性

书法作品的欣赏，各人是各人的，此时是此时的，彼时是彼时的，“仁者见仁，智者见智”，难以用精确的言语表达出来。这就是书法作品欣赏的模糊性。正所谓“只可意会，不可言传”。

书法作品线条的抽象性造成欣赏的模糊性。书法线条既是从现实生活中抽象出来的生命意象，也是书法家生命情感的节奏轨迹，是一个丰富奇妙的图像世界。它究竟表现什么很难确指，欣赏者只能根据自己的感觉去意会。

（三）书法作品欣赏的差异性

书法作品欣赏的再创性、模糊性必然导致书法作品欣赏的差异性。形成差异性的因素很多，主要是受思想信仰、道德修养、个性气质、趣味爱好、审美经验影响。审美经验和能力是关键，“艺术不是素材的简单再现，而是通过艺人之思想、学养、天才与技法之艺术表现。不然，何贵有艺术。”（潘天寿语）书法的鉴赏者不必是书法家，但必须是有艺术修养的人。学养越高，欣赏能力越强。

有人说，一千个人读《红楼梦》就有一千个林黛玉的形象是因为这一千个人的文学艺术修养不同。书法作品欣赏也是如此。艺术修养不同的人，审美观不同，情趣不同，爱好不同，导致了书法作品欣赏的差异，这种差异有时很小，有时很大。就书法艺术本身而言，它是高度抽象的线条造型艺术，一切信息都蕴含在抽象的线条之中，凭欣赏者去感受。巴尔扎克说过：“艺术作品就是最小的面积，惊人地集中了最大量的思想。”就书法作品欣赏来讲，从事书法创作的人，这种欣赏差异就小得多，因为其本身的创作实践就已经积累了这方面的知识，他懂得书法作品的“美”在何处，以及构成书法美的诸多条件和因素，最重要的是他掌握了书法欣赏的方法。就书法欣赏的群体而言，书法创作者只是其中的一小部分，而且是次要的一部分，广大的欣赏者是非从事书法创作的广大群众，他们才是书法欣赏的主体。大量的观众还只是一般看看而已。有道是“外行看热闹，内行看门道”，要瞧出门道，就必须懂得入此门道的方法，掌握这方面的知识。而非从事书法创作的广大群众，他们显然缺乏这方面的知识，对书法的欣赏只停留在“好”与“差”的感性的层次上，且是非常笼统和模糊的，知其然而不知其所以然，更不可能从美学的角度对书法作品的艺术价值进行深层次的分析。

二、书法艺术的审美特征

欣赏书法，就是欣赏其引起审美愉悦的艺术性。这种艺术性主要体现在：表现的意境美、点画的线条美、结构的造型美、章法的整体美和风格的个性美等五个方面。

（一）表现的意境美

意境是文学艺术作品通过形象描写表现出来的境界和情调。书法作品的意境，是指作者抒心中之胸臆、发时代之绝响、铸笔墨于毫端，所表现出来的一种至情至性、融进自己的知识修养和审美情趣的艺术境界。有意境美，书法才具有感人的艺术魅力，才有不巧的灵魂。

书法作品应是取象万物，迁想妙得，达其性情，形其哀乐，达到人与自然、主体与客体、主观与客观的协调统一；使情感、理智、想象、感知等审美心理因素达到协调一致的状态；通过文字的结构造型，按照艺术表现的特有规律，创造出清新可感的艺术境界，表达一定的精神意蕴、审美情趣；从线条、笔势、笔意、结构等方面寻求与自然物象的联系，唤起人们的审美感受。

（二）点画的线条美

书法作品点画的线条美主要表现在书法工具的特性、点画的形态、用笔的节奏上。

当代著名书法家沈鹏曾说：“在书法表现的要素中，我看重线条。线条是由条形到神韵的最重要的手段、桥梁，更确切说是基因。”各大书体、各书家字体、各书法作品品位高低的差异，也与其线条特性及水平高低有很大关系。书法作品的创造，首先是线条美的独特的发现和创造。可见，线条是书法作品的基因，是书法风格和品位的标志，在书法作品创作中居于首要地位。

在欣赏一幅书法作品时，首先映入欣赏者眼帘的就是线条，它是沟通欣赏者与书法家的桥梁。通过线条，欣赏者可以获得精神上的美的享受，心灵上的慰藉、净化和震撼。

书法作品的点画线条具有很强的表现力，它本身是抽象的，所构成的书法形象也无所确指，然而它却把全部美的特质包容其中。书法作品点画的线条美主要体现在力量感、节奏感、立体感等方面。

1. 力量感

书法作品点画线条的力量感是线条美的要素之一。它是一种比喻，指点画线条在人心中唤起的力的感觉。早在汉代，蔡邕《九势》就对毛笔书法作品的点画线条作了专门的研究，指出“藏头护尾、力在字中”，“令笔心常在点画中行”，“点画势尽，力收之”，要求点画要深藏圭角，有往必收，有始有终，便于展示力度。需要注意的是，我们强调藏头护尾、不露圭角，并不是说可以忽略中间行笔。中间行笔必须取涩势，以使点画线条浑圆淳和、温而不柔、力含其中。但是，钢笔书法作品的点画线条的起止并非都是深藏圭角、不露锋芒的。书法中往往根据需要藏露结合，尤其在行草书中更是千变万化。欣赏时，既要注意起止的承接和呼应，又要注意中段是否浮滑轻薄。

2. 节奏感

节奏本指音乐中音符有规律的高低、强弱、长短的变化。毛笔和钢笔书法作品点画的线条节奏感集中表现在笔线美，笔线美主要体现为以下几个方面：

(1) 屋漏痕：笔线不刻意雕琢，得自然之妙。

(2) 印印泥：笔线要沉着不浮，力透纸背。

(3) 锥划沙：笔线要圆润浑厚，富于立体感。

(4) 折钗股：笔线挺拔不露角，劲而含骨力。

在书法作品创作时，不可能以一样的书写速度一贯到底。笔画之间、字与字之间先后衔接必定会出现快慢、缓疾、断连、聚散、轻重、粗细、长短、大小等的节奏，似古人所称的“屋漏痕”、“印印泥”、“锥划沙”、“折钗股”等，这就好像乐曲中的旋律一样，体现出书法作品点画线条的韵律美。

一般而言，静态的书体（如篆书、隶书、楷书）节奏感较弱，动态的书体（如行书、草书）节奏感较强，变化也较为丰富。

3. 立体感

立体感原是毛笔中锋用笔的结果。中锋写出的笔画，“映日视之，画之中心，有一缕浓墨，正当其中，至于折处，亦当中无有偏侧”。这样，点画线条才能饱满圆实、浑厚圆润。然而，钢笔正笔书写也可写出立体感很强的点画线条。我们不难发现，在钢笔书法作品创作中侧笔也随处可见。除小篆以外，其他书体都离不开侧笔。尤其是在行书和草书中，侧笔作为正笔的补充和陪衬，比比皆是。

（三）结构的造型美

书法作品，不仅要求书写正确清楚、合乎规范、使人一目了然，而且强调结构的造型美、具有艺术性、使人赏心悦目。书法作品的点画线条在遵循汉字的形体和笔顺原则的前提下交叉组合，分割空间，形成书法的空间结构。空间结构包括字体的造型、整行的行气两个部分。

1. 字体的造型

书法作品结构的造型美主要表现在各种字体的造型上，包括如下几个方面：

(1) 正欹相生。正，指字的内部结构要平衡；欹，指字体倾斜，形态富于变化。两者要巧妙构造，错综变化，形象自然，于平正中见险绝，险绝中求趣味。

（2）疏密均衡。指点画之间和字与字之间距离的大小要恰到好处。王羲之在《笔势论十二章》中说“密则似痾瘵缠身”、“疏则似溺水之禽”，即过密或过疏均不可取。

（3）违和协调。违，指统一中的对立；和，指多样的统一。

（4）静动结合。

（5）长短合度。指字的点画与字体的形态要长短参差。但字体的形态也不能过长或过短，要合乎法度。王羲之在《笔势论十二章》中指出：“长则似死蛇挂树”，“短则似踏死蛤蟆”。

书法作品，不论楷、草、隶、篆、行，都要按照比例、匀称、均衡、平稳、对比、照应等多样而统一的美的规律来造型。

2. 整行的行气

书法作品中字与字上下或前后相连，形成“连缀”，要求上下承接，呼应连贯。楷书、隶书、篆书等静态书体虽然字字独立，但笔断而意连。行书、草书等动态书体可字字连贯，游丝牵引。此外，整行的行气还应注意大小变化、欹正呼应、虚实对比，以及由此而产生的节奏感。这样，才能使行气自然连贯，血脉畅通。

（四）章法的整体美

欣赏书法，一般是从章法入手。章法着眼于书法作品空白的安排变化，是决定书法作品全局的关键因素。一幅书法作品的鉴赏跟其他艺术品一样，重点关注的当属整体美。书法作品中集点成字、连字成行、集行成章，构成了点画线条对空间的切割，并由此构成了书法作品的整体布局。要求字与字、行与行之间疏密得宜，计白当黑；平整均衡，欹正相生；参差错落，变化多姿。其中，楷书、隶书、篆书等静态书体以平正均衡为主，行书、草书等动态书体则变化错综、起伏跌宕。

书法作品的章法美主要体现在作品布白、作品款式、主宾关系、虚实关系、气脉连贯等方面。同时，要求“行行要有活字，字字须求生动”，构图完整，自然贯气，清新和谐，浑然一体，情趣盎然。给人的感觉是工整优美的形式如同图案画，装饰性强；流动空灵如同轻音乐，余音袅袅，回味无穷。

（五）风格的个性美

书法作品风格的个性美，则表现在作者独特而又强烈的个性色彩上。“字如其人”、“人品即书品”。欣赏书法作品，应根据个人的兴趣爱好和作品特色择优欣赏。有的笔致好，不妨欣赏笔致；有的造型美，不妨欣赏造型；有的以气势取胜，不妨欣赏气势；有的以神韵见长，不妨欣赏神韵。这种欣赏方法的好处是印象深刻，容易集众家之长。

此外，书法作品的美还表现在“实”与“虚”两个方面，而且两者相互依存、相互作用。“实”是有形的，包括运笔、结体、章法等内容；“虚”是无形的，包括神采、气韵、意境等内容。南朝书家王僧虔在《笔意赞》中说：“书之妙道，神采为上，形质次之，兼之者方可绍于古人。”这里，强调以形写神，形神兼备。一般地说，“形”包括点画线条以及由此而产生的书法空间结构，“神”主要指书法的神采。神采本指人面部的神气和光彩。书法中的神采是指点画线条及其结构组合中透出的精神、格调、气质、情趣和意味的统称。“神采为上，形质次之”，说明神采高于形质（点画线条及其结构布局的形态和外观）。形质是神采赖以存在的前提和基础。因此，书法艺术神采的实质是点画线条及其空间组合的总体和谐。

三、书法艺术的欣赏方法

书法艺术欣赏的方法，同其他艺术作品欣赏方法一样，既要依照人类认识活动的一般规律，又要遵循其表现方法上的独特性。下面举两种方法供参考。

（一）由近而远法

欣赏书法作品，可以由近而远，即点画的线条—结构的造型—章法的整体—风格的个性—表现的意境，依次欣赏，领会作者的创作意图，体味作品所表现的意境。

（二）全面体味法

1. 从整体到局部，再由局部到整体

欣赏书法作品时，应首先统观全局，对其表现手法和艺术风格有一个大概的印象。进而注意点画的线条美、结构的造型美、章法的整体美等局部是否法意兼备、生动活泼。再退立远处统观全局，校正首次印象，从艺术表现手法与艺术风格是否协调一致，作品何处精彩、何处尚有不足等方面进行综合分析。

2. 把静止的形象通过想象还原为运动的过程

书法作品作为创作的结果是相对静止不动的。欣赏时应随作者的创作过程，采用“移动视线”的方法，依作品的正文和落款的书写顺序，想象作者创作过程中用笔的节奏、力度以及作者感情的不同变化，将静止的形象还原为创造的运动过程，正确把握作者的创作意图、情感变化等。

3. 将书法形象通过联想形成具体形象

充分展开联想，将书法形象与现实生活中相类似的事物进行比较，使书法形象具体化，再由与书法形象相类似事物的审美特征，进一步联想到作品的审美价值，从而领会作品意境。如欣赏颜真卿的楷书，可将其书法形象与“荆卿按剑，樊哙拥盾，金刚眩目，力士挥拳”等具体形象进行类比联想，从而可以得出体格强健、有阳刚之气、富于英雄本色、端严不可侵犯的特征，由此品味到颜真卿楷书端庄雄伟的艺术格调。

4. 了解作品创作背景，正确把握作品的情调

了解作品的创作背景（包括创作环境），弄清作品中所蕴含的独特的文化气息和作者的人格修养、审美情趣、创作心境、创作目的等，对于正确领会作者的创作意图、正确把握作品的情调大有裨益。清代王澍《虚舟题跋·唐颜真卿告豪州伯父稿》云：“《祭季明稿》心肝抽裂，不自堪忍，故其书顿挫郁屈，不可控勒。此《告伯文》心气和平，故客夷婉畅，无复《祭侄》奇崛之气。所谓涉乐方笑，言哀已叹。情事不同，书法亦随而异，应感之理也。”可见，不论是作者的人格修养、创作心境，抑或是创作环境，都对作品情调有相当的影响。同时，综合运用书法技巧和书法理论，尤其是书法美学思想，最大限度地挖掘自己的审美评价能力，尽量按作者的创作意图体味作品的意境。

第三节　作品欣赏

一、篆书艺术欣赏

（一）清代邓石如小篆作品

邓石如，原名琰，字石如，又名顽伯，号完白山人，又号完白、古浣子、笈游道人、凤水渔长、龙山樵长等，安徽怀宁人。他在书法上苦心钻研，悟出了“求规之所以为圆，

与方之所以为矩者”的妙理，并运用到篆刻艺术上，创造了“圆劲”的一派，后人称为“邓派”，这在篆刻史上是一个划时代的创新。

邓石如《篆书文》轴（见图10—6）为小篆作品，款识为“颐斋大人属书，邓琰”，下钤“邓琰”、“石如”印二方，章法严谨合度，用笔细匀，受《峄山碑》及李阳冰篆法影响，使用羊毫中锋，笔画圆劲，收笔处略出锋，呈尖峭状，具有玉箸篆之特点，是一小篆佳作。

（二）清代邓廷桢小篆作品

邓廷桢是清代著名书法家，他和邓石如都是清代的小篆大家。其毛笔小篆作品（见图10—7）用笔细腻规范，笔画匀圆齐整，结字对称均衡，形态秀丽大方，章法严谨合度，展示出点画的线条美、结构的造型美、章法的整体美的艺术效果，值得我们学习借鉴。

（三）当代开华先生钢笔小篆作品

开华先生钢笔小篆作品（见图10—8）章法合度，用笔匀圆，结字对称，字形清丽，体现出可与毛笔小篆相媲美的艺术欣赏价值。

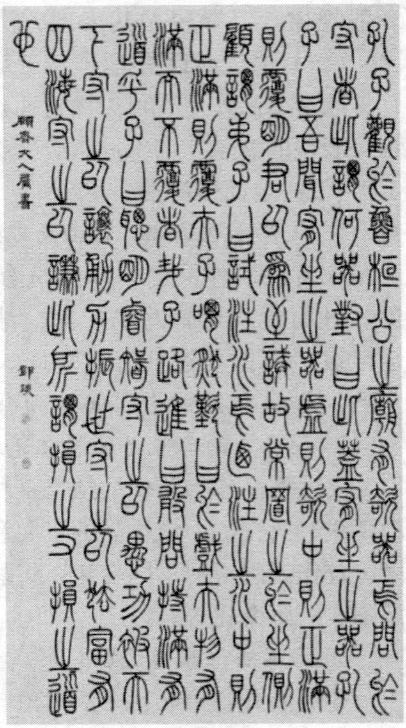

图10—6　《篆书文》轴

图10—7　邓廷桢毛笔小篆作品

图10—8　开华先生钢笔小篆作品

二、隶书艺术欣赏

（一）汉隶——《乙瑛碑》

《乙瑛碑》（见图10—9）全名《汉鲁相乙瑛请置孔庙百石卒史碑》，是汉隶鼎盛时期的代

图 10—9　《乙瑛碑》局部

表作品之一。东汉永兴元年（公元 153 年）立，18 行，满行 40 字，无额。《乙瑛碑》除了具有汉隶在用笔结字等方面的共性外，还有自己的个性。主要体现在以下两个方面：

1. 宗庙之美

《乙瑛碑》的风格，既不像《石门颂》那样豪肆，也不像《曹全碑》那样秀润，而是介于二者之间。它又比《礼器碑》多一分沉厚，比《史晨碑》多一分雄强。其用笔沉着厚重，结字端庄雍容，体现了传统文化追求的一个向度，深具宗庙之美。正如清代方朔所言：“《乙瑛》立于永兴元年，在三碑为最先，而字之方正沉厚，亦足以称宗庙之美、百官之富。王箬林太史谓雄古，翁潭溪阁学谓骨肉匀适，情文流畅，汉隶之最可师法者，不虚也。”（《枕经金石跋》）

2. 用笔方圆兼备、结字匀适调和、章法规矩合度之技法

乙瑛碑是八分隶书完全规范化的极致，具备了汉隶的全部表现手法。其用笔不像《张迁碑》那样多方笔，也不像《曹全碑》那样多圆笔，而是多切锋方笔入纸，顿笔圆转出锋，刚柔相济，平画表现最为明显，作为汉隶最重要表现特征的波磔画显明突出；其结字，笔画排列匀整，近小篆之排叠布白，没有大的松紧变化，字内空间较平均，笔画向四周均匀排布，不像《史晨碑》和《曹全碑》那样刻意突出长大的主笔画；其章法如同许多汉碑一样，横成行竖成列，字距略大于行距，呈森然气象。

清代梁巘说：“学隶书宜从乙瑛碑入手。”（《评书帖》）乙瑛碑在汉碑中属平正规范一路，适合初学。

（二）汉隶——《曹全碑》

《曹全碑》（见图 10—10）全称《汉郃阳令曹全碑》，又名《曹景完碑》。东汉中平二年（公元 185 年）十月立，是汉代隶书的重要代表作品。《曹全碑》结体扁平匀称，秀润典丽；用笔方圆兼备，圆笔为主；笔画正行多变，长短参差；神采秀美飞动，风度翩翩。虽与《乙瑛碑》、《礼器碑》同属秀逸类，但神采华丽、秀美、飞动，有“回眸一笑百媚生”之态，实为汉隶中的奇葩。它以风格秀逸多姿和结体匀整著称于世，因此历来为书家所重。清代万经评云：“秀美飞动，不束缚，不驰骤，洵神品也”。

图 10—10　《曹全碑》局部

《曹全碑》是汉隶成熟期飘逸秀丽一路书法的典型，对后世影响很大，临习者甚多，但有的人只注意其流美洒脱的一面，忽略了它同时还有端庄沉劲的一面，故往往失之于俗艳而不能得其精髓。

（三）汉隶——《张迁碑》

《张迁碑》（见图 10—11）全称为《汉故谷城长荡阴令张君表颂》，亦称《张迁表颂》，东汉中平三年（公元 186 年）立碑于山东东平县，现陈列于山东泰山岱庙碑廊。碑主人张迁，字公方，陈留己吾（今河南宁陵境内）人，迁荡阴（今河南汤阴县）令。故吏韦萌等为追念其功德，刊石立表以纪之。碑阳隶书 15 行，满行

42字，共567字，字径3.5厘米。碑阴刻立碑官吏41人衔名及出资钱数，共3列41行323字，隶书，字径3.5厘米。额篆书“汉故谷城长荡阴令张君表颂”，2行12字，字径9.5厘米。书体意在篆隶之间又能有意曲屈，布局紧密大小错落，浑然一体，刚健有力，或挪让、或盘曲、或长短，实为碑中之妙品。

此碑自出土以来，为历代金石、书法家所推崇。词旨淳古，隶书朴茂，字体方整中多变化，朴厚中见媚劲，是书法艺术的珍品。

（四）当代书法家陈景舒隶书作品

陈景舒，广东佛山人，自幼习书法，早年师从吴子复，颇得吴门隶书三昧，擅长隶书，兼工楷、行。其隶书出入于汉隶与汉简之间，结体匀称，奇气横溢，别开蹊径，自成一格；用笔峭劲，古朴沉雄，方圆兼备，篆隶相容；章法合度，书风飘逸，神采飞扬。其毛笔隶书作品（见图10—12）具有自己独特的风格。

图10—11 《张迁碑》（局部）

图10—12 陈景舒毛笔隶书作品

三、行书艺术欣赏

（一）天下第一行书——王羲之行楷作品《兰亭序》

王羲之，东晋书法家，字逸少，祖籍琅琊（今属山东临沂）人，居会稽山阴（今浙江绍兴）。官至右军将军，会稽内史，人称“王右军”。他出身于两晋的名门望族，幼时跟随当时著名女书法家卫夫人学习书法，后来渡江北游名山，博采众长，草书师法张芝，正书学钟繇。他观摩学习“兼撮众法，备成一家”，达到了“贵越群品，古今莫二”的高度。他一变汉魏朴质书风，开晋后妍美劲健之体，创楷、行、草之典范，后世莫不宗法。他最终成为中国书法史上公认的“书圣”。

《兰亭序》（见图10—13、图10—14），又名《兰亭集序》、《临河序》、《禊序》、《禊帖》等。东晋穆帝永和九年（公元353年）三月三日，王羲之与谢安、孙绰等名士41人，在山阴（今浙江绍兴）兰亭商讨“修禊”之事，集会时各人作诗，由羲之作序。《兰亭序》章法、结构、笔法都很完美，是他50岁时的得意之作，被历代书家誉为“天下第一行书”。该帖流传至唐时为太宗所得，命赵模等人钩摹数本，分赐亲贵近臣，真迹却被唐太宗作为殉葬品埋入昭陵，永绝于世。现今所流传的摹本和刻本中，则以摹本冯承素之神龙本为最精。《兰亭序》是一座袖珍式的屹立于尺幅之中的辉煌的书艺殿堂。唐太宗赞叹《兰亭序》：“点曳之工，裁成之妙。”黄庭坚称《兰亭序》：“王右军平生得意书也。反复观之，略无一字一笔，不可人意。”

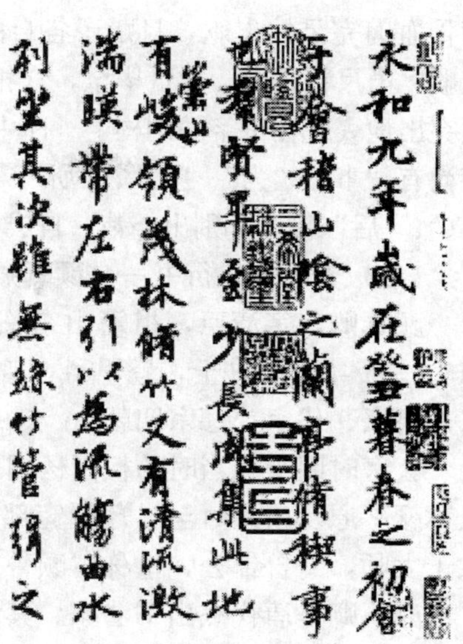

图 10—13　《兰亭序》(局部)

《兰亭序》的章法，仿佛天生丽质，翩翩起舞，其舞姿之美是无与伦比的。兰亭修禊，使王羲之触悟山水之美、宇宙之玄和人生之真谛，在物我两忘的境界中一气呵成，挥毫写下千古杰作《兰亭集序》。正因为他情深意厚，故能情注毫端而天趣自在；也因为他笔法精严，故能使笔底如行云流水而形神兼具；更因为他诸美皆备，故能使这篇文稿的挥写最终达到高华圆融的境界。董其昌在《画禅室随笔》中写道：“右军《兰亭叙》，章法为古今第一，其字皆映带而生，或小或大，随手所如，皆入法则，所以为神品也。”后世珍视其布白之美，临摹者虽难免渗入各自的笔性，但无人稍变其章法布白。正如解缙在《春雨杂述》中所说的那样：“右军之叙兰亭，字既尽美，尤善布置，所谓增一分太长，亏一分太短。”在这件尽善尽美的作品面前，后世名家虽竭力临摹，却都未能得其真味。

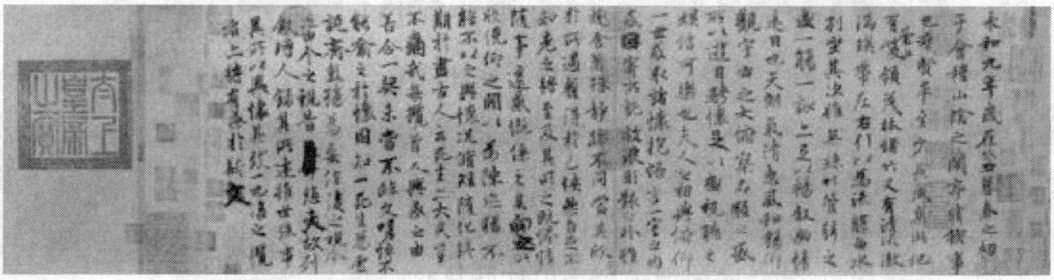

图 10—14　《兰亭序》(唐冯承素摹本——神龙本)

《兰亭序》遒媚劲健的用笔美，流贯于每一细部。略剖其横画，则有露锋横、带锋横、垂头横、下挑横、上挑横、并列横等，随手应变。其竖画，则或悬针，或作玉筋，或坠露，或斜竖，或弧竖，或带钩，或曲头，或双杈出锋，或并列，各尽其妙。其点，有斜点、出锋点、曲头点、平点、长点、带钩点、左右点、上下点、两点水、三点水、横三点、带右点等。其撇，有斜撇、直撇、短撇、平撇、长曲撇、弧撇、回锋撇、带钩撇、曲头撇、并列撇等。其挑，或短或长。其折，有横折、竖折、斜折。其捺，有斜捺、平捺、回锋捺、带钩捺、长点捺、隼尾捺等。其钩，则有竖钩、竖弯钩、斜钩、横钩、右弯钩、圆曲钩、横折钩、左平钩、回锋减钩。无论横、竖、点、撇、钩、折、捺，都可说极尽用笔使锋之妙。《兰亭序》凡三百二十四字，每一字都被王羲之创造出一个生命的形象，有筋骨血肉完足的丰躯，且赋予各自的秉性、精神、风仪；或坐、或卧、或行、或走、或舞、或歌，虽尺幅之内，群贤毕至，众相皆现。王羲之智慧之富足，不仅表现在异字异构，而且更突出地表现在重字的别构上。序中有二十多个“之”字，无一雷同，各具独特的风韵。重字尚有“事”、“为”、“以”、“所”、“欣”、“仰”、“其”、“畅”、“不”、“今”、“揽”、“怀”、“兴”、“后”等，都别出心裁，自成妙构。

（二）天下第二行书——颜真卿行草作品《祭侄稿》

颜真卿，字清臣，祖籍山东临沂，三岁时丧父，由母亲抚养长大。开元年间（公元713—741年）中进士，登甲科，曾四次被任命为监察御史，迁殿中侍御史，一生历任玄宗、肃宗、代宗、德宗四朝。

玄宗时因受到当时的权臣杨国忠排斥，颜真卿被贬黜到平原（今属山东）任太守，故人称颜平原。肃宗时至凤翔授宪部（即刑部）尚书，迁御史大夫。代宗时官至吏部尚书、太子太师，封鲁郡公，世称“颜鲁公”。

颜真卿是唐代杰出书法家。其曾祖、祖父、父亲都工篆隶，母亲殷氏亦长于书法。他少年时家贫缺纸笔，用笔醮黄土水在墙上练字。初学褚遂良，后师从张旭得笔法，又汲取初唐四家特点，兼收篆隶和北魏笔意。

颜真卿的行草作品《祭侄稿》（见图10—15、图10—16）书于安史之乱，时年颜真卿50岁。他的堂兄颜杲卿任常山郡太守，贼兵进逼，太原节度使拥兵不救，以致城破，颜杲卿与子颜季明罹难。所以文中说“贼臣不救，孤城围逼，父陷子死，巢倾卵覆”。

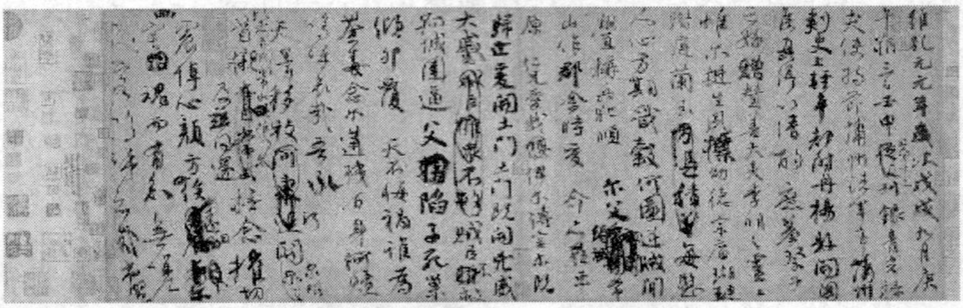

图10—15　《祭侄稿》

书法作品素有“字如其人”之说。颜真卿一门忠烈，生平大节凛然，精神气节之反映于翰墨，本稿最为论书者所乐举。此帖本是稿本，其中删改涂抹，正可见作者当时“心肝抽裂，不自堪忍”的心境。该文构思始末情怀起伏，胸臆了无掩饰，所以写得神采飞动，笔势雄奇，姿态横生，得自然之妙。所有的竭笔和牵带的地方都历历可见。通篇使用一管微秃之笔，以圆健笔法，有若流转之篆书，自首至尾，虽因墨枯再醮墨，墨色因停顿初始，黑灰浓枯，多所变化，然前后一气呵成，淋漓尽致地表现出颜真卿哀痛悲愤之心情。后人称此帖为“天下第二行书”。

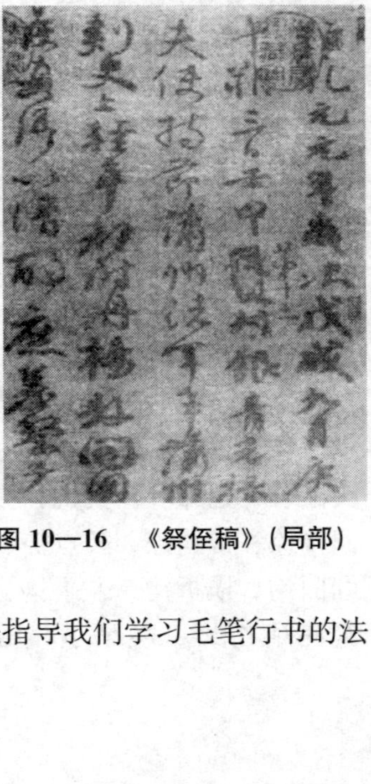

图10—16　《祭侄稿》（局部）

（三）宋代“行书四大家”书法作品

宋代“行书四大家”是指蔡襄、苏轼、黄庭坚、米芾四位著名书法家，简称“苏黄米蔡”。他们的行书风格各异，自成一体，艺术造诣高，其运笔原则、特点、方法、结构法则不仅是指导我们学习毛笔行书的法宝，也是指导我们学习硬笔行书的法宝。

1. 蔡襄行书作品——尺牍

蔡襄的书法在其生前就备受时人推崇，极负盛誉，楷书书法浑厚端庄，淳淡婉美，自成一体，充满妍丽温雅气息。其行书得力于虞世南，参以自己的创造，形成了端庄婉丽、平和蕴藉的风格。蔡襄书法恪守晋唐法度，创新的意识略逊一筹，但以其自身完备的书法成就为晋唐法度与宋人的意趣之间搭建了一座技巧的桥梁，排在宋代“行书四大家”之首。苏东坡在《东坡题跋》中指出：“独蔡君谟天资既高，积学深至，心手相应，变态无穷，遂为本朝第一。然行书最胜，小楷次之，草书又次之……又尝出意作飞白，自言有翔龙舞凤之势，识者不以为过。”蔡襄书法墨迹多为尺牍诗翰。图 10—17 是蔡襄行书作品，展示出其端庄婉丽、平和蕴藉的行书风格。

图 10—17　蔡襄行书作品（局部）

2. “天下第三行书”——苏轼行书作品《黄州寒食诗帖》

苏轼，北宋著名文学家、书画家，与父亲苏洵、弟弟苏辙以诗文称著于世，世称“三苏”。他的书法从二王、颜真卿、柳公权、褚遂良、徐浩、李北海、杨凝式等各家吸取营养，在继承传统的基础上努力革新，创造出丰肥遒劲、婀娜多姿而又雄浑沉着的苏体。

苏轼是书法尚意的倡导者。他强调书初无意于佳，才能真正达到书法佳境。认为艺术创作要能渐老渐熟，由绚烂而归平淡；又认为写好字要有多方面的修养，提出“识浅、见狭、学不足，有此三者皆不能尽妙”的主张。其行书代表作《黄州寒食诗帖》见图 10—18。

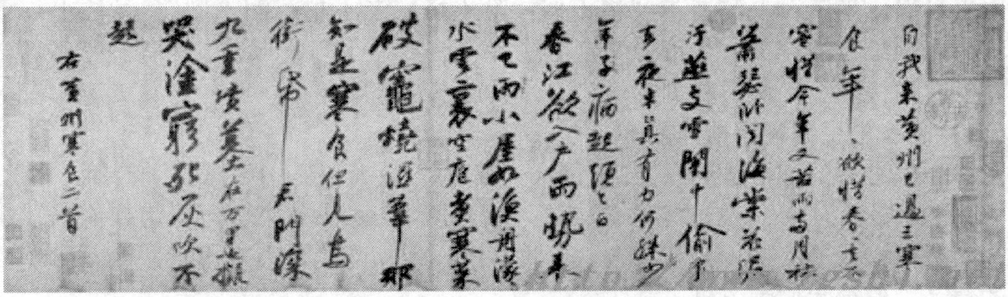

图 10—18　《黄州寒食诗帖》

《黄州寒食诗帖》彰显动势，洋溢着起伏的情绪。诗写得苍凉惆怅，书法也正是在这种心情和境况下有感而作的。通篇起伏跌宕，迅疾稳健，气势奔放，痛快淋漓，一气呵成，光彩照人。苏轼将诗句心境情感的变化，寓于点画线条的变化中，或正锋，或侧锋，转换多变，顺手断连，浑然天成。其结字亦奇，或大或小，或疏或密，有轻有重，有宽有窄，参差错落，恣肆奇崛，变化万千。难怪黄庭坚为之折腰，叹曰："东坡此诗似李太白，犹恐太白有未到处。此书兼颜鲁公、杨少师、李西台笔意。试使东坡复为之，未必及此。"（《黄州寒食诗跋》）董其昌也有跋语赞云："余生平见东坡先生真迹不下三十余卷，必以此为甲观。"《黄州寒食诗帖》是苏轼书法作品中的上乘之作，在书法史上影响很大，元朝鲜于枢把它称为继王羲之《兰亭序》、颜真卿《祭侄稿》之后的"天下第三行书"。

3. 黄庭坚行书作品——《寒山子庞居士诗帖》

黄庭坚，字鲁直，号山谷道人，洪州分宁（今江西修水）人，出生于诗书之家，自幼纵览六艺，博学多才，治平年间中进士，政治上与苏轼共进退，屡遭贬谪。"苏门四学士"之一，尤以书法为世所重，为宋代"行书四大家"之一，是宋书尚意的重要人物。苏书尚天趣，黄书尚韵味，黄书结体而取纵势。黄庭坚开追求意境之新书风，强调从精神上对优秀传统的继承，强调个性创造，注重心灵、气质对书法创作的影响，与苏轼一起将宋代书法的人文气推向高峰。黄庭坚书法的最大特点是重"韵"，持重风度，写来疏朗有致，如朗月清风，书韵自高，纵横奇崛。传世书迹有《范滂传》、《松风阁诗卷》等。黄庭坚行书作品《寒山子庞居士诗》（见图10—19）笔势苍劲，凝练有力，侧险取胜，雄强茂美，神韵兼备，俊逸流畅。

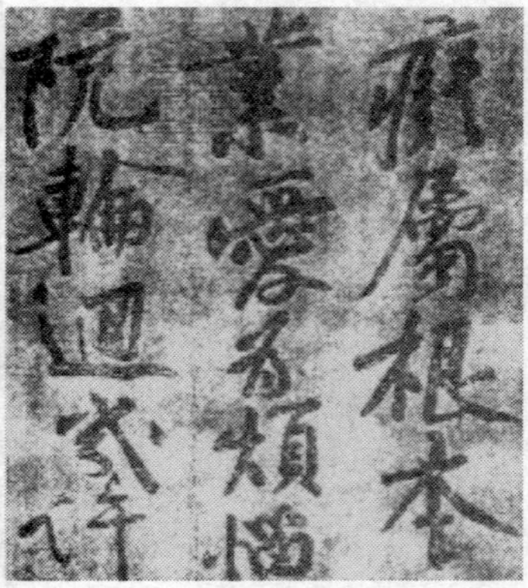

图10—19 《寒山子庞居士诗》（局部）

4. 米芾行书作品

米芾，初名黻，后改芾，字元章，号襄阳居士、海岳山人等。祖籍安徽无为县，后迁居湖北襄阳，长期居润州（今江苏镇江），公元1107年病逝，享年57岁。他是中国北宋书法家、画家、书画理论家。因其举止癫狂，人称"米颠"。米芾平生于书法用功最深，初师当时某位秀才，后师欧阳询、柳公权，字体紧结，笔画挺拔劲健，后又转师王羲之、王献之，体势展拓，笔致浑厚爽劲，自谓"刷字"。成就以行书为最大，书家公认《苕溪诗卷》为其行书代表作品，书体既潇洒奔放，又严于法度。米芾"刷字"，指他用笔迅疾而劲健，尽兴尽势尽力，追求"刷"的韵味、气魄、力量，力求自然。米芾对书法要求"稳不俗、险不怪、老不枯、润不肥"，章法上，重视整体气韵，兼顾细节的完美。米芾行书《七绝诗一首》（见图10—20），写得自然清新、刚健有力，具有痛快淋漓、快刀利剑的气势，是其行书佳作。

（四）涵铮先生钢笔行楷作品

涵铮先生书写的行楷作品《龙门对》（见图10—21），上联中的三"江"、二"山"、二"林"，下联中的三"文"、二"汉"等字形态各异，足见其书法功力；落款恰当，章法合度；笔画挺拔，行笔流畅；错落有致，有收有放；生动活泼，表现出章法的整体美，是行楷中的精品，值得我们学习借鉴。

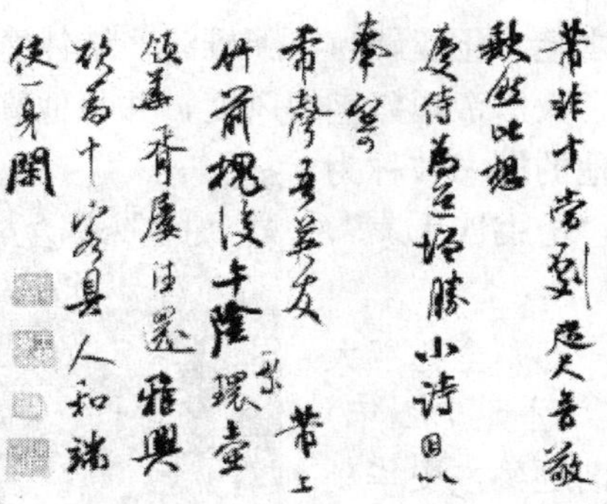

图 10—20　《七绝诗一首》

图 10—21　《龙门对》

四、楷书艺术欣赏

（一）欧阳询楷书作品——《九成宫醴泉铭》

欧阳询，字信本，潭州临湘（今湖南长沙）人，与同代另三位（虞世南、褚遂良、薛稷）并称初唐楷书四大家。因其子欧阳通亦善书法，故其又称“大欧”。欧阳询楷书法度之严谨、笔力之险峻世无所匹，被称为唐人楷书第一，号为“欧体”。

《九成宫醴泉铭》（见图 10—22）是欧阳询晚年时期的作品，最能代表他的书法水平，充分体现了“欧体”结构严谨、圆润中见秀劲的特点。具体来说，此碑书法，高华庄重，法度森严，笔画似方似圆，结构布置精严，上承下覆，左揖右让，局部险劲而整体端庄，无一处紊乱，无一笔松塌；用笔方整，紧凑，平稳而险绝。明代陈继儒曾评论说：“此帖

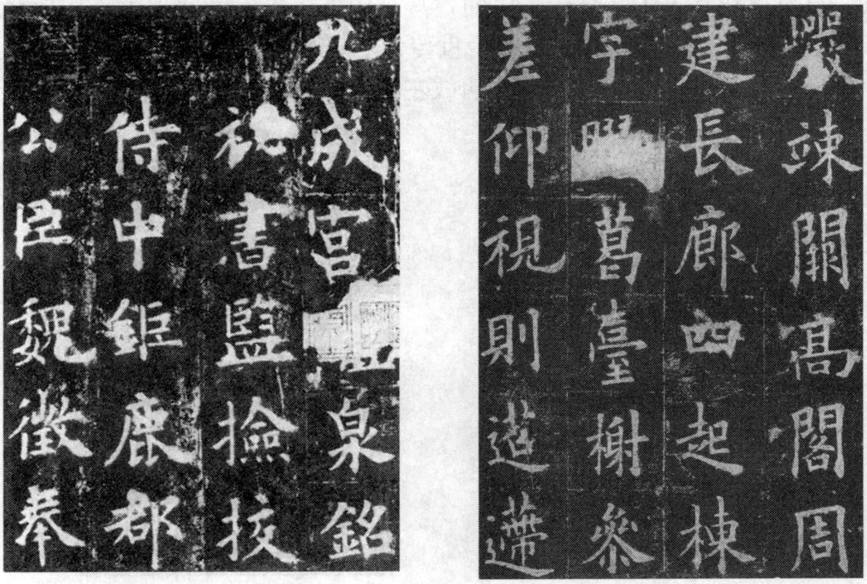

图 10—22　《九成宫醴泉铭》

如深山至人，瘦硬清寒，而神气充腴，能令王者屈膝，非他刻可方驾也。”明代赵涵《石墨镌华》称此碑为“正书第一”。《九成宫醴泉铭》用笔慎重、严谨，没有过分的表现，被视为“楷书法的极则”，也就是说是楷书研究的出发点和终点，是历代学书者的楷模。赵孟頫称赞《九成宫醴泉铭》：“清和秀健，古今一人。”

（二）颜真卿楷书作品——《多宝塔碑》

颜真卿的楷书一反初唐书风，行以篆籀之笔，化瘦硬为丰腴雄浑，结体宽博而气势恢宏，骨力遒劲而气概凛然，这种风格也体现了大唐帝国繁盛的风度，并与他高尚的人格相契合，是书法美与人格美完美结合的典范。他的楷书被称为“颜体”，他与欧阳询、柳公权、赵孟頫并称“楷书四大家”，他的楷书风格与柳公权并称为“颜筋柳骨”。

颜真卿楷书作品《多宝塔碑》（见图 10—23）全称《大唐西京千福寺多宝塔感应碑》，天宝十一年（公元 752 年）四月二十日建，岑勋撰文，颜真卿书丹，徐浩题额，史华刻字，现藏西安碑林。《多宝塔碑》是颜真卿早期成名之作，书写恭谨诚恳，直接“二王”、欧、虞、褚遗风，而又有与唐人写经有明显的相似之处，说明颜真卿在向前辈书法家学习的同时，也非常注重从民间的书法艺术中汲取营养。整篇结构严密，字行间有乌丝栏界格，点画圆整，端庄秀丽，一撇一捺显得静中有动、飘然欲仙。《书画跋》云：“此是鲁公最匀稳书，亦尽秀媚多姿，第微带俗，正是近世撰史家鼻祖。”

图 10—23　《多宝塔碑》（局部）

（三）柳公权楷书作品——《玄秘塔碑》

柳公权，字诚悬，京兆华原（今陕西耀县）人。官至太子少师，故后人称他为“柳少师”。柳公权是晚唐继颜真卿之后的又一位书法大家。柳公权继承了前辈书体结构，自创“柳体”，登上又一巅峰，并为后世百代楷模，直至进入印刷体时代。其书体化身万千，流传于民间，甚至国外。唐穆宗问他怎样用笔最佳，他说：“用笔在心，心正则笔正。”这句名言被后世传为“笔谏”佳话。

《玄秘塔碑》（见图 10—24）全称《唐故左街僧录内供奉三教谈论引驾大德安国寺上座

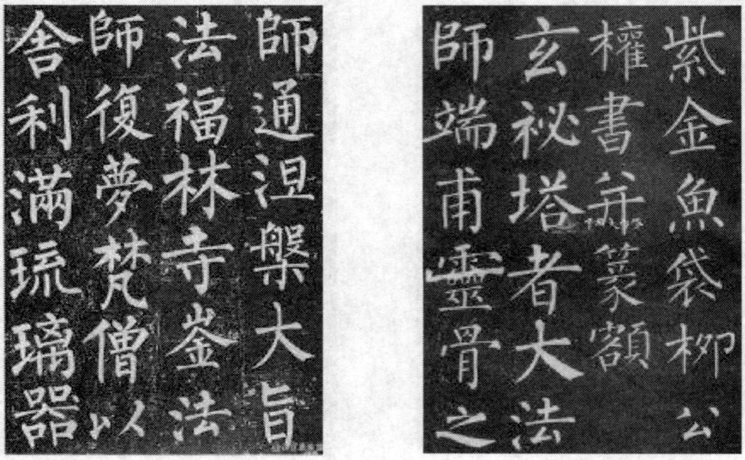

图 10—24　《玄秘塔碑》（局部）

赐紫大达法师玄秘塔碑铭并序》，唐裴休撰文，柳公权书并篆额，邵建初镌刻，唐会昌元年（公元841年）十二月立，现存陕西西安碑林。全碑共28行，满行54字，下截每行磨损两字，其余完好。

《玄秘塔碑》是柳公权64岁时所书，被视为柳体的代表作。其结字内敛外拓，左右匀衡，纵长取势，中密外疏，紧密挺劲。运笔劲健舒展，干净利落，四面周到。笔画别具一格，横之长者瘦挺舒展，横之短者粗壮有力。竖画较之横画为粗，以为主笔，求其变化；其撇，长者轻，而短者重；其捺必重，显示矫健力度；其钩、踢、挑必顿后回锋迅出。在整体书风上，柳体如“辕门列兵，森然环卫”。柳体法度森严，面目又变颜体之肥而为清劲挺拔、瘦硬通神，在晚唐时期以一种新的书体及其劲媚之美得到了人们的赞赏。《玄秘塔碑》一变中唐肥腴之风，用笔骨力深注、爽利快健、以方为主、济之以圆，且在蹲锋与铺毫之间显示瘦硬劲挺之线条，这便是“柳骨”。柳体的“柳骨”主要体现在如下三个方面：

1. 骨力

柳公权最醉心于骨力之体现，精心于中锋逆势运行，细心于护头藏尾，汲汲于将神力贯注线条之中。他增加腕力，端正笔锋，如“锥画沙”，如“印印泥”，其笔势鸷急，出于啄磔之中，又在竖笔紧之内；在挑踢处、撇捺处，常迅出锋钴；在转捩处、换笔处，大都以方笔凸显骨节，或以圆笔折钗股。真正的书法家都讲究骨力，颜真卿在《述张旭十二笔意》中就说过“笔则点画皆有筋骨，字体自然雄媚”。柳书有许多写法是从颜书中借鉴而来的，比如他的一些竖笔采用了弓弩之形，并左右形成向内包裹之形，其捺笔中也有蚕头燕尾、一波三折的力的表示方式。不过颜书的骨力隐在其丰腴的肉中，由肉中透现出来；柳书的骨力却从瘦瘠的肉中直露出来，故以“柳骨”称之。

2. 骨体

柳公权用笔精致、准确、严谨，使他构字的每一“骨”都是无懈可击的，而“骨”之间的连接都是一丝不苟的。颜书是雄中有媚，宽博平正；欧阳询的字是险中有妍，紧结严正。柳书的骨体则追求秀挺与雄健的结合。其字骨体端正挺拔，以瘦长取势；中心紧攒，外部疏通；健体开张，横竖舒展；点画顾盼有秀气流露，撇捺挑踢如手足健朗。

3. 骨气

柳公权的书法立骨铮铮、炼气清健，在挺拔的骨体内部、笔画之间传出一种坚贞的力量，透出清健出俗的气韵。这是与他的审美情趣、学识、修养密切相关的，是他长期锤炼的结果，是从其血肉心灵中孕育出来的。王世贞云：“柳法遒媚劲健，与颜司徒媲美。”柳体用笔骨力居多，笔画清癯，笔力刚毅遒劲，结体中宫紧收，外围舒展开朗。这是柳公权力矫唐开元之后书风日趋肥厚的新面目，也是柳体的最大特点。柳公权成功的桂冠既是由辛勤刻苦的荆棘编成，又是站在巨人的肩头上去摘取的。他善于吸取书艺大家的智慧与成果，变化成自己的一家书艺。

（四）赵孟頫小楷——《汲黯传》

赵孟頫，字子昂，号松雪、松雪道人，湖州（今浙江吴兴）人。他是元代最显赫的画家之一，也是最卓著的书法家之一，在中国书画史上具有深远影响。他的绘画标榜复古，提倡笔墨法趣，刻意摹唐人笔意，而轻视南宋院画末流；他的书法最佳为楷书、行书，集晋唐书法之大成，复兴王羲之、王献之书风，有“赵体”之称。《元史》上说他“篆籀分隶真行草无不冠绝古今，遂以书名天下”，足见其在中国书法史上的地位。“石如飞白木如籀，

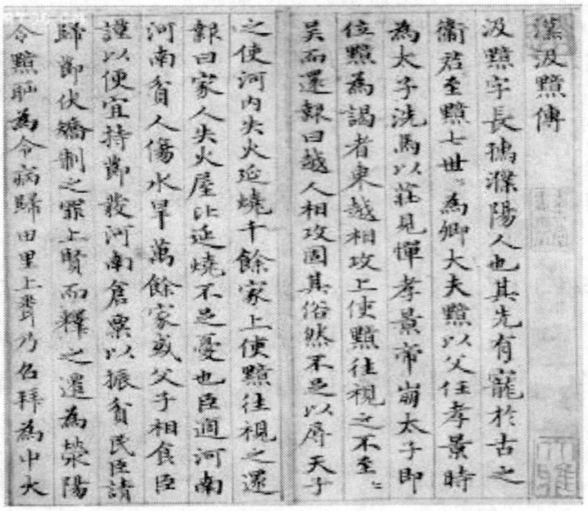

图 10—25 《汲黯传》(局部)

写竹还于八法通。若也有人能会此，方知书画本来同。”赵孟頫的这首题画诗，后人概括为“书画同源”。

赵孟頫自称其作品《汲黯传》（见图10—25）得唐人遗风笔意，而清代冯源深评云：“此书方峻，虽据欧体，其用笔之快利秀逸，仍从《画赞》，《乐毅》诸书得来。”倪瓒也说：“子昂小楷，结体妍丽，用笔遒劲，真无愧隋唐间人。”（《书林藻鉴》）元鲜于枢《困学斋集》称：“子昂篆、隶、真、行、颠草为当代第一，小楷又为子昂诸书第一。”其书风遒媚秀逸，结体严整，笔法圆熟。

（五）当代书法家田英章先生毛笔楷书作品

田英章，字存卿、存青，天津人，出生于书法世家，三岁即随祖、父、兄研习书法，主学欧楷，兼学王（王羲之）赵（赵子昂）等名家诸体。田英章先生毛笔楷书端庄舒朗、蕴涵丰富、功底深厚、技艺超群。图 10—26 所示的毛笔楷书作品章法合度、结构严谨、用笔圆润、挺拔秀劲、结体紧凑、端庄舒朗，是我们学习“欧楷”的范本。

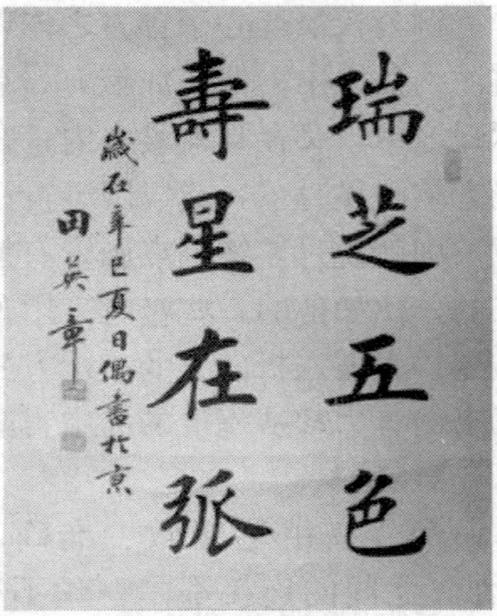

图 10—26 田英章先生毛笔楷书作品

五、草书艺术欣赏

（一）张芝草书作品

张芝，字伯英，敦煌酒泉（今属甘肃）人，好书，尤善草书。据说张芝练字极勤，“凡家中衣帛，必书而后练之。临池学书，池水尽墨”。后人称学习书法为“临池”，即来源于此。张芝的书法作品在当时被视为“世宝”，“寸纸不遗”。

《淳化阁帖》中收有张芝的作品章草六行、今草三十二行。如图 10—27 所示的是今草四行。原文：“畅释当不得极踪可恨吾病来不辨行动潜不可耳。”其中“畅释”、“可恨吾”、“病来”、“辨行动”、“可耳”等字皆借收为起、连绵成势。最后，“可耳”两字竟占一行，“可”字似多起一弯，“耳”字一伸到底。笔画萦绕，但皆绵柔宛转，看来行笔似任意驰骤，而笔底极能控制，如“耳”字之直伸行底，似乎也是意在笔先，特意一挥。固然张草为萦绕一派之滥觞，然使转皆在控遏，是学草书者应当好好体会的草“法”之一。

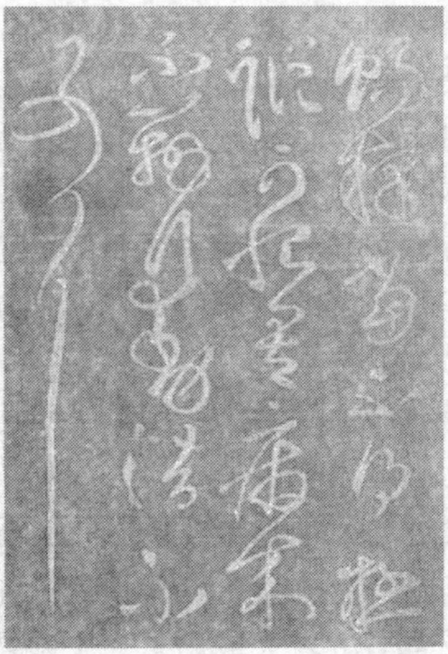

图 10—27 张芝今草（局部）

三国魏书法家韦诞赞张芝草书“超前绝后，独步无双”，并称他为“草圣”。唐代张怀瓘《书断》云：“草之书，字字区别，张芝变为今草，如流水速，拔茅连茹，上下牵连，或借上字之下而为下字之上，奇形离合，数意兼包，若悬猿饮涧之象，钩锁连环之状，神代自若，变态不穷。”王羲之论汉魏之书首推钟繇、张芝，其余不足观。

（二）怀素草书作品——《食鱼帖》

怀素，唐代书法家。俗姓钱，字藏真，零陵（今湖南长沙）人。自幼出家为僧，刻苦临池，采蕉叶练字，秃笔成冢，经禅之余，从事艺文，喜好草书。好饮酒，酒酣与发，于寺壁裹墙，衣裳器具，无不书之，与张旭合称“颠张狂素”。与颜真卿论书，以“夏云多奇峰”、“飞鸟出林，惊蛇入草”、“坼壁之路”喻笔法之妙。

怀素草书作品《食鱼帖》（见图10—28）笔法苍劲、飞动自然而法度完备。

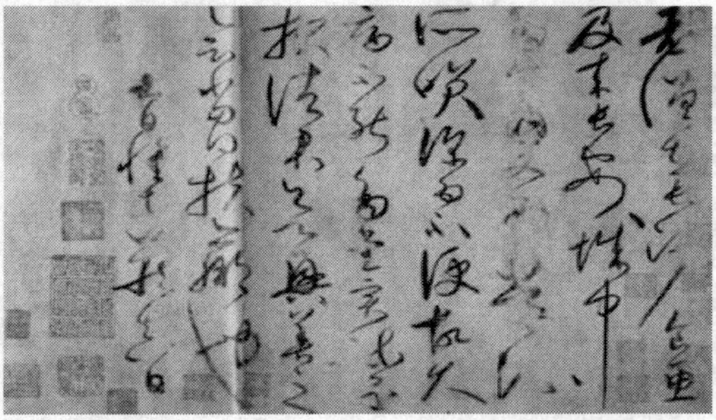

图10—28　《食鱼帖》

（三）张旭草书作品——《古诗四帖》

张旭，字伯高，一字季明，吴郡（今江苏苏州）人。工楷书、草书，以草书最为知名。为人洒脱不羁，豁达豪放，嗜好饮酒，常于醉中以头发濡墨大书，如醉如痴，故称其为“张颠”。张旭书得之于“二王”又独创新意，他的草书（狂草）虽貌似癫狂，但狂而不怪，因为他有深厚的书法功底，点画用笔完全符合传统规矩。他用抽象的点线去表现书法家思想情感高度的艺术境界，用传统技法表现自己的个性。其草书代表作《古诗四帖》（见图10—29）雄强奇伟、笔势纵逸，以其崭新、高美的形式和巨大的气魄展开雄伟壮阔的书卷。董其昌评说：“有悬崖坠，急雨旋风之势。”

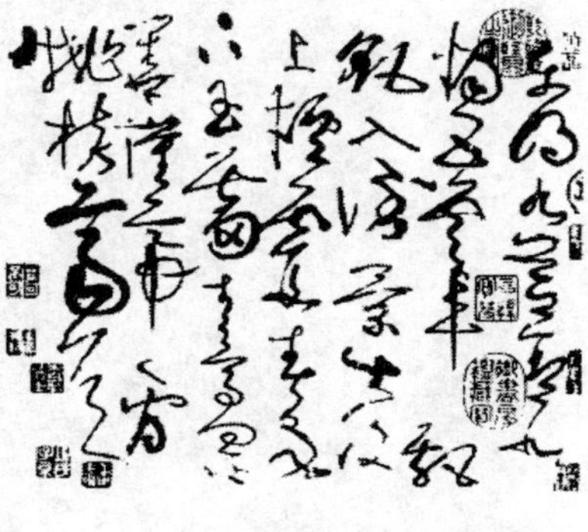

图10—29　《古诗四帖》（局部）

（四）当代书法家杨再春草书作品

杨再春，字墨人，潜心临习汉魏、唐宋诸帖，追求魏晋南北朝的神韵，尤其偏爱宋金元的意态和明清的雅趣与朴拙。多年的写作形成了他独特的风格，堪为当代书法史上深得王字精髓者之一。书法灵动、洒脱、寓劲秀妍雅于一体，讲究线条的形质，将点画视为书道的情性精粹。欣赏他的作品，你会感觉到一种不流于俗的神采，字里行间涌动着强大的生命力。当代书法大师启功曾称赞其作品：“杨再春的字源于传统并于传统中求其变，实属难得。”

杨再春行草作品（见图10—30）款识恰当，章法合度，古朴厚重，飘逸灵动，魏体神韵，尽显其中。

杨再春狂草作品《如意》（见图10—31），章法有创意，正文结构为一长一短的草书构图，“意”字的夸张使之两侧留有大面积空白，宛如一个跪在地上的人向上天祈祷，以求如意平安。只题穷款钤名章，位置恰当。作品意境新深，用笔飘逸灵动。

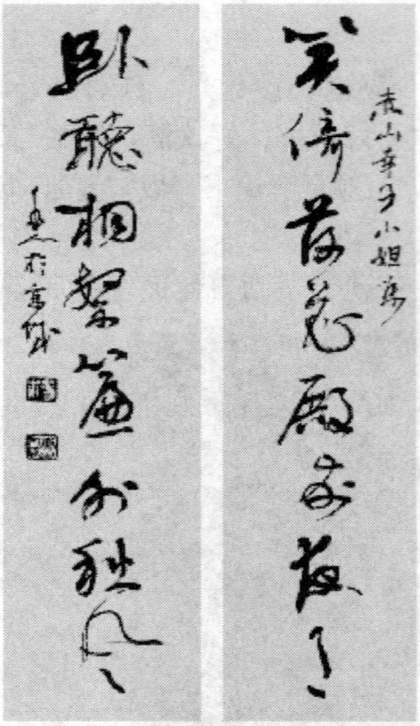

图 10—30　杨再春行草作品

图 10—31　杨再春狂草作品

第十一单元　摄影艺术欣赏

知识目标

- 理解摄影艺术的语言、构图和分类。
- 理解摄影艺术的审美特征。
- 掌握摄影艺术的欣赏方法。

能力目标

- 能运用常见技巧进行摄影创作。
- 能赏析常见的摄影作品。

背景案例

超现实主义作家朗西斯·毕加比亚身材高大，壮硕无比，有人说他像一头牛。曼·瑞对他的评价是“漂亮、高大而健壮”，精心给他照了一张光脊梁的半身裸体照，引起了人们极大的兴趣，甚至改变了一些人对他的看法，毕加比亚本人也非常喜欢。曼·瑞还给他挚爱的女友姬姬照了一张裸照。姬姬坐着，戴着东方式头巾，从背影看去，这种姿态令人一下就想起安格尔的油画名作《健壮的浴女》。

问题讨论

美国著名的摄影家亚当斯说：“人们往往只会观看照片而不会欣赏照片。对摄影作品的欣赏要同欣赏一部交响乐一样。”结合背景案例，你怎么理解？

摄影是一门年轻的造型艺术。它发源于欧洲，世界上公认是1839年法国人达盖尔发明的。它是摄影师运用照相机作为基本工具，运用照相机在感光材料上摄取客观事物的影像，根据创作构思将人物或景物拍摄下来，再经过暗房工艺制作，在二度平面的照片上反映具有三度空间（长、宽、深）的真实、生动、具体可感的形象，用来反映自然现象与社会生活，并表达作者思想情感的一种艺术样式。

第一节　摄影艺术常识

一、摄影艺术的语言

线条、光线、影调和色彩构成了摄影艺术的四种造型语言。

(一) 线条

线条是构成可视形象的基本条件，摄影画面上的线条是由相邻两种影调的分界线勾画出来的，是被摄体的结构与光线相互作用的结果。摄影家往往通过线条美来建构和丰富形象，把线条看作是有生命之物，借以表达情感，增强作品的艺术感染力。

线条是构图的重要组成部分，由于不同的线条具有不同的特性，因此传递着不同的视觉感受。

1. 直线

直线是被摄体界面或直射强光在照片上形成的线。直线因其本身的刚性特征，在人们的视觉中有挺拔、刚强的美感。直线条中有竖线条、横线条与斜线条之分。竖线条给人有力、坚实、庄严、高耸之感；横线条给人平稳、舒张、宁静之感；斜线条富有动势且有较强的视线透视作用。

2. 曲线

曲线是被摄体的过渡性边界或柔光照明产生的层次性线条。曲线是一种自然的线条，给人温柔、自由、解脱、开放的美感，富有情感浓郁、流畅活泼的造型特征，如《农场之晨》(见图 11—1)。在晨雾弥漫中，一条弯曲优美的乡村小径将人们的视线和心灵引向远方，在这里人们能体会到远离喧嚣的一份宁静与温馨。

图 11—1　农场之晨

曲线有圆线、螺旋线、律动线和 S 形线。其中圆线是最完整、最规则的曲线，它给人饱满、充实、自我完善的美感。作为圆线的局部，半圆线、弧线则给人以平滑、流动、趋向完美的美感。圆线在日常生活中通常来自球形、圆形被摄体或高速圆周运动的动体，以及光柱的局部照明等，如日出日落的轮廓、建筑物的圆顶、海岸线、景物的圆形周边等。螺旋线是圆线的展开线。内螺旋线具有强烈的视线收缩效应，给人紧凑、内聚之感，表现压抑、局促、紧张、沉闷的情绪。外螺旋线则使视觉扩张，给人开放、舒展、轻松之感。律动线既有圆线的丰满、滑润，又打破了圆线的封闭和单一，它抑扬起伏、流畅自如，具有鲜明的旋律和清晰的节奏感，表现出欢乐、活泼、轻柔的情绪，给画面带来动感。律动线包含波形线与蛇形线，例如《大地绘彩图》(见图 11—2)，这幅作品就是一幅律动的波形线，起伏连绵的梯田形成一道道律动，人们在这绿色的波动中享受着自然的天籁之音。S 形线是蛇形线与螺旋线的结合体，视觉容量大，空间效果强烈，具有平滑自如、含蓄柔顺、变化丰富的审美特征，给人成熟、丰满、充实、动态之美。

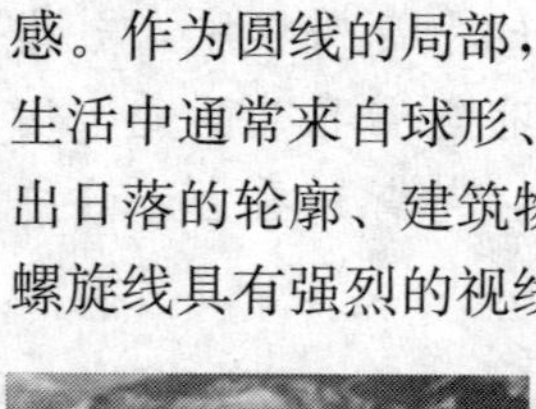

图 11—2　大地绘彩图

3. 虚线

图 11—3　人龙舞

虚线，是指画面上不完全连续的线条。在自然界中人们是看不到虚线的，它是利用运动、柔焦、渐变照明等摄影手法，使实物线条虚化。虚线不论曲直都富有美感：虚直线改善了直线的刚硬尖锐，使其变得刚柔相济，既有直线的齐一，又有适度的松动和宽容；虚曲线在轻灵多变之中，更增添了一分朦胧婉约与含蓄丰富，如《人龙舞》（见图 11—3）。

（二）光线

人们常称摄影作品是“光的画、影的歌”，可见在摄影中光是最重要的元素。只有光能呈现被摄物体的形态、体积、色彩、质感、空间位置等。大自然中，光是千变万化的，一天当中阳光随着时间的变化，不断改变入射的方向、角度及强弱，被摄物体的色彩、形态、明暗也随之变化，呈现出不同的视觉效果。通常情况下，光线分为自然光和人工光，除太阳光外，其他的光则可视为人工光，如闪光灯的光。

根据不同的标准，光线的分类方法有很多。按照光源照射物体时与物体和摄像机的相对位置来进行划分，可以将光线分为顺光、逆光、侧光三种基本的类型（见图 11—4）；而根据三者纵向的相对位置，又可分为顶光、俯射光、平射光及仰射光四种类型。

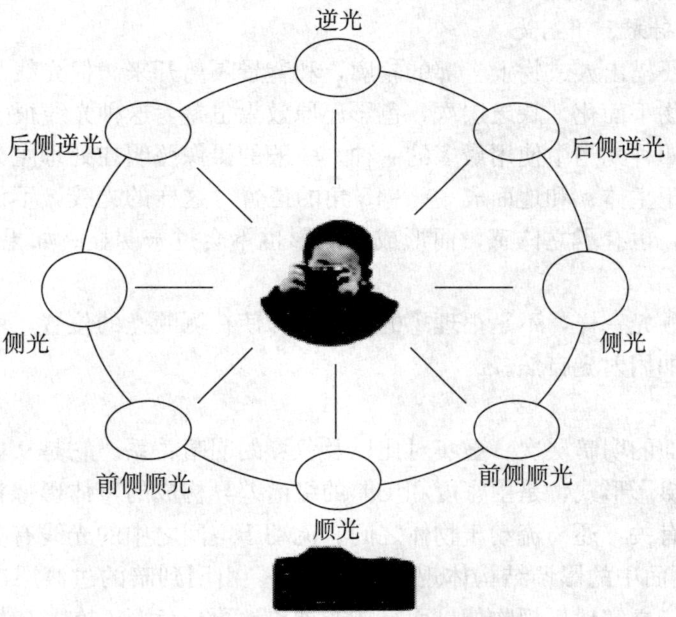

图 11—4　光线基本类型

1. 顺光

顺光是摄像机与光源在同一方向上，正对着被摄物体，使其朝向摄像机镜头的面容易得到足够的光线，可以使拍摄物体更加清晰。根据光线的角度不同，顺光又可分为正顺光和侧顺光两种。

正顺光就是顺着摄像机镜头的方向直接照射到被摄物体上的光线。如果光源与摄像机处在相同的高度，那么，面向摄像机镜头的部分全部能接受到光线，没有一点阴影。使用这样的光线拍摄出来的影像，物体对比度会降低，像平面图一样缺乏立体感，其效果往往并不理想。

而侧顺光就是光线从摄像机的左边或右边侧面射向被摄物体。在进行摄像时，侧顺光是使用单光源摄像较理想的光线。用侧顺光来进行照明，即摄像机与被摄物体之间的连线，和光源与被摄物体之间的连线形成的夹角为25°～45°。此时，面对摄像机的被摄物体部分受光，出现了部分投影。这样既保证了被摄物体的亮度，又可以使其明暗对比得当，有了立体感。

2. 逆光

逆光是摄像机对着光源而被摄物体背着光源所产生的光线。在强烈的逆光下拍摄出来的影像，被摄物体容易形成剪影状：被摄物体发暗而其周围明亮，被摄物体的轮廓线条表现得尤为突出。

逆光拍摄历来是摄像的一大忌。逆光拍摄，容易使人物脸部太暗或阴影部分看不清楚。运用不当还会产生物体色彩不正确、曝光不足等现象。如果不是在拍摄另类影片，那么，应尽量避免逆光拍摄，如果非要在这种条件下拍摄，应利用反射板等增加辅助光。

3. 侧光

侧光的光源是在摄像机与被摄物体之间形成的直线侧面，从侧方照射到被摄物体上的光线。此时，被摄物体正面一半受光线的照射，影子修长，投影明显，立体感很强，对建筑物的雄伟高大很有表现力。但由于明暗对比强烈，不适合表现物体细腻质感的一面。

4. 顶光、俯射光、平射光

顶光通常是要描出人或物上半部的轮廓，和背景隔离开来。但光线从上方照射在主体的顶部，会使景物平面化，缺乏层次，色彩还原效果也差，这种光线很少运用。

俯射光是这四种光当中使用最多的一种。一般的摄像照明在处理主光时，通常是把光源安排在稍微高于主体、和地面成30°～45°角的位置。这样的光线，不但可以使物体正面得到足够的光照，也有了立体感，而形成的阴影也不会过于明显。如果再采用侧顺光位，效果会更好。

平射光跟正顺光一样，不是很理想的光线。即使在侧顺光的位置，所形成的阴影也有点呆板生硬，不如俯射光自然。

（三）影调

影调是指画面的明暗层次、虚实对比以及色彩的明暗关系。它是从黑白、色彩运用中分离出来的一种摄影形式，是由密度和反差的级谱差异构成的整体影像特征。影调不仅与物体的明暗色彩有关，还与流动于物体之间、流动于空间之中的光线有关，它们构成画面的“调”。摄影画面中的影调结构体现在由白到黑、由明到暗的过渡层次和等级。在黑白摄影中，它不但能真实地再现物像，而且还能抽象地再现色彩。在彩色摄影中，影调体现为一种颜色中光向影的过渡、明向暗的过渡。

1. 影调的配置

摄影画面的影调一般都有一定的倾向性，以其中的一种影调为主，就形成画面的基调，基调需通过影调的配置来形成。当整体影调偏重于浅色和白色时，就形成了高调画面；偏重于深灰和黑色时，就形成了低调画面；黑白影调相间，以柔和细腻的灰色为主时，就形成了中间调画面。

高调画面，是指整个画面的影调以中灰、浅灰和白色调为主，在大部分的浅色和亮色调外，保持一小部分暗色调的影像配置。在高调画面中，亮色调与暗色调形成鲜明对比，在对比之中突出暗色调画面，暗色调部分是整个画面的视觉中心。高调画面能给人轻盈、纯洁、优美、明快、清秀、宁静、淡雅和舒畅之类的感觉，给人带来轻松、悦目的感情色彩，使画面充满生机，适宜于表现明朗秀丽的风光、浅色的静物、动物，如雪地、沙漠、湖水中秀丽山景的侧影、云海、烟雾、雨后的山川风光等。在人像摄影中，高调画面适用于表现儿童、青春健美的少女、医生、舞蹈演员、服务员等的人物形象。

低调画面，是指整个画面的影调以灰色、深灰、黑色调为主，推出并烘托画面中一小部分的对立色调即亮色调的影像配置。低调画面能给人神秘、肃穆、忧郁、含蓄、深沉、稳重、粗犷之类的感觉，让人联想和深思。在风光摄影中适合表现黎明、黄昏及夜景；在人像摄影中常用来表现男性形象。

中间调画面，是指整个画面的影调以黑、灰、白影调的均匀分布构成的画面。中间调之中对比强烈的（反差大），亦称为硬调，往往给人一种生气、力量、兴奋之感；反之，如果对比平淡（反差小），就称为软调，往往给人一种柔和、细腻、压抑、含蓄、朴素之感。

2. 影调的反差

影调的反差是指画面中最亮与最暗处的色调关系，反差强的称为硬调画面，反差弱的称为柔调画面。硬调画面是指明暗反差很大、对比强烈、影调层次不够丰富、只保留黑白两级影调而舍去中间影调层次的画面。硬调画面有木刻、版画效果，往往可以突出被摄物体的轮廓线和形状，主要表现戏剧化的、特殊的情感，画面显得有力度，可以带来硬朗、粗犷、豪放的感情色彩。柔调画面是指明暗反差较弱、对比较弱、较多中间影调层次、画面当中缺少强烈的明暗对比的画面。画面细腻、柔和、朦胧、轻盈、含蓄，具有油画的厚重，视觉效果淡雅、愉悦，多用柔和的散射光拍摄，光比较小。

(四) 色彩

色彩是一种视觉现象，并不是物质的客观成分或特性。光与色并存，有光才有色。色彩感觉离不开光，当光线投射到物体表面后或通过透明物体，经过选择性吸收或选择性反射，反射或透射到人的眼睛，并作用于视网膜中的锥体细胞，引起脑神经的反应产生色觉，这时人就感到了色彩。可见使人产生色觉必须具备两个条件：其一，可见光。可见光是各类发光体发出的光，没有光就没有色。其二，物体的固有色。即物体受到白光的照射后反射、透射或吸收后所表现出来的色。

1. 色相

所谓色相是各种颜色的相貌，是色与色之间的主要区别，故又称色别，如红、橙、黄、绿、青、蓝、紫、红橙、橙黄、黄绿、青绿、青紫、红紫等，它是人们识别色彩差异的主要依据。人眼识别色相的能力是有限的，人的视觉识别色有近百种。不同色相之间相互混合，又可以得到一系列的色相。

2. 饱和度（纯度）

饱和度指色彩的鲜艳程度，也叫色彩的纯度。光谱色中红、绿、蓝三原色的饱和度最高。如果一种色中掺和了别的颜色，其饱和度便降低。

3. 明度

明度是指色的明暗、深浅程度。色的明度决定于物体表面的反射率（或透明物体的透射率）。反射率（透射率）越高，色的明度就越高；反射率（透射率）越低，色的明度就越低。自然色的明度与光的强弱有关，同一物体投射光强，反射光就强，色的明度就高；投射光弱，反射光就弱，色的明度就低。

4. 色彩的冷暖

红色、橙红色、橙色、橙黄色、黄色等，可以使人们感到温暖、热烈、光明、喜悦等，称为暖色。蓝色、青色、蓝青色等，能使人感到寒冷、凉爽、冷静、收缩等，则称为冷色。绿色与紫色由于不具明显的冷色系和暖色系的心理感受，故称为中性色。由红、橙、黄等色彩为主组成的彩色画面和照片，称为暖色调画面，能给人一种热烈、向上、积极、热情的感觉；由蓝、青等色彩为主构成的画面，称为冷色调画面，给人一种严峻、冷静、收缩的感觉。

5. 色彩的对比与和谐

当不同的色彩相互配置在一起时，有些色彩之间具有强烈的对比效果，有些色彩之间则有和谐的视觉感受。从十二色相环中可以看到，处于相对位置上的两种颜色，如红与青、黄与蓝、绿与品红，它们之间的视觉对比效果是鲜明的，有比较强烈的对比感。

在色轮图上一些比较靠近的色彩，它们反射出的色光波长比较接近，不致引起视觉上明显的反差，所以它们相互配合在一起，就显得和谐与协调，使我们看上去感到平缓与舒展，这便是色彩所具有和谐特性的一面。此外，相互对比的色彩，只有当它们的饱和度最高时，对比效果才明显。如果色彩变浅（明度提高）或变深（明度降低），对比效果便减弱而趋于和谐。

6. 色彩的感情

彩色照片中的主体色彩构成一幅画面的基本色调，简称色调，如冷色调、暖色调等。色调能激起人们的心理活动并引起快感与产生美感。红色调给人热情、欢乐之感，用来表现火热、生命、活力与危险等信息。蓝色调给人冷静、宽广之感，用来表现未来、高科技、思维等信息。黄色调给人温暖、轻快之感，用来表现光明、希望、轻快等信息。绿色调给人清新、平和之感，用来表现生长、安全等信息。橙色调给人兴奋、成熟之感，是很受人们欢迎的颜色。紫色调给人幽雅、高贵之感，用来表现悠久、深奥、理智、高贵、冷漠等信息。黑色调给人高贵、时尚之感，用来表现重量、坚硬、男性、工业等信息。白色调给人纯洁、高尚之感，用来表现洁净、寒冷等信息。

二、摄影艺术的构图

摄影艺术的构图，是指通过镜头视野的选择，把被摄的主体、陪体、环境组成一个整体，构成完美的画面，以揭示主题的过程。摄影构图的目的，是运用画面形象、生动、有力地表现作品的主题思想，获得视觉的审美效果。

（一）构图的基本要素

一幅结构完整的摄影画面是由主体、陪体、前景、背景、空白几部分构成。

1. 主体

主体是摄影画面视觉的趣味点，是画面中主题思想的重要体现者。主体作为画面中的主要表现对象，在画面中起主导作用，是控制全局的焦点，它往往以一个对象或是一组对象的形式出现。一幅画面一般只能有一个或一组主体，它既是内容结构的中心，也是视觉的趣味中心。应当运用各种艺术手法来达到这一目的，使主体形象更充实、更丰富、更鲜明生动。

2. 陪体

陪体是指画面上与主体构成一定情节、帮助表达主体特征和内涵的对象。它有陪衬、渲染、突出主体的作用，对深化主体内涵、帮助说明主体内容起到重要作用，是文字无法表达的、准确生动的视觉语言。主体和陪体的关系是主次的关系，陪体作为次要表现对象，其目的是突出主体，有利于让观众正确理解画面的主题思想，可以防止产生误解或者歧义。陪体可以烘托、陪衬主体，对主体起到解释、限定、说明的作用，还可以起到点明和深化主题的作用。

3. 前景

前景是指画面上处于主体之前、靠近镜头的任何景物。恰当地选取前景，不仅能增强画面的空间感，而且能明显提高画面的表现力和感染力。前景在实际的拍摄中，由于光线和空气中介质的存在，使得它们在色调上比后面的景物要深、要浓重。又由于空间透视及镜头的作用，前景的成像要比后面的景物大，夺人眼目，因此，形状宜简单不宜繁杂。前景大都在画面的四周边缘，可增强画面的空间感和装饰美，还有均衡画面、渲染气氛的作用。前景可以是树木花草，也可以是人或物。

4. 背景

背景是指在主体之后衬托、渲染主体的景物。背景在画面中强调主体所处的环境，对突出主体形象、丰富主体内涵、深化主体、美化画面起着重要作用。背景作为一种环境来说明主体，要尽可能保留能点化主体所处环境的特征形象，以深化主体；同时要排除可有可无的杂乱景物，以免主体被背景中的杂乱线条分散注意力；还要注意与主体影调的对比，避免主体被背景的影调所湮没。

5. 空白

空白是指画面中除了实体对象以外起到衬托实体作用的画面。它们是由单一色调的背景组成，例如天空、地面、水面、草地、墙壁、夜空、路面等。这些背景色调相近、影调单一，从属于衬托实体形象部分，起到沟通画面上各对象的联系纽带的作用。空白使画面章法清晰，气脉疏通，有助于创造画面的意境美。

（二）构图的基本形式

构图是创作思想的再现过程，就是围绕主题思想，通过艺术手段，将画面里的各部分景物巧妙地组织在一起，使主从关系分明，前后照应，互相衬托，也就是调动一切造型手法来充分表达主题思想，使要表达的对象在画面上更富有表现力和感染力。构图也是在拍摄前通过取景框选择主要景物、确定画面的过程。因此，构图是拍好照片的关键所在。

1. 竖构图

一切景物的外轮廓，都表现为一定的线条组合。不同外形的物体，有不同的外形线条。林木多表现为竖直线条，高楼、油田井架、电线杆等也都表现为竖直的线条。就一般规律而言，凡表现为竖直线条的景物都适合运用竖构图。此时，拍摄者可把长方形的取景框竖起来取景，如果使用的是方形取景框，就要注意留出两边准备剪裁掉的景物。运用竖构图，可以表现出景物的雄伟高大。

把画面处理为竖构图时，要注意使垂直线条有疏密变化，不要让垂直线条平均分割画面，不要使之齐刷刷的一般高，失去高低起伏的变化，显得过于呆板。究竟在什么情形下可使用竖构图，这要从实际需要出发。由于景物是客观存在的，摄影表现手法要适合表现的对象，但不能千篇一律。有时一些景物尽管表现为竖直为主的线条，一些拍摄者却采用横构图。两种不同的构图方法，产生两种不同的视觉效果，这说明任何一种景物，由于拍摄者的感受不同，审美情趣不同，运用的表现手法也不一样。构图是为表达内容服务的，内容决定形式。拍摄者应当努力使内容与形式和谐统一，都得到最充分、最生动的表达。

2. 横构图

横构图就是运用横画面来拍摄景物。景物外形的主线条为横线时多半采用横构图，能表现宽广、开阔、磅礴的气势。在横构图中，经常会遇到水平线、地平线分割画面的问题。所以，拍摄应注意，勿使这种横线将画面分割成上下两等份，也就是说，不要把水平线或地平线放在画面正中间，要么将照相机镜头抬起一点，使水平线或地平线降到画面的下半部，让天空多一些。要么将照相机镜头压低一些，让水平线或地平线处于画面上半部。不要让地面或水面与天相接的交界线呈横直线，应千方百计选取有起伏变化的线条。

无论是采取横构图，还是采取竖构图，摄影者都要留心观察景物表现出来的主线条，不要使主要的横线条或竖线条穿过整个画面。因为这些横竖线条的存在会把整个画面分开，破坏整个画面的整体感。

3. 动向与呼应

运动的物体都有动向问题，拍摄者在取景构图时必须注意到这一点。例如拍赛跑的运动员，我们总要在他们的前方留有空间。这种空间留多大，往往取决于运动员的动态。处于运动状态的物体，在照片中往往最能吸引人们的注意力，它在画面上所处的位置非常重要。如果白纸上有一个黑点，它能抓住人们的视线，并引导人们扫视它的周围。假如把这个点放在画面正中的位置上，整个画面给人的感觉是稳定静止的，不利于表现动态。只有让这个点偏离画面的中心，才易于造成欲落飞下的动势。表现正在运动的物体时要注意这一点，拍摄一些并非运动的物体也要注意这一点。例如拍摄一座建筑物，它虽不在运动，但它总有正面与背面之分，在建筑物的正面，一般要留下一定的空间。拍人物照片时，在人的眼睛前方不能有景物阻挡，否则也会给人一种难受的感觉。而且，在拍摄照片取景的时候，可以把一切景物都视作运动的物体，还必须研究并考虑它的动向，适当留出表现动向所需要的空间。

呼应与动向是紧密关联的。作为一幅照片，它自有其形象与内在意义的完整性。拍摄主体形象是为了表现主题的，陪体与主体又是互相联系在一起的，拍摄者应当努力反映这种联系，使之有呼有应，互相照应。我们说的这种完整性，不是指拍人像必须四肢齐全、五官完整，有时不是甚至只取其局部吗？这种完整性是指画面反映的内容完整、含义和解释的完整、画面结构的完整，看其能否把人的视线引向画面的视觉中心，并继而能把这种视线引导到它的四周，又回到视觉中心上来，形成完整的视觉运动曲线，这种完整性体现了画面形象内在意义上的完整。

要正确反映景物的主次及它们之间的呼应关系，在构图中应当逐步学会精心组织画面的各个对象。摄影不能像绘画那样自如地安排画面，更不可能搬山移水来适应拍摄者主观的理想构图，拍摄者只有围绕被摄对象转，从各个不同的方位，上下左右、前后正中都看一看，以寻求出能吻合自己表现意图的角度，把被摄对象有主有次地“安排”到取景框中。在表现被摄对象间的呼应关系时，还要注意怎样使画面均衡。均衡并不等于绝对平衡。画面均衡，才能给人平稳的感受，反之，则给人一种动荡不安的心理影响。

4. 全景、中景与特写

拍摄者在摄取景物时，因为距离的变化，拍摄出的照片通常有全景、中景与特写之分。

（1）全景就是展现景物全貌。拍一张人物的全身像，就是人物的全景，通过这张人物的全身像，能比较全面地了解被拍摄者的基本特征。拍一张会场照片，就得把整个会场的规模、气氛表现出来。拍摄全景照片，能从宏观上展现景物的全貌，它适用于表现大场面，反映出一定的气氛和气势。

（2）特写主要是反映被摄对象的局部和细部，于细微处见精神。比方说拍人物照片，就只拍人物的头部，抓住其最有代表性的眼神和脸形以及五官特征，乃至皮肤质感、头饰中的某些细节，着力揭示人物的内在思想感情、精神面貌和特有的气质。特写与全景各有所长，也各有所短，全景取其势，特写抓其神，拍摄者可在实践中细细领会。

（3）中景是一种介于全景与特写之间的画面形式。中景既有全景的某些特点，又不失特写某些细节的妙处，适合表达情节、传达感情，因此经常为很多拍摄者运用。比如说拍人像，既不是拍人的全部，也不是只拍头部，而是拍大半部。这样，拍摄者可充分借助被摄者的手势，抓住其形态动姿。更多的是拍被摄者与周围人、景、物构成的某些联系，揭示人物所处的环境，人与人之间、人与物（景）之间的特有内涵。再比如拍某一产品，不像运用特写那样，光拍产品的局部、细部，从微观上表现产品，也不像运用全景那样，从大处着眼，整体入手，而是选择最有代表性的中景，使人通过画面能认识整体，又能体察细微。由于景别的分工不同，中景也不是万能的，因此初学者要在拍摄实践中学会比较，根据不同的拍摄要求，选用最佳的景别。

还有人把景别分为大特写、小特写、中景、近景、远景、全景等，这只不过是把特写、中景、全景根据拍摄距离的变化进一步细分了。

在运用特写、中景、全景时，因拍摄角度的不同，又可分平摄、仰摄和俯摄。平摄与人的视线相接近，能较真实地再现被摄对象；仰摄，可表现高大；俯摄，可展现宽阔。在拍摄表现深远景物时，要注意选择远景与近景的陪衬对比，拍高山大川或高楼大厦最简单的办法就是，不要轻率地把近处的小树放到取景框以外，要知道，把近处的树木拍进画面会给人一种印象，仿佛能听见树在说，我在这儿，它在那儿，从而有远近感、大小感。

5. 光线和影调

随光线的变化，影调也在变。我们在取景构图的时候，不要忘了利用采光来突出主体。光线的不同，反映到一幅照片上，影调也不同。从白色影调过渡到黑色影调，此间变化是十分丰富的，有白，而后极浅灰，直至浓黑，由白过渡到黑，色调渐变缓慢，这就是通常说的层次丰富，它给人柔和与细腻的感觉；反之，则给人简洁粗犷的感觉。以白为主或大面积浅色调的照片，称高调照片，表现明朗、高洁、轻飘。以黑为主或大面积深黑灰色调的照片，称低调照片，表现深沉、浑厚。中间调照片是指明暗对比适中，影调层次多，黑、白、灰兼而有之的照片。平时我们所拍的和所见到的照片，大多数是中间调照片。拍摄者在取景构图的时候，就要注意观察光线的效果，全面考虑被摄对象的特征、自己表现的意图，从而确定基调，并善于利用影调来突出主体、表现主题、传达感情。影调对比强，视觉冲击力强；对比弱，视觉柔和。全黑，给人沉闷的感觉，有的则体现庄严、威武、神秘；灰白，洋溢着青春气息，充满活力，有的则体现缥缈虚无。在影调上，要防止黑、白、灰在画面上等量分布。

（三）构图图示

（1）不要让水平线把画面一分为二，如果天空云彩美丽，可多留些天空部分，要么就给地面多留一些。同时注意尽量不要让水平线从画面横穿到底，要使它有高低起伏的变化。

（2）一般不要把主体放在画面的正中，应将主体放在照片靠左或靠右的1/3处，并运用其他景物陪衬，以均衡画面。

（3）不要让带有指引性的线条把你的视线引向画面外，应设法将你的视线引向主体。

（4）根据被摄景物的形状确定画面构图的横竖，不要将明显的竖直线条形状的景物安排为横画面，也不要将横直线形状的景物安排为竖画面。画面主体的安排要大小适中，不能太大或太小、太低或太高。景物是照片的主体，背景不宜太大。

（5）水平的直线与垂直直线会合为L形的构图，形象突出，主体醒目，这是一种强有力的构图形式。

（6）C形构图是由L形构图加上悬挂的顶部而形成的，它能把你的视线集中在画面上。

（7）S形的构图，画面有纵深感，柔美悦目。

（8）十字形构图，画面集中，主体突出，同时具有一定的线条形式美。

（9）环形构图，具有向心、会聚的作用。

总之，一幅构图好的照片，可使景物得到充分的反映。虽然一幅照片的艺术价值如何，首先要看它所表现的内容，但仅有好的主题思想和深刻的内容是不够的，还必须有与内容相一致的优美的艺术形式来加以表现。摄影者只有通过结构明确、光线协调、色调和谐、情节生动的构图，拍摄出内容与形式完美统一的照片，才能引起观众的共鸣和联想，使人赏心悦目，得到美的艺术享受。但是好的构图不是轻而易举能得到的，现实生活是创作的源泉和基础，只有在生活中观察纷纭繁杂的各种事物，找出具有美学价值的物体，通过视觉触发灵感，这样才有可能拍出优秀的作品。

三、摄影艺术的分类

摄影艺术的分类可以从不同的角度进行。主要可以考虑从以下五个方面来进行分类：

（1）从拍摄内容的角度，可分为新闻摄影（重大事件摄影、突发事件摄影和日常生活摄影）、人物摄影（人物肖像摄影、人类活动摄影、婚纱摄影、人物留念摄影和人体摄影）、风光摄影（自然风光摄影和建筑风光摄影）、民俗摄影、自然地理摄影、生物摄影（动物摄影、植物摄影）、广告与静物摄影等。

（2）从拍摄环境的角度，可分为舞台摄影、航空摄影、水下摄影、气象摄影和夜景摄影等。

（3）从职业（产业）性质的角度，可分为工业摄影、农业摄影、商业摄影、科技摄影、教育摄影、军事摄影和体育摄影等。

（4）从光照条件的角度，可分为自然光摄影和人工光摄影。

（5）从表现技法的角度，可分为纪实摄影和创意摄影。

第二节　摄影艺术的审美特征与欣赏方法

一、摄影艺术的审美特征

摄影艺术有着独特的美学特征，主要有以下几点。

（一）摄影艺术的黑白美

所谓摄影作品的黑白美，并不是说黑白照片都是美的，它主要是指黑白摄影中具有审美价值的黑白艺术美。黑白摄影有着彩色摄影不可替代的美学价值。当然，黑白摄影也有它的局限，它难以真实地反映出像红日、彩霞、青山、绿水、繁花似锦等彩色世界的实貌，然而，它的主要特长也正在于将五彩缤纷的彩色世界转换成为单纯的黑白世界，使高度凝练、概括的黑白画面更含蓄、更富于想象力和创造力，更有可塑性。尤其是通过千变万化的黑白对比，使之更具表现力。正因为如此，人们认为："彩色摄影是叙述性的，黑白照片是联想性的。"美国著名的摄影大师亚当斯曾说过"从画意作品讲，黑白优于彩色"，鲁迅也把黑白对比鲜明的版画称为"光耀的黑白"。在黑白风光摄影作品里，虽然没有瑰丽的色彩，然而人们仍然能从画面中自然地感觉到红日、彩霞、青山、绿水等，这当然是一种色彩的错觉美。

（二）摄影艺术的色彩美

摄影艺术家在进行摄影创作的时候，总是很投入地采取一定的情感态度，力图把自己主观的情思熔铸到客观景物中去，做到情景交融，因此，摄影艺术家所要表现的客观景物的色彩，在某种程度上已经注入了作者的情思，已经形成了"主观色"，或者说已经是摄影创作主体的感情色彩的物化形态。因而，摄影艺术不能仅仅满足于物理准确的色彩还原，也不能纯自然地再现客观对象的色彩，而是要根据作者自己的审美理想，艺术地表现客观对象的色彩，即心理上的准确的色彩还原，达到以色彩表情或以色彩抒情的目的。只有这样，拍出来的彩色摄影作品才能在不同程度上具有"色彩美"的品位。摄影作品中的色彩美包含了色彩的对比美、色彩的节奏美、色彩的错觉美等。在摄影创作时，摄影艺术家应十分注重掌握和运用色彩语言，注意发挥色彩的空间性能、时间功能和心理效能。在对彩色摄影作品进行创作和鉴赏的时候，我们还要充分地注意色彩的象征意义。

（三）摄影艺术的纪实美

纪实性是摄影艺术区别于其他艺术门类的审美特性之一。在其他艺术创作中，当作者完成艺术构思之后，在表现时可以离开反映对象逐步地、甚至长时间地塑造艺术形象，而摄影创作在表现时则必须在照相机的镜头面前摄下现场实际存在的景物，而且最后在一瞬间内"一次完成"。摄影艺术的纪实性，首先表现在它运用的科学技术手段能够逼真精确地将被摄对象再现出来，使得摄影作品具有客观性、真实性，给人以逼真感。其次表现在它必须直接面对被摄对象进行现场拍摄，如实地反映现实生活中实际存在的人物、事件和环境。许多优秀的摄影作品常常是抓拍或抢拍出来的，这种纪录性拍摄方式能给人一种身临其境的感觉。相比之下，绘画、雕塑则无须现场创作，它们既可以表现现在的事物，也可以表现过去或将来的事物，甚至可以表现艺术家想象的实际生活中并不存在的事物。一般来说，一方面，摄影艺术不能表现过去的和未来的事物，更不能表现客观生活中并不存在的事物；另一方面，摄影艺术又必须在纪实性的基础上具有艺术性，杰出的作品必然是纪实性与艺术性的完美统一。

（四）摄影艺术的瞬间美

瞬间性是摄影艺术的又一个重要审美特性，它有两个方面的含义：一是指画面上的形象是事物运动过程中相对静止的一个瞬间状态，这是与绘画、雕塑等艺术相似的；二是指在完成摄影创作时镜头快门开与关之间极为短暂的一瞬间，这是摄影艺术独特的更为重要的创作特点。摄影作品的成功与失败、美与不美，往往取决于这一关键性的一瞬间，因为任何一张照片都是以按快门时极为短暂的一瞬间去再现被摄对象的一个瞬间状态的，但是按快门时不是所有的瞬间都是恰当的，在被摄对象的运动过程中，也不是所有的瞬间情态都是美的，只有把握最恰当的拍摄瞬间和选择最美妙的瞬间情态而不失时机地按下快门，这样的照片才能成为艺术品，才能称得上瞬间美的形象，所以人们常说："美不美，看瞬间。"这凝固的瞬间的美，包含神态的美、动态的美、静态的美、形态的美、流动的美、永恒的美。

二、摄影艺术的欣赏方法

（一）人像摄影欣赏

人像摄影以表现个别的、具体的人物为内容，表现人物的外貌和精神、职业特征和性格特征，表现人物的外形美、心灵美及人物的社会气质和内心世界，通过人物来揭示生活。欣赏人像摄影应该重视哪些因素呢？第一是神情，特别是眼神；第二是手势；第三是姿态；第四是环境；第五是细节。

（二）风光摄影欣赏

风光摄影是以大自然和人对自然的改革成果为题材的，包括自然风光、城市风光、农村风光等。欣赏风光摄影应注意作品是否做到了以下几点：第一，画面布局是否繁中求简，和谐统一；第二，是否充分表达了空间；第三，是否妥当处理天空；第四，是否有效利用了雾、烟以及水的闪光等来创造意境；第五，作品是否运用线条和影调的配置来加强画面的节奏感和韵律感方面的表现；第六，是否注意动用各种镜头的特性。

（三）静物摄影欣赏

静物摄影是以自然界或人工创造的物体为拍摄对象的，如自然界的花草、果实、人工创造的工业产品、工艺美术品、日常生活用具等。欣赏静物摄影可主要注意以下几点：第一，结构布局；第二，背景选择；第三，光线处理；第四，技术条件。

（四）生活摄影欣赏

生活摄影以表现人与人之间、人与环境及社会之间复杂关系所形成的事件为对象。它除了艺术价值外，还具有史料价值。生活摄影可主要注意以下几点：第一，情节的典型性；第二，情节的生动性；第三，抓拍能力。

第三节　作品欣赏[①]

一、尤素福·卡希《二次大战时的邱吉尔》

卡希的肖像摄影作品《二次大战时的邱吉尔》（见图 11—5）之所以能够成为世界摄影艺

---

① 此节内容根据百度百科网站的内容整理。

术史上的经典之作，正是因为它达到了“传神”的最高艺术境界。据说卡希为拍摄这幅照片也颇费了几番周折。在第二次世界大战中，作为英国首相的邱吉尔本来是一位很有个性的领袖人物，但因为他专程来加拿大与美国总统罗斯福会谈，在外事活动中处处显得彬彬有礼，以至于卡希背着相机跟了邱吉尔几天时间，虽然也拍下了一些新闻照片，但都没有能够捕捉到精彩的瞬间来拍摄下有价值的肖像作品。眼看第二天邱吉尔就要离开加拿大了，卡希真是心急如焚，当他看到邱吉尔正叼着雪茄从加拿大众议院的一个房间走出来时，卡希灵机一动，迅速走上前去将邱吉尔嘴上的雪茄拿下来扔到地上，莫名其妙的邱吉尔勃然大怒，双眉紧锁，两眼放光，面部表情十分愤怒，就在这个难得的瞬间，卡希按下快门留下了这幅传世之作。在这幅肖像摄影作品中，邱吉尔的姿态和手势传达出了人物某种特定的情绪，只见他一手叉腰，一手握杖，富于动感的姿态和手势使人物显得十分威严、不可侵犯，这恰恰是这幅肖像摄影作品希望传达出的精神境界。与此同时，人物的神情特别是眼神，更能传达出人物的内在气质和性格特征。人们常说：“眼睛是心灵的窗户。”透过眼神，可以看到人物的喜怒哀乐，可以传达出人物的内心世界。这幅照片中，邱吉尔双目圆睁，愤怒地看着镜头，成功地表现出他的个性特征。整幅画面以浓重的黑色为基调，在庄严的氛围中烘托出人物的形象。通过鉴赏这幅世界摄影史上的名作，我们可以了解到，在欣赏肖像摄影作品时，人物的姿态、手势、细节、环境，尤其是人物的神情，都是传达人物精神气质的重要元素。

图 11—5　《二次大战时的邱吉尔》

二、吴印咸《白求恩大夫》

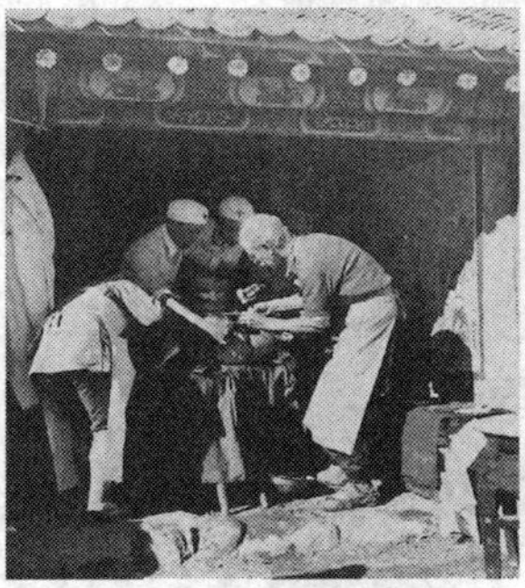

图 11—6　《白求恩大夫》

《白求恩大夫》（见图 11—6）是中国摄影事业的奠基人之一吴印咸在抗日战争时期拍摄的。一位外国的著名外科大夫，不远万里来到中国，奋不顾身地帮助中国人民进行抗日战争。如何表现他的这种精神呢？当然有很多种，可以是表现他跋山涉水历经艰辛的画面；也可以是表现他与中国人民的领袖人物毛泽东、周恩来等促膝谈心，展望未来的画面；但是，最好的方式，就是表现他以一位著名外科大夫的本领来支援中国人民的抗日战争。吴印咸就选择了这种最好的方式。

（1）光线的选择及人物的表现。为了突出白求恩大夫，吴印咸选用了较高的正侧光，使白求恩全身处于亮处，表现他身穿灰色八路军服装、脚踏草鞋，在几乎没有什么设备和缺乏消毒条件的情况下，高超的手术技术和对工作极度的负责任、对伤员极度热忱的形象。对三名协助手术的中国医生，处理也很巧妙：两名处于庙堂手术台的暗处，与白求恩形成明暗对比；另一名虽然和白求恩都处于亮处，而且与白求恩处于对称地位，但为了避免他抢画面，吴印咸选择了这名医生背向镜头、俯首弯腰之际接下快门。这样，三名中国医生均处于陪体地位，烘托出白求恩的伟大形象。

（2）环境的选择和画面的构图。白求恩大夫抢救伤员是不分时间和环境条件的。这幅作品是吴印咸在黄土岭的一个土地庙里抢拍的，把具有中国建筑特点的庙房檐作前景，以隐约可见的庙内佛龛、佛像为背景，庙里的门板和白求恩用的马鞍在高低不平的地面上，将白求恩和中国医生的全景安排在画面的正中，使这个有中国农村庙宇特点的房屋和战争中的艰苦环境结合在一起，表现强烈时代特点和时代人物的真情实感。

(3) 典型动作的抓取和表现。画面拍摄瞬间的选择，作者也费了很大的工夫。抓住白求恩大夫手术的环境和他沉着地、全神贯注地、准确地动刀的关键部位，以及三位中国医生专心致志地协助白求恩大夫开刀的瞬间，按下快门，充分表现出白求恩的高大形象。

三、亚历山大·罗德钦科《母亲》

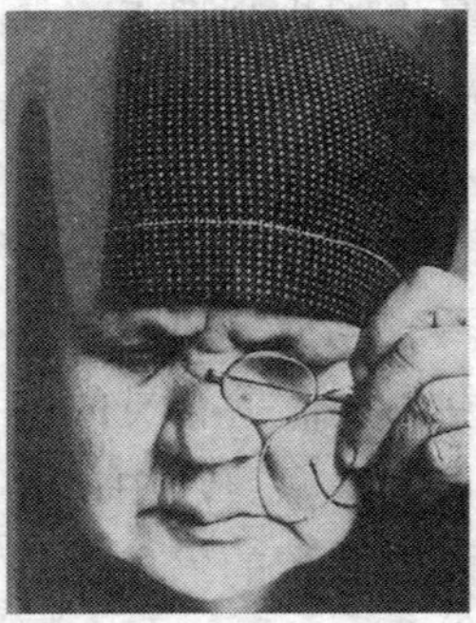

图 11—7　《母亲》

亚历山大·罗德钦科是苏联著名的摄影家，富有创新精神。为了发起摄影的“视觉革命”，他总是不断地寻求、探索新的表达方式。他的作品喜欢采用斜形构图，富有动感；拍摄角度独特，或俯视，或仰视，用改换视角的方法把人们习见的熟悉事物变得有趣，让人有了新鲜感。《母亲》（见图 11—7）是亚历山大·罗德钦科在 31 岁时为他母亲拍摄的照片，后来成为俄罗斯母亲的象征形象。漫长的岁月已经在母亲的脸上刻下痕迹，眉间、鼻唇、两颊都有细细而又深深的皱纹，她的眼睛早就花了，要借助老花镜眯缝着眼看东西。而老花镜已经用久了，分成两段，她只能用一个镜片看、夹着一个镜片。然而她看得那么专注，那么入神，是看什么呢？莫不是在审视人生、审视社会、审视这一变幻的世界吧？养育了儿孙的老母亲，历经过多少人世间的磨炼，而今还在关注着今天和明天，而且那么深邃，那么透彻。亚历山大·罗德钦科这幅作品《母亲》，选择了意味深远的镜头，刻画出天下母亲的慈祥、和善、明理、智慧，难怪被尊为俄罗斯民族的母亲的象征。

四、农国英《红棉帆影》

农国英的《红棉帆影》（见图 11—8）以其优美的意境获得成功，登上了全国女摄影工作者作品展览银奖的宝座。画面采用长幅形式，具有国画般的笔墨气韵。占据画幅大半空间的，是三枝斜出的红棉枝条，树枝苍劲古朴，红花衬在明镜般的江面上，更显得火红鲜艳。斜枝间隔空隙适当，疏密有致，具有视觉上的节奏感。渡船周围较为空旷，保证了它的突出和轮廓的美感，古朴的帆影使画面的情趣和诗意跃然纸上。整幅画面简洁洗炼、清新雅致，恰似国画大师妙笔下的丹青。

图 11—8　《红棉帆影》

作品的成功得力于精心的剪裁。我们对照它的原底可以看出，原作景物较多，虽也不失美感，但画面芜杂，不够简练。作者寄希望于二度创作，她以女性特有的细腻和敏感，在原照片上进行了精心的剪裁，只选用最富意境、韵味的红棉枝条和帆影，大胆舍弃其多余的部分。定稿的画面只有原作的十分之一，但以其简练的形象表现了深邃的意境，展现了艺术家剪裁的功力和不凡的眼力、情怀及智慧。

五、亚当斯《冬天的风暴》

在风光摄影中，直射的阳光能拍摄出令人陶醉的摄影作品；在气候恶劣的天气中，巧妙地利用散射光照明，也能拍出很好的摄影作品。亚当斯拍摄的《冬天的风暴》（见图11—9）就是最好的证明。

图11—9　冬天的风暴

这幅照片是亚当斯于1940年12月在约塞米蒂公园拍摄的。当时下过大雨，后来又下着雪，光线很差，能见度很低，到中午时分，景物才开始变得清澈一些。在这个时候，亚当斯驱车赶到拍摄点，架起照相机进行取景构图。首先处理好树和背景中山的关系，然后等待光线和云彩的变化。当光线和云彩达到了理想的构思意图时，亚当斯迅速地按下快门，拍摄出了这一动人的美丽景色。自然界中的这种景色，其变化是非常快的，往往需要摄影艺术家迅速地作出决断，在美的瞬间出现的一刹那即将其拍摄下来。

六、季叶海《都市印象》

季叶海的作品《都市印象》（见图11—10）拍摄于日本东京，作者不把它题为“东京印象”，而谓之“都市印象”，这就使照片更具有泛义性和概括性，增添了它的抽象意味和涵盖力。

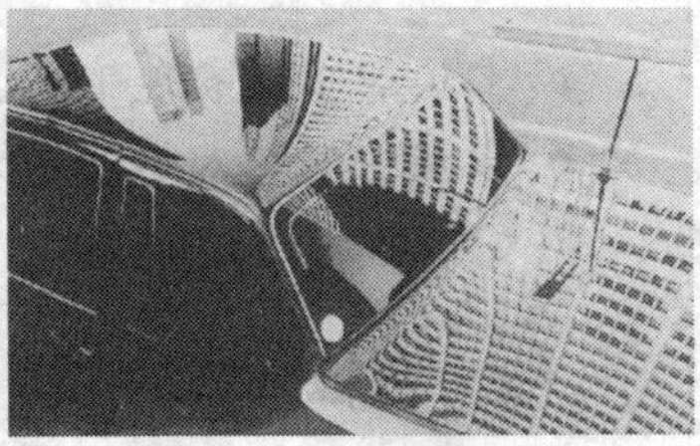

图11—10　《都市印象》

画面上的实体仅仅是一辆高级豪华轿车，不，应该说只是轿车的一个局部。作者利用轿车顶部光洁的镜面，将高耸的摩天楼群间接地反射出来，这比直截了当地拍摄楼群实体更加生动而富于艺术魅力。无疑，这是一种十分新颖而具有创造性的表现方法。

拍摄时采用俯视角度，但车体并无歪曲变形，这和摄影时所用的镜头的焦距有关。深黑色的车身细部层次分明，车顶映像影调处理得当，这又和采用的光圈恰当分不开，这些技术上的处理保证了作品的成功。

车辆反射的映像可分为两个部分。车头上的映像为大楼的局部，呈方格形图案；车顶上的映像是呈伞形会聚的楼群整体。两种映像交相辉映，既变化又统一，达到抽象与具象结合，加之照片上部仅留的一段路面上，白色直线与曲线的组合，使画面十分协调而又与主体相映成趣，构图新颖，不落俗套，的确是一种巧妙的构思与设计。

照片是通过光与影来表现内容的，这幅照片可以说将光影的作用发挥到了极致。作者仅仅用了很少实物，把现代化的都市的印象，简化为“汽车＋高楼＝都市”，这种概括的手法不能不说是一种大胆的尝试。

第十二单元 雕塑艺术欣赏

知识目标

- 掌握雕塑的表现形式、类型、基本工具和术语。
- 掌握雕塑艺术的欣赏方法。

能力目标

- 能欣赏古希腊、古罗马、古埃及、欧洲中世纪和文艺复兴时期的外国著名雕刻艺术。
- 能欣赏中国古代陵墓雕塑、宗教雕塑、民俗雕塑艺术。
- 能欣赏具有时代特色的现代雕塑艺术。

背景案例

在西方艺术界有一个很流行的希腊传说：雕塑家皮格马利翁按照自己的心愿雕刻了一个少女的大理石像，后来，他爱上了自己制作的这个雕像。皮格马利翁日夜向爱神维纳斯祈祷，祈求她让自己得到一位以这个雕像为模特的新娘。女神被皮格马利翁的虔诚感动了，于是将这座冰冷的大理石雕像变成了一位有生命的少女。

问题讨论

1. 背景案例是一则精诚所至、金石为开的故事，它包含了哪些意义？
2. 雕塑艺术与人生有怎样的关系？如何欣赏雕塑艺术？

雕塑是造型艺术的一种，是雕、刻、塑三种创制方法的总称。雕塑是用各种可塑材料（如石膏、树脂、黏土等）或可雕、可刻的硬质材料（如木材、石头、金属、玉块、玛瑙等），创造出具有一定空间的可视、可触的艺术形象，借以反映社会生活，表达艺术家的审美感受、审美情感、审美理想的艺术。雕、刻通过减少可雕性物质材料，塑则通过堆增可塑性物质材料来达到艺术创造的目的。雕塑与建筑、绘画、工艺美术并称为造型艺术。作为一种空间造型艺术，由于它占有三度（长、宽、高）空间，亦名“空间艺术”或“视觉艺术”、“触觉艺术”、“体积艺术”。

雕塑作品好比凝练的诗句，它不长于叙述，只能表现思想行为的片刻，但它却能凝聚人类某一理想的美、永恒的美。大量雕塑作品的永远保存，往往可以成为一个国家、一个民族、一个时代文明的象征。

第一节　雕塑艺术常识

一、雕塑的表现形式

（一）圆雕

圆雕，指不附着在任何背景上、非压缩的、可以多方位和多角度欣赏的三维立体的雕塑。按其手法及功能分，有写实性的与装饰性的，有具象的与抽象的，有户内的与户外的，有着色的与不着色的。其内容与题材可以是人物，也可以是动物，还可以是静物。其材质有石、木、金属、泥、纺织物、纸张、橡胶等。我国历代都有精美的圆雕作品，如原始社会牛河梁女神庙人面像以及女人体陶塑、秦朝的秦始皇兵马俑（见图12—1）、东汉时期的铜奔马、唐代的唐三彩马（见图12—2），都是不同材料和内容的杰出圆雕作品。

图12—1　兵马俑

图12—2　唐三彩马

（二）浮雕

浮雕，是雕塑与绘画结合的产物，它往往用压缩的办法来处理，主要利用物体的平面进行雕琢。浮雕只能从一面或两面欣赏，因此浮雕多附在建筑平面或器物上，占据空间少，应用范围广，既可以与圆雕或绘画相结合，又适于做装饰性和纪念性雕刻。浮雕可分为高浮雕（见图12—3）、浅浮雕（见图12—4）、线刻（见图12—5）等多种形式。高浮雕指压缩小、起伏大的浮雕，这种浮雕明暗对比强烈，视觉效果突出；浅浮雕指压缩大、起伏小的浮雕，既保持了建筑的平面性，又有一定的体量感与起伏感；线刻指用刀尖或针刻划线条，酷似绘画之线描，具有清丽流畅的特点。我国古代的石窟雕塑可归结为神龛雕塑（见图12—6）。

图 12—3　人民英雄纪念碑浮雕

图 12—4　吴哥寺雕塑

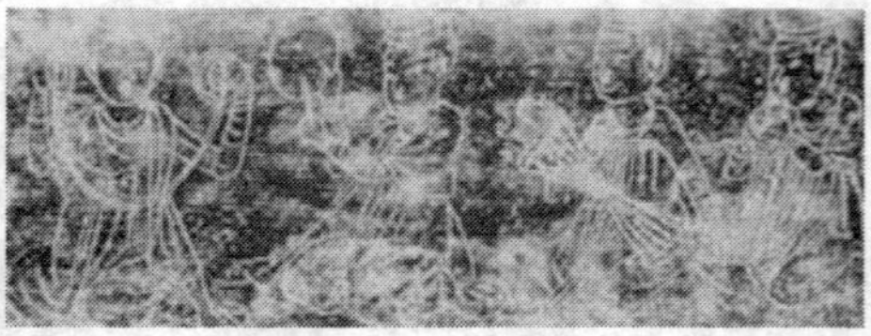

图 12—5　乐舞

图 12—6　云冈石窟

（三）透雕

透雕指在浮雕的基础上镂空底板背景部分的雕塑，可分单面透雕（见图 12—7）和双面透雕（见图 12—8）两种。

图 12—7　单面透雕

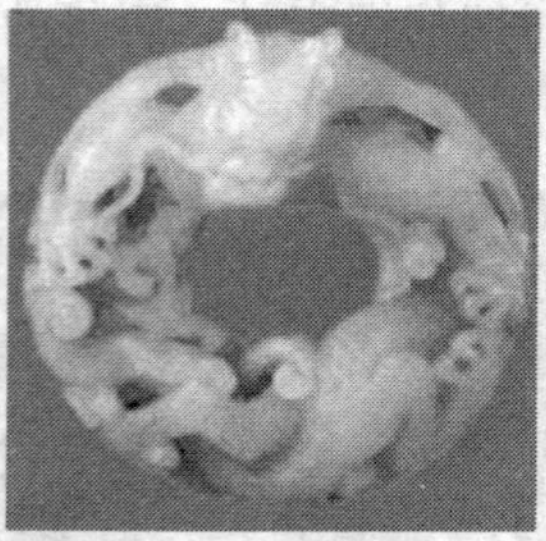

图 12—8　双面透雕

二、雕塑的类型

按照材质，雕塑可分为泥塑、木雕、石雕、砖雕、铜雕、陶雕、牙雕、瓷雕、玉雕、骨雕、竹雕、雪雕、冰雕、沙雕、蜡像等；按照环境、用途、放置位置，雕塑又分为城市雕塑、园林雕塑、室内雕塑、室外雕塑、案头雕塑、架上雕塑以及奖杯、奖牌等；按尺寸、形制又分为大型雕塑、小型雕塑两大类；按其功能则可分为宗教雕塑、陵墓雕塑、纪念碑雕塑、装饰性雕塑、园林雕塑、喷泉雕塑、民间雕塑、架上雕塑等。在雕塑上施以粉彩叫彩雕或彩塑。雕塑不论采用哪种材料制作，都有它的造型规律，也有它的局限性。

按作品题材内容的性质，雕塑还可分为纪念性雕塑、主题性雕塑、装饰性雕塑、功能性雕塑、陈列性雕塑五大类。

（一）纪念性雕塑

纪念性雕塑是以历史上或现实生活中的人或事件为主题，也可以是某种共同观念的永久纪念。这类雕塑多在户外，如广州中山纪念堂的孙中山像（见图 12—9），也有在户内的。这类雕塑一般与碑体相配置，或雕塑本身就具有纪念性。

（二）主题性雕塑

顾名思义，它是某个特定地点、环境、建筑的主题说明，它必须与这些环境有机地结合起来，并点明主题，甚至升华主题，使观众明显地感到这一环境的特性。它具有纪念、教育、美化、说明等意义。如挪威雕塑家古斯塔夫·威吉兰穷尽一生所创作的奥斯陆人生公园主题雕塑（见图12—10）就是以人生为主题，把人的一生从春芽般破土而出到老树般风烛残年，用650尊青铜和岩石人体雕像来述说：童年的稚嫩、少年的迷幻、青年的激情、中年的成熟和暮年的无奈。所有的雕像造型优美，栩栩如生；所有的雕像一丝不挂，坦然自如；人体与蓝天白云、绿草繁花和小溪喷泉融为一体，在各种肤色和年龄的游客的身影中，这些雕像好像活了，我们好像与他们似曾相识，或者他们就是我们，使人们看到自己的过去、当下和未来，产生心灵震撼。

图12—9　孙中山雕像

图12—10　奥斯陆人生公园

（三）装饰性雕塑

这里专门把它作为一类提出来，是因为它在人们的生活中越来越重要。它的主要目的是美化人们的生活空间，小到一个生活用具，大到街头雕塑。它所表现的内容极广，表现形式也多姿多彩，创造了一种舒适而美丽的环境，净化人们的心灵，陶冶人们的情操，培养人们对美好事物的追求。如陶瓷雕塑《花开富贵》（见图12—11），如同一朵盛开的洁白的花朵，让人感觉到花开富贵的意义，极具装饰价值。

（四）功能性雕塑

这是一种将艺术与使用功能相结合的雕塑（见图12—12），在公共空间如游乐场等常见。它在美化环境的同时，也丰富了人们的生活，启迪了人们的思维，让人们在生活的细节中真真切切地感受到美。

图12—11　花开富贵

图12—12　功能性雕塑

（五）陈列性雕塑

又称架上雕塑（见图 12—13），尺寸一般不大。也有室内、室外之分，它是以雕塑为主体，充分表现作者自己的想法和感受、风格和个性，甚至是某种新理论、新想法的试验品。它的形式手法多样，内容题材广泛，材质应用也更为现代化。

以上所说的五种分类并不是界限分明的。现代雕塑艺术相互渗透，它的内涵和外延也在不断扩大，如纪念性雕塑也可能同时是装饰性雕塑和主题性雕塑，装饰性雕塑也可能同时是陈列性雕塑。

图 12—13　架上雕塑

三、雕塑的基本工具

工具是雕刻家从事创作的最直接的助手和伙伴。雕塑工具在某种程度上是雕塑家的手的延伸，是雕塑家赖以表现思想的途径。雕塑家是通过手使用工具，与作品进行心灵的对话，并产生碰撞，从而创作出优秀的作品。各种雕塑所用的工具不尽相同，其基本工具有：

（一）木槌、木棒

这两件工具是在第一步上大泥时使用，在尺寸较大的雕塑塑造过程中使用较多。木槌是用来拉实泥块，使泥块紧密地粘连在一起，以增强牢固度和可塑性。木棒除具有木槌功能，还有一项功能：它的平面在拍塑大形时，能拍打出大形体块、面向和基本形体结构。这些工具的尺寸根据雕塑尺寸而定。木棒的四个面中，可以把其中两个面加工平滑，另外两个面保持粗糙，以便根据不同的表面需要而做出多种肌理效果。

（二）雕塑刀

雕塑刀可用于刮、削、贴、挑、压、抹泥塑和造型。它又分为三种 ：第一种为金属工具，由钢、不锈钢 、黄铜等制成，分斜三角形、柳叶形、卵叶形和箭镞形，有的边缘为锯齿状；第二种为非金属工具，由竹、木 、骨 、象牙、牛角、塑料等材料制成；第三种为刮刀，可切削造型和做衣纹，有各种圆弧形和方形双面刮刀等。

（三）石雕凿

为钢质杆形石雕工具，下端为楔形或锥形，端末有刃口，用锤敲击上端使下端刃部受力。按刃部形状可分为尖凿、平凿、半圆凿和齿凿。

（四）石雕锤

为敲击工具，用以敲击石雕凿或木雕、刀雕、刻石、木料等，分大、中、小三号。

（五）木雕刀

一般由刀头、刀把和铁箍构成，依刃口形状分平口、斜刃、三角和圆口四种，按颈状分曲颈、直颈两种，每一类又各有大、中、小三号。

（六）弓把

可测量距离，有两个可开合的象牙形卡脚，也可随时改变卡脚的弯度。

（七）比例弓把

比例弓把是雕塑放大时用的度量工具。

（八）点型仪

为三坐标定位仪，用于复制石雕与木雕。在石膏像上找出三个基准点，用点型仪上的定位钢针对准并固定。利用点型仪上可滑动的部件、方向关节及指针，可对准雕塑上任何一个空间位置，把可移动的部件锁定。把点型仪挪到石块或木料上，钢针对准相应的基准点，指针能把石膏像上的点标于石头或木块上，从而准确地复制成石雕和木雕。

当然，也有许多雕塑家喜欢直接用手做雕塑，如泥塑、面塑等。随着工业的不断发展，雕刻工具也走进现代化，切割机、角磨机等机床或小型电动工具、激光、电脑等高科技产品都成为雕塑的制作工具。

四、雕塑术语

（一）速塑

指在短时间内用简要方法对雕塑对象的基本动作、形象和神韵进行表现的雕塑方式。它是收集立体形象素材、训练雕塑技法的手段，可以培养雕塑家敏锐的观察力、形象的记忆力和迅速描绘对象的能力。

（二）默塑

指在完成雕塑写生的基本练习后，只凭记忆、不看对象进行的作品塑造。它能巩固形象记忆，加强对人物自然规律的理解。

（三）主像

指雕塑群中位置摆设在居中或最重要地方、体量最大、内容为群体之核心、起点题作用的雕塑，亦即雕塑群体中最主要的一尊。

（四）副像

指雕塑群中配合、增强主像的次要雕塑，是思想内容、尺寸、位置都处于从属地位的雕塑。

（五）漫塑

指具有强烈的讽刺性或幽默性的一种雕塑。多取材于政治事件和生活现象，以象征、寓意等手法进行变形、夸张的造型处理，表现为幽默诙谐的形象，借以讽刺、表扬或批评某些人和事。

第二节　雕塑艺术的审美特征与欣赏方法

一、雕塑艺术的审美特征

（一）三维立体再现生活

雕塑用实体形象再现生活，具有物质性。我们可以通过视觉去感受其外形，通过触觉去感知它的材质，产生丰满、光滑、精细等感觉，如钢的坚硬、光滑，泥的粗糙、质朴，玻璃的透明、明亮，铜的古朴、深邃，大理石的温润、柔滑，冰的晶莹、剔透，等等。

雕塑具有一定的长、宽、高的三维立体性。雕塑作品不像音乐那样只能靠耳朵去感悟和想象，也不像绘画那样只能从正面看，优秀的雕塑作品能给人以真实的生命感，可见、可触、可变换方位欣赏，甚至可以在明暗不同的光线下获得不同的审美感受。例如，欣赏《断臂的维纳斯》时，从不同侧面、不同角度、不同距离去观看，可产生不同的美感。

雕塑是具有特定内涵的造型艺术。雕塑可以通过塑造可视可触的艺术造型来反映现实生活，表达艺术家的审美感情和审美理想。例如，意大利雕塑家米开朗琪罗生活在意大利社会动荡的年代，颠沛流离的生活使他对所生活的时代产生了怀疑。痛苦失望之余，他在艺术创作中倾注着自己的思想，同时也在寻找着自己的理想，并创造了一系列如巨人般体格雄伟、坚强勇猛的英雄形象。《大卫》就是这种思想最杰出的代表。

（二）艺术装饰美化环境

雕塑既然是具有三度空间的立体物质，那就要占据一定的空间，其空间位置一旦固定下来，就构成了雕塑与环境的审美关系问题。黑格尔曾经说过："一座雕像或雕像群，特别是一块浮雕，在创作时不能不考虑到它所要摆置的地点。艺术家不应该先把雕刻作品完全雕好，然后再考虑把它摆在什么地方，而是在构思时就要联系到一定的外在世界的空间形式和地方部位。"雕塑放置在一定的环境中，是对环境的装饰，美的环境又会更好地衬托雕塑作品的艺术美。比如，在充满艺术气息的居室里，在恰当的地方摆上一尊维纳斯像，就会使得居室的艺术气息更浓，这浓烈的艺术环境又使得维纳斯像更富于艺术魅力。雕塑的装饰性是显而易见的。这样的例子是很多的：西安顺陵那尊站立的石狮子，四条腿几乎是直线的，装饰意味就很浓，显而易见，创造者不是为了塑像而塑像，而是为了石雕与环境的结合，构成建筑的整体庄严和稳重气派；意大利首都罗马的诺翁拉广场有三座喷泉雕塑，其中《河之泉》雕塑，用四个老人象征世界四大河流，身边雕有四个地区的动物和植物，泉水从老人身后的岩石中喷出，像一座绮丽的岛屿，加上其他两座喷泉雕塑，使整个广场丰富、协调，弥漫着四海一家、和平、安宁、友好的气氛，笼罩着神秘、梦幻的色彩。

（三）选择材料讲究质地

物质材料是雕塑艺术形象的直接实体，是雕塑的组成部分。创作者要根据雕塑艺术形象选择合适的材料来表现。比如，《断臂的维纳斯》使用的材料是洁白如玉的大理石。法国著名雕塑家罗丹曾经说过："抚摸这座雕像的时候，几乎会觉得是温暖的。"这说明，雕塑由于它使用的物质材料的特点，使得与触觉相联系的质感与量感具有了审美的意义。又如《门考拉夫妇立像》采用闪绿色黏板岩增强了帝王身份的尊贵和威严。再如我国的唐三彩，利用三彩釉色在烧制过程中因流动而形成的垂滴、混合、晕开等现象，制作出一些非人工所能及的自然效果。黄、褐、绿三种釉色，色泽鲜艳，质地精美，反映了唐代开元年间的盛世景象。

（四）表现主题凝练概括

雕塑既具有表现的单纯性，又具有精神的内在性。精神的内在性是由凝练概括的单纯造型所蕴含的寓意象征来实现的。雕塑作品由于受到物质材料的限制，其造型需要单纯明朗；又由于受到表现手段的限制，它不能像小说、戏剧艺术那样表现众多的人物和复杂的关系，不能作充分的心理刻画或背景描述。因而雕塑创作必须选择典型的瞬间造型，来表现情感的普遍性和思想的深邃性。于是，凝练、概括，以少胜多，以个别反映一般，以个性表现共性，以有限蕴含无限，就成了雕塑创作的必由之路。雕塑家必须广泛地观察生活，全方位地了解对象，深入思考它的价值和意义，巧妙构思，别致造型，舍弃生活中大量的偶然细节，挑选最富有特征的、典型的动作和表情，创造出具有高度凝练性和概括性的雕塑作品。如潘鹤的雕塑作品《拓荒牛》，象征了深圳人民开创经济特区的拓荒牛精神。

二、雕塑艺术的欣赏方法

欣赏雕塑艺术作品可以从认识作品外部的形态特征开始，分清类别，看形象是否具有美感，与环境是否协调；进而分析作品的思想内容、作者的艺术技巧；最后体察作品的内蕴和创意。如果一件雕塑作品能使人们在感官上和精神上都得到满足，那么这件作品就成功了。

（一）三维立体欣赏法

雕塑作为三维空间的实体，给予人的感受首先来自它的形体，要通过形体展示形象的动势、情绪与生命力。雕塑是具有实际的高度、宽度、深度，以三维空间来反映现实，具有空间立体感的造型艺术。欣赏者可以从不同侧面、不同角度、不同距离去欣赏。就如同苏轼诗歌所言："横看成岭侧成峰，远近高低各不同。"

例如，2008年萨拉戈萨世博会主题馆——水塔馆内的《飞溅》雕塑，正面看使人想起李白诗中"飞流直下三千尺"的感受；再从底层仰观，作品呈壮观、雄险之感，可欣赏工艺创作之奇特（见图12—14）；中层平视，作品现轻盈、飘逸之感，可欣赏艺术创意之想象（见图12—15）；上层俯察，作品趋气势、力量之感，可领悟作品创造之本意（见图12—16）。在顶部，三个缸体视频完整显现，大屏内容是描写着人类的生命流程，花开花落、云卷云舒，大自然周而复始的规律就像落叶云烟、似水流年。当人生走到尽头，"飞溅"之水"石破天惊、冲天而落"，生命获得再生。

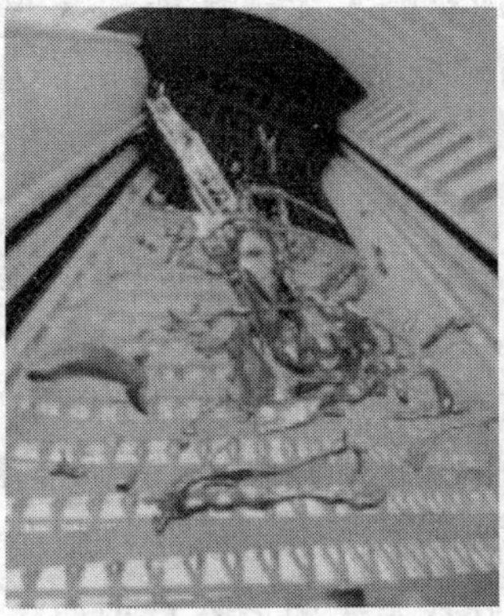

图12—14　《飞溅》（底层仰观）

图12—15　《飞溅》（中层平视）

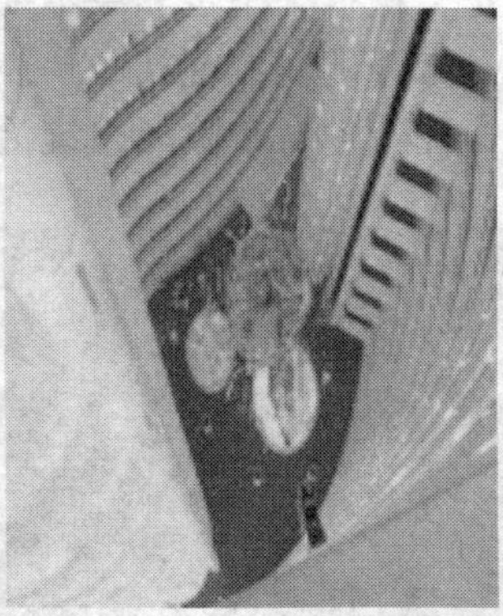

图12—16　《飞溅》（上层俯察）

雕塑与绘画一样，都是通过塑造静态的视觉艺术形象来反映现实生活，都是靠造型来展示美。但绘画是通过二维空间展示美，而雕塑是通过三维空间来展示美；绘画是画家通过笔、墨、纸、颜料以及各种技巧等在平面的画幅上造成的一种貌似立体的幻觉，而雕塑则是雕塑家通过石头、木头、泥、石膏、象牙以及刻刀、锤子等运用各种技巧在实际空间内造成的可视、可触、可感的具体形象。雕塑一方面有具空间立体感的形象，显得比绘画更为具体生动；另一方面又不能像绘画那样直接而细腻地表现人物活动的环境，也不能像绘画那样广阔而自由地再现人物及事件之间的关系和发展过程。比如以《断臂的维纳斯》的取材来说，如果用绘画来表现，完全可以画出广阔无垠的蔚蓝的大海以及洁白的浪花托出维纳斯的情景，而雕塑无法也不必要表现这些场面，只是通过一尊单纯、概括的人物雕像来表现，其审美功能是借助于观赏者的联想和想象去完成的。因此，雕塑不要求作复杂的形象描绘，而要求形象的单纯性。从一定意义上说，雕塑的美就是单纯，当然，单纯绝不是单调。据说，《断臂的维纳斯》雕像上那些细微的变化，竟有欣赏者当成深奥的山谷来欣赏。

（二）背景内涵欣赏法

任何优秀的艺术作品，都是一定时代的产物，有着历史的必然性。在欣赏艺术作品时，要站在时代的审美高度，把艺术品置于产生它的那种错综复杂、千丝万缕的社会关系之中，注意作品产生的时代背景，从而更深刻地去感悟它的美。

图12—17 《布鲁特斯胸像》

例如《布鲁特斯胸像》（见图 12—17）的作者米开朗琪罗生活的年代，正是意大利社会动荡的时期。他的生活始终是在为教会和佛罗伦萨执政者美第奇家族服务，他们令人窒息的统治使艺术家深感苦闷，因此，米开朗琪罗一直期待着有一位伟大的英雄来铲除暴君。《布鲁特斯胸像》表达的就是对封建暴君的蔑视和对英雄渴望的象征。布鲁特斯是罗马共和时期的第一任行政长官，早期曾参加过刺杀罗马独裁者恺撒的行动，他有着光明磊落的性格，是一个维护民主、不徇私情、大公无私的执政官。米开朗琪罗选择他为刻画对象，具有深刻的现实意义。雕像中，布鲁特斯身披古罗马长袍，脸有力地转向左侧，嘴角紧闭，专注的眼神凝视着前方，面部神情表现出勇敢、公正、机智、坚定和决不妥协的英雄气概，显示了面对严酷现实的大无畏精神。这件作品是米开朗琪罗晚期的代表作品之一，体现了他对现实中能够拯救祖国的英雄的渴望，也寄托着他对破除黑暗统治的美好愿望。

图 12—18 《母狼》

又如埃特鲁斯坎人的艺术杰作《母狼》（见图 12—18）所刻画的就是曾经哺育了罗马创始人的母狼的形象。雕像取材于罗马建城的传说：特洛伊战争结束后，特洛伊王子逃到意大利半岛，建立了阿尔巴城，世代相传。后来，一个名叫努米托耳的国王被其弟阿木留斯推翻，儿子被杀，但他的女儿为战神所爱，生下一对双胞胎罗穆路和瑞穆斯，被阿木留斯放入篮子中丢入台伯河。这对兄弟后来被一只母狼发现并收留抚养，不久，又被牧人发现收养。他们长大以后，杀死仇人，救出外祖父，创建了新的城市。后来罗穆路杀死了瑞穆斯，并以自己的名字命名这座城市为罗马。雕像形体结构严谨，是一尊高度写实的艺术作品，体现了母狼外表凶残、内心仁慈的性格主题。母狼四肢健壮、神态凶残，洋溢着野性的生命力。那颈部卷曲的毛、下垂的乳房和消瘦的腹部以及肋部都塑造得极为真实。母狼的神情是警觉而威严的，似乎正是罗马人坚毅冷峻的民族性格的象征。对罗马人来说，它还具有纪念碑意义，人们把它作为民族发源的始祖顶礼膜拜。现在，雕像《母狼》已成为罗马市的象征。

所以，了解作品的时代背景、艺术家的创作意图，对理解雕塑作品的人物、主题、结构以及社会意义和审美价值很有帮助。

（三）比照特征欣赏法

雕塑的表现对象十分丰富，从人物到鸟兽鱼虫到风火云电等自然现象，都是它的表现对象。其中，人的特征是它的主要表现对象。古代的雕塑常常通过神或神化的事物来表现人，如美人鱼、狮身人面像、各种宗教神像，都表现人的某方面的特征。如果剥去宗教的神秘色彩，那些姿态横生、神态各异、不拘一格的神的塑像都表现人的形体和精神美。例如，我国古代石窟中的佛像，尽管千姿百态，但都具有人的形体身姿的特点：有的面部丰润饱满、衣纹流畅，显得慈善而又威严；有的面孔长圆，吊眉细眼，口含情，目有神，整个形体的姿态自然、比例匀称，显得流畅秀丽、潇洒柔和；有的上身裸露、肩宽腰壮、神情愤怒，显得威严不可侵犯。它们的形体和神态都是人所具有的。敦煌雕像中，唐代弥勒佛坐像北大像（见图 12—19），为倚坐之势，两腿自然下垂，两脚着地，双手支在腿上，目光前下视，显得高大威严。大佛右手上扬，意为拔除众生痛苦；左手平伸，意为满足众生愿望。而容纳大佛的空间，上大下小，人在地面仰视大佛，产生一种透视错觉，更感佛的高大和自身的渺小。

广州的五羊雕塑（见图 12—20）坐落在广州市的越秀山上，五只神态栩栩如生的山羊登临在岩石上，有的回首，有的翘尾。个子最大的一只羊雄立在顶端，弯曲着犄角，圆睁着双眼，飘动着须，顾盼生姿，浑身是劲；最小的一只羔羊，正站在一只母羊身下吮吸乳汁。这座雕像述说着一个关于广州城的神话：古代，南海有五位仙人，他们各骑一只仙羊，飞临广州。他们在这块膏腴之地，留下一茎谷穗，祝福这里永无饥荒。之后，腾空而去。根据这个传说，广州便有了各种别称，诸如五羊城、石羊城、仙羊城、仙城、穗城、羊石城等。可见，各种动物雕塑都可以把它们作为人生世相来看待。

图 12—19　敦煌唐代弥勒佛坐像

图 12—20　五羊雕塑

（四）材质技法欣赏法

雕塑是不同的物质材料的艺术，其用料是十分讲究的。例如，布朗库西最有影响的作品《波嘉尼小姐像》（见图 12—21），用铜、黄铜、大理石、石膏以及传统的泥反复进行表现、尝试，作者最满意的是这尊黄铜铸像，它表面抛光，呈现黄铜的反光，头发部位采用锈蚀法，呈现出黑色。布朗库西用鹅蛋脸强调了她的美丽，用大眼睛和双手托腮的姿势来突出这位女画家的妩媚和娇态。抛光黄铜的表面处理使这件作品一反传统的材料处理方式，发挥出了黄铜材料本身的美。又如刘焕章的作品《石狮》（见图 12—22）以粗犷的斧砍雕造雄狮勇猛的形象，石质的自然肌理无疑也强化了这件作品的量感和力度。又如他的《傣族姑娘》，巧妙地利用木质特点，表现傣族姑娘的脸的肤色。《默兹结构》是德国雕塑家施威特 1920 年创作的作品，由火车票、旧报纸、烟卷等垃圾建构而成。施威特说，这样做的目的是赞颂

图2—21　《波嘉尼小姐像》

战争结束的胜利、祈求和平的胜利，因为所有的东西都被战争摧毁了，应该再以“碎片＋残骸”架构起来。施威特属于早期达达主义雕塑家，其作品里充满了对战争的厌恶和憎恨，同时也融入了构成主义的特点。在他的早期作品里，出现了轴线、报纸、绳头、邮票、金属纱网等诸多的废品材料，对战争的不满使他对自己的很有特点的创作方式非常投入，而这种创作方式也对现代主义雕塑中材料的探索做出了很大贡献。

图 12—22 《石狮》

（五）功能品味欣赏法

环境与雕塑是一对不可分割的艺术，雕塑与环境的关系处理得好，可以达到相得益彰的效果。雕塑与环境是否协调，雕塑的造型、尺寸、材质、色彩与环境是否合适，雕塑创意是否对环境产生了影响，给人们留下深刻的印象，是雕塑成功的关键因素。比如在闹市区，上下班熙熙攘攘，人流较多，建筑式样较为杂乱，设置一些小型的低矮的装饰性雕塑，显然不会引起人们的注意，而且在这种环境里，雕塑的细部不能太多，否则不能给人以完整的感觉。这是由于时间并不允许人们停下来慢慢欣赏的缘故。在疗养院或公园以及在风景区，就可以搞些较静的、细节相对多一些的、规模较小的装饰性雕塑，因为在这里活动的人们，时间一般较充裕，能慢慢地观赏。空阔地带可以搞宏大的纪念碑式雕塑。另外，建筑物表面的肌理与雕塑也要相映成趣，例如现代许多高层建筑均是火柴盒式的堆叠，那么我们的雕塑就须做得简单些、光洁度高些，以促其形成一种对比。纽约洛克菲勒中心的下沉式广场中，《普罗米修斯》的镀金铜像与背景的深色花岗岩墙面或由水柱组成的帘幕都有鲜明的对比，使雕像在广场中格外醒目。巴黎德方斯新区的一片玻璃大楼的现代主义建筑环境中，布置了涂上鲜艳颜色的钢板或合成材料制作的城市雕塑；蓬皮杜文化中心旁的广场水池中也散放了许多色彩艳丽的雕塑。它们都活跃了周围比较枯燥呆板的建筑环境，带给市民们一丝亲切和幽默。这种效应是传统的青铜和石材难以取得的。丹麦著名雕刻家爱德华·埃里克森于 1912 年根据安徒生童话故事《海的女儿》的主人公形象创作了《忧郁的小美人鱼》（见图 12—23），姿态优雅的美人鱼孤独地坐在海边的一块巨石上，鱼尾人身，羞怯安详，以若有所思的神情望着大海，显露出少女纯真的美，深受人们喜爱。大海、雕塑、美人鱼的传说成为哥本哈根最有特色的风景。新加坡的《鱼尾狮像》（见图 12—24）已成为该城的标志，深圳的《拓荒牛》（见图 12—25）象征一种精神：低头为了蓄力，奋蹄为了拓进，为了在这大地上播撒收获的希望。

图 12—23 《忧郁的小美人鱼》

图 12—24 《鱼尾狮像》

图 12—25 《拓荒牛》

（六）艺术分析欣赏法

人体是自然界最美的自然实体，法国著名雕塑家罗丹说，“没有比人体的美更能激起富有感官的柔情了”，“人体，由于它的力，或者由于它的美，可以唤起种种不同的意象”，“有时像一朵花”，“有时像柔软的常春藤，劲健的摇摆的小树”；“有时人体向后弯曲，好像弹簧，又像小爱神洛斯射出无形之箭的良弓”。他还说：“我们在人体中崇仰的不是如此美丽的外表的形，而是那好像使人体透明发亮的内在的光芒。”罗丹的这番话充分体现了人体的艺术魅力。古希腊那无数雕塑杰作中，有不少是表现人体美的。表现男子裸体美的人体艺术有《阿波罗》、《掷铁饼者》、《坐着的拳击手》（见图12—26）等；表现女子裸体、半裸体的人体艺术有《胜利女神》（见图12—27）、《断臂的维纳斯》（见图12—28）等。这些人体艺术作品表现了健、力、美交相融合的光彩，显示着永久的艺术魅力。文艺复兴时期也十分重视人体艺术，把创作美的人体作为反封建、反神权的重要内容。比如米开朗琪罗的《大卫》、《被缚的奴隶》、《晨》、《昼》、《暮》、《夜》（见图12—29至图12—32）等都是人体艺术的杰作。

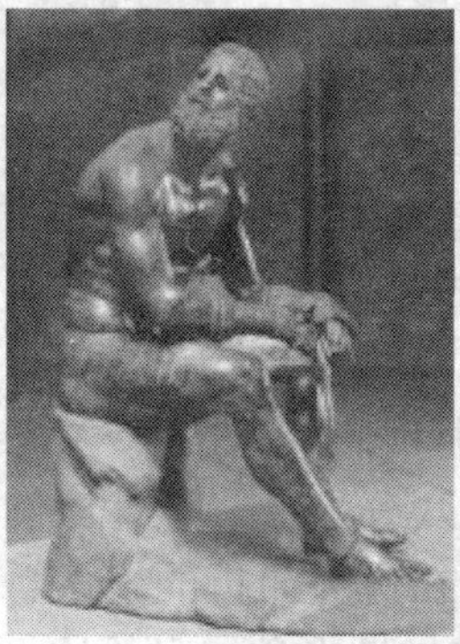

图12—26　《坐着的拳击手》

图12—27　《胜利女神》

图12—28　《断臂的维纳斯》

我国古代也很注意人体艺术的创作。《诗经》中便有描写人体美的诗篇，汉代画像砖中也有人体美的形象。唐代的敦煌石窟、龙门石窟都有描绘人体美的艺术珍品。元代杭州的飞来峰还保留着表现人体美的雕刻。

人体美，首先在于健康、自然的体形，即体态之美。马克思曾经风趣地把人类分成两半，男性称为“刚强的一半”，女性称为“美好的一半”。平常我们也常有“阳刚”、“阴柔”的说法，这种不同是由男女两者的生理结构和机能的差异所致。

图12—29　《晨》

图12—30　《昼》

昼图 12—31　《暮》

图 12—32　《夜》

一般说来，男性应当显出大山似的伟岸气概，具有如同赫拉克勒斯那样的男子汉大丈夫的雄姿：熊腰虎背的躯干、宽阔雄浑的胸膛、结实隆起的肌肉、粗壮有力的四肢、威武庄重的面容。如利西普斯的《赫拉克勒斯》（见图 12—33），雕像中人体呈曲线形，左腿支撑着身体的重量，左臂倚在支柱上，右臂背到身后。这种富有变化的姿态，形成了较为轻松的气氛。人物虽然处在放松状态，但仍然健壮无比，看似平静的躯体中似乎蕴藏着巨大的力量。雕像中肌肉的刻画十分夸张，不论是肌肉的体积还是其表现出的力量感，都达到了饱和的状态，让人感到似乎可以随时爆发出强大的能量。形体的处理没有因为肌肉的夸张而混乱，而是正、侧面转折分明，形成了坚实有力的整体造型。从雕像中我们也可以看到利西普斯的人体美学观点，即头的长度是身体的八分之一，这种比例对后来的雕塑艺术产生了深刻的影响。至于现代女性的形体美则体现在优美曲折的线条、平滑细腻的肌肤和秀美端庄的面庞上。如《断臂的维纳斯》中的女神维纳斯形象，身长比例接近人体美的标准，即头与身之比为 8∶1，可以分割成1∶3∶5，符合人体“黄金分割律”，这个比数成为后代艺术家创造人体美的准则。

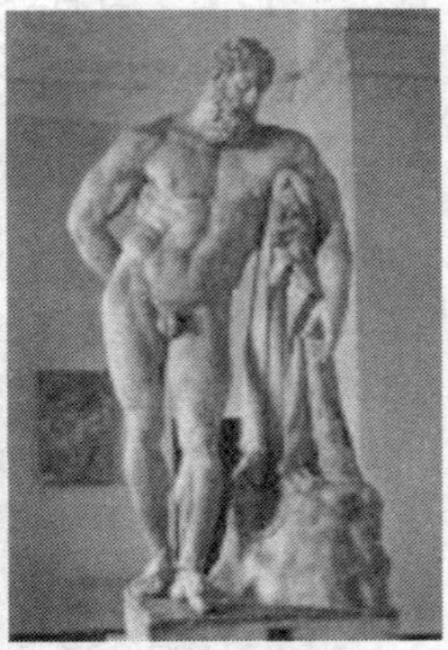

图 12—33　《赫拉克勒斯》

第三节　作品欣赏

雕塑至今已有几千年的历史，各个国家和地区、各个民族、各个时代的作品极其丰富，题材内容广泛，形式风格多种多样。

一、《哀悼基督》

（一）作品的背景

《哀悼基督》（见图 12—34）为云石雕像，高 175 厘米，由意大利文艺复兴时期伟大的绘画家、雕塑家和建筑师米开朗琪罗于 1498 年创作，是米开朗琪罗为梵蒂冈的教廷教堂——圣彼得大教堂所作，是他早期最著名的代表作之一。米开朗琪罗早年经常去圣马可修道院解剖尸体，研究人体解剖学，在那里常常听到著名的宗教“叛逆者”萨伏纳罗拉主张宗教改革的演讲。1493 年，萨伏纳罗拉被教皇逮捕并被处以火刑，这极大地震动

图 12—34　《哀悼基督》

了米开朗琪罗。1498 年，当他能接受订件独立创作时，他在基督的形象上添上了这位“叛逆者”的影子。

（二）作品的内涵

作品中，死去的基督静静地躺在圣母玛丽亚的两膝之间，肋下有一道被枪刺的深深的伤口，脸上表情宁静，右手自然下垂，头仰天朝后，身体细长，腰部微微弯曲，这一形象表现出死亡的虚弱和无力。圣母年轻端庄，形象秀丽文雅，披着长袍，用右手托住基督，左手略向左伸出，表现出深深的无奈与痛苦。她俯视着基督的身体，陷入深深的悲痛，宽大的长袍的衣褶盖住双肩，衬托出她静美的面容。圣母的表情虽然静默但却十分复杂，无声的痛苦与祈祷写在脸上。正如米开朗琪罗所说，圣母玛丽亚是纯洁、崇高的化身和神圣事物的象征，必能永葆青春。作者突破了以老衬衰的模式，而是把圣母刻画成为一个容貌端庄美丽的母亲，更加表现出她对基督之死的哀痛。联系萨伏纳罗拉的遭遇，作者在作品中寄托了对宗教改革者的深切哀思。

（三）作品的造型艺术

作品采用金字塔式结构，稳重而庄严。圣母身着宽大的衣袍，一来显示出圣母的体形，二来巧妙地掩盖了人物的实际比例，解决了雕像构图过程中作品与人体实际比例的矛盾。基督那裸露的纤弱的身体，圣母那厚重的衣褶、清晰的面孔，两个形象之间形成了鲜明的对比，既统一又富于变化。作品一经展出，就轰动了整个罗马。

二、《马赛曲》

（一）作品塑造形象的艺术性

图 12—35　《马赛曲》

《马赛曲》（见图 12—35）为法国雕塑家弗朗索瓦·吕德 1836 年于法国巴黎完成，雕刻于凯旋门右侧门柱，为石制雕塑。该雕塑与法国国歌《马赛曲》同名，且同为经典，通过雕塑宣传革命思想和爱国主义思想，为那段辉煌而悲壮的历史留下光辉的纪念。浮雕《马赛曲》分为上下两个部分。上半部是象征自由、正义、胜利的自由女神，她右手紧握长剑，左手向上挥舞，衣裙飞舞飘动，指引着法国人民冲向自由、胜利。在她神圣而宽广的羽翼遮护下，一群革命战士伴着马赛曲的雄壮号角，或高歌猛进，或负重前行，表现出奔放的革命热情。自由女神迈开大步的形象，使浮雕更具备了奋发向前的号召力。下半部是一群革命战士，在自由女神热情的感召下，激流勇进。中心人物是一个大胡子战士，他与自己年轻的儿子并肩作战，父亲搀扶着儿子，儿子依傍着父亲，坚定而有力。走在他们后面的是一位沉着刚强的老人，他为了自由身经百战，今日又从容奔赴疆场。队伍的最前面，一个号手正在吹响《马赛曲》，激励人们向前。其余的人物，有持盾牌和宝剑的战士，有弯腰系结兵器的弓箭手，正在迎接即将开始的残酷战斗。所有的形象组成一个整体，显示出一种剑拔弩张、奋战沙场的声势。

（二）作品照应与象征的表现手法

这件作品中，具有爱国主义精神的法国人民的特征得到了群体的表现。作者在处理这座高浮雕时，运用了联想和照应的处理手法，通过一边大步向前迈进、一边向后挥手召唤人民前进的自由女神形象，让人们自然地感觉到跟随在他们身后的汹涌澎湃的前进洪流。作者还运用照应的手法，自由女神召唤人们的形象与人群勇敢坚定向前奋进的行动上下照应。《马赛曲》使吕德荣获万国博览会的雕刻金牌奖，并享受终身的荣誉。

三、人民英雄纪念碑

（一）作品创作的背景及反映的时代背景

图 12—36　人民英雄纪念碑

人民英雄纪念碑（见图 12—36）位于北京天安门广场中心。1949 年 9 月 30 日，中国人民政治协商会议第一届全体会议决定，为了纪念在人民解放战争和人民革命中牺牲的人民英雄，在首都北京建立人民英雄纪念碑。这一大型作品，集中了全国著名画家、雕塑家、石雕工人的智慧，由著名雕塑家刘开渠主持设计。纪念碑于 1952 年 8 月 1 日正式动工，1958 年 4 月 22 日落成，同年 5 月 1 日隆重揭幕。人民英雄纪念碑呈方形，庄严稳重，建筑面积为 3 000 平方米，碑高 37.94 米，由 17 000 块花岗石和汉白玉砌成。顶部为四坡庑殿顶；碑身为浮山花岗岩；碑座分两层：上层座呈方形，镌刻着以牡丹、荷花、菊花、垂幔等组成的八个花环；下层座为海棠形，四面镶嵌着 10 幅汉白玉大型浮雕，描述 1840 年以来重大的历史事件，分别以虎门销烟、金田起义、武昌起义、五四运动、五卅运动、南昌起义、抗日游击战争、渡江战役为主题。在渡江战役的浮雕两侧，另有两幅装饰性浮雕，主题分别为支援前线和欢迎人民解放军。浮雕约有 170 个人物形象，生动地表现了我国近百年来惊天动地的革命史实。

（二）作品的象征性内涵

人民英雄纪念碑碑身正面（北面）镌刻毛泽东的题词“人民英雄永垂不朽”八个鎏金大字；背面是毛泽东起草、周恩来题写的碑文：“三年以来，在人民解放战争和人民革命中牺牲的人民英雄们永垂不朽！三十年以来，在人民解放战争和人民革命中牺牲的人民英雄们永垂不朽！由此上溯到一千八百四十年，从那时起，为了反对内外敌人，争取民族独立和人民自由幸福，在历次斗争中牺牲的人民英雄们永垂不朽！”碑身两侧装饰着用五星、松柏和旗帜组成的浮雕花环，象征人民英雄的伟大精神万古长存。碑身正面的浮雕“胜利渡长江，解放全中国”是 10 幅浮雕中最大的一幅，是由刘开渠亲自创作的。它通过人民解放军乘船抵达长江南岸，战士发起冲锋的那一瞬间，表现人民解放军打过长江、解放全中国这一重大历史事件。浮雕最前面的是南京临江的挹江门，说明南京已经在望，前面的战士已经上岸，后面的战士还在涉水前进。从构图看，前面岸上的人较高，后面船上和涉水前进的人较低。所有这些人群，在红旗的指引下，形成一股锐不可当的洪流。后面帆船上的那根顶天立地般的桅杆加强了浮雕的稳重感，使整个浮雕既有破浪前进的强烈攻势，又给人以稳如泰山的感觉。这个纪念碑是新中国成立以来，革命现实主义的内容与艺术形式结合得最完美的一座丰碑，它使整个天安门广场显得更为庄严肃穆、雄伟壮阔。

四、兵马俑

（一）作品的高度写实性

秦始皇陵兵马俑所展现的军队阵容（见图 12—37）是完全按照当时秦军的实况设计的，所以其中的秦俑（见图 12—38）、铜马车（见图 12—39）也是按实物大小制成的。俑坑中最多的是武士俑，身高 1.85 米左右，最高的近 2 米。陶马高 1.5 米左右，身长 2 米左右，战车与实用车的大小一样。秦俑大部分手执青铜兵器，兵器因经过防锈处理，埋在地下两千多年，至今仍然光亮如新。秦俑的脸形、体形、表情、眉毛、眼睛和年龄各有差异，避免了千篇一律。总之，人、马车和军队是通过写实手法的艺术再现。

图 12—37　兵马俑展现的军队阵容

图 12—38　秦俑

（二）作品传神的雕塑手法

秦俑以头部的刻画最为精致，有的眉宇凝聚、端庄肃穆，有的面庞清秀、微微含笑，有的带有皱纹、一脸老成……对面部的精心刻画，将秦军的各种人物表现得生动万分。对陶马（见图 12—40）的塑造同样富于匠心，除了马头的塑造较为细腻多变化以外，四肢与胸部都用夸张手法，棱角分明，肌腱隆凸，臀部浑圆，腰部微凹，显得强健有力，线条流畅而富有韵律感，让人感受到马的真实与蓄势待发的雄姿。

图 12—39　铜马车

图 12—40　陶马

（三）作品色彩的运用

拂去秦俑外层的灰尘，秦俑表现出色彩丰富艳丽的特点。这些颜色有红、绿、蓝、白、黑、黄等多种，最令人称道的是，这些颜色经过巧妙的配置，体现出整体的色彩效果，既有相似之处，也有变化之处。比如：兵俑大多是红色上衣配绿色或蓝色下衣，手和脸多用粉红色，衣袖、衣领多用绿色或赭石色，铠甲的甲钉多用黑色，连接甲片的线多用红色，在颜色的搭配上，统一之中寓含变化。

五、《断臂的维纳斯》

《断臂的维纳斯》（见图 12—28），或称《米洛的阿芙洛季蒂斯》、《维纳斯像》。它的原件是 1820 年在希腊米洛斯岛的山洞里发现的，经过辗转买卖，现存于巴黎的卢浮宫，是驰名世界的珍品，一直被认为是迄今被发现的希腊女性雕像中最美的。据说，当年法国获得这尊雕像时，全国几乎沸腾了，许多能亲眼观赏到的人竟激动得流下了眼泪。法国人把它当作国宝收藏在卢浮宫，专辟一室，作为镇馆之宝让人欣赏。这尊雕像至今仍然强烈地吸引着各国游客，许多尊重艺术的人们把能亲眼目睹该雕像作为人生的一大幸事。

（一）美丽动人的神话背景

“维纳斯”取材于希腊神话传说。传说在很久很久以前，宙斯之父克罗诺斯和他的祖父乌拉诺斯争夺王位时，克罗诺斯在盛怒中砍了乌拉诺斯一刀。鲜血从乌拉诺斯的手上流下，滴入了爱琴海里，蔚蓝的大海立刻溅起雪白的浪花。就在这洁白的浪花中，冉冉托出了一位美丽的女子，她的眼睛像海水一般碧蓝、皮肤像浪花一般雪白、脸像太阳一样红润，她就是美和爱之神，希腊语称之为阿芙洛季蒂斯。阿芙洛，是白色浪花之意，季蒂斯是托出之意，即“浪花托出的人”。她在天上的星宿是金星，英文叫维纳斯。她后来到了希腊的奥林匹斯山上，主管爱情、婚姻，保护家庭。她是先神的血和大海、浪花、阳光结合的产儿，被人们尊崇为美的象征。古代的艺术家争相以她为题材，创作出许多风格不同的优秀之作。

（二）动人的人体艺术魅力

维纳斯端庄的身材、丰艳的肌肤、典雅的面庞、娟美的笑容、微微扭转的站姿，这一切构成十分和谐而优美的体态。她上身赤裸，起伏变化的玉肌似丘如谷，臂部富有肉感的曲线与腰际的浅涡令人销魂，虽然上身裸露，但仍不失端庄典雅。更为特别的是，她的体形符合希腊人关于美的理想与规范，身长比例接近人体美的标准，即头与身之比为 8∶1，可以分割成 1∶3∶5，符合人体“黄金分割律”，这个比例成为后代艺术家创造人体美的准则。她像一座纪念碑，崇高而又动人；她像一首诗，含蓄而又耐人寻味。她上半身裸露，下半身被衣裙遮住，全身取旋转上升的趋向，上身略略前倾，下身前腿略曲，头上的发髻略略上翘，各部分的起伏变化富有音乐的节奏感，亭亭玉立又微妙动人，曲线美的魅力得到了充分的展示。她显得那样平静，没有半点娇艳或羞怯，只有纯洁与典雅。这是一种健、力、美统一，容貌、发型、衣着、心灵统一的以健康美为基础的美。

（三）残缺之美

她的双臂虽已失去，仍然让人感到完美无损。曾有人设想恢复她的原形，或一手下垂、一手捧花，或左手托苹果、右手拽衣衫，尽管各具其态，却总觉不尽如人意。于是干脆留下这《断臂的维纳斯》，让观赏者去想象、补充，更能增添独具的审美韵致。

六、《掷铁饼者》

图 12—41　《掷铁饼者》

《掷铁饼者》（见图 12—41）是米隆在公元前 5 世纪的作品。作品体现了动与势、力与美的统一。这件作品之所以为全世界熟识，不只是因为运动员精准的结构比例和结实饱满的体量，更是因为它体现出一种从未出现过的动与势的统一。雕像选取运动员投掷铁饼过程中的瞬间动作，掷者的身体强烈扭转，全身重心落在右脚上，左脚趾反贴地面，膝部弯曲成钝角，整个形体产生一种紧张的爆发力和弹力的感觉，一个即将飞速旋转、掷出铁饼的瞬间被永恒定格，给人的印象永远是一种蓄势待发的状态。这在雕塑技巧上是一个突破：虽然他的重心落在右脚上，但是他凭借铁饼的离心力保持着更高级别的平衡，就像旋转中的陀螺，粗看之下静止不动，实际却在飞速旋转。作品的形体造型是紧张的，然而在整体结构处理和面部表情上，却给人以沉着平稳的印象，这正是古典主义风格所追求的。

七、《拉奥孔》

图 12—42　《拉奥孔》

《拉奥孔》（见图 12—42）为大理石群雕，高约 184 厘米，由阿格桑德罗斯等创作于约公元前 1 世纪。雕塑取材于希腊神话故事：拉奥孔是特洛伊战争中特洛伊城的一个祭祀和预言家，他曾警告特洛伊人不要将木马引入城中。这触犯了雅典娜和众神要毁灭特洛伊的意志，于是雅典娜派出了两条巨蛇将拉奥孔父子三人咬死。雕像中，拉奥孔位于中间，神情处于极度的恐怖和痛苦之中，正在极力想使自己和他的孩子从两条蛇的缠绕中挣脱出来。他抓住了一条蛇，但同时臀部被咬住了；他左侧的长子似乎还没有受伤，但被惊呆了，正在奋力想把腿从蛇的缠绕中挣脱出来；右侧的次子已被蛇紧紧缠住，绝望地高高举起他的右臂。这是三个由于苦痛而扭曲的身体，所有的肌肉运动都已达到了极限，甚至到了痉挛的地步，表达出在痛苦和反抗状态下的力量和极度的紧张，让人感觉到似乎痛苦流经了所有的肌肉、神经和血管，紧张而惨烈的气氛弥漫着整个作品。

雕刻家在作品的构图上有着精心的安排。作品呈金字塔形，稳定而富于变化，三个人物的动作、姿态和表情相互呼应，层次分明，充分体现了扭曲和美的协调，显示了当时的艺术家非凡的构图想象力。作品中人物刻画得非常逼真，表现了雕塑家对人体解剖学的精通和对自然的精确观察，以及纯熟的艺术表现力和雕塑技巧。这是一组忠实地再现自然并善于进行美的加工的典范之作，被誉为古希腊最著名、最经典的雕塑杰作之一。

八、《雅典娜神像》

图 12—43　《雅典娜神像》

《雅典娜神像》（见图 12—43）的作者是菲狄亚斯。雅典娜为雅典城的守护神，也是代表智慧的女神。原作全身高达 13 米，用银白色大理石雕成，局部镶嵌着象牙与黄金，可惜已在拜占庭帝国时代被毁坏。这里介绍的是大理石小型摹制品。在这件女神雕像中，她头戴战盔，身着希腊式连衣长裙，护胸和甲胄上装饰有蛇形饰边和人头像；她裸露双臂，透过薄衣裙可隐见丰艳健美而有力量的身体，衣裙褶纹和饰物造成横竖线条的疏密变化美。整个形象富有女性的温柔和充满生命，更多的是人性，绝少神性，这表明艺术已走向世俗化。

九、《自由女神像》

《自由女神像》（见图 12—44）作为美国的象征，是自由的象征。女神像高 46 米，连同底座总高约 91 米，其全称为“自由女神铜像国家纪念碑”，正式名称是“照耀世界的自

图 12—44 《自由女神像》

由女神”。整座铜像以 120 吨的钢铁为骨架，80 吨铜片为外皮，以 30 万只铆钉装配固定在支架上，总重量达 225 吨，铜像内部的钢铁支架是由建筑师约维雷勃杜克和以建造巴黎埃菲尔铁塔闻名于世界的法国工程师埃菲尔设计制作的。女神双唇紧闭，头戴光芒四射的冠冕，身着罗马式宽松长袍，右手高擎象征自由的几米长的火炬，左手紧握一铜板，上面用罗马数字刻着《美国独立宣言》发表的日期——1776 年 7 月 4 日，脚上散落着已断裂的锁链，右脚跟抬起作行进状，整体为挣脱枷锁、挺身前行的反抗者形象。女神气宇轩昂、神态刚毅，给人以凛然不可侵犯之感。而其端庄丰盈的体态又似一位古希腊美女，使人感到亲切而自然。当夜暮降临时，神像基座的灯光向上照射，将女神映照得宛若一座淡青色的玉雕，而从女神冠冕的窗孔中射出的灯光，又好像在女神头上缀了一串闪着金黄色的明珠，给热闹而喧嚣的大都会平添了一处颇为壮观的夜景。该雕像由法国雕刻家约维雷勃杜克设计，并在巴黎完成。法国政府将这一标志自由的纪念像，作为庆祝美国独立 100 周年的礼物赠给美国。自从 1886 年落成以来，它一直耸立在纽约港的入口。

十、《卢舍那大佛》

《卢舍那大佛》（见图 12—45）石雕，作于公元 672 年，位于洛阳龙门西山南部山腰奉先寺。这座大佛是龙门石窟中艺术水平最高、整体设计最严密、规模最大的一处。大佛双手与腿部已毁，但丝毫无损于它的磅礴气势。大佛庄严而秀丽、宁静而含蓄，既有男子的气概，又带有女子的慈和与秀美，那富有装饰性的螺发肉髻和大耳，那简素的衣纹与华丽的背光，把头部衬托得更突出、更美丽、更引人注目。那曲眉丰颊的面部特征，那壮硕丰满的体魄，反映了唐代的审美观点与美学思想。全像给人以清新、健美、雄浑、典丽等美的享受。“卢舍那”的意思就是智慧广大、光明普照。除主像之外，还有胁侍菩萨两尊，佛弟子、金刚、神王各两尊，高度则逐渐降低，造成一种众星捧月的效果。卢舍那大佛通高 17.14 米，头部高 4 米，发髻呈波纹状，面部丰满圆润，眉如弯月，目光慈祥，眼睛半睁半合，俯视着脚下的芸芸众生，嘴边微露笑意，显出内心的平和与安宁。他的表情含蓄而神秘，慈祥中透着威严，是一个将神性和人性完美结合的典范。

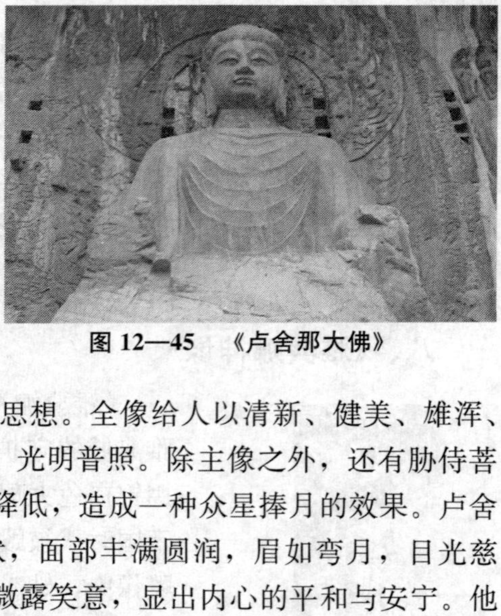

图 12—45 《卢舍那大佛》

十一、唐三彩

唐三彩（见图 12—46 至图 12—48）是一种低温釉陶器，在色釉中加入不同的金属氧化物，经过焙烧，便形成浅黄、赭黄、浅绿、深绿、天蓝、褐红、茄紫等多种色彩，但多以黄、褐、绿三色为主，故称唐三彩。唐三彩种类很多，包括人物像、动物像、碗盘、水器、酒器、文具、家具等。较为人喜爱的是马俑，有的扬足飞奔，有的徘徊伫立，有的引颈嘶鸣，均表现出各种栩栩如生的姿态。人物造型根据人物的社会地位和等级，刻画出不同的性格和特征：贵妇面部丰润，梳成各式发髻，穿着色彩鲜艳的服装；文官彬彬有礼；武士刚烈勇猛；胡俑高鼻深目；天王怒目威武。唐三彩是我国古代雕塑的精品。

图 12—46　胡人牵骆驼俑

图 12—47　骑吹箫俑

图 12—48　骆驼载乐俑

第十三单元　建筑艺术欣赏

知识目标

- 了解建筑艺术的含义、语言、形式美法则和分类。
- 掌握建筑艺术的审美特征及欣赏方法。
- 了解中外建筑艺术代表作品。

能力目标

- 结合建筑作品的赏析，加深对建筑和建筑艺术的具体特征的理解。
- 学会初步运用欣赏建筑艺术的一般方法去欣赏建筑艺术的具体作品。

背景案例

《周易·系辞下》："上古穴居而野处，后世圣人易之以宫室，上栋下宇，以待风雨。"无疑，建筑的原始意义就是建造有利于人类生存的空间。当人类开始有意识地建筑超过纯物质需要的空间时，这个空间就不再只是自然的空间，而是被人的意识赋予了文化意义的、与人的精神存在相关联的空间了。德国大诗人歌德在圣彼得大教堂前广场的廊柱内散步时，就曾感觉到了音乐的旋律。中国建筑大师梁思成还为北京天宁寺辽代砖塔的立面谱出了无声的乐章，从颐和园的长廊内发现了和谐的节奏。

问题讨论

1. 我们欣赏建筑时总是以视觉获得美的感受，而歌德却把建筑称为"凝固的音乐"，这是为什么呢？

2. 如何欣赏建筑艺术的美？

建筑，是建筑物和构筑物的统称，是工程技术和建筑艺术的综合创作，是各种土木工程、建筑工程的建造活动。由此可知，建筑是人类为自己创造的物质生活环境，即人类生活所必需的居住和活动的场所，也是为满足人们生活、生产或从事其他活动而创造的空间环境。建筑艺术是一种立体艺术形式，是通过对建筑群体组织、建筑物的形体、平面布置、立面形式、内外空间组织、结构造型，亦即建筑的构图、比例、尺度、色彩、质感和空间感，以及建筑的装饰、绘画、雕刻、花纹、庭园、家具陈设等多方面的考虑和处理所形成的一种综合性艺术。

建筑起源于人类劳动实践和日常生活遮风雨、避群害的实用目的，是人类抵抗自然力的第一道屏障。作为人类重要的物质文化形式之一，车尔尼雪夫斯基曾一针见血地指出："建筑作为一种艺术，比其他各种实际活动更专一无二地服从美感要求。"建筑艺术的审美特征主要表现在以下几个方面：技术与艺术相结合、实用与审美相统一；建筑空间与实体的对立统一；静态的、固定的、表现性的、综合性的实用造型艺术；内容表现上的正面性、抽象性和象征性；建筑与环境的协调等。由此可知，建筑艺术与其他造型艺术一样，它主要通过视觉给人以美的感受。同时，建筑艺术是一种立体艺术形式，故建筑艺术形象具有特殊的反映社会生活、精神面貌和经济基础的功能。历代建筑艺术与它所处的历史时代、地理气候、民族文化和生活习俗密切相关，同时受到材料、结构、施工技术的制约。中国建筑体系是以木结构为特色的独立的建筑，在城市规划、建筑组群、单体建筑以及材料、结构等方面的艺术处理均取得了辉煌的成就。尤其是近现代中国建筑艺术，在继承优秀传统和吸收当今世界建筑艺术长处的实践中，不断发展，有所创新。

第一节　建筑艺术常识

一、建筑艺术语言

艺术的语言品种繁多，有绘画语言、雕塑语言、音乐语言、舞蹈语言、文学语言、光与影的语言等。建筑艺术自然也有它自己的语言，甚而建筑语言包容了文学语言、绘画语言、雕塑语言、诗与音乐语言等的某些因素及特点。它的"语汇"是物质的，如石、木、钢筋、水泥、金属材料、玻璃、混凝土、色料；它的"语法"则是精神的、经验的、抽象的，既综合又合乎物质性能规律。建筑语言是在庞大而复杂的物质网络与生存环境中得以形成和发展的，属于环境艺术语言系统，其语法因自身的明显特点而呈现不可替代的规律性与构成的技巧性。在这里，我们可以从建筑的面、体形、体量、群体、空间、环境等几个主要元素来认识建筑艺术的语言。

（一）面

建筑物都是由不同的"面"围合而成的，如四周立面、天花板、地面和屋面。面的质地、色彩有所不同，其形状也有大小、虚实、凹凸、曲直、平斜等之分，但所起的作用却是相同的，是为围隔一定的空间。如西方古代神庙正立面，往往由承重柱廊构成矩形面，顶部有的是等腰三角形面；我国古代殿宇正立面柱廊构成长方形面，顶部多为斜坡等腰梯形面。又如屋盖这个"面"，依屋顶排水坡度的不同，常见的有平屋顶、坡屋顶两大类。屋顶的支承结构可采用屋架、钢架、梁板等平面结构系统，也可采用薄壳、网架、悬索等空间结构系统（见图 13—1）。随着物质材料与技术的发展，建筑物的"面"的设计越来越多样化，除了平面外，出现了折面、波面、曲面、球面，甚至有的建筑物的"面"仿生物化了。

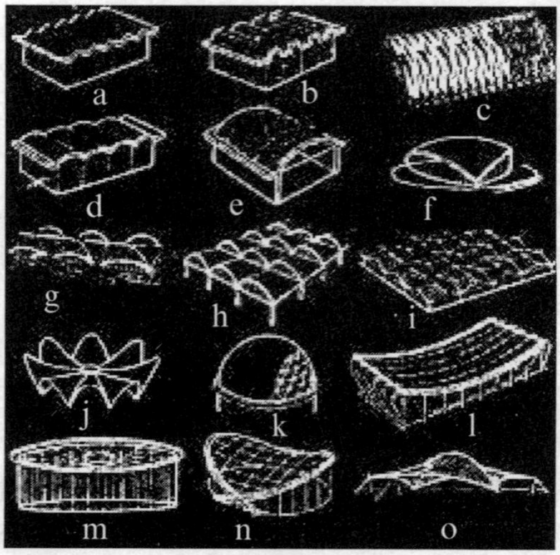

图 13—1　一些大跨度结构形式示意图

注：a、b、c 为折板结构，d、e、f、g、h、i、j 为壳体结构，k 为网架结构，l、m、n 为悬索结构，o 为幕帐式屋顶。

（二）体形

欣赏建筑的“体形”，近乎欣赏雕塑。建筑的总体布局、平面布置、空间组合、室内设计、细部装修等都要充分地考虑建筑功能、材料、结构、技术等，进行符合体量、比例、尺度、质感、色彩等规律的处理，以求得建筑造型上变化与统一的结合。“体形美”在建筑艺术中的重要性远远超过“面”的艺术处理，其原因在于“体形”给人的印象比“面”的更为清晰、深刻，更富有整体性和表现力。人们也知道，建筑的体形组合是由多个“体”按规律结合而成的，得到数理逻辑的有力支撑，建筑美从某个意义上来说就是“数学美”，是“数学美”的具体体现与表现：形象生动、深具张力、性格丰富且突出。古埃及金字塔呈精确的正方锥形，高大、厚重、简洁、强而有力、气势恢弘；哥特式教堂耸入云天而向上的塔顶，表现出活跃、轻盈、理性；意大利米兰大教堂 135 个尖顶分布错落有致，仿佛琴键击出的高低不同的优美旋律；北京天坛的主要建筑呈圆形，方形大院中白色圜丘与祈年殿三层蓝色屋顶的圆形大殿，静谧、和谐、有律，“天圆地方”的意识表达得惬意、充分。又如古根海姆博物馆是圆形与三角形空间构成的典范（见图 13—2）；朗香教堂与悉尼歌剧院是正负形与双曲面空间的著名实例；贝聿铭设计的肯尼迪图书馆强调的是灵活多变的复合形对比。

图 13—2　古根海姆博物馆

（三）体量

任何一种艺术品都无法企及建筑体量的巨大与沉重，这正是建筑艺术独特个性的硕大载体。巨大的尺寸和巨大的单体建筑结合总会产生某种壮观的感觉，当其发展到足够的程度，这种结合甚至会产生令人敬畏的效果。例如，金字塔的大体量（哈夫拉金字塔高 143.5 米，底边长 215.25 米；胡夫金字塔高 146.6 米，底边长 230.35 米）和其棱锥体的外形，突显重量、永恒和令人敬畏的特征。而小体量，一般可以引起“个性”的感觉，如果与周围的关系处理得当，会产生一种亲切感，如住宅建筑的体量使人有温暖、舒爽的亲近感。个性体量的扩大在水平方向上进行的话，是会切切实实地被察觉到和衡量到的；假若这种个性扩大是在垂直方向上的，就成了一种理智上或精神上的属性，一种超人类界限的属性。例如，宗教建筑都竭尽全力地寻求内部和外观的崇高效果，古希腊、古罗马神庙在设计中是水平方向扩展而不是垂直方向扩展，如雅典卫城（见图13—3），中国和日本的庙宇也同样是水平方向扩展。这表明上述国家崇尚人文主义和人类中心说。有高塔的印度神庙和基督教建筑、哥特式建筑等则通过向高处的伸展表现出一种神秘的基调，一种升腾、张扬的性格。

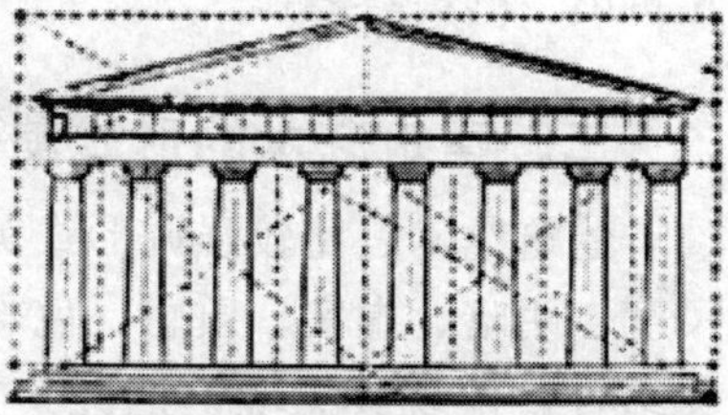

图13—3　雅典卫城

（四）群体

可以说，建筑往往是由一组建筑有机组合而成的一个群体，即使是一幢单体建筑，其实何尝不是多个空间的组合。例如，中国明清建造的故宫中的太和殿这个中心单体建筑，从整体来说，在紫禁城中，它并不占压倒一切的优势，但由于在它的前面建造了五座门楼以及有众多的庭院空间作铺垫，便形成了巨大的群体气势，大大渲染了统治王朝的威严。世界上建筑单体是少数派，建筑组群是绝对的多数派。

（五）空间

“建筑是组织空间艺术，空间是建筑的灵魂”（余畯南），这话有一定的道理。广义的空间是无限宽广的，狭义的空间是指由人工围合而成的有限容积。建筑空间指的是狭义的空间，是人工的、具有三维围合特征的空间体积。除地下空间不具外部形态外，这个人工围合而成的空间，当人身处其外时，应是一种构成形态，对于人来说都是可予以评说的有价值的视觉对象。

空间的形状、大小、纵横、明暗、开阖等都可以对人的情绪产生直接作用。宽阔、高大、明亮的大厅使人开朗、舒畅，低矮、阴暗的厅使人感到压抑、沉闷，狭长而需花较多时间走过的长廊使人产生期待，四周高墙封闭、昏暗的场地使人感到压抑甚至惊惧。两千多年前的苏秦还曾点破建筑与政治关系这一要害，说道：“高宫室，大苑囿，以明得意。”中国乃至世界各国宫殿的空间构成及其多寡、高低、大小、素华之别，典型地代表着当时社会的等级秩序。

（六）环境

建筑艺术的意境既与建筑物本身的结构、体形、体量、建材、色调等有关，又与周围环境中的空间、其他建筑群、自然景色等有关，由此而形成或空旷、或幽深、或雄伟壮丽、或小巧玲珑、或压抑恐怖的不同感受。虽然在一定意义上说来，“空间是建筑的灵魂”，但空间只有“量”和“体”的概念，如空间的大小、高低、形体的变化等，它不能综合反映建筑空间“质”的水平。只有环境才能综合、全面地反映建筑空间“质”的水平。建筑师们总是呕心沥血地想把客观存在的“境”与主观构思的“意”融合、统一起来。他们一方面认真分析环境对建筑可能产生的影响，一方面不停地推敲设想中的建筑在自然环境中的地位与作用，尽可能地因地制宜，结合地形的高低起伏，利用可利用的水面的宽窄曲折，把自然景色组织到建筑物的视野中来。埃及的金字塔只有在广漠之中，以黄沙和蓝天为背景，才显得单纯、雄浑、深邃、神秘，如搬到山里，则显得不伦不类。清幽的古刹只有在峰回路转、青松翠柏互相掩映的山里才有情趣韵味。被称为现代建筑杰出作品之一的流水别墅，建在美国匹兹堡市东南郊区一处环境幽雅、绿树密布的峡谷中。这座别墅采用当地的片石砌筑墙垛，依山就势、凌空飞跃，与周围的山石流水有机结合、浑然一体，似从岩石中长出来一般，使人不知是建筑为自然而造还是自然为建筑而生。这种意境早已超出了业主——富商考夫曼最初的想象，受到世界建筑界一致的赞誉，成为“有机建筑论”的经典之作。

二、建筑艺术的形式美法则

建筑艺术是比较强调形式美的，诸如主从、均衡、对比、对位、节奏、韵律、比例、尺度、明暗、虚实、质感、色彩、光影等，当然，更重要的是找准建筑形式和内容的完美结合，体现其意境，把握其文化内涵。但也不可否认，对建筑形式美规律的了解与掌握，有助于锻炼、提高我们的建筑艺术审美能力。建筑物是由各种构成要素如墙、门、窗、台基、屋顶等组成的。这些构成要素具有一定的形状、大小、质感和色彩，而形状及其大小又可抽象为点、线、面、体（及体度量），建筑形式美法则就表述了这些点、线、面、体以及质感、色彩的普遍组合规律。古代一些美学家认为圆、正方形、正三角形这样一些简单的几何形状具有抽象的一致性，是统一和完整的象征，因而可以引起人们的美感。法国现代建筑大师勒·柯布西耶也称赞几何形状是美的体形。它们可以被清晰地辨认的原因在于这些形状各自有明确的、肯定的几何关系，可以避免任意性。古代许多优秀建筑作品，不论是平面形状、体形组合，还是细部处理，都以上述几种简单的几何图形作为构图的依据，从而获得了高度的完整统一性。例如，罗马万神庙尽管后来突破了古典建筑形式，出现了多种不规则的构图法则，但有时仍借助几何图形来达到完整的统一。

（一）主与从

一个有机统一体，各个组成部分是有区别的，例如植物的干与枝、花与叶，动物的躯干与四肢，都呈现一种主与从的差异，即存在着重点与一般、核心与外围的区别。建筑为了达到整体的统一，从平面构成到立面处理、从内部空间到外部体形、从细部处理到群体组合，都必须处理好主与从、重点与一般、核心与外围的关系。后来，虽然出现了各种不对称的组合形式，虽然主从差异不像古典建筑那样明显，但还是力求突出重点、区分主从，以求得整体的和谐与统一效果。否则，一个整体就会让人觉得散了架，感到平淡、松散，失去了和谐。

毕达哥拉斯学派认为“和谐是杂多的统一，不协调因素的协调”。如漓江的青山碧水构成秀美的和谐，三峡的峭壁飞流构成险美的和谐，黄山的云海青松构成奇美的和谐，庐山的云瀑奇峰构成壮美的和谐。无论是单体建筑，还是群体建筑，人们都在追求其和谐与统一。但不要忘记，和谐还有另一种表现形式，即对比。协调统一能使人赏心悦目，而冲突对立却叫人惊心动魄，因而冲突对立也构成和谐之美。例如，建筑不同度量之间的对比：两个毗邻空间大小悬殊，当由小空间进入大空间时，会因“对比”作用而产生豁然开朗之感。中国古典园林正是利用这种对比关系获得小中见大的效果，以欲扬先抑的手法来衬托主要空间。又如，直和曲的对比：直线给人以刚劲、挺拔的感觉，曲线则给人以柔和、活泼的感觉。西方古典建筑中的拱柱式结构、中国古代建筑屋顶的曲折变化，都是运用直曲对比变化的范例。尤其是现代建筑往往利用直曲对比来加强建筑的表现力。再如，虚实的对比：利用孔、洞、窗、廊同坚实的墙垛、柱之间的虚实对比，有助于创造既统一和谐又富有变化的建筑形象。此外，色彩的对比调和、质感的粗细和纹理变化，对于创造生动活泼的建筑形象也都起着相当重要的作用。

华而不实。建筑的实用性是艺术性的基础，而艺术性中也常常包含着实用性。

建筑同工艺一样是从实用的基础上发展起来的，但仅有实用是不够的，还要满足人们的审美需要，讲究艺术性。比如，住宅建筑最基本的要求是舒适、亲切、顺眼，园林建筑讲究清新、自然、雅致，游乐场所的建筑应轻快、活泼，而纪念性的建筑则应崇高、庄严。实用功能性与审美功能性紧密地结合在一起，达到了和谐的统一。同时，建筑的审美功能往往借助于其他艺术门类实现，有的还能起到画龙点睛的作用。雕塑、绘画（主要是壁画）、园艺、工艺美术甚至音乐都能融合到建筑艺术中去。比如欧洲古典建筑中的雕刻、壁画就是当时建筑艺术重要的组成部分，如果去掉了这些东西，那么这些建筑也就黯然失色了。再比如，中国的古代建筑是以群体取胜，形成群体序列的特征和序列展开的效果也往往要依靠这些附属的艺术，如华表、石狮、灯炉、屏障、碑碣等，单独的古建筑也常用壁画、匾联、碑刻、雕塑来加以说明。从这个意义上，也说明了建筑具有一定的艺术综合性，具有鲜明的审美功能性。

当然，建筑的实用功能性和审美功能性，在不同的建筑对象中可以各有偏重。有的审美功能比重大些，甚至占主要的地位，比如纪念碑、游乐园等；有的审美功能比重小些，如仓库、厂房、桥梁等；有的比重大体相等，如商店、纪念馆等。但即使审美功能比重小的建筑，在建设时也离不开一定审美观念的支配，建筑本身也要具有和谐的比例，角度、尺寸、序列、韵律也要考虑周围的环境，比如前面所说的仓库、厂房、桥梁等，就要考虑合适的位置、适当的高度等，从这个意义上来说，它也具有了审美功能性。

（二）建筑艺术是空间造型艺术，是空间和环境的结合

建筑是个空间环境，它要占据一定长、宽、高的位置。那么，我们在一定的视点上，不可能一下子看到全体，只能看到它的一部分面。比如，看一栋坡屋顶的房子，在室外我们只看到三个面。如在室内，我们最多也只能看到五个面。我们要想看到全部的面，就要移动自己，才能陆续地把所有的面看完。也就是说，人们在任何一点上欣赏建筑，感觉都是不完整的，只有在各个位置，从远而近，从外而内，从上而下，从前而后，围绕建筑走遍，才能获得完整的感觉。如果是一个建筑群体，那就更复杂，更需我们不断地变换观赏位置。人们就是在这种位置的不断变换中，即空间的不断延续中，获得了审美感受。

正因为建筑具有空间延续性，所以它的艺术形象永远和周围的环境融为一体，有的甚至还主要靠环境才能构成完美的形象。道理很简单，建筑物一旦建成就不能移动，除非特殊情况，否则不会出现房子搬家、桥梁搬家的情况，而一旦搬了家，其审美效果也随之改变，原来的效果不复存在，后来的又出现新的审美效果。比如埃及的金字塔，必须是置于埃及这广阔无垠的沙漠中，才有永恒的效果，如果搬到了热带雨林，很难设想那是一种什么效果。又如欧洲的哥特式教堂，必须是在中世纪狭窄、曲折的街巷中，才能充分显示飞腾向上的气势，如果放到宽阔的大街上或者林立的摩天大楼中间，就很难设想是什么景象了。再如济南火车站的尖顶钟楼和穹形的建筑物，当年也许是十分气派和别具特色的，而今天，在旁边那些大楼和烟囱的对比下，就很难看出当年的气派和特色了。由此可见，正是这种空间的延续性和环境的特定性构成了建筑艺术的又一个审美特征。

（三）建筑艺术是特殊的意识形式，是抽象性与象征性的结合

建筑艺术在空间里塑造的永远是正面的抽象的形象。说它是正面的，是因为建筑所反映的社会生活只能是一般的，而不可能出现悲剧式的、颓废式的、讽刺式的、伤感式的、漫画式的形象。就建筑形象本身而言，也分不出进步的或落后的、革命的或反动的。天安门过去是封建王朝的正门，今天却是国徽上的图案，是伟大祖国的象征。万里长城本来是民族交往的障碍，是刀光剑影的战争产物，现在却成了中华民族的骄傲，是闻名世界的游览胜地。

同时，建筑是由几何形的线、面、体组成的一种物质实体，但它塑造的这个正面形象的意义又是抽象的，是通过空间组合、色彩、质感、体形、尺度、比例等建筑艺术语言造成的一种意境、气氛，或庄严，或活泼，或华美，或朴实，或凝重，或轻快，引起人们的共鸣与联想。人们很难具体描述一个建筑形象的具体情节内容，其所表现的时代的、民族的精神也是不明确、不具体的，是空泛的、朦胧的。它不可能也不必要像绘画、雕塑那样细腻地描摹、再现现实，也不能像小说、戏剧、电影那样表达复杂的思想内容，反映广阔的生活图景。

正因如此，建筑艺术常用象征、隐喻、模拟等艺术手法塑造形象。比如，古希腊曾有人认为，人体各部分都体现着理想的美，故而早在公元前 6 世纪，古希腊建筑艺术的精华——陶立克柱式建筑就以粗壮狂放的线条，形象地模拟了男子挺拔雄健的体形特征；而爱奥尼柱式建筑则以柔和精细的线条，形象地模拟了女子娴雅柔美的体形特征。近代纽约航空港的环球航空公司则用典型的象征主义手法，建成了一座外形像展翅欲飞的大鸟的候机大楼。巴黎明星广场上的凯旋门，建造的初衷则是象征拿破仑一世军威、强权、傲世的特点。北京天坛公园的双环亭、南京天王府的双亭，则象征了亲密无间的挚友关系。由此可见，建筑艺术的抽象性和象征性构成了它的又一审美特征。

二、建筑艺术的欣赏方法

在欣赏建筑艺术的过程中，应该根据建筑艺术自身的特点，通过感受建筑艺术的形式美，既把握建筑艺术的形象，又感悟它的内在意蕴，从中获得审美愉悦。

（一）局部审美观照与整体审美知觉相统一

建筑艺术是空间艺术，由建筑物的体积布局、比例关系、结构形式、空间安排等构成。建筑的外在装饰有圆柱、柱头、飞檐、雕塑、图案和壁画等，这些装饰因素是建筑形象的有机组成部分，它们应该与建筑形象保持内在一致，从造型和色彩上丰富和发展建筑的艺术构思，使建筑形象锦上添花，增加艺术感染力。因此，欣赏建筑艺术不仅可以对建筑艺术的局部构成进行审美观照，而且还应该把局部的艺术构成纳入整个建筑艺术及从环境中加以观照，使欣赏者从整体的审美知觉中感悟建筑艺术的美。美国在 20 世纪 30 年代建立的流水别墅就非常注重局部与整体的和谐美，莱特的设计新颖奇特，将别墅直接建造于瀑布之上。凌空而出的阳台与瀑布两侧的巨石相映生辉，而瀑布则在阳台底下自由洒脱地倾泻，使建筑与山石、树木、瀑布有机融合，形成静中有动、动中有静的和谐美，使建筑的人工美与自然美浑然一体。

在欣赏建筑艺术时，既要欣赏建筑色调、尺度、比例、景观及空间变化，看其是否符合美的规律，又要注意具体的建筑构成要素是否实现了优化组合、建筑的整体是否和谐统一，进而可以把该建筑纳入建筑群的总体风貌中加以欣赏。

（二）历史文化与艺术想象的统一

建筑艺术是用“石头写成的史书”，是一定时代、社会的政治、经济、文化生活的反映。建筑反映生活不是刻画性、摹写性的，而是具有高度的抽象性和象征性。因此，在欣赏建筑艺术时，我们要掌握历史文化，感悟建筑形象的象征意义。

象征意义首先是最初的象征性，即建筑艺术在物化成特定的建筑物时就已经具有的象征意义。如北京故宫的对称和谐、层次分明、主要建筑位居中央，显现出封建时代帝王对国家的主宰以及封建制度的“宝塔”结构。但是，随着社会历史实践的发展变化，建筑艺术又会产生一些新的象征意义。现在，北京故宫已成为中外游客的审美对象，它既展现了我国古代建筑艺术的伟大成就，又是中华民族文明的象征。

要感悟建筑形象的象征性，还必须了解建筑艺术创造的时代背景及其民族特点。北京故宫作为封建社会的产物，其结构上，从正阳门到景山，通过一系列错落有致、高低不同的空间处理，象征着皇权形象。北京天坛的设计具有明显的汉民族特点，象征着天帝的崇高神圣，表达出汉民族“天人感应”的思想意识。

在欣赏建筑艺术的象征性时，还可以结合心理美学的“移情说”，充分展开审美想象，在感知建筑形象的同时，把建筑形象拟人化，赋予建筑艺术新的生命，使本无生命的建筑有了人的性格、人的情感和人的生气。比如欣赏一座幽静别致的别墅，会感受到它的幽雅宁静；欣赏那些高耸入云的建筑，会产生向上飞腾的感觉；欣赏那些新颖奇特、色彩疏淡而简洁的建筑，则会感受到它的生机勃勃、潇洒飘逸；欣赏那些富有稳定感的建筑，就会产生端庄稳重的感觉。当然，欣赏建筑艺术时的移情，只能根据建筑艺术质的规定性加以自然而又合情合理的想象，而不能胡思乱想，违背艺术欣赏规律。

（三）节奏感与音乐美的统一

建筑艺术通常以错落有致的空间造型显现出类似音乐的节奏感。歌德和谢林都把建筑看成是“凝固的音乐”，正是在于他们感受到建筑艺术的音乐美。建筑艺术的外在造型都是按照一定的规律创造的，它无论向什么方向延伸，都是有比例、有规划、有变化地排列的，从而形成一定的节奏。而“优秀的建筑物，它各方面的节奏，总能归于统一。这便形成一种统一的调子，统一的旋律。当你在观赏这座建筑时，你便能在一定时间过程中感受到节奏上反复多样的流动，产生音乐般的旋律感，正是这种旋律感，把你引向特定的情绪氛围”，从而获得类似感受音乐美的情感愉悦。

感受建筑艺术的音乐美，要善于调动自己的通感，以动态的视觉对建筑造型显现的空间序列进行审美观照。欣赏建筑艺术同欣赏绘画不同，欣赏绘画主要靠静态的直观把握，而欣赏建筑却不能只靠静态观照，还应运用动态观照，从视点的高低、视角的俯仰、视野的远近大小、空间的开合、视觉的分隔联系中去观照建筑的空间序列，才能感受到空间序列的节奏感和音乐感。也只有从这个意义上才可以说，建筑是凝固的音乐，音乐是流动的建筑。

（四）欣赏角度、距离和方法的统一

欣赏角度可以分为水平方向上的正视与侧视，垂直方向上的平视、仰视与俯视。欣赏角度也就是审美角度或审美视角。在审美活动中，审美角度是非常重要的。客体审美价值的实现，不仅需要客体自身具有审美价值，而且还需要审美主体的密切配合，需要审美主体选择合适的审美角度，尽可能多角度、全方位地把握审美客体。建筑艺术是立体的空间艺术，欣赏者更应从不同的角度、全方位地欣赏建筑艺术的整体美。

建筑艺术又是视觉艺术，欣赏者与建筑物距离的远近直接影响制约着审美效果。一般来讲，近距离可欣赏建筑的细节或局部，中距离可直观全貌，远距离能概观大致轮廓。欣赏者时间充足，可近、中、远三者兼而有之；时间仓促，则只能或中或远地览其概貌。一般来讲，欣赏古典建筑可多作近、中距离的观照；欣赏现代的宏伟建筑可多作中、远距离的概览。当然，欣赏距离的远近不是绝对的，应该因人而异，因建筑艺术不同而不同。

欣赏方法对于欣赏建筑艺术有着重要意义，一般分为静态欣赏和动态欣赏。静态欣赏是指欣赏者在特定的欣赏点上对建筑物的观赏，动态欣赏是指欣赏者按照欣赏需要，在一定的观赏路线上对建筑物的观赏。在欣赏中，应该把静态欣赏与动态欣赏有机结合起来，做到静中有动、动中有静。随着欣赏路线的流动，欣赏者的大脑中就会出现一幅幅具体可感而又各不相同的建筑形象画面，即不同的建筑形象，从而感受到建筑形象的空间序列。同时，由于欣赏者视点的高低、视角的仰俯、视野的大小、视觉的转换等是不断流动变化的，这样当欣赏者去感受建筑形象的空间序列时，就会产生一种节奏感，这也正是人们把建筑比喻成是凝固的音乐的内在依据。

总之，在欣赏建筑艺术的过程中，欣赏者应了解建筑艺术的一般特点和具有较高的审美修养，充分调动自己的想象、情感等因素，积极能动地进行审美观照，只有这样才能更好地欣赏建筑艺术的美。

第三节　作品欣赏

一、长城

长城（见图 13—4）是中国古代规模最宏大的军事防御工程。它的长度达8 851.8 千米，故称为长城，又称长垣、长墙等。城垣下厚七八米、顶厚五六米，高七、八、九米不等。据文献记载，春秋时楚国最早筑长城数百里，称“方城”，在今河南方城县，北至邓县。战国时，齐、魏、燕、赵、秦等国也相继兴筑。秦始皇以过去秦、赵、燕三国的北方长城作为基础，修缮增筑，建成西起临洮、东至辽东的万里长城。秦以后直到明末，长城经过多次的修缮和增筑，而以明代修筑工程最大。明长城东起鸭绿江，西达嘉峪关，全长约 8 851.8 千米。现在保存下来的长城，大部分是明朝遗物。长城一般由城墙、城台、烽燧（亦称亭候、烽候、烟墩等）、关隘四部分组成。城墙随地势而筑，是长城的主体；城台分墙台、敌台（哨楼）和战台三种，专供巡逻、救应和作战之用；烽燧又叫烽火台，是传报敌情的专门设施；关隘亦称关口，设于交通要塞和军事险地，是长城的咽喉。著名的关隘有山海关、平型关、雁门关、居庸关、娘子关等。国务院 1961 年公布的第一批全国重点文物保护单位名单中列出的山海关、八达岭和嘉峪关三处长城地段是长城遗址中具有代表性的。雄伟壮观的万里长城是人类建筑史上罕见的工程，是世界八大奇迹之一，被誉为“人类文明的纪念碑”。长城的价值主要在于：

图 13—4　长城

（一）军事价值

在中国古代，修筑长城主要是为了防御敌人入侵。秦汉拒匈奴，南北朝防突厥、契丹，隋防突厥，辽防女真，金防蒙古，明拒满洲。所以，长城是由绵亘的城墙和关隘、敌台、烽火台、城堡等组合而成的中国古代军事防御工程体系。现在在北京八达岭看到的长城，是明代长城最杰出的代表地段，其地位之显要、名声之远大、景色之壮观，是其他任何地段的长城所不能比拟的。在长城沿线，分布着数以百计的雄关要隘，如山海关、居庸关、嘉峪关、雁门关、娘子关等。

（二）建筑价值

修筑长城的工程量巨大惊人，仅以明代修筑的长城估算，需用砖石 5 000 万立方米，土方 1.5 亿立方米，用来铺筑宽 10 米、厚 35 厘米的道路，可以绕地球两周有余。长城体积也各不相同，以居庸关一带来说，高约 8.5 米，下部宽 8.5 米，上部宽约 5 米，每隔 70 至 100 米有一堡寨（相当于城楼），高约 12.3 米，多数堡寨是一重的，要害之地则置两三重。

（三）文化价值

今天，长城已经不是防御敌人的军事工程，而是重要的文化遗产，它以悠久的历史、浩大的工程、雄伟的气魄著称于世，被联合国教科文组织列入“世界遗产名录”，被誉为“世界八大奇迹”之一。只要提到中国，长城一直都是永恒的话题，因为它的古老，因为它的雄壮，因为它凝聚了中国古代劳动人民的智慧和心血。

（四）审美价值

八达岭长城历史悠久，风光独好。登上八达岭长城饱览长城雄姿，脚下的长城依山就势、扶摇而上、蜿蜒起伏，宛若一条腾飞的巨龙，气势磅礴，雄伟壮观。

（五）经济价值

在古代，长城对开发边疆，发展边远地区农牧生产，起过很大的作用；在今天，长城作为旅游胜地吸引着无数的中外游客。长城成为令人向往的世界级旅游观光胜地。

二、北京故宫

故宫（见图 13—5）位于北京市中心，也称紫禁城。前通天安门，后倚景山，东近王府井街市，西临中南海。北京故宫是明清两朝的皇宫。明成祖朱棣永乐四年（1406 年）下诏建北京宫殿，永乐十八年（1420 年）落成，历时 14 年。1421 年明朝正式迁都北京。清朝建立后以明朝紫禁城宫殿为皇宫，直至 1911 年。古代皇宫是守卫森严的禁地，又有紫微垣为天帝所居的神话，故称宫城为紫禁城。1925 年在此建故宫博物院后，通称故宫。1961 年定为全国重点文物保护单位。

图 13—5　北京故宫

故宫的整个建筑金碧辉煌、庄严绚丽，被誉为世界五大宫之一（北京故宫、法国凡尔赛宫、英国白金汉宫、美国白宫、俄罗斯克里姆林宫），被列入“世界文化遗产”名录。故宫的宫殿建筑是中国现存最大、最完整的古建筑群，占地面积达 72 万多平方米，有殿宇宫室近万间，被称为“殿宇之海”，气魄宏伟，极为壮观。无论是平面布局、立体效果，还是形式上的雄伟堂皇，都堪称无与伦比的杰作。

（1）整个建筑群采取众星捧月的方式，突出太和、坤宁等六大殿，其中又以太和殿为重点，它在高度上、体量上以及庭院的开阔性方面，都是各殿之最。

（2）在宫内宫外的空间组合与路线布置上独具匠心。一条中轴贯通着整个故宫，这条中轴又在北京城的中轴线上。三大殿、后三宫、御花园都位于这条中轴线上。在中轴宫殿两旁，还对称分布着许多殿宇，也都宏伟华丽。这些宫殿可分为外朝和内廷两大部分。外朝以太和殿、中和殿、保和殿三大殿为中心，文华殿、武英殿为两翼；内廷以乾清宫、交泰殿、坤宁宫为中心，东西六宫为两翼，布局严谨有序。故宫的四个城角都有精巧玲珑的角楼，建造精致美观。宫城周围环绕着高 12 米、长 3 400 米的红色宫墙，墙外有 52 米宽的护城河。这样的组合和布置，让人感受到皇帝的无比高贵、无比尊严和无比伟大。

（3）故宫用料考究、装饰豪华、制作精细。建筑材料有川滇的楠木、苏州的“金砖”、安徽太平的陶土、南方的彩画等，可谓“穷天下之力，以奉一人”。殿外的铺地、台阶、栏杆，设计精美，质地考究；陈设的龙凤、麒麟、龟鹤等兽件，栩栩如生，呼之欲出，为宫廷增添了神秘肃穆的气氛。

三、颐和园

颐和园（见图 13—6），原名清漪园，建于乾隆年间，1860 年遭英法联军焚毁，1888 年光绪修复后，改称为颐和园。颐和园位于北京西北郊海淀区，距北京城区 15 千米，是利用昆明湖、万寿山为基址，以杭州西湖风景为蓝本，汲取江南园林的某些设计手法和意境而建成的一座大型天然山水园，也是保存得最完整的一座皇家行宫御苑，为中国四大名园（另外三座为承德的避暑山庄，苏州的拙政园和留园）之一，被誉为皇家园林博物馆。

图 13—6　颐和园

颐和园的占地面积约为 290 公顷，其中水面约占四分之三。它的总体布局根据所处自然地势条件和使用要求，因地制宜地划分成四个景区：东宫门和万寿山东部的朝庭，万寿山的前山部分，后湖及万寿山的后山部分，昆明湖的南湖及西湖部分。

颐和园不仅是一个供游人憩息的园林，它同时还具有宫廷的作用。东宫门是颐和园的正门，这里布置了一片密集的宫殿式建筑，以示皇家园林严肃、庄重的气派。东宫门的仁寿殿是清朝帝后处理朝政的宫殿，慈禧在这里受理朝政并度过一年中的大部分时间。仁寿殿西侧的乐寿堂，便是慈禧太后的住处。为了营造园林气氛，在庭院中布置山石盆景等，建筑采取了灰瓦卷棚顶，以区别于故宫的建筑，使整个建筑在均衡对称的布局中有一定的活泼性。

园中主体建筑佛香阁是全园的构图中心，富丽堂皇为全园建筑之冠。它置于万寿山前山的正中，地位适中得体，起到控制全园的作用。沿着昆明湖边，东起于乐寿堂，西到前山的最西端，建了一条 728 米的长廊。它像一条纽带把前山上下的各组建筑联系在一起，并且成为各组建筑中的大过道。长廊把万寿山与昆明湖联系在一起，既起空间分割的作用，又起园林空间有机过渡的作用，丰富了空间的变化与层次。颐和园的东北角，因地就势构成以水面为中心的谐趣园，这是一个园中之园。颐和园南部的昆明湖是一片广阔的水面，用筑堤和洲岛将湖面划分为四个湖口。湖上的十七孔桥，使水面既分割又有联系，湖山大为增色。这种水面分割的办法增加了湖面的空间层次和深远感，把宽阔的昆明湖点缀得更加生动秀丽。

颐和园的总体布置继承了中国造园的传统手法，是以山水风景为主的山水宫苑。它是中国现存古代园林中规模最大、最华丽而保存又比较完整的一个例子，尤其是园内建筑物有很高的创造性。它体现了几千年来我国造园技术和艺术传统的积累。

四、上海世博会中国馆

上海世博会永久性场馆之一的中国馆（见图13—7）是上海世博园区的核心建筑，处于上海世博会园区浦东区域主入口的突出位置。中国馆由建筑面积为2万平方米的中国国家馆、3万平方米的中国地区馆以及3 000平方米的港澳台馆三部分组成。在上海世博会举办期间，中国馆是上海世博会主题演绎的主要展示区和重要载体。

图13—7　中国馆

中国馆建筑外观以“东方之冠”的构思主题，表达中国文化的精神与气质。将高耸的中国馆比喻成华冠、天，把汇聚人流的地区馆比喻为四方、地，连接起来的寓意就是“天下粮仓，富庶四方”。中国国家馆居中升起、层叠出挑，成为凝聚中国元素、象征中国精神的雕塑感造型主体——东方之冠；中国地区馆水平展开，以舒展的平台基座的形态映衬中国国家馆，成为开放、柔性、亲民、层次丰富的城市广场。二者互为对仗、互相补充，共同组成表达盛世大国主题的统一整体。中国国家馆、中国地区馆功能上下分区，造型主从配合，空间以南北向主轴统领，形成壮观的城市空间序列，形成独一无二的标志性建筑群体。中国国家馆在“城市，让生活更美好”的主题下，展示“城市发展中的中华智慧”，展现出一幅中国城市文明图。

中国地区馆为全国31个省、直辖市、自治区提供展览场所，展示中国多民族的不同风采，以及全国各地的城市建设成就。上海世博会后，中国国家馆将成为中华历史文化艺术的展示基地，中国地区馆将转型为标准展览场馆，和上海世博会主题馆一起，作为举办各类展览和活动的场所，并与周边的世博建筑共同打造以会议、展览、活动等功能为主的现代化服务业聚集区。

五、埃及金字塔

在埃及的首都开罗近郊吉萨，共有三座属于古王国第四王朝（公元前26世纪）时期的陵墓——吉萨金字塔群：孟考拉、哈夫拉、胡夫的金字塔和斯芬克斯（狮身人面像）。三座金字塔（见图13—8）都为巨大的四方锥体，用大块的石材垒砌。这三座金字塔的间距约三分之一千米，从东北到西南，互相以对角线相接。金字塔都有一条通道使塔下的宫殿与尼罗河岸的小庙相通。这些金字塔全都建在尼罗河西岸，人居住的房子在东岸。法老死后，要把遗体制成木乃伊，然后用船只运过尼罗河，进入河岸的小庙，再沿通道送进祭庙，停放一段时间，最后才进入金字塔内。

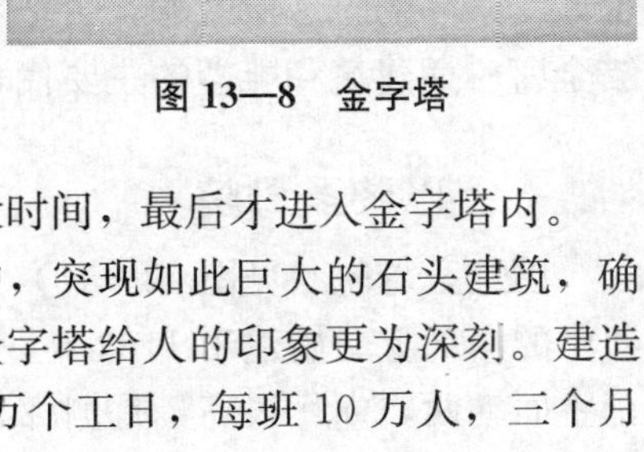

图13—8　金字塔

金字塔给人的印象，首先是雄伟壮观。在茫茫沙漠中，突现如此巨大的石头建筑，确实让人产生一种敬畏的心理。而金字塔中最雄伟的胡夫金字塔给人的印象更为深刻。建造胡夫金字塔共用了约30年时间，累计征用劳力约1 200万个工日，每班10万人，三个月一轮。共用230万块大石块，每块平均重2.5吨。在当时的生产力条件下，这些巨石是怎样砌积起来的呢？至今仍然是一个不解之谜。据说，石块有经过打磨的几何形斜度，是层层垒砌的。这种测量技术之精密令人难以想象：四个边长误差只有几厘米；而石与石之间，虽然没有用任何黏合剂，可是即使用一把利刃也插不进石缝。胡夫金字塔的内部构造也令人惊叹。传说它的入口极其秘密，无人知晓。9世纪时，一位阿拉伯国王让人在该塔的北面开了一个洞口，才陆续发现王后墓室和国王墓室。此外，在国王墓室内南北两面墙上，各有一个细小的气孔，直通墓室外面。学者认为开凿这两个气孔是为了让法老的灵魂能够自由出入。

古埃及的最高统治者认为，陵墓越高大，木乃伊的生存年代就越久远，也就越能保持他生前所拥有的无限权力。金字塔周围还有殿堂和围墙、雕像，金字塔多位于沙漠边缘，受原始拜物教的影响，以其外部形象的单纯、稳重、宏大，与自然环境完美的结合，直率客观地表现出强烈的纪念意义。

六、帕提侬神庙

“帕提侬”原意是“处女宫”，为古希腊雅典城邦的保护神雅典娜的神庙。据希腊神话传说，雅典娜和海神波塞冬都喜欢美丽富饶的雅典，都选中此地做自己的庇护地。两神争执不下，请众神之神宙斯裁决。宙斯叫他们用自己的行动让人民选择。波塞冬遂将战叉抛到地上，一时海浪涛涛、昏天暗地，以此显示自己的强大和霸权；雅典娜则把自己的长矛放在地上，大地即长出了硕果累累的橄榄树，充满了生机，以此显示保证人民丰衣足食、幸福安宁的生活。不喜欢强权政治的人民，最终选择了女神的保护。人民为女神修建了帕提侬神庙（见图13—9）。这座神庙是希腊最大的陶立克柱式神庙，东西长69.5米，南北宽30.9米，平面呈矩形，建于公元前447—前432年，位于雅典卫城中央。建筑师是伊克蒂诺和卡利克拉特，主要雕塑师是菲狄亚斯。神庙主体由46根洁白如玉的大理石陶立克式圆柱围合成一个回廊。回廊内，东部是祭殿，中立24根陶立克式圆柱。殿中供着贴着黄金和镶着象牙的雅典娜神像，显得雍容华贵，栩栩如生。巨大的镀金铜门、山墙尖上也点缀着金质装饰。雕塑家在垅间板和三角山墙上，雕凿了一系列以描述和歌颂雅典娜为主题的浮雕杰作。经过几千年雨水冲刷和风沙侵蚀，神庙变得素朴洁白，在废墟中凸显出纯粹的美感。神庙并没有表现出对神的敬畏，而是宣泄着希腊人压抑不住的自由、欢快的情感。神庙建筑上使用了一些矫正错觉的手法，令人叹为观止。大师勒·柯布西耶赞美它“每个部分都是确切的，显出高度的精确性、丰富的表现力和良好的比例”，“这是人类的最激动的时刻，当一个人受崇高的思想所鼓舞，会把它形象化为一个光和影的优美造型”。帕提侬神庙是古希腊全盛时期建筑和雕塑的主要代表，尤其代表古希腊陶立克柱式的最高成就。

图13—9　帕提侬神庙

七、巴黎圣母院

巴黎圣母院（见图13—10）是法国巴黎著名的中世纪哥特式天主教堂，位于巴黎塞纳河中的小岛上。始建于1163年，大约90年后才完工。教堂平面深约125米、宽约47米。正主面朝西，中厅很高，是侧廊高度的三倍半。东端是圣坛，圣坛后的外墙呈半圆形；西端是大门，大门两边各有一对高约 60 米、并联的双拱组成的方塔楼。上下分为三层：最下层是并排开着的三个入口门洞，门洞为尖拱形，绕门洞的弧线层层后退，形成大而深的门龛，每门当中设立一根中柱。中门名“最后的审判”，中柱雕有基督像，象征基督在世界末日宣判每个人的命运，或升天堂或入地狱；左门名为“圣母门”，中柱雕有圣母婴像；右门名为“圣安娜门”，中柱雕有主教圣马歇尔像。三个门洞之上是一长条壁龛，名为“国王廊”，柱间排列着 28 个基督先祖的雕像。往上的第二层正中开有一个直径约 13 米的圆形巨大玫瑰花窗，圆窗两侧各有并联尖拱窗一对，窗前分设亚当、夏娃像。这三个窗在立面上起了很重要的作用，使立面变得轻快活泼。往上仍是一道拱廊，由一排雕花石柱组成，这精细的尖拱带把最上的两个方形塔联系到一起。教堂四周的扶壁、墙垣和塔、高瘦的雕像都是垂直向上的，处于一种动态之中，其端部锋利、直刺苍穹。这正是哥特式建筑的特点。圣母院内部，中厅宽只有 12.5 米，高却达 30 多米，上面也交织着尖拱。教堂后部同样也是又尖又细的高塔，高达 90 米。所有以上的形象组合，再加上挺拔的扶壁和细长纤弱的飞拱，一种空灵而超脱尘寰、向往天国的氛围油然而生。巴黎圣母院是举世公认的第一个具有深远影响的哥特式建筑的早期代表作。

图 13—10　巴黎圣母院

八、朗香教堂

图 13—11　朗香教堂

朗香教堂（见图 13—11）是现代主义建筑中最具影响力的作品之一，也是法国著名建筑师勒·柯布西耶的里程碑式作品。自从 1945 年朗香教堂首次对公众开放以来，它已经成为建筑师、学生和旅游者前来朝圣的圣地。

这是一座位于群山之中的小小天主教堂，它突破了几千年来天主教堂的所有型制，超常变形，怪诞神秘，如岩石般稳重地屹立在群山环绕的一处被视为圣地的山丘之上。

朗香教堂以其船头似的外墙和倒转的蟹壳形状的屋顶，引起了建筑界的轰动。勒·柯布西耶违背了建筑的传统，设计出一座给人深刻印象的既原始又现代的纪念碑。朗香教堂的屋顶东南高、西北低，显出东南转角挺拔奔昂的气势，这个坡度很大的屋顶有收集雨水的功能，屋顶的雨水全部流向西北水口，经过一个伸出的泻水管注入地面的水池。教堂的三个竖塔上开有侧高窗。作为为冥思、反省和启示而设计的具有强烈雕塑力量的场所，这座教堂是勒·柯布西耶的“纯粹的精神创作”。

第十四单元 文学语言艺术欣赏

知识目标

- 了解文学语言艺术的基本知识。
- 掌握文学语言艺术的基本特征。
- 掌握文学语言艺术的欣赏方法。

能力目标

- 能赏析以《红楼梦》、《金锁记》为代表的小说语言艺术。
- 能赏析以《前赤壁赋》、《滕王阁序》、《我与地坛》为代表的散文语言艺术。
- 能赏析以李白、杜甫诗歌和《春江花月夜》、《再别康桥》为代表的诗歌语言艺术。

背景案例

高尔基曾经激动地说："我常常一面读书，一面掉泪"，"每一本书都好像是以记号或语言刻印在纸上的一种精神，而这些记号或语言一接触到我的眼睛和理性，就生气勃勃地活跃起来"，"简直像童话里所出现的奇怪的小鸟似的，对好像被囚禁在监牢里的囚犯似的我歌唱、讲话。"

——密德魏杰娃：《高尔基论儿童文学》

问题讨论

从案例中可知，文学语言对读者的感染是十分强烈的。那么，这种美的力量是如何产生的呢？

文学是指以语言文字为工具，形象化地反映客观现实的艺术，包括戏剧、诗歌、小说、散文等，是文化的重要表现形式，以不同的体裁表现内心情感和再现一定时期、一定地域的社会生活。文学是人类艺术中的一种特殊样式，它具有与其他艺术样式明显不同的特征。它以语言作为基本媒介，以语言的方式存在。所以说，“文学是一种语言艺术”。

第一节　文学语言艺术常识

一、文学语言的含义

文学语言是指文学作品的语言，是经过加工、规范的书面语，是民族共同语的高级形式。文学语言不仅包括诗歌、散文、小说、戏剧等文学作品的语言，也包括人民口头创作中经过加工提炼的语言。

二、文学语言的艺术特征

文学语言是具有社会的审美意识形态性质、凝聚着个体体验、沟通人际情感交流的语言艺术。文学语言的艺术特征主要包括形象性、音乐性、情感性、内指性、蕴涵性和新奇性等。

（一）形象性

文学语言的形象性，是指在状物摹形时充分运用各种修辞手法，具体逼真地描绘出现实生活中各种事物的形状及各类人物的音容笑貌，使读者如临其境、如见其人、如触其物、如闻其声。

（二）音乐性

文学语言的音乐性，是指写人、叙事、状物、绘景时所呈现的吸引人、打动人的音乐氛围及其特征，主要体现在丰富和谐的节奏和韵律上，是文学语言形象性、情感性特征融合在一起的语音形式特征。

（三）情感性

文学语言的情感性，是指读者在阅读文学作品的过程中，用主动积极的情感去体验语言、感悟语言、品味语言，从而促进语言与情感的同构共生，以情激情，做到情与情的融通，使读者在文学作品中感悟和体验喜、怒、悲、恐、爱、憎等情感。

（四）内指性

文学语言的内指性，是指指向它自身的内在文学世界，不一定指向外在客观世界，而是指向内在心灵世界。它不必符合现实生活的逻辑，能够真实传达作者的审美感悟，尽情地展现作者心中真实的体验。它要求读者清楚作品的虚拟性，明白作品语言包裹下的世界不过是一个载体而已，真正装载的其实是作者的审美感悟。

（五）蕴涵性

文学语言的蕴涵性，是指文学语言提升了一般语言的表现功能，蕴涵着作者丰富的知觉、情感、想象等心理体验，将读者带入具体的感受世界中去。这种意在言外的文学语言，传达和表现了作者的内心情绪，被赋予不同寻常的心理内涵，具有心理蕴涵性。

（六）新奇性

文学语言的新奇性，是指运用新鲜或奇异的语言，破除那种习惯成自然的难以将审美感受细致入微地表达出来的语言，采用陌生化的手法，给读者带来新奇的感受。它要求读者理解作品时更新对事物的感受，理解看似矛盾的语言表象下的合理内核，增强感知能力。

第二节　文学语言艺术的审美特征与欣赏方法

一、小说语言的艺术特征与欣赏方法

（一）小说语言的艺术特征

1. 个性化

即具有人物的个性特征，符合人物独特的身份、地位、年龄、职业、心理状态、文化教养等，使读者闻其言而想见其人。正如鲁迅所说："如果删除了不必要之点，只摘出各人的有特色的谈话来，我想，就可以使别人从谈话里推见每个说话的人物。"（《看书琐记》）这里所说的"各人的有特色的谈话"，就是具有个性特征的语言。

小说语言的主要特征是表现人物的性格。语言是表达人物思想感情的工具，因此人物的语言描写能披露人物的内心世界，展示人物的个性特征。巴尔扎克小说里的对话非常巧妙，他并不描写人物的模样，却能使读者看了对话就好像见到说话人似的。如《欧也妮·葛朗台》中，写葛朗台逼死妻子后，为了不让女儿欧也妮继承妻子的遗产，在全家居丧的当天，就迫不及待地要欧也妮签字放弃遗产继承权。巴尔扎克在此描写了葛朗台与欧也妮的一段精彩对话："他对欧也妮说：'好孩子，现在你承继了你母亲啦，咱们中间可有些小小的事得办一办。'……'难道非赶在今天办不行吗，父亲？''是呀，是呀，小乖乖。我不能让事情搁在那儿牵肠挂肚。你总不至于要我受罪吧。''噢，父亲……''好吧，那么今天晚上一切都得办了。'"当不明底细的欧也妮表示同意在只保留虚有权的文书上签字时，葛朗台仍不满足，还要求欧也妮"无条件抛弃承继权"，并要她"决不翻悔"。当欧也妮刚作出肯定的表示时，他就欣喜若狂地说："孩子，你给了我生路，我有了命啦；不过这是你把欠我的还了我：咱们两讫了。这才叫做公平交易。"通过对话描写，巴尔扎克将葛朗台这个金钱拜物教的狂热信徒的吝啬、贪婪、冷酷、虚伪的个性特征鲜明地展现了出来。

2. 展示性

小说语言的展示性是通过肖像描写、行为描写和心理描写表现出来的。例如，读者可从人物独白和对话中体味人物的身份和地位、行为的动机、追求的目的等。尤其是人物之间的对话，随着情节的展开逐步表现不同身份和地位的人物的不同感情，显示人物之间的内心交流。它虽然不如独白那样直接，却同样能使人感受到人物的身份和地位的不同，触摸到人物的心灵深处。如在《水浒传》第九回"林教头风雪山神庙，陆虞侯火烧草料场"中，描写了山神庙外三个人的对话。林冲在庙里从说话听出那三个人一个是陆谦、一个是富安、一个是差拨。"端的亏管营、差拨两位用心！回到京师，禀过太尉，都保你二位做大官。这番张教头没得推故！"这是陆谦说的，特殊地位，不一般的身份，加上满口官腔，活现出他的个性。"林冲这番直吃我们对付了！高衙内这病必然好了！""再看一看，拾得他一两块骨头回京，府里见太尉和衙内时，也道我们也能会干事。"从话语中的庆幸态度和邀功请赏的口气，可知这是高府地位低微的奴仆富安说的话。"小人直爬入墙里去，四下草堆上点了十来个火把，待走那里去！"差拨的话极力表现自己遵命效劳，显出一副奴才嘴脸。三个人的对话揭示出三个人不同的身份和社会地位，达到"如闻其声，如见其人"的艺术效果。

3. 生动性

小说语言的生动性是通过各种修辞手法表现出来的。常用的有对比、白描、比喻、拟人、夸张、排比、双关等修辞手法。其中，对比修辞手法更为常用。

对比有横比和纵比两种。横比是通过不同人物对同一事件或某一人物说出不同话语，来展示他们各自不同的性格。如《红楼梦》中，写宝玉挨打这个事件，宝玉受贾政毒打后，从贾母、王夫人、宝钗、黛玉以至亲戚、丫鬟、嬷嬷等众多人物的语言，表现出她们各自不同的关系、心情、态度。纵比是通过同一人物在不同时间、不同环境下，说出不同的语言，来突出人物的性格特点。这种对比手法，在讽刺作品中用得最多。如《儒林外史》中，范进的岳父胡屠户在范进中举前后截然不同的态度，就是一个很典型的例子。范进中举前，穷愁潦倒，有一次向胡屠户借乡试盘费，胡屠户不但不借，还将范进骂了个狗血喷头："像你这尖嘴猴腮，也该撒泡尿自己照照！不三不四就想天鹅屁吃！趁早收了这条心。"范进中举后，同是这个胡屠户，却换了一副嘴脸："我的这个贤婿，才学又高，品貌又好，就是城里头那张府、周府这些老爷，也没有我女婿这样一个体面的相貌。"两处谈话，前倨后恭，反差极大，活画出胡屠户这个势利小人的丑恶面目。

白描也是常用的修辞手法。作者通过简练的笔触，表现人物的对话、心理活动，刻画人物的性格。虽寥寥几笔，却能收到以少胜多的艺术效果。如《史记·陈涉世家》写陈涉少时的情况："陈涉少时，尝与人佣耕，辍耕之垄上，怅恨久之，曰：'苟富贵，无相忘。'佣者笑而应曰：'若为佣耕，何富贵也？'陈涉太息曰：'嗟乎，燕雀安知鸿鹄之志哉！'"通过陈涉与佣者简短对话的描写，将这位农民起义领袖自小就胸怀大志的性格特征生动地表现出来。

此外，综合运用比喻、拟人、夸张、排比、双关等修辞手法，有助于增强人物语言的生动性，进而增强作品的艺术感染力。

（二）小说语言艺术的欣赏方法

文学是语言的艺术，作家通过语言来描摹人情世态、塑造人物形象。不同的作家具有不同的语言风格，有的严密细致，有的冷峻辛辣，有的充满跳跃和流动的色彩。透过小说，我们可以感受到不同的语言风格。

1. 细细品味，享受语言韵味

当代著名小说家汪曾祺曾说道："语言的美不在一个一个句子，而在句与句之间的关系……语言是处处相通，有内在联系的。语言像树，枝干内部汁液流转，一枝摇，百枝摇。语言像水，是不能切割的。一篇作品的语言，是一个有机整体。"优秀的作家总是力求用最贴切的词去表现所要描写的对象。在小说语言欣赏中，我们要细细品味，在语言的组织、搭配之间体现语言的韵味。如曹雪芹在《红楼梦》中写道："探春过来，摸了摸黛玉的手，已经凉了，连目光也都散了。探春、紫鹃正哭着叫人端水来给黛玉擦洗……刚擦着，猛听黛玉直声叫道：'宝玉，宝玉，你好……'说到'好'字，便浑身冷汗，不作声了"。这里黛玉临终有满腹话儿要说，但是体力不支，欲言又止，而且只在"你好"二字上，这后面有多么丰富的潜台词，让人回味无穷。

2. 联系语境，欣赏语言之美

优秀的小说描写人物语言总是高度个性化的，欣赏时要听其言、想其人、知其心，更要看作家是如何把握人物的身份与个性，借助什么样的场景来表现人物。如《红楼梦》"林黛玉进贾府"中王熙凤的第一句话是赞美黛玉的相貌。赞美的话有很多种，如"长得真美”、“标致极了”、“真是天下无双的美人”。可这些话王熙凤都不用，而是说：“天下真有这样标致的人物，我今儿才算见了!”这样说，效果好在哪里呢？“天下真有这样标致的人物”——以前还一直怀疑是不是有这样标致的人物。“我今儿才算见了”——以前还从来没见过。这哪里是一般的赞美，是赞叹，再确切一点说，是惊叹，而且似乎还是由衷的惊叹，因为她用了两个很有分量的字——“真”、“才”，将这惊叹表达得自然、得体，谁也不会觉得空洞肉麻。

3. 领悟言外之意，欣赏含蓄之美

小说是用形象说话，往往不把话说尽，含不尽之意于言外。如《祝福》中，当祥林嫂捐过门槛，满以为赎了一世的罪名，坦然地去拿酒杯和筷子时，四婶却仍然说：“你放着吧”，祥林嫂的反应是“像是受了炮烙似的缩手，脸色同时变作灰黑，也不再去取烛台，只是失神的站着”“第二天，不但眼睛凹陷下去，连精神也更不济了”。这样的语句，作家示其形，而会其神，蕴涵丰富，发人深省。

4. 了解作家，感受不同的语言风格

法国博物学家、文学家布丰曾说过：“风格即人。”这里就强调了作家创作过程中物我交融的特征。独具风格的作家，其成功的作品显示着他生活经历的轨迹。老舍的语言艺术得力于他对北京市民语言及民间文艺的热爱和熟悉。他大量运用北京市民俗白浅易的口语，用他自己的话来说，就是“把顶平凡的话调动得生动有力”，烧出白话的“原味儿”来；同时又在俗白中追求讲究精致的美，写出“简单的、有力的、可读的而且美好的文章”。老舍成功地把语言的通俗性与文学性统一起来，做到了干净利落、鲜活纯熟、平易而不粗俗、精致而不雕琢。其所使用的语词、句式、语气以至说话的神态气韵，都有他独特的体味和创造，又隐约渗透着北京文化。

二、散文语言的艺术特征和欣赏方法

（一）散文语言的艺术特征

1. 简洁精练

林语堂说：“简练是中文的最大特色。”散文一般篇幅短小，要在咫尺间写出诸般光景、种种情怀，就要求作者必须惜墨如金，力求用最简练的语言表达最丰富的内容，做到语言高度凝练。行文要求以意役辞，而不是以辞寓意。应当依据表情达意之需要，当简则简，当繁则繁，做到“丰不余一字，约不失一辞”，“句中无余字，篇中无剩言”。

2. 流利畅达

苏轼曾在《文说》中这样总结自己散文创作的经验：“吾文如万斛泉涌，不择地而出。在平地，滔滔汩汩，虽一日千里无难；及其与山石曲折，随物赋形，而不可知也。所可知者，常行于所当行，当止于所当止，即是而已矣。”诚哉斯言！文从字顺、文理自然、姿态横生，如行云流水，正是散文语言的一大特色，散文语句多骈散结合，奇偶并遣，配置错落和谐，形成了散文的潇洒风姿。

3. 朴素自然

真正的美，是从一种极其和谐自然的形式中流露出来的。散文是语言的艺术，像日常谈话那样朴素、亲切、自然，如自言自语那样发自肺腑。语言的朴素美离不开感情的真挚与纯美，也离不开作者的精心加工。作文岂可废雕琢？朴素自然，并不意味着完全不加形容和修饰，而是要求形容得当、修饰适度，如羚羊挂角，无迹可寻。优美的散文总是尽量避免行文色彩过分浓艳，努力追求清丽、典雅的文字，追求“清水出芙蓉，天然去雕饰”的清美。

4. 新颖多变

在语言符号（这里指词语）的意义结构中，包含着人类历史发展过程中所积淀下来的意象因素。语言艺术家的才能和本领，在于他们能够追求新颖多变的写作手法，克服语言自身的局限，挖掘语言的“言外之意”、“弦外之音”，更好地发挥艺术语言的巨大潜力。优秀的散文家遣词造句常常不拘一格，以求新意。在调动语言时，他们不只满足于语词固有的意义以及被滥用的“含义”，而是“唯陈言之务去”地、努力地“自铸伟辞”，对现有词汇及约定俗成的排列方式，根据事物特质加以适度改造和调整；他们追求语言排列方式的独特性，追求词语的陌生化，“给平常的语言赋予一种不平常的气氛”，在常用的词汇中见出变化的用法，从而使文本语言更为新鲜、更具活力。

5. 音韵和谐

清代桐城派成员姚鼐认为：“文章之精妙不出字句声色之间，舍此便无可窥寻。”依照朱光潜先生之见，散文表现情趣，而情趣则大半要靠声音节奏来体现，常言道“言为心声”，散文语言是作者的思想情感的表达，作品的音韵节奏是语言美的重要因素。散文的节奏一般比较轻快而富于变化，这在很大程度上来自散文句式的错综和流动。短句，促而严；长句，舒而缓；偶句，匀称凝重；奇句，流美洒脱。只有运用“活”的句式，骈散交错，长短相见，起伏顿挫，缓急更替，才能真切地表达出作者审美情思的波澜，使情感表达曲折尽意。散文语言利用变化的节奏使文气贯通、意趣盎然，读来朗朗上口、悦耳动听。自然和谐、抑扬而又流畅的节奏，不但有助于情绪的体现，也带给人心灵的共鸣和快感。

总之，散文语言比小说语言多几分浓密和雕琢，而又比诗歌语言多几分清淡和自然。它简洁精练、流利畅达、朴素自然、新颖多变、音韵和谐、富有情韵，既有小家碧玉的活泼灵秀，又有大家闺秀的端庄娴雅，风格多样、美丽十足。

（二）散文语言艺术的欣赏方法

1. 反复诵读

一遍一遍诵读，就是一遍一遍欣赏。语言的妙处，有时“只可意会，不可言传”，再好的赏析文章，也不能把所有妙处都讲个透彻。自己诵读，有自己的联想、自己的想象，诵读者的神思在自己参与创造的艺术天地里翱翔，这才会感到亲切，感到会心的愉悦。

2. 细细品味，注意比较

一般地说，比较有两种方式：一种是扣住句中的关键词，或删去它，或更换它，然后再比较它和原句的效果；另一种是选择不同篇目中存在着可比性的句或段进行横向比较，以达到鉴赏的目的。比如，同是写赤壁的景色，苏轼在《赤壁赋》里写道：“清风徐来，水波不兴”，“月出于东山之上，徘徊于斗牛之间。白露横江，水光接天”。在《后赤壁赋》里写的就不同了：“江流有声，断岸千尺，山高月小，水落石出。”为刻画赤壁安谧幽静的意境，作者用“清”、“徐”、“不兴”、“徘徊”等一系列与之相配的轻柔的词或短语，使人似乎身临其境，亲受那“清风明月”的抚慰。为了表现赤壁冬景的惊险、恐怖，作者又另选一组图像，将“高山”与“小月”、“出石”与“落水”对举，将“江流”的声响、“断岸”的高度夸大，使人读来不得不心生恐惧。同是写长江水，《赤壁赋》称“波”，且是“不兴”之波；《后赤壁赋》则称之为“流”，且是“有声”之流。所称各不相同，气势也俱不能比，其中所蕴含的思想和感情也只能一一体味了。

3. 注意作家的独特风格

韩愈的散文气势磅礴、曲折自如。皇甫湜在《韩文公墓铭》中说：“先生之作，抉经之心，执经之权，茹古涵今，无有端涯，浑浑灏灏，不可窥校。”苏洵在《上欧阳内翰第一书》中指出：“韩子之文，如大江大河，浑浩流转。”韩愈的散文风格源自他的人格和文学主张，他的浩然正气使其文章理直气壮，不平则鸣的文学主张使其文章情感强烈。

柳宗元的散文最具代表性的是山水游记散文。柳文语言优美、凝练、精致。如写水的幽深平静，则用“黛蓄膏渟”（《游黄溪记》）；写水的清澈浅平，则用“日光下澈，影布石上”（《至小丘西小石潭记》）；写水的跳动轻快，则用“流若织纹，响若操琴”（《石涧记》）；写水的流动曲折，则用“曲行纡馀，睨若无穷”（《石渠记》）。写石，则有“嵚然相累而下者”、“冲然角列而上者”的山坡山石（《钴鉧潭西小丘记》）；有“为坻为屿为堪为岩”的岸边之石（《至小丘西小石潭记》）；也有“或列或跪或立或仆，窍穴逶邃，堆阜突怒”的园中之石（《永州韦使君新堂记》）；又有“怒者虎斗，企者鸟厉，抉其穴则鼻口相呀，搜其根则蹄股交峙，环行卒愕，疑若搏噬”的大山之石（《永州崔中丞万石亭记》）。柳文将议论、叙事、写景和抒情融为一体，充分发挥不受对偶声调束缚的散文写作的优越性。

欧阳修的散文善于叙事、写景、抒情，具有一定的思想性。就写作的技巧而言，欧阳修的散文善于用宕笔，善于用疏笔，善于抑扬顿挫，读起来感到层次曲折、气势流畅、音节铿锵、情韵优美，具有很高的艺术性。苏轼说欧阳修的散文“论大道似韩愈，论事似陆贽，记事似司马迁”（《居士集序》）。可见，每位优秀作家的散文作品都有自己独特的风格，这也是分析散文语言艺术时应注意到的。

4. 通过联想和想象领悟语言的表达效果

任何好的作品，从表达角度来说，作者只有在遣词用句上下一番工夫，选用鲜明、生动、具体可感的形象性词语，才能完美地表情达意；从阅读角度来说，读者只有认真品味这些词语，才能更好地领会文章的内容和语言，才能有助于阅读能力的提高。对语言文字敏锐的感受主要体现在，透彻地了解精妙的语言所表达的作家的思想情感，也就是认真揣摩品味作者为什么要使用这样的语言，这样的语言能够表达作者什么样的情感，这样的语言同文意有什么关系。如朱自清的《绿》中开头那句话：“我第二次到仙岩的时候，我惊诧于梅雨潭的绿了。”细心品味这里的“惊诧”，除了字典上的意义“惊奇、诧异”之外，还有深深的情味。作者用它衬托了梅雨潭无比的奇异之美，表达了作者对它的赞美和喜爱，抒发了作者浓郁的喜悦之情。又如《绿》中另一段文字：“这平铺着，厚积着的绿，着实可爱。她松松的皱缬着，像少妇拖着裙幅；她轻轻的摆弄着，像跳动的初恋的处女的心；她滑滑的明亮着，像涂了‘明油’一般，有鸡蛋清那样软，那样嫩，令人想着所曾触过的最嫩的皮肤；她又不杂些儿尘滓，宛然一块温润的碧玉，只清清的一色——但你却看不透她!”这段描写文字优美，作者运用联想和想象，读者也只有通过联想和想象再现那难以言喻的梅雨潭的奇异的美——绿，调动起个人的生活经验来感受梅雨潭的“立体感”形象，这样才能体会作者那浓浓的喜悦之情。

5. 注重培养审美情趣

散文的语言在对人物、事物、景物的描写上常常造成一种意境，在总体形象上给人以美感，为读者描绘出一幅情景交融的画面，给人以强烈的诗情画意之感。如朱自清的《春》，全文描绘了“春草图”、“春花图”、“春风图”、“春雨图”、“迎春图”等画面，作者以诗的笔触描绘春天、赞美春天。这样，读者必须抓住语言中具有美感的因素进行开掘，在开掘中深入体味，也就是要对语言文字有敏锐的感受。这种敏感来自于自身的经验和透彻的体会。比如，作者写花色鲜艳，不直接说出红的桃花、粉的杏花、白的梨花，而用“火”、“霞”、“雪”来比喻，充分调动读者的想象力。那火焰的炽烈浓郁，霞的轻柔艳丽，雪的高洁纯净，同时映入读者的脑际，给人以生活实感。当然，语感要通过阅读不断地培养。有了这语感，才可以通过文字的桥梁与作者的心情相契合，才能培养自己的审美情趣，提高对散文作品的鉴赏能力。

三、诗歌语言的艺术特征与欣赏方法

（一）诗歌语言的艺术特征

1. 清新怡人

清新怡人，表现为语言新颖、不落俗套。王维的《山居秋暝》就是如此。该诗展示的是别开生面的清新、幽雅、自由、轻灵的秋色，浸透着对暮秋的情感。首联中，“空”字耐人寻味，联系全诗就会发现，这里的“空”不是“虚无”之意，而是因万物充盈、树木繁茂而掩盖了人的活动痕迹的“空”，是大山空阔、邈远给诗人的一种感觉。此时，诗人站在山上的某一个角落，悠然地观赏眼前的一切，所见只有秋色，心中少有尘杂，这岂不是“空”吗？当我们把这些景物联系起来，形成有机的画面，就会有一幅“空山秋雨”的画卷呈现在我们的眼前，我们也会不自觉地被这画卷所感染。另外，诗人赋予“月、松、泉、石”鲜活的生命力。我们可以在“明月松间”中联想到斑驳的月影，在“清泉石上”中聆听到潺潺的水声。此时，你会感叹这幅“明月清泉图”竟然把自然中秋之韵味、秋之魅力描绘得如此细致入微，表现得如此和谐自然。诗人写“竹喧”、“莲动”在先，“浣女”、“渔舟”于后，从情理上说，是因为浣女隐于竹林，渔舟被莲叶遮蔽，起初未见，等到听到竹林喧声，看到莲叶纷披，才发现浣女、渔舟；从情趣上看，写法的变化便多了几分诗意。这一联也如一幅画，叫做“浣女归舟图”。

2. 平淡自然

平淡自然，也称质朴，表现为使用白描、不加修饰、真切深刻而又平易近人、直接而明朗。白居易的《村夜》：“霜草苍苍虫切切，村南村北行人绝。独出门前望野田，月明荞麦花如雪。”如画一般的山村之夜在作者的笔下如此宁静、如此祥和、如此生动。《古诗十九首》感情醇真诚挚，没有矫揉造作，从艺术表现来说，其遣词造句均为信手拈来，没有镂金错采式的加工，而是清水出芙蓉般的自然。如《涉江采芙蓉》、《回车驾言迈》等，不论是写游子思乡，还是写光阴流逝而功业未成的感叹，感情的表达都十分纯真、自然，正如王世祯所说的“发乎天籁，本乎人情”。如《行行重行行》、《明月何皎皎》等，无论叙事描写还是抒怀言情，均明白如话，回味无穷。《古诗十九首》的语言虽浅近自然，却不乏精警凝练。如“相去日已远，衣带日已缓”、“此物何足贵，但感别经时”等，无不言近旨远、发人深省、感人肺腑。除浅近、凝练之外，较多地使用叠字也是《古诗十九首》的语言特色，其中最具特色的是《青青河畔草》和《迢迢牵牛星》，大量叠字的运用，或描绘景物，或刻画形象，或叙述情境，无不生动传神，大大增加了诗歌的节奏感和韵律美。

3. 绚丽多彩

绚丽多彩，是指富丽的词藻、绚烂的文采和奇幻的情思。李商隐的《板桥晓别》：“回望高城落晓河，长亭窗户压微波。水仙欲上鲤鱼去，一夜芙蓉红泪多。”本来是一次生活中常见的离别，而诗人那特有的奇幻、绚丽的语言便将现实与幻想融为一体，创造出色彩缤纷的童话般的幻境。白居易的《忆江南》选取一年之春的江南景色，生机盎然，色彩艳丽。“日出江花红胜火”一句刻画在初日映照下的江畔春花，红得胜过火焰，表现出春天花卉的生机勃勃之态，使人感到江南春色浓艳、热烈之美。“春来江水绿如蓝”一句，春水荡漾，碧波千里，诗人更夸张地形容它比蓝草还要绿。这深浓的碧绿色与上句日映江花的火红景象相映衬，便觉更加绚丽夺目。诗人敷彩设色，用色彩明艳的词藻，很好地表现出江南春色的迷人之态，既渲染了气氛，又表现了像作者这样长期居住在苏杭的人对江南的恋恋不舍之情，有力地凸显了主题。李商隐的《菊》中的诗句“暗暗淡淡紫，融融冶冶黄”，交错编织色彩来展示绚丽多彩的审美境界，与白居易诗有异曲同工之妙。

4. 婉约含蓄

婉约含蓄，指意在言外，或引而不发，或欲说还休。杜牧的《将赴吴兴登乐游原》：“清时有味是无能，闲爱孤云静爱僧。欲把一麾江海去，乐游原上望昭陵。”诗人托事于物，以登乐游原起兴，说到望昭陵便戛然而止，不再多说一字，但他对祖国的热爱、对盛世的追怀、对抱负无所施展的悲愤，无不包括在内。曹植《七步诗》的前两句“煮豆燃豆萁，豆在釜中泣”，一“燃”一“泣”写出“萁”、“豆”的尖锐矛盾和豆萁对豆子的残酷迫害。最后两句“本是同根生，相煎何太急！”画龙点睛，揭示诗歌主题。“同根”一语双关，表面上指“萁”和“豆”是在同一根上面生长起来的，实际上是说自己与曹丕是同一父母所生，责问曹丕为什么要对同胞兄弟逼迫得这样急。

5. 简洁精美

简洁精美，指干净利落、言简意赅。贾岛的《题李凝幽居》中，“闲居少邻并，草径入荒园”，十个字便将幽居的特点表现了出来。贾岛的《剑客》：“十年磨一剑，霜刃未曾试。今日把示君，谁有不平事？”用直白的语言传达出要拔刀相助、平天下不平事。柳宗元的《江雪》中，“千山鸟飞绝，万径人踪灭”，仅十个字即写出了环境的清冷，勾勒出空旷寥廓、幽寂冷漠的背景；而“孤舟蓑笠翁，独钓寒江雪”这十个字突出垂钓老人孤独傲岸、抗风斗雪的傲然之气和不屈精神，把诗人虽在逆境之中、虽觉孤独寂寞但决不同流合污的气节展露无遗。

无论是古代诗歌还是现当代诗歌，其语言都是很精美的。艾青在《诗论》中说：“诗是艺术的语言——最高的语言，最纯粹的语言。”诗歌是诗人用精练的、富有韵律美的语言来承载思想和感情的艺术。

（二）诗歌语言艺术的欣赏方法

诗歌是语言的艺术。优秀的诗人善于熟练地运用诗的语言来表现丰富多彩的现实生活和人们复杂微妙的内心世界，从而激发欣赏者深沉的思考和奔驰的想象。

1. 熟悉节奏韵律，体会语言的音乐美

古代诗人很讲究在“吟咏之间，吐纳珠玉之声”，诗的语言要在朗诵时顺口流畅，欣赏时悦耳动听，要富有抑扬顿挫、起伏跌宕的韵律美和流畅回环的音乐感。鉴赏者也要从诗歌的音韵与节奏中体会出音乐美。优秀诗歌十分讲究音乐美，席勒甚至认为“诗里的音乐在我心中鸣响，常常超过其内容的鲜明表象”。我国以闻一多、徐志摩为代表的一大批现代诗人，很重视诗歌的音乐美，他们的诗歌行数、字数整整齐齐，停顿、韵脚斩截自然，遣词造句绘声绘色。欣赏诗歌时，我们应反复诵读，熟悉了诗歌的节奏韵律，才能领悟诗歌语言体现的音乐美。

白居易的“南浦凄凄别，西风袅袅秋”，这里“凄凄”、“袅袅”两个叠字用得传神，前者形容内心的凄凉、愁苦，后者形容秋景的萧瑟、黯淡。正由于送别时内心“凄凄”，故格外感觉秋风“袅袅”，而那如泣如诉的“袅袅”风声，又更加烘托出离人肝肠寸断的“凄凄”之情，两者相生相衬。而且“凄”、“袅”声调低促，一经重叠，读来格外令人回肠荡气，与离人的心曲合拍，增强了韵律感。

2. 推敲炼字技巧，赏析语言的隽永美

诗是精练的语言，一句话乃至一个字，里面都蕴藏着深厚的旨趣，所以诗家以一字称工，刻意锤炼，以求其精深。对诗歌的用字进行推敲，从而品味语言的隽永美，是鉴赏诗歌语言的又一途径。

如金昌绪的《春怨》：“打起黄莺儿，莫教枝上啼。啼时惊妾梦，不得到辽西。”这首诗以妍美的生活意象体现幽怨的情思，要鉴赏其中“打”的妙处。我们不难发现，“打”正是少妇当时的动作，而这个动作又表现了女主人公对爱唱歌的黄莺惊扰美梦的怨和对征战在外的丈夫的无比思念。一个“打”字使生动活泼、娇憨真情的闺妇宛在眼前，平淡之中蕴含神奇。

3. 考察修辞手法，领会语言的形象美

修辞手法是文学作品最常见的表现技巧之一，诗歌也不例外。诗歌为了更好地表情达意，常常借助多种修辞手法，常见的如比喻、拟人、反复、排比、对偶等。如艾青的《大堰河——我的保姆》中排比、反复的运用，不仅使语言形式整齐有致、朗朗上口，也强化了诗段的整体内容，有利于联想的顺利展开，给人形象生动之美感。舒婷的《祖国啊，我亲爱的祖国》中比喻、通感等的运用，使语言产生音韵美的同时，也突出了借物抒情的效果，真切地表现出诗人激动不已、起伏翻涌的情绪。

贺铸的《青玉案》把抽象的闲情化为可感可知的“一川烟草，满城风絮，梅子黄时雨”，不仅形象、真切地表现出词人失意、迷茫、凄苦的内心世界，同时也生动、准确地展现了江南暮春时烟雨迷蒙的情景，以江南景色比喻忧愁的深广，以面积广大喻愁之多。“满城风絮”以整个空间立体地比喻愁之深广，“梅子黄时雨”以连绵不断比喻愁之时间长和难以断绝，兴中有比，意味深长，被誉为绝唱，贺铸也因此而有“贺梅子”的雅号，深得当时人们的赞赏。黄庭坚更是极口称赞说：“解道江南断肠句，只今唯有贺方回。”

第三节　作品欣赏

一、小说语言艺术欣赏

（一）中国古代四大名著之一——《红楼梦》

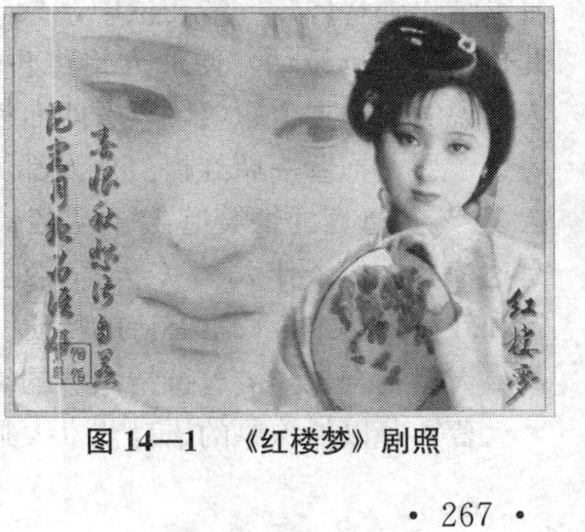

图 14—1　《红楼梦》剧照

《红楼梦》（剧照见图 14—1）是中国古代四大名著之一，是一个完整而又宏伟巨大的艺术宝库。《红楼梦》的作者曹雪芹描绘了封建“末世”一个典型贵族家庭的兴衰过程，展示了贾宝玉和林黛玉、薛宝钗三个人的爱情婚姻悲剧，反映了广泛深刻的社会生活，成为一部中国 18 世纪封建社会生活的百科全书。《红楼梦》艺术上的巨大成就，突出地表现在语言艺术方面的成功。《红楼梦》语言艺术的特点主要体现在以下几个方面：

1. 人物语言凸显个性化

《红楼梦》艺术上的巨大成就，突出地表现在塑造了许多有血有肉的个性化的人物形象，而人物形象的成功在很大程度上是人物个性语言的成功。曹雪芹以他精湛的语言艺术功力和现实主义精神来描写人物形象，使《红楼梦》的人物语言达到高度的个性化。当你听到"林妹妹"就知道是宝玉在唤黛玉，当你听到"宝兄弟"就知道是宝钗来了，当你听到"爱哥哥"就知道是史湘云在说话，当你听到"心肝儿肉"就知道是宝玉在贾母怀里撒娇了，当你听到"老祖宗，老祖宗"就知道是王熙凤来讨好贾母了。曹雪芹刻画人物语言如此精彩，简直达到了出神入化的境界。正如老舍在《关于文学的语言问题》说的："翻开《红楼梦》看看，那绝对是《红楼梦》，绝对不能和《儒林外史》或其他的任何小说调换。"鲁迅在《看书琐记》中也说，《红楼梦》是能使读者由说话看出人来的。

2. 人物刻画具有生动性

曹雪芹在刻画人物、塑造典型、表达主旨时，常常运用比喻进行精确细致的描写。比如书中运用比喻对主人公贾宝玉的肖像描写："头上戴着束发镶嵌宝紫金冠，齐眉勒着二龙抢珠金抹额，穿一件二色金百蝶穿花大红箭袖，束着五彩丝攒花结长穗宫绦，外罩石青起花八团倭锻排穗褂，登着青缎粉底小朝靴。面若中秋之月，色如春晓之花，鬓若刀裁，眉如墨画，面如桃花，鼻如悬胆，睛若秋波，虽怒时而似笑，即瞋视而有情。项上金螭璎珞，又有一根五色丝绦，系着一块美玉。"贾宝玉如月之面、如花之色、如刀裁之鬓、如墨画之眉、如桃花之面、如悬胆之鼻、如秋波之睛给读者留下了深刻的印象。曹雪芹对黛玉形象的刻画："两弯似蹙非蹙笼烟眉，一双似喜非喜含情目。态生两靥之愁，娇袭一身之病。泪光点点，娇喘微微。娴静似娇花照水，行动处如弱柳扶风。心较比干多一窍，病如西子胜三分。"作者运用比喻手法达到以虚带实、写意传真的艺术效果，让读者从中得到审美愉悦，并激发他们驰骋想象，使得人物形象更加真实、生动。

3. 描写景物富有诗意性

《红楼梦》描写景物洋溢着诗情画意，且通常是写景与叙事紧密结合起来。写景的语言富有诗的特质。如第四十回写潇湘馆："只见两边翠竹夹路，土地下苍苔布满，中间羊肠一条石子墁的路"，"只见凤尾森森，龙吟细细，举目望门上一看，只见匾上写着'潇湘馆'三字。宝玉信步走入，只见湘帘垂地，悄无人声。走至窗前，觉得一缕幽香从碧纱窗中暗暗透出。宝玉便将脸贴在纱窗上，往里看时，耳内忽听得细细的长叹了一声道：'每日家情思睡昏昏'。"情在景中，景与情合，诗情画意跃然纸上。再看看这段文字："凤姐儿也不等贾母说话，便命人抬过轿子来。贾母笑着，搀了凤姐的手，仍旧上轿，带着众人，说笑出了夹道东门。一看四面粉妆银砌，忽见宝琴披着凫靥裘站在山坡上遥等，身后一个丫鬟，抱着一瓶红梅。众人都笑道：'怪道少了两个人，他却在这里等着，也弄梅花去了。'贾母喜的忙笑道：'你们瞧，这山坡上配上他的这个人品，又是这件衣裳，后头又是这梅花，像个什么？'众人都笑道：'就像老太太屋里挂的仇十洲画的《艳雪图》。'"写景和叙事天然结合，富有诗的特质。此外，四十九回的后半部分和第五十回，都是写景和叙事天然结合、洋溢着诗情画意的绝世妙文。

曹雪芹以他深厚的语言艺术大师的功力，把复杂人物群的个性生动、准确、惟妙惟肖地表现出来。上到老爷太太、夫人奶奶、少爷小姐，下到管家、丫鬟、仆人，达到了“这一个”绝不会与“那一个”混淆。《红楼梦》的成功是塑造人物形象的成功，而人物形象的成功是人物语言恰当运用的成功。

（二）张爱玲《金锁记》

张爱玲的《金锁记》像一袭华美的袍子，其语言就是上面镶的璀璨夺目的水钻。如：“枕着云头的花梨坑……冰凉的黄藤心子、柚子的寒香……浅黄色的雏菊……年轻的人想着三十年前的月亮该是铜钱大的一个红黄的湿晕，像朵云轩信笺上落了一滴泪珠，陈旧而迷糊……敝旧的太阳弥漫在空气里像金的灰尘，微微呛人的金灰，揉进眼睛里去，昏昏的。”这些文字优美畅达、华丽精美，宛如一樽晶莹剔透的水晶玻璃瓶，让人再三把玩不够。

图 14—2 《金锁记》剧照

《金锁记》（剧照见图 14—2）的语言圆通滑润，婉转有韵，凸显雅俗共赏的特点，综合运用多种修辞手法。

1. 文白相济，雅俗共赏

文白相济，雅俗共赏，特别是工笔描绘的写实，带有浓艳繁复的效果，又往往带有苍凉的意味。正如一位评论家所说：“文字一到她的手里，就像一件日夜把玩的玉石一样，变得圆通滑润，婉转极了，往往呈现出别人无法达到的上下文脉，叙述流程，是一位巧妙的叙述、实在的小说家。”

（1）雅。

指小说的内容与形式浑然一体表现出的典雅风格。张爱玲长期受到中国传统文化的浸染，对汉语言文字的韵味有着无比的热爱，在她的众多作品中，她自然自觉地在单音节的组合、多音节的建构及句式的选择搭配上，讲究语音组织与文学形象塑造的吻合性，注重声律节奏的音乐性、审美性，体现了汉语言形象在小说中特殊的艺术魅力。《金锁记》中，她常常传神形象地运用象声词以增加如临其境的艺术效果。“噗噗一笑，咕哝了一句”、“啪的一声打掉了她的手”、“喊喊喳喳跟老太太说话”、“菊叶便沙沙作响”、“吱吱咯咯牵动了全身的骨节”、“哗啦揭开了帐子”、“喃喃咒骂”，象声词比比皆是。人物的啼笑嗔骂仿佛就在眼前，不见其人却能如闻其声。再比如，“季泽两肘撑在藤椅的扶手上……深深地唉了一声……又是长长地叹了口气。七巧是笑吟吟地……”“突然把脸一沉，跳起身来，将手里的扇子向季泽头上滴溜溜掷过去……酸梅汤淋淋漓漓溅了一身……”张爱玲在这里使用繁密的叠音，造成形式上的整齐、声调上的回音，调制出意味深长的节奏，表现作品独特的意蕴，烘托了人物的情感和情绪。

（2）俗。

指张爱玲的小说通俗易懂，故事性强，具有很强的可读性，暗含哲理。情节曲折动人，一环扣一环，具有通俗小说的特点，洋溢着浓郁的生活气息。卖豆花的叫卖音“花呕……花呕”，七巧发牢骚时“啱哝一句”，逼真的摹声为我们展现了一个充满生活气息的独特场面。她爱上了小叔子季泽，处心积虑加以挑逗，甚至以威胁试图使其就范，她几乎是哀求：“我就不懂，我有什么地方不如人？我有什么地方不好……难不成我跟了个残废的人，就过上了残废的气，沾都沾不得？”对季泽的爱情是七巧荒芜生命中的依托，是使她的心灵不至于枯萎的甘露。“她从前爱过他，他的爱给了她无穷的痛苦，单只这一点，就使她值得留恋多少回了，为了按捺她自己，她迸得全身的筋骨和牙根都酸楚了。”尽管生活如此痛苦，可七巧的心却未死，她心中的情感冲动和幻想，就是对不公正命运的反叛，是她迟暮心境中迸射的一星过时的青春火花，是深深埋藏在她意识压抑下的人性本能，在一定程度上表现了自我意识的觉醒。然而季泽是个不负责任、缺乏真情、不堪托付的浪子，她的第一次求爱被他拒绝了，因为他不愿为了她而冒险。在经历了漫长的煎熬终于获得财产后，她面对向她倾诉相思之苦的季泽时，虽然心旌摇荡，却不由地马上警醒，怀疑季泽是冲着她的金钱而来。爱情在实实在在的金钱面前退却了。

2. 修辞手法的妙用

(1) 通感。

张爱玲以通感的方式将声音、气味、色彩、触觉贯通、糅合，使意象新奇、富有弹性，将具象意义与抽象意义自由转换、穿插，使意象的情感色彩更为立体。“七巧的眼泪像珍珠帘”，张爱玲运用通感将一个女人情长气短的绝望心理展现出来，将人的感觉和心理转化为可以感知的行为。

长安后来被追与世舫解除婚约时，文中是这样写的：“园子在深秋的日头里晒了一上午又一下午，像烂熟的水果一般，往下坠着，坠着，发出香味来。长安悠悠忽忽听见了口琴的声音，迟钝地吹出‘Long，Long Ago’——告诉我那故事，往日我最心爱的那故事。许久以前，许久以前……这是现在，一转眼也就变了许久以前了，什么都完了。长安着了魔似的，去找那吹口琴的人——去找她自己。”作者将声音、气味贯通，写出了长安的无奈与痛苦。

(2) 比喻。

张爱玲描写七巧：“耳朵上的实心小金坠子像两只铜钉把她钉在门上——玻璃匣子里蝴蝶的标本，鲜艳而凄怆。”“蝴蝶标本”，活现了七巧此时的神态，也预示了她值得怜悯的一生。

文中写季泽骗七巧钱的时候，“那眼珠却是水仙花缸底的黑石子，上面汪着水，下面冷冷的没有表情”，生动形象地写出了季泽当时的心事重重，也写出了他的阴险狡诈。七巧最终识破了他的意图，用团扇掷碎她的爱情梦，将季泽赶走。文中这样写季泽的背影：“晴天的风像一群白鸽子，钻进他的纺绸裤褂里去，哪儿都钻到了，飘飘拍着翅子。”把风比作白鸽，新奇贴切，颇具动感，形态呼之欲出，充分反映了张爱玲丰富的想象力，给人留下深刻的印象。

3. 运用动作暗示人物的心理

文中七巧刚出场，对新娘子兰仙的一系列动作“揣、捏、打、挤”等表面上看是妯娌间的嬉笑打闹，但实际上却将七巧对兰仙的忌妒与愤恨表现了出来。最后以一个“挤”字收尾，形象地表现出被损害、受委屈的人物的心理宣泄。

二、散文语言艺术欣赏

（一）苏轼《前赤壁赋》

《前赤壁赋》（见图 14—3）写于元丰五年（1082 年）七月。当时苏轼谪居黄州已近四年。他无辜遇害，长期被贬，郁愤之情实在难免。但他又能坦然处之，以开阔的胸怀寻求精神上的解脱，不被颓唐厌世的消沉情绪所压倒。他在这篇赋中自言其愁而又自解其愁，便反映了这种复杂的心情。主要语言艺术特色如下：

1. 骈散相间，句式参差

作者开篇便以散文句式娓娓道来，点明了游览的时间、地点和人物，看上去像一般游记那种寻常套路，却并非可有可无的闲笔。紧接着是一对四字句——“清风徐来，水波不兴”，淡墨简笔状其近景，描绘出秋江的澄静。这也是游人怡然自乐的内心写照，为下文写“乐”奠定了基础。水波未兴，主人的游兴却在胸中激荡，于是“举酒属客，诵明月之诗，歌窈窕之章”。人们触景生情，情总是愈来愈强烈，故先“诵”而后“歌”。如此情境，再加上“月出于东山之上，徘徊于斗牛之间”，怎能不令人陶醉。

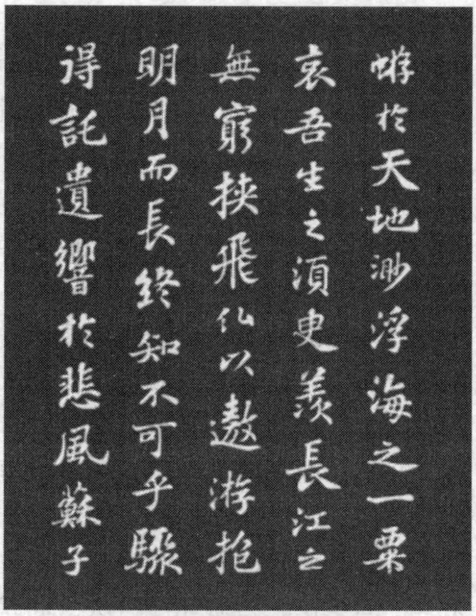

图 14—3　《前赤壁赋》（局部）

行文至此，语言清丽、文势畅达，秋江夜色在皎洁的月光照耀下历历在目。然而作者又宕开一笔，推出四字句——“白露横江，水光接天”，转清丽为雄健。那茫茫的江水、茫茫的雾气、茫茫的夜空，经过月色的浸染，显得浩瀚无边、浑然一片，游人的心境也随之疏朗开阔、无拘无束。于是“纵一苇之所如，凌万顷之茫然。浩浩乎如冯虚御风，而不知其所止；飘飘乎如遗世独立，羽化而登仙”，此处两个动词“纵”和“凌”特别传神，既是写景——碧波万顷，水平如镜，一叶扁舟在水面上自由自在；又是抒情——泛游长江，放飞压抑，心情舒畅。两个叠词也颇见功力，“浩浩”写出了放舟江上的客观景象，“飘飘”写出了舟中人的主观心情，笔势流畅，如信手拈来，词句皆有出典却不着痕迹。显然，作者在此是有意用整句来荡涤尘世中的郁闷之气，以强化水面上的飘飘欲仙之感。

2. 比喻连缀，情感流转

“于是饮酒乐甚，扣舷而歌之。”此句紧承上文，点出其“乐”。从放歌的内容看，颇有《离骚》的气韵，表现的是被贬后的政治感慨，即渴望忠君用世而不可得之情。歌词虽清淡，但透过字面还是让人隐约感到了潜藏着的淡淡的哀愁。这种哀愁的显露则借助于箫声，故作者予以全力刻画。“客有吹洞箫者，倚歌而和之，其声呜呜然”，箫声起，悲意生，“如怨如慕，如泣如诉，余音袅袅，不绝如缕”。四个比喻连缀而下，将抽象而不可捉摸的声、情写得具体可感，使读者情不自禁地联想到人的七情六欲，也将作者从乐的云霄带入悲凉幽怨的深潭。感情上的这种大起大落并没有使文章失去磅礴之势。“舞幽壑之潜蛟，泣孤舟之嫠妇”，作者意犹未尽，又加上这两句夸张性比喻，将洞箫那种悲咽低回的哀音表现得十分真切形象，也完成了感情由轻松到沉重、由愉快到抑郁的过渡，且不露圭角，使读者不知不觉地就被这种感情的抑扬起伏所吸引，迫不及待地想去倾听下面的对话。

3. 反问叠用，文势起伏

呜咽的箫声使得“苏子愀然，正襟危坐而问客曰：‘何为其然也？’”主人的发问引起了客人的滔滔议论。该段议论中三个反问句蝉联叠用，结构上形成排比，文笔一气而下，纵横驰骋，全力以赴铺陈曹操英姿勃发、踌躇满志的形象。其中“酾酒临江，横槊赋诗”八字尤为生动，勾画出曹操文能安邦、武能定国的形象，显得格外饱满。然而怀古是为了抚今，所以作者又以第三个反问句“固一世之雄也，而今安在哉?”来兼以过渡。这一句最见功力：前半句以顿挫来蓄势，后半句以折落来寄慨。像曹操这样的大英雄也不过是显赫一时，不过是历史的过眼烟云，何况我们这些“侣鱼虾而友麋鹿”之辈？想想自己的遭遇、岁月的蹉跎，不禁悲从中来，“哀吾生之须臾，羡长江之无穷”，生发出消极出世的思想。想超脱尘世却又无法逃避现实，真是哀伤到了极点，于是只能“托遗响于悲风”。

4. 关联相扣，音节铿锵

客的议论自然引发了主人的人生感慨。在这段本该枯燥的议论性文字中，作者巧妙运用了“而”、“盖”、“则”、“且夫”、“苟非”、“虽”等关联词语，造成了一种回荡的气势。作者还是借眼前景物论人生之理——“盖将自其变者而观之，则天地曾不能以一瞬；自其不变者而观之，则物与我皆无尽也，而又何羡乎!”分号前一句轻轻一驳，分号后一句才是重点，所以追加了反问，反问中不说“而又何哀”，而是针对上文“羡长江之无穷”而言，文笔总在不断变化。这一句也可以说是全篇的文眼。人生到底是“须臾”还是“无尽”？客只看到“天地曾不能以一瞬”之变，因而产生“吾生之须臾”的哀愁；主人不仅看到其变，而且还看到不变，并沿用赋家抑客伸主的做法，强调其不变，得出“物与我皆无尽”的结论，接着用“且夫”将笔锋一转劝客——江山无尽，风月长存，人应该自得其乐、旷达乐观，使得“客喜而笑”。

这里关联词语的连用使文章诵读起来不仅感到内容上有一气呵成之妙，而且节奏也显得明快有力。再加之“往”、“长”，“瞬”、“尽”，“主”、“取”，“月”、“竭”，“色”、“适”两两相对押韵，诵读起来铿锵有力，不仅使哲理洋溢于声调之间，笔势也扶摇直上，由“哀”转为“喜”。

5. 前后呼应，文脉贯通

文末“客喜而笑”的“喜”和“笑”，与前文“饮酒乐甚”的“乐”，以及“怨”、“慕”、“泣”、“诉”、“愀然”、“哀”、“羡”等描写感情变化的词语是联属一气的，此乃全文情感发展的线索，直贯通篇。至于以下开怀畅饮、兴尽入睡的描写则意味深长，既辉映了开篇超然欲仙之乐，又是在向政敌暗示自己对迫害的蔑视。最后，全篇在摇曳生姿、余音袅袅中结束。

（二）王勃《滕王阁序》

《滕王阁序》（见图14—4）全称《秋日登洪府滕王阁饯别序》，亦名《滕王阁诗序》，骈文名篇。滕王阁在今江西省南昌市赣江滨，唐高祖之子滕王李元婴任洪州都督时（653年）始建。阎伯屿为洪州牧时，宴群僚于阁上，王勃省父过此，即席而作。文中铺叙滕王阁一带形势景色和宴会盛况，抒发了作者“无路请缨”之感慨。《滕王阁序》的语言艺术成就主要有：

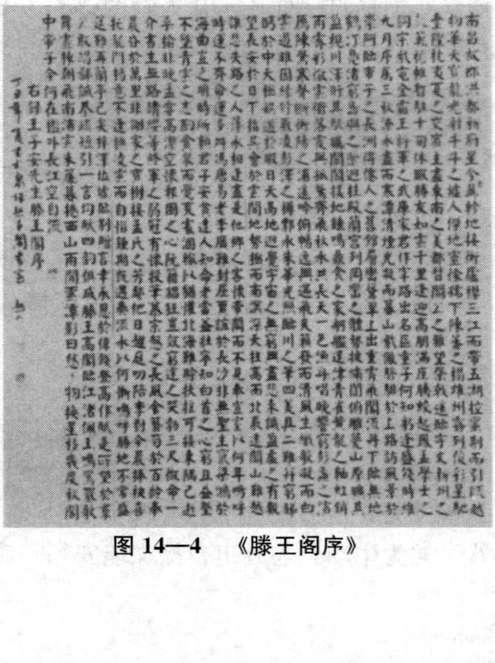

图14—4 《滕王阁序》

1. 视野开阔

“落霞与孤鹜齐飞，秋水共长天一色”，秋天的水与广阔的天空相接，呈现出同一种颜色，组成了一幅天地浑然一体的波澜壮阔的画面。没有广阔的胸襟和气度的人，是断然创造不出这样视野开阔的艺术境界的。

2. 动静搭配

天空中的晚霞即使再美，也让人感觉有点单调，少了些许生气。在这种情况下，高明的作家总是设法用动静搭配的方法来补救。如杜甫的诗句“星垂平野阔”是静态展示，“月涌大江流”则是动态展现。上下句一静一动，动静搭配，境界就出来了。王勃也深谙此道，于是在“落霞”中加进一只“孤鹜”。这样一来，动态有了，生气也有了，自然也就不单调了。

3. 情景交融

王勃虽然年轻，但颇有才气，然而怀才不遇，辗转漂泊。一种深深的孤独感无时无刻不伴随着他。与“落霞”齐飞的那只“孤鹜”，与其说是一只大雁，不如说是王勃自身的写照，是王勃的怀才不遇的孤独感在文句中的间接反映。而从“落霞”中，我们也不难体会出“夕阳无限好，只是近黄昏”的那种人生感慨。

4. 平中见奇

一开始就把文句写得很精彩，先声夺人，是一种写法；一开始写得相当平淡，经过层层铺垫之后，才推出精彩的部分来，平中见奇，也是一种写法。王勃显然采用了后一种写法。有了前面“南昌故郡，洪都新府”和“星分翼轸，地接衡庐”这些平淡语句的铺垫，再推出“落霞与孤鹜齐飞，秋水共长天一色”这样精彩的语句，也就水到渠成。

(三) 史铁生《我与地坛》

史铁生的《我与地坛》(见图 14—5) 是至情至理之文，把灵魂、生命、情感直至死亡都写到了极致，以全新的语言阐述了全新的思考，以独特的语言抒发了浓浓的深情。所以，我们在品赏本文新鲜奇崛的语言时，必须紧紧联系本文的情与理。

图 14—5 《我与地坛》

1. 新鲜奇崛的语言

史铁生在写作中体现出了在语言运用上的创新精神。他创新地使用了拟人、移用和转换词序等手法，写出了许多鲜活的句子。如“四百多年里，它一面剥蚀了古殿檐头浮夸的琉璃，淡褪了门壁上炫耀的朱红，坍圮了一段高墙又散落了玉砌雕栏”。作者突破常规，把“古殿檐头的琉璃剥蚀了”一句，写成了“剥蚀了古殿檐头的琉璃”。动词“剥蚀”的运用有两个特点。它虽是动词，但在通常情况下，它后面不跟宾语，有的语法家叫这类动词为“不及物动词”，“坍圮”、“散落”也属此类，只有“淡褪”有点例外。在《我与地坛》中，作者让这几个词都带了宾语。如按常规写成“琉璃剥蚀了”，“琉璃”是主语，是被说明的对象。本文让“琉璃”作宾语，成为被处置的对象，“剥蚀”作谓语，强调了是怎样处置的。这样写，突出了荒园的剥蚀状、淡褪状、坍圮状、散落状。历经沧桑的地坛变得荒凉残破，这正与作者落魄的精神状态相吻合。

除了动词的超常使用外，形容词的使用也很特别。通常写“琉璃”用形容词红、黄、蓝、绿等，写“朱红”用“鲜艳”、“耀眼”等。而本文却用描写人的作风的词“浮夸”、“炫耀”。作者超常使用这两个词并不是简单的移用，而是表达了作者目睹之后的主观感受——对“琉璃”、“朱红”的厌恶与蔑视，曲折地反映了作者截瘫后消极无奈、烦躁不安的心情。

2. 词语的超常搭配

“我看见她没有找到我；她一个人在园子里走，走过我的身旁，走过我经常待的地方，步履茫然又急迫。”“母亲走过了多少焦灼的路。”“茫然”、“急迫”是描写心情的词，能和“步履”搭配吗？路有远近、宽窄、崎岖、平坦之分，哪有“焦灼”的路？其实，“茫然”也罢，“焦灼”也罢，都是母亲心情的写照。苦命的儿子一个人到园里去了，“兼着痛苦、惊恐”的母亲哪里能放得下心呢？到园里寻找，一时见不着儿子，怎能不“茫然”，怎能不“急迫”，怎能不“焦灼”？将这三个词分别与“步履”、“路”搭配，反映了作者体察了母亲的苦心，表达了对母亲由衷的感激与敬意。

“譬如秋风忽至，再有一场早霜，落叶或飘摇歌舞或坦然安卧，满园中播散着熨帖而微苦的味道。”“味道”可以“微苦”，怎么会是“熨帖”？熨帖是一种心理感受。作者看到日升月落、春来秋往、园中万物生生不息，感到生命的可贵，摆脱了死神的羁绊，心境安然自适；看到落地的树叶“坦然安卧”，便自然而然地产生了“熨帖”的感受。在这里，作者已移情于物了。

3. 异乎寻常的描绘

“园墙在金晃晃的空气中斜切下一溜阴凉。”不说园墙挡住了日光，留下了一溜阴凉，而说“斜切下阴凉”，既表示了日光是斜照的，又把阴凉比作一个固体物质，可用刀来切，还把“园墙”拟人化，似乎它主动地造出了“阴凉”，使静态的物象变得生动可感。将“园墙”置于“金晃晃的空气”中，写出了“园墙”与“空气”的关系，“空气”往往是被人忽略的，而用“金晃晃的”来修饰，也别出心裁，给人满眼都是灿烂的阳光的感觉。

“有时候待一会儿就回家，有时候就待到满地上都亮起月光。”朱自清写月光是“如流水一般，静静地泻在这一片叶子和花上。”沈从文说：“月光极其柔和，溪面浮着一层薄薄白雾。”孙犁说：“月亮升起来，院子里凉爽得很，干净得很。”史铁生与诸位大家切入的角度不同，他既不是从下而上写“升起”，也不是从上而下写“照耀”，而是写月光落到地面的效果：“满地上都亮起月光。”这“亮”字给人以强烈的视觉刺激。同时，由“满地上都亮”我们推知：月亮升高了，时间推移了，史铁生在园中待的时间太久了。

草叶上的露珠滚落往往不为人们察觉，而作者坐在轮椅上长时间的静观、默察、冥想，于是产生了异乎寻常的感觉。“露水在草叶上滚动，聚集，压弯了草叶轰然坠地摔开万道金光。”露珠无声滑落，却成了“轰然坠地”，真是“于无声处”听到了“惊雷”。露珠轻轻落地，却“摔开万道金光”，真是异想天开的大胆夸张。“摔”写出了千钧之力，一点微光幻作“万道金光”。作者于细微处看出大千世界的灿烂辉煌。史铁生在园中目睹万物皆自白，到处充满生机，心灵摆脱了死神的纠缠，胸怀大为开阔。一切景物，如蚂蚁的摇头晃脑、瓢虫的展翅升空，在他眼中都变得美妙异常，连小小的露珠也倍增光彩、充满诗意。

4. 语言具有哲理性

“在满园弥漫的沉静光芒中，一个人更容易看到时间，并看见自己的身影。”这句话里“看到时间（流逝）”很新鲜，它的前提是作者“一个人”“在满园弥漫的沉静光芒中”。其实，时间的流逝是看不到的，但是，身处极度静谧的荒园，一双寂寞无助的眼睛久久地注视光和影的移动，这时间的流逝就附在光和影之上，附在作者空灵的心房之上。百无聊赖的心情，加上专注的目光，时光流逝的脚步就在眼帘上、心幕上移动了。“剩下的就是怎样活的问题了。这却不是在某一个瞬间就能完全想透的，不是能够一次性解决的事，怕是活多久就要想它多久了，就像是伴你终生的魔鬼或恋人。”怎样活的确是个难题。人的一生往往要面对“魔鬼”和“恋人”的选择，它们不是真实的物的化身，而是人的主观意识的两个矛盾的分歧。“魔鬼”自然是引领你走上沮丧和灭亡，“恋人”则引领你走向美好。在这个十字路口上，何去何从，全在一念之间。谁能断知自己的明天会发生什么呢！“死是一件不必急于求成的事，死是一个必然会降临的节日。”这句话含有对死亡的大彻大悟的理解，只有经历过不同寻常的磨难乃至死的考验的人，才有如此豁达坦然的思想。人委实很渺小，犹如沙滩上的一颗沙砾，生或死都是太自然不过的事，没有必要去刻意追求。坦然地面对或接受命运中的一切快乐或不幸，这应该是作者要传达的信息。“现在我可以断定，以她（母亲）的聪慧和坚忍，在那些空落的白天后的黑夜，在那不眠的黑夜后的白天，她思来想去……”该句写母亲在自己遭受不幸后所经历的痛苦煎熬，作者用“空落”修饰“白天”，用“不眠”修饰“黑夜”，再用“白天后”、“黑夜后”把两种时空连接起来，营造出一种连续不断的效果。读者读到这里，除了感知到语言形式的对称美外，眼前还仿佛出现了苦难的母亲憔悴的身影和被空落痛苦包围起来的愁容，在夜以继日的煎熬中挣扎。作者这样表达，是因为他认识到“儿子的不幸在母亲那儿是要加倍的”。

三、诗歌语言艺术欣赏

（一）李白诗歌

李白是我国历史上一位伟大的浪漫主义诗人，是中国文学史上的奇才，也是时代造就的一位奇人。他的诗歌以饱满的青春热情、争取解放的蓬勃精神、积极乐观的理想展望和强烈的个性色彩汇成了中国古代诗史上格外富有朝气的歌唱。其诗是盛唐社会气象的结晶，大多数强烈抨击当时的黑暗政治、深切关怀时局安危、热爱祖国山川、同情下层人民、鄙夷世俗、蔑视权贵，具有深远的历史意义。他善于从民间文学中汲取营养，诗歌风格雄健奔放、色调瑰奇绚丽、语言清新自然。李白豪迈旷达的胸襟、奔腾澎湃的感情、傲视人生的个性、丰富奇特的想象，使他的诗闪耀着浪漫主义的色彩。他是继屈原之后我国诗坛上的伟大的浪漫主义诗人。李白诗歌的语言艺术特色主要表现在以下四个方面：

1. 朴素自然，个性鲜明

“清水出芙蓉，天然去雕饰”，李白这两句诗是他诗歌语言最生动的形容和概括。李白和王昌龄的七言绝句同是唐人七绝的冠冕，在语言上实得力于对民间诗歌的学习。李白在这种学习中获得了宝贵的艺术经验：在语言上，他主张自然，反对雕琢。他也根据这样的主张，批判地汲取了魏晋以来优秀诗人的语言技巧。他说过“自从建安来，绮丽不足珍”，他于摒弃六朝华靡诗风的同时，又继承了陶渊明、谢灵运、鲍照、谢朓和庾信等人的语言艺术。杜甫就赞美过他的作品：“清新庾开府，俊逸鲍参军。”李白在自己的诗歌里曾经称赞或引用谢灵运的“池塘生春草”、“山水含清辉”以及谢朓的“澄江静如练”、“朔风吹飞雨”这些清新、自然而富有创造性的名句，他的描绘自然景色的作品，确是受了二谢的影响的；而他的《下终南山过斛斯山人宿置酒》一诗，在语言风格和内容上都很接近陶诗。由于他在汲取民间诗歌语言艺术的同时，又批判地继承了优秀诗人的艺术传统，所以他的语言在生动、自然之外，又具有明净、华美的特点，加上他浪漫主义的想象力和豪迈奔放的热情，又使他的语言具有如前人所说的“高华”和“豪放”的特色。

如李白《行路难》中说："行路难，行路难，多歧路，今安在。"想渡黄河但冰封流阻，想登太行却积雪满山。看看四周都是岔路，我的出路究竟在哪里呢？相信终有一天，会实现自己"济苍生"、"安社稷"的宏图大志，驶向自己理想的彼岸。诗人以行路的艰难比喻世路的险阻，倾吐出不被重用的愤慨之情。但倔强而又自信的诗人有着积极用世的强烈要求，最终摆脱了歧路彷徨的苦闷，唱出了充满信心的最强音："乘风破浪会有时，直挂云帆济沧海。"他相信，尽管前路障碍重重，但终将有一天能乘浩荡长风、破万里巨浪，高挂云帆，横渡沧海，到达理想的彼岸。诗句在气势上波澜起伏、跳跃纵横，既显示了诗人对黑暗污浊的政治现实的苦闷、愤郁和不平，又突出表现了诗人的倔强、自信和对理想的执着追求，展示了诗人力图从苦闷中挣脱出来的强大精神力量。

2. 参差不齐，错落有致

李白在《蜀道难》中对乐府古题作了一次创新的改革，他冲破了五言诗的格局，采用长短句式，错落有致，使诗歌显得十分灵活，富有句式美。

《蜀道难》这首诗把三言、四言、五言、七言、八言、九言等种种句式杂置于一篇之中。李白为了充分表现自己的个性，驰骋自己的艺术才能，他把自己的真情用散文化的语言和诗歌的形式淋漓尽致地表达了出来。而他狂放不羁的性格，也决定了他用强烈的情感体验去写，所以他不醉心于声律对仗，而是尽情地宣泄，如"噫吁嚱，危乎高哉！蜀道之难，难于上青天！"接下去忽而五言，忽而七言，时而短至三、四字，时而又长至十几字，如："其险也如此，嗟尔远道之人胡为乎来哉！剑阁峥嵘而崔嵬，一夫当关，万夫莫开。所守或匪亲，化为狼与豺。"在句式的变化中，诗人的激情一步步推向高潮。李白的诗歌具有极强的跳跃性，往往表现在一波未平、一波又起的变幻无常的感情活动中。《蜀道难》中所表现的不是生活的逻辑，而是情感的踪迹。

《蜀道难》这首诗初看似绝无规律，细味则有规律可循。李白真实地表达了自己自由奔放的情感，却也并没有随心所欲地破坏诗歌的可读性与可唱性，那朗朗上口、抑扬顿挫的节奏美遵循着诗歌艺术的本质特征。尽管全诗并未严格按乐府古题来写，但从"上有六龙回日之高标，下有冲波逆折之回川"来看，节奏非常鲜明，对仗也比较工整。李白创造性地把"朝……，暮……"句式推广到其他乐府或非乐府的诗篇，把时间的连续转换为空间的连续，如"朝避猛虎，夕避长蛇"，它包含着诗人瞬息的时间体验和幻觉性的时间感受。这一句式，无论是外在形式还是内在构成，都使其诗带有或飞泻而下、奔流而去，或连环推进、婉曲多姿的弹性感和运动感。

3. 重字重意，回环重复

古代诗论家评李白独抒己见、不拘一格，往往爱用比喻说明。严羽《沧浪诗话》称"李白诗法如李广"，这种造诣表现在运用语言的功力上，还有重字、重意等他人所力避而李白偏偏敢用的大胆创造上。重字不仅是对用词的脱俗处理，而且是对诗歌文体风格或文体形式的脱俗处理。比起双声、叠韵的音素重复，重字更具有字面重复的直观性，它对声调、节奏和意义的影响也就更为直接和明显。重字的源头在于民间，在于古体诗；回环重复是一种复杂的重字方式。因此，这种似乎直率多于修饰的修辞方式，包含有转俗为雅、化古为新、变拙为妙的功能，其间存在着某种审美情调复合和转化的辩证法机制。在《蜀道难》这首诗中更为突出的是重字重意、回环重复。诗人把相同的字眼和意象"蜀道之难，难于上青天"散落于全诗，如珠落玉盘、圆转自如，又相互联通、推衍、撞击和呼应，产生了众音共鸣、声情并茂、气韵浑融的审美效果。

4. 善用夸张，抒情强烈

李白继承并发展了屈原的传统，他把自己“安社稷”、“济苍生”的政治理想和愤世嫉俗的精神以及游侠思想中反抗强暴、救弱扶倾的精神结合起来，表达了对祖国的热爱，对被压迫、被损害的人民的同情，对封建制度所孵育出来的黑暗现象的憎恨和愤怒，对统治阶级的反抗和蔑视。他的积极浪漫主义精神比屈原具有更广阔的内容。在表现手法上，他也继承并发展了屈原的浪漫主义的表现手法，特别是汲取了民间诗歌中的夸张手法，在创造性地运用中加以提高，使这一表现手法益臻完善。

李白对于夸张手法的运用也是很富于创造性的。如“白发三千丈，缘愁似个长”，以夸说白发来夸说愁苦之深；如“功名富贵若长在，汉水亦应西北流”，以汉水之不能西北流来夸说功名富贵之不能长在；如“苍梧山崩湘水绝，竹上之泪乃可灭”，以苍梧山之不能崩、湘水之不能绝来夸说娥皇、女英的泪痕之不可灭。李白是一个伟大的积极浪漫主义者，对于事物的美好和丑恶具有爱憎分明的态度，非夸张难以表现他那巨大而强烈的思想感情。也正因为他对被描写的对象具有强烈的思想感情，所以他的夸张表现都达到了“天衣无缝”的境界，使人觉得非如此不可的。

（二）杜甫诗歌

杜甫是伟大的现实主义诗人，创作了“三吏”、“三别”等大量优秀诗篇，写下了“朱门酒肉臭，路有冻死骨”等千古绝句。杜诗现存1 400多首，深刻地反映了唐代安史之乱前后二十多年的社会全貌，生动地记载了杜甫一生的生活经历，把社会现实与个人生活紧密结合，达到思想内容与艺术形式的完美统一，被后代称为“诗史”。杜诗内容广阔深刻、感情真挚浓郁；在艺术上集古典诗歌之大成，并加以创新和发展；在内容与形式上大大拓展了诗歌的领域，给后世以广泛的影响。杜甫也因此被后人尊为“诗圣”。

杜甫一生忧国忧民，以其最为自觉、最为深沉的社会意识，以其毕生精力和天才创作诗歌，把个性人格化入广阔人生，襟怀博大，至性至情。读杜甫的诗，绝少平滑松脱之感，而是在铿锵紧凑之中，使人感到辞警意丰、笔无虚设。杜甫诗歌的语言在中国文学史上更是独树一帜、无人能及的。杜甫诗歌的语言艺术特点主要表现在以下几个方面：

1. 语言凝练，内涵丰富

杜甫自言“为人性僻耽佳句，语不惊人死不休”（《江上值水如海势聊短述》），他十分注意锤炼字句，来增强诗歌语言的内涵和表现力。黄庭坚称他的诗为“无一字无来处”，这自然不免是迂执之谈。不过，在一字一句上，确实可以看出诗人的锤炼之功。如《春望》：

国破山河在，城春草木深。
感时花溅泪，恨别鸟惊心。
烽火连三月，家书抵万金。
白头搔更短，浑欲不胜簪。

这首五言律诗，首联以工对的句式和概括的笔法，描写了春望所见国都残破荒凉的景象。一个“破”字写出了国都的沦陷，一个“深”字表现了景象的凄凉，并且在景物的描写之中寄托了深沉的感慨，也奠定了全诗的基调。此联对仗工巧，“国破”与“城春”景象相反，而“国破”与“山河在”、“城春”与“草木深”也都是意思相悖而出，巧用对比反衬，翻新出奇。颔联以拟人化的手法借物传情、移情于景，巧妙地传达出了春望的内心感受，手法别致而意蕴深厚。颈联写春望所感发的国忧家愁，上句紧扣“感时”写国忧，下句紧承“恨别”抒家愁。“烽火连三月”形象地概括了战乱不息的局势，“家书抵万金”又写出了盼望家人音讯的急迫心情。尾联以春望中诗人自我形象的描写而结尾，直接传达出的是衰老的感叹，但何尝不是国忧家愁所致？意脉不仅浑然贯通，而且增加了内心深处的愁苦与悲哀的抒写。这首诗以“春”为背景，以“望”为线索，由景入情，情景交融，可谓字字精当，无一虚设。同时杜甫还善于利用汉字的视觉性，将一些客观上无序的共时画面组合成有序的诗的语法，看似不经心，实则精确地表达了自己的感受，获得了独特的审美效果。如“桃花细逐杨花落，黄鸟时兼白鸟飞”（《曲江对酒》），在自然界，桃花、杨花本是错杂纷下，而黄鸟、白鸟也无所谓谁伴谁飞，一经杜甫组织入诗，“逐”、“兼”二字顿时化无序为有序，而人情便宛然在其中。

2. 精雕细刻，具体可感

杜甫善于捕捉富于表现力的、能够显示事物本质和人物精神面貌的细节。例如《兵车行》“长者虽有问，役夫敢伸恨?”便是这样一个细节。它不仅揭示了役夫敢怒而不敢言的痛苦心情，而且也揭露了封建统治阶级的残酷压迫。诗人的致远雄心和疾恶刚肠所体现出的忠君爱国，必然升华为对人民命运深切关注的仁民爱物。前者所体现的英雄情结与后者所体现的人道情怀在本质上具有一致性。

又如《石壕吏》用“夜久语声绝，如闻泣幽咽”这一细节暗示出老妇竟被拉走的惨剧；《丽人行》用“犀助厌饫久未下”这一细节来刻画贵妇人的骄气。

杜甫细节描写最出色的是《北征》中写他妻子、儿女的一段：

> 经年至茅屋，妻子衣百结。恸哭松声回，悲泉共幽咽。平生所娇儿，颜色白胜雪。见耶背面啼，垢腻脚不袜。床前两小女，补绽才过膝。海图坼波涛，旧绣移曲折。天吴及紫凤，颠倒在短褐。老夫情怀恶，呕泄卧数日。那无囊中帛，救汝寒凛冽。粉黛亦解苞，衾裯稍罗列。瘦妻面复光，痴女头自栉。学母无不为，晓妆随手抹。移时施朱铅，狼藉画眉阔。生还对童稚，似欲忘饥渴。问事竞挽须，谁能即嗔喝。翻思在贼愁，甘受杂乱聒。

这里不仅生动细致地描绘了小儿女的天真烂漫，而且也烘托出了他自己的悲喜交集的复杂心情。

3. 善用口语，通俗亲切

这是杜诗语言的一大特色。正如萧涤非所说：“在杜甫诗里，一切流行的口头语都‘百无禁忌’地在使用着，都成了诗的素材。什么爷娘、寡妇、肥男、瘦男、雁儿、鹅儿、鸡儿、狗儿、煮饭、吃饭、肥肉、大酒等名词，不断出现在他的笔下……”像杜甫这样大胆、大量使用底层百姓口语入诗的诗人，不敢说古今中外独一无二，至少可以肯定是十分罕见的。他的名句“朱门酒肉臭，路有冻死骨”中的“臭”字就是当时底层百姓的口语词，这个用法被赞誉为“千古独有”（清代学者陆以湉语）。唐代著名诗人元稹最早认识到杜甫的这一语言艺术，“怜渠直道当时语，不著心源傍古人”，赞叹不已。在几乎所有诗人都循规蹈矩地使用文雅苍白词语的年代里，杜甫独树一帜，大胆、大量使用百姓口语，收到了令人耳目一新乃至石破天惊的艺术效果。他把一些所谓“鄙俚”的字如“吃”、“臭”、“鹅儿”、“肥男”等民间口头语言和方言里谚都采入诗中，通过他的艺术熔铸，使作品更加鲜活流动。他的许多富有人民性的诗篇，如“三吏”、“三别”等，都是采用了一些民间口语写成的。

杜甫在抒情的近体诗和叙事的古体诗中也多用俗语，因为这些叙事诗许多都写的是人民生活，采用一些俗语，自能增加诗的真实性和亲切感，并有助于突出人物性格和语言的个性化。比如同是一个呼唤妻子的动作，在《病后过王倚饮》中，杜甫用的是“唤妇出房亲自馔”，而在《遭田父泥饮》中，却用的是“叫妇开大瓶”，“叫妇”这一俗语，便显示了田父的本色。其他如《兵车行》的“爷娘妻子走相送”、“牵衣顿足拦道哭”，《新婚别》的“生女有所归，鸡狗亦得将”，也是很生动的例子。《前出塞》的“挽弓当挽强，用箭当用长。射人先射马，擒贼先擒王”，更是如同谣谚了。对此，有人讥他为“村夫子”，其实这更加凸显出他“诗圣”的地位。

4. 善用对比，充满张力

杜甫诗歌中，强烈对照无所不在，有一句之内不同词语之间的对照，有句与句之间的对照，有联（句群）之间的对照。以《醉时歌》前四句为例：

诸公衮衮登台省，广文先生官独冷。
甲第纷纷厌粱肉，广文先生饭不足。
先生有道出羲皇，先生有才过屈宋。
德尊一代常坎轲，名垂万古知何用！

此段用“诸公”的显达地位和奢靡生活来和郑虔的位卑穷窘对比。“衮衮”，相继不绝之意。“台省”，指中枢显要之职。“诸公”未必都是英才吧，却一个个相继飞黄腾达，而广文先生呢，“才名四十年，坐客寒无毡”。那些侯门显贵之家，精粮美肉已觉厌腻了，而广文先生连饭也吃不饱。这两句，一正一衬，对比鲜明而强烈，突出了“官独冷”和“饭不足”。后两句诗人以无限惋惜的心情为广文先生鸣不平。

5. 节奏和谐，韵律优美

杜甫卓越地掌握了中国语言的声韵，并且运用到他的诗歌中。他常根据诗的内容和情绪，采用与之相适应的韵律，更大地发挥出诗的表现力和感染力。因此，他的诗不仅具有形象的美，而且具有音乐的美。

诗人在运用音韵时，并没有把它陷入死板的格套，而是“正中有变，大而能化”的。他常常在一首诗中，随着内容情绪的转变，韵律也跟着转变。譬如在《石壕吏》中：“暮投石壕村，有吏夜捉人。老翁逾墙走，老妇出门看。吏呼一何怒！妇啼一何苦。”其中“吏呼一何怒！妇啼一何苦！”两句，极其概括、极其形象地写出了“吏”与“妇”的尖锐矛盾。一“呼”一“啼”，一“怒”一“苦”，形成了强烈的对照；两个状语“一何”，加重了感情色彩，有力地渲染出县吏如狼似虎、叫嚣隳突的横蛮气势，并为老妇的诉说制造出悲愤的气氛。诗人随着官吏的呼叱、老妇的哀诉以及官吏走后的哭泣而分别采取不同的韵脚，这就使得整首诗的音韵迴翔顿挫，像乐曲似的编织在诗的形象里。

综上所述，杜甫在盛唐古典诗美的极致上，继承了前人尤其是庾信的艺术手法，致力探索句法、篇法，对传统诗歌语言进行了大胆的革新和创造，打破了诗歌传统的以流畅性、和谐性、典雅性为特征的古典美感，大量使用叙述倒装、美感对比、议论直露等方式，为唐诗的传统美学标准注入了新的时代性元素，形成了博大精深的艺术特色。

（三）张若虚《春江花月夜》

张若虚的《春江花月夜》被闻一多先生称为“诗中的诗，顶峰上的顶峰”，在中国几千年的诗歌历史中占有极其重要的地位。张若虚一生只作了两首诗，但这一首诗就让他“孤篇横绝，竟为大家”。此诗在语言艺术上有以下几点值得我们欣赏。

1. 语言对仗工整，韵律婉转相宜

《春江花月夜》全诗共36句，四句换一韵，共换九韵。平声庚韵起首，中间为仄声霰韵、平声真韵、仄声纸韵、平声尤韵、灰韵、文韵、麻韵，最后以仄声遇韵结束。诗人把阳辙韵与阴辙韵交互杂沓，高低音相间，依次为洪亮级（庚、霰、真）——细微级（纸）——柔和级（尤、灰）——洪亮级（文、麻）——细微级（遇）。全诗随着韵脚的转换变化和平仄的交错运用，一唱三叹，前呼后应，既回环反复，又层出不穷，音乐节奏感强烈而优美。而且语音与韵味的变化又是切合着诗情的起伏，可谓声情与文情丝丝入扣、婉转优美。顶真句式的机动应用，使语言清新流畅、朗朗上口。全诗语言对仗工整，韵律婉转相宜。

2. 妙用修辞手法，语言生动形象

（1）妙用比喻。如“月照花林皆似霰”，写花林好像披上一层霰雪。这个比喻的妙处是，不仅生动地再现了月光之下花林一片白蒙蒙的绮丽景象，而且与下一句把月光比喻成霜形成了有机的联系。“空里流霜不觉飞”，写空中，是抬头仰望所见。这里由花林似霰，进而联想到月光如霜。不过，在比喻的方法上又有了变化：上句是明喻，这句是暗喻。而且需要指出的是，虽则如霜，却只觉得它像水似的“流”，而不觉得它像霜那样“飞”，这就写出了月光的柔和细腻。

（2）妙用拟人。作者常用拟人手法表情达意，使语言生动形象。如“不知江月待何人，但见长江送流水”一句中的“待”、“送”两字则是运用了拟人手法，把月亮写得很有感情，为了见到它期待的人，可以年年长明不衰。诗人仰望月轮，又低头见长江“送”走的一江春水。人生、人的青春，不就是被这滔滔流水“送”走的吗？

（3）妙用双关。苏东坡有一首题画诗：“论画以形似，见与儿童邻。赋诗必此诗，定知非诗人。”主张诗贵含蓄，不能把诗意都在字面上泄露无遗，应该意在言外，字面上好像是说这个意思，而实际包含的却是另外一个意思，也就是“诗论家”常常称道的“言在此而意在彼”的含蓄手法，即双关。在《春江花月夜》中作者常用双关手法表情达意，使语言委婉含蓄、耐人寻味。

（4）妙用暗示。如“白云一片去悠悠”，暗示游子远去；“可怜楼上月徘徊”中的“月徘徊”，实际上是思妇在徘徊，暗示望月思人；月照“妆镜台”，暗示思妇对镜伤怀；月光“卷不去”、“拂还来”，暗示相思之情缠绵悱恻、难以排遣；“光不度”，暗示情不变；“梦落花”，暗示春将尽；“落月复西斜”，暗示游子夜夜望月思归。作者巧妙运用暗示，使人与物、情与景达到了水乳交融的境界。

（5）妙用烘托。烘托手法的运用也值得读者注意。第一部分由春江引出明月，渐次引出花林、芳甸。江伴月，月伴花，把“春江花月夜”自然组合成一个优美完整的画面，谱写了一首春的颂歌，这首春的颂歌又反衬着春的忧愁。接着诗人面对春江明月，抒发宇宙永恒的感悟，从中寄寓着对人生短暂的深沉慨叹。这种慨叹以其意味深长的哲理，为诗的情调进一步铺陈了感伤的气氛。然后推出游子、思妇“相望不相闻”的情思哀愁，这是诗的精华、高潮部分。然而，它的形成与诗人的层层铺垫、步步烘托有关。读者的欣赏正好沿波讨源、渐入佳境，随步步烘托而达高潮。

（四）徐志摩《再别康桥》语言艺术欣赏

《再别康桥》作于1928年，是徐志摩重游他的母校剑桥大学后写下的一首记游诗。此诗记录了诗人心迹：故地重游，睹物伤情。轻灵的诗行里，流动着淡淡的忧思。诗的偶句都押韵，富有音乐美，而且最后一节诗与开头一节诗呼应，造成复沓效果。《再别康桥》的语言特色大体表现在以下几个方面。

1. 结构整齐匀称，节律恰切传情

《再别康桥》的结构之美，主要表现在它的七节诗，每节四行，每行六至八字，首尾两节，以反复相呼应，形似回环，婉曲而又整饬。这一点无须再作过多的分析，这里主要分析一下诗中的韵律之美。

这首诗共分七节，大体上每节一韵。以十三辙衡量，首尾两节押怀来辙，韵脚均为“来、彩”；第二节押江阳辙，韵脚为“娘、漾”；第三节押遥条辙，韵脚为“摇、草”；第四节押中东辙，韵脚为“虹、梦”；第五节“溯”属姑苏辙，“歌”属坡梭辙，依作者方言可能是协韵的；第六节押遥条辙，韵脚为“箫、桥”。所以总体来讲，全诗每节一韵，节内隔句押韵。每节首句不入韵，为次句换韵创造条件，因此各节间转韵非常自然。此外，四、六两节可看做“交韵”，即除偶数句押韵外，奇数句之间也是押韵的。第四节一、三句押言前辙，韵脚是“潭、间”；第六节一、三句押坡梭辙，韵脚是“歌、默”。全诗各节换韵，听起来灵动变化，显得有生气，同时也是对诗章形体整齐、对称的“建筑美”及统一有序的节奏的有意调整，使得规整中有变化，从而避免了诗歌的平板单调。

2. 巧用顶真复沓，句式整散交融

诗中多处采用顶真的方式，表达作者缠绵依恋的感情。严格意义上的顶真当然只有一处：“夏虫也为我沉默，沉默是今晚的康桥!”但如果我们比较宽泛地理解顶真这一概念的话，我们还会看到许多顶真的例子，比如第五节后两句：“满载一船星辉，在星辉斑斓里放歌”，“星辉”二字顶真。第五节末句“在星辉斑斓里放歌”与第六节首句“但我不能放歌”，用“放歌”二字架起了两节之间语意和情感上的桥梁。再如第四节：“那榆荫下的一潭，不是清泉，是天上虹揉碎在浮藻间，沉淀着彩虹似的梦。”一个“虹”字，把整节诗的构思贯通了起来，语意也显得非常凝练集中。

3. 妙用反复手法，眷恋之情深沉

反复的修辞手法在这首诗中得到了很好的运用。首尾两节基本上是整体反复、首尾呼应，形成回环之美。当然这两节又不是简单的重复。如果说首节感情较为轻浅的话，尾节则极为深沉。首节只说“我轻轻的招手，作别西天的云彩”，显示出诗人客游将归时的惜别感情，而尾节中说“我挥一挥衣袖，不带走一片云彩”，则表现出诗人视康桥为心灵归宿、精神家园的深厚的眷顾和挚爱之情。爱之深沉，惜之真切，如赤子眷恋慈母一般，令人为之伤神而又动情。正如蓝棣之先生分析的那样：“‘不带走一片云彩’一方面是说诗人的洒脱，他不是见美好的东西就要据为己有的人，另一方面，是说一片云彩也不要带走，让康桥这个梦绕魂牵的感情世界以最完整的面貌保存下来，让昔日的梦、昔日的感情完好无缺。”

除首尾两节之间的呼应与反复以外，这两节内部也充分地运用了反复的手法，收到了良好的效果。首节连用三个“轻轻”，末节则连用三个“悄悄”，表明诗人感情的痛切。此外“悄悄是别离的笙箫”这一句可以看做全诗的点睛之笔。全诗中只有这一句写到了声音，但还是无声的声音。“悄悄”中有诗人心底的波澜：对青春的赞美、对时光的叹惋、对爱情的期盼、对自由和平的祈祷和追求……凡此种种，岂是一支世俗的笙箫所能承载得起的呢？所以，诗人以“悄悄”为自己吹奏出心灵深处无声的乐曲，为自己送行，为自己的未来深情地祝愿。这一节中“沉默”一词也出现了两次，与“悄悄”互为映衬、互为补充。此节中“悄悄是别离的笙箫”与“沉默是今晚的康桥”可谓情之所至，语为之奇，无意警策，但却妙语天成。

4. 善用比喻比拟，绘景醇美真切

关于《再别康桥》的美，读者直接感觉到的主要是景物之美。在景物描写上，这首诗的特点主要表现在以下几个方面：一是善用比喻，如：金柳—新娘、我—水草、榆荫下的一潭—天上虹、彩虹—梦。二是善用比拟，如“软泥上的青荇，油油地在水底招摇”，“招摇”用于青荇，属于拟人的方法；“揉碎在浮藻间，沉淀着彩虹似的梦”以及“满载一船星辉”，则是拟物的方法，将无形之物拟成了有形之物：“夏虫也为我沉默”也显然具有拟人化的意味。

综上所述，《再别康桥》之所以有很强的艺术感染力，与它精妙绝伦的语言表达是分不开的。诗人曾在《诗刊弁言》中说过：“要把创格的新诗当一件认真事情做”，“我们的责任是替它们构造适当的躯壳，这就是诗文与各种美术的新格式与新音节的发见；我们信完美的形体是完美的精神唯一的表现；我们信文艺的生命是无形的灵感加上有意识的耐心与勤力的成绩；最后我们信我们的新文艺，正如我们的民族本体，是有一个伟大美丽的将来的。”由此看来，《再别康桥》无疑是诗人对上述主张躬身实践的结果，也是诗人思想及艺术造诣的必然体现。作者在他短暂的一生中，苦苦追寻着“爱、自由和美”的理想，而这首诗以景物为筋骨，以情感为血脉，以传统诗歌的形式及意蕴为全诗的底色，正可以看做他对这一理想世界的精心构筑。

参考文献

1. 王朝闻．美学概论．北京：人民出版社，1981
2. ［德］黑格尔著，朱光潜译．美学．北京：商务印书馆，1986
3. 傅春丹，李宜芳．艺术与美十讲．广州：广东高等教育出版社，2005
4. 伍蠡甫．西方文论选．上海：上海译文出版社，1979
5. 北京大学哲学系美学教研室．西方美学家论美和美感．北京：商务印书馆，1980
6. 北京大学哲学系美学教研室．中国美学史资料选编．北京：中华书局，1980
7. 朱光潜．朱光潜美学文学论文选集．长沙：湖南人民出版社，1980
8. 蔡仪．新美学．北京：中国社会科学出版社，1985
9. 刘叔成，夏之放．美学基本原理．上海：上海人民出版社，1993
10. 蒋孔阳，朱立元．美学原理．上海：华东师范大学出版社，1999
11. 杨辛，甘霖．美学原理新编．北京：北京大学出版社，1996
12. 丘振声，周楷．艺术欣赏．南宁：广西美术出版社，1999
13. 樊美筠．中国传统美学的当代阐释．北京：中国社会科学出版社，1997
14. 杨辛．青年美育手册．石家庄：河北人民出版社，1987
15. 付胜利．美育与音乐鉴赏．西安：西北大学出版社，2006
16. 王家斌，王鹤．世界雕塑名作 100 讲．天津：百花文艺出版社，2007
17. 陈刚．雕塑．重庆：西南师范大学出版社，2007
18. 刘小锋．雕塑．长春：吉林音像出版社，2006
19. 龚云表．艺术树丛书——西方雕塑这棵树．上海：上海书店，2004
20. 张石森．世界雕塑艺术．呼和浩特：远方出版社，2006
21. 刘利生．雕塑．西安：陕西科学技术出版社，2008
22. 范文霈．摄影基础教程．北京：社会科学文献出版社，2006
23. 尹卫华．艺术欣赏教程．北京：清华大学出版社，2007
24. 陈景舒．书法作品选集．广州：广东省地图出版社，1998
25. 郭颐扬．书法教程．广州：华南理工大学出版社，2000
26. 刘守安．全彩中国书法艺术史．银川：宁夏人民出版社，2003
27. 刘澜．大学生音乐欣赏．北京：中央民族大学出版社，2006
28. 谷继华．青少年巧学钢笔楷书教程．北京：科学普及出版社，2006
29. 张穗先．钢笔隶书基础教程．南宁：广西美术出版社，2006
30. 侯登峰．标准汉字书写教程．郑州：河南美术出版社，2007
31. 佴荣本．音乐舞蹈戏剧艺术鉴赏．北京：首都师范大学出版社，2002
32. 郭一平．学生应知音乐戏曲知识·音乐欣赏指导．北京：学苑音像出版社，2004
33. 金元浦，王军，邢建昌．美学与艺术鉴赏．北京：首都师范大学出版社，1999
34. 孙玉滨．世界艺术经典·电影艺术卷．长春：吉林音像出版社，2006

35. 顾建华．摄影鉴赏与实践．长沙：中南大学出版社，2008
36. 周玉林．大学美育．北京：中央民族大学出版社，2002
37. 黄保强．艺术欣赏纲要．上海：复旦大学出版社，2004
38. 姚军．影视艺术欣赏．北京：北京理工大学出版社，2006
39. 李丽芳，张永刚．影视艺术鉴赏．昆明：云南大学出版社，2005
40. 李标晶．电影艺术欣赏．杭州：浙江大学出版社，2005
41. 杨少平．影视艺术鉴赏与实践．杭州：浙江大学出版社，2006
42. 佚名．走进艺术的殿堂．北京：中国电影出版社，2005
43. 姜雪．论《特洛伊——木马屠城》中的悲剧色彩．电影评介，2009（1）
44. 百度网站：http：//www. baidu. com
45. 中国知网：http：//www. cnki. net
46. 阿帕比数字资源平台：http：//apabi. nstl. gov. cn
47. 超星数字图书馆：http：//www. ssreeder. com

图书在版编目（CIP）数据

美学与艺术欣赏/程时用等主编．—北京：中国人民大学出版社，2010
21世纪高职高专规划教材．通识课系列
ISBN 978-7-300-12456-8

Ⅰ.①美… Ⅱ.①程… ②黄… ③刘… Ⅲ.①美学-高等学校：技术学校-教材②艺术-鉴赏-高等学校：技术学校-教材 Ⅳ.①B83②J05

中国版本图书馆CIP数据核字（2010）第133388号

21世纪高职高专规划教材·通识课系列
美学与艺术欣赏
主　编　程时用　黄巨龙　刘福英

出版发行	中国人民大学出版社		
社　址	北京中关村大街31号	邮政编码	100080
电　话	010－62511242（总编室）		010－62511770（质管部）
	010－82501766（邮购部）		010－62514148（门市部）
	010－62515195（发行公司）		010－62515275（盗版举报）
网　址	http://www.crup.com.cn		
	http://www.ttrnet.com(人大教研网)		
经　销	新华书店		
印　刷	北京鑫丰华彩印有限公司		
规　格	185 mm×260 mm　16开本	版　次	2011年11月第1版
印　张	18.5	印　次	2020年12月第10次印刷
字　数	444 000	定　价	32.00元

教师信息反馈表

为了更好地为您服务，提高教学质量，中国人民大学出版社愿意为您提供全面的教学支持，期望与您建立更广泛的合作关系。请您填好下表后以电子邮件或信件的形式反馈给我们。

您使用过或正在使用的我社教材名称		版次	
您希望获得哪些相关教学资料			
您对本书的建议（可附页）			
您的姓名			
您所在的学校、院系			
您所讲授课程的名称			
学生人数			
您的联系地址			
邮政编码		联系电话	
电子邮件（必填）			
您是否为人大社教研网会员	□ 是　会员卡号：________ □ 不是，现在申请		
您在相关专业是否有主编或参编教材意向	□ 是　　□ 否 □ 不一定		
您所希望参编或主编的教材的基本情况（包括内容、框架结构、特色等，可附页）			

我们的联系方式：北京市海淀区中关村大街31号
中国人民大学出版社教育分社
邮政编码：100080
电话：010-62515912，62511688
网址：http://www.crup.com.cn/jiaoyu/
E-mail：jyfs_2007@126.com